Kunst-Reiseführer in der Reihe DuMont Dokumente

W0047065

Zur schnellen Orientierung – die wichtigsten Orte und Sehenswürdigkeiten von Malaysia, Singapur und Brunei auf einen Blick:

(Auszug aus dem ausführlichen Ortsregister S. 397 ff.)

In der vorderen Umschlagklappe: West-Malaysia

In der hinteren Umschlagklappe: Ost-Malaysia

Jakob Afolabi: Sanga und Oya. Holzschnitt, 54 × 75 cm. 1979. Nationalmuseum für moderne Kunst, Kuala Lumpur

Anita Rolf

Malaysia und Singapur

mit Brunei

Dschungelvölker, Moscheen, Hindutempel
und chinesische Heiligtümer im Herzen Südostasiens

DuMont Buchverlag Köln

Umschlagvorderseite: Ubudiah-Moschee in Kuala Kangsar
Umschlaginnenklappe: Skulpturenschmuck am Leong San Tong Khoo (Clan-Haus und Tempel)
in Georgetown (Penang)
Umschlagrückseite: Tempelwächter (Yak) und weiblicher Vogelmensch (Kinnari) vor dem Wat Chaya
Mangkalaram in Georgetown (Penang)

© 1988 DuMont Buchverlag, Köln
3. Auflage 1992
Alle Rechte vorbehalten
Satz und Druck: Rasch, Bramsche
Buchbinderische Verarbeitung: Bramscher Buchbinder Betriebe

Printed in Germany   ISBN 3-7701-1416-7

Inhalt

Praktische Reiseinformationen

Geographische Begriffe und solche des öffentlichen Lebens in Bahasa Malaysia

Alor = Kanal
Ampang = Damm
Ayer = Wasser
Bahasa = Sprache
Balai = Halle
Balai besar = große Halle, Audienzhalle
Besar = groß
Bukit = Hügel
Dato, Datuk = auszeichnender Titel
Dewan (Diwan) = Halle (insbes. königl.
   Audienzhalle, Gerichtshof), Haus
Dewan Negara = Senat
Dewan Rakyat = Parlament
Gunong (Gunung) = Berg
Jalan = Straße
Kampong (Kampung) = malaiisches Dorf
Kecil = klein
Kedai = Laden
Keretapi = Eisenbahn
Kuala = Flußmündung
Leboh = größere Straße
Lorong = schmale Straße, Weg, Pfad

Masjid = Moschee
Mukim = Gemeinde
Negara = Staats...
Negeri = Landes...
Orang = Mensch
Orang Asli = einheimischer
   Mensch
Padang = freier Platz
Pantai = Strand
Pengkalan = Anlegestelle, Jetty
Pos = Post
Pulau = Insel
Pustaka = Literatur
Rumah = Haus
Senilukis = Kunst
Sungai (Sungei) = Fluß
Tanjong (Tanjung) = Kap
Tasek = See
Telok (Teluk) = Bucht
Tunku (Tengku) = Anredeform
   für einen Sultan oder Prinzen
Wisma = größeres Haus, Villa

Geographische Lage – Gestalt – Lebensraum

Malaiische Halbinsel und Singapur

Orang Melayu, ›umherschweifende Menschen‹, nannten sich die Stämme, die ab 2500 v. Chr. in großen Scharen vermutlich von Yünnan (Süd-China) ausschwärmten, um sich neue Gebiete zu erobern. Als Malaya bezeichneten sie das Land, in dem sich ein Großteil von ihnen ansiedelte, während kleinere Gruppen zu den Inseln im Süden, dem Malaiischen Archipel und heutigen Indonesien, weiterzogen.

Malaya bildet das heutige West-Malaysia und ist die südliche Hälfte der gleichnamigen Halbinsel, die nach dem zeitweise bedeutendsten Hafen für den Ostasienhandel und dem ersten Staat in diesem Raum auch Malakka-Halbinsel heißt.

In Gestalt eines Elefantenrüssels – mit Süd-Thailand als Kopf – ragt Peninsular Malaysia als langer Vorsprung des asiatischen Kontinents rund 800 km ins Meer hinein und trennt die Andamanen-See (Indischer Ozean) vom Südchinesischen Meer (Pazifik). Alle Bundesstaaten West-Malaysias – mit Ausnahme des 1974 geschaffenen Federal Territory Kuala Lumpur – liegen an der Küste.

Die an ihrer engsten Stelle nur 65 km breite Malakka-Straße trennt West-Malaysia von der zu Indonesien gehörigen Insel Sumatra. Im Norden, gegen das buddhistische Thailand, verläuft keine natürliche, sondern eine in historischen Prozessen gewachsene Grenze: Nach dem Zerfall des Reiches von Malakka Anfang des 16. Jahrhunderts bildeten sich die selbständigen Sultanate von Kedah und Kelantan, die sich – mit wechselndem Erfolg – gegen die Oberheit der Thai zu behaupten hatten. Die endgültige Grenzziehung nahmen die Briten vor, denen die Thai im ›Vertrag von Bangkok‹ (1909) die Oberhoheit über diese Gebiete abtraten. Als Gegenleistung sicherten die Briten den Thai Schutz vor Übergriffen der in Indochina sitzenden Franzosen sowie vor den Deutschen und US-Amerikanern zu, die alle versuchten, in diesem Raum Niederlassungen zu gründen.

Im Süden gehörte die Insel Singapur (das alte Tumasek), mit zahlreichen weiteren Eilanden wie dem Riau-und dem Lingga-Archipel, bis zum Auftreten der Briten jahrhundertelang zum Sultanat von Johor. Seit 1965 ist Singapur eine selbständige Republik (jedoch ohne die beiden genannten Archipele). Die Straße von Johor (Johor Straits) trennt den Stadtstaat von der Malaiischen Halbinsel, mit der er aber seit 1924 durch einen Straßen- und Eisenbahndamm verbunden ist.

West-Malaysia läßt sich grob in Gebirgs-und Küstenlandschaften einteilen. Acht Bergketten durchziehen das Land von Nord nach Süd, wobei die Zentralbarriere (Main Range), zugleich die Perak-Kelantan-Wasserscheide, am ausgeprägtesten ist. In der östlichen Pahang Range, deren Ausläufer die Hügel von Singapur bilden, erhebt sich mit dem Gunong Tahan der höchste Berg der Malaiischen Halbinsel. Mit seinen 2189 m erreicht er soeben die Waldgrenze, nur seine höchsten Lagen sind mit kargem Buschgestrüpp bewachsen. Die Bergmassive bestehen aus einem Granitsockel, auf dem sich Kalke, zuweilen auch Sandsteine abgelagert haben. Wo der Granit die Oberfläche bildet, was, hervorgerufen durch tektonische Vorgänge und Abtragungen, häufig der Fall ist, entstanden durch Verwitterung flache Kuppen. In Kalkgebieten, zum Beispiel bei Ipoh, beherrschen dagegen schroffe Felstürme die Landschaft, die meistens unmittelbar aus dem Tiefland aufragen. Die flache Oberseite ist fast immer von dichter Vegetation überzogen, während sich auf dem blanken Gestein der steilen Seitenwände nur in kleinen Verebnungen Pflanzen ansiedeln können. Am Rand der Gebirge breitet sich Hügelland aus, das an vielen Stellen für den Anbau von Kautschuk und Ölpalmen in zum Teil riesigen Plantagen genutzt wird. Die ganze Halbinsel umzieht ein kaum mehr als 10 m über dem Meeresspiegel liegender Tieflandsaum, dessen stets feuchter Boden sich vorzüglich zum Anbau von Naßreis eignet. Dieser Streifen erreicht an der Westküste eine größere Breite – 20 km in Kedah, 60 km in Selangor – als an der Ostküste, wo er stellenweise bis auf wenige Kilometer zusammengeschrumpft ist.

Die weit ins Meer hineinragende schmale malaiische Landzunge mit ihren Gebirgsketten unterliegt besonderen klimatischen Verhältnissen. Das ganze Jahr über fällt Regen; deswegen herrscht auf der Halbinsel und in Singapur nicht der rhythmische Wechsel von Trocken- und Regenzeit, sondern das Klima der immerfeuchten inneren Tropen. Den ständig hohen Temperaturen in Verbindung mit reichen Niederschlägen sowie der erdgeschichtlichen Ruhe seit rund 150 Millionen Jahren verdankt Peninsular Malaysia seine überaus artenreiche Vegetation. Der stockwerkartig sich aufbauende, wuchernde Regenwald prägt noch immer weite Teile des Landschaftsbildes, auch wenn er streckenweise durch Brandrodung zerstört wurde. Hier hat sich dann eine Sekundärvegetation mit Bambusarten und dem Lalang-Gras herausgebildet. Die Westküste wird beinahe lückenlos von Mangrovenwäldern gesäumt, die die Anlandung von Schiffen erschweren. Dies hat dazu geführt, daß sich an manchen Stellen Fischersiedlungen vor dem Mangrovensaum auf Pfahldörfern im Meer befinden. Im Osten dagegen läßt der Nordost-Monsun an der flachen Küste das Wasser zu großen Brandungswellen auflaufen und hat so makellose breite Sandstrände geschaffen. Ähnliches gilt auch für viele der vorgelagerten Inseln. Sumpfgebiete bildeten sich vor allem im Mündungsbereich größerer Flüsse, deren Wassermassen bei starken Regenfällen Sand und Schlamm von den Berghängen mitbringen.

Die Flüsse sind allesamt recht kurz; mit 330 km ist der Sungai Pahang der längste Strom des Landes. Um so wichtiger sind die Tributärsysteme, die als dichtes Netz die gesamte Halbinsel durchziehen. Die meisten Flüsse folgen den Vorzeichnungen der Gebirge, andere aber haben die Bergbarrieren durchbrochen und wechseln von einem Tal ins andere. Als Lebensraum spielten die Wasserläufe für die Bewohner seit jeher eine große Rolle. Verschiedene einheimische Stämme bevorzugen auch heute noch die oberen Abschnitte, wo das Wasser klarer ist. Zugleich liegen hier die malariafreien, von dichtem Regenwald besetzten unteren oder mittleren Bergregionen, aus denen die ›Ureinwohner‹ früher größtenteils Nahrung und das Rohmaterial zum Anfertigen von Gebrauchsgegenständen oder der Tauschobjekte bezogen. Dort, wo sich die Flußtäler zu weiten beginnen, liegen – wie auch an den Küsten – die Ortschaften der Malaien. Deren Siedlungsweise ist seit altersher das *Kampong* (›Dorf‹) mit den nicht nur in feuchten, sondern auch in trockenen Gebieten auf Stelzen stehenden, allseitig zu öffnenden Holzhäusern unter hohen Bäumen, die Schatten spenden und Luft zufächeln. Urbane Ansiedlungen mit Steinbauten entstanden eigentlich erst im Zuge der wirtschaftlichen Erschließung des Landes in größerem Maßstab durch die Chinesen und die britischen Kolonialherren seit dem Ende des 18. Jahrhunderts, und zwar vorwiegend in dem breiten Tieflandsaum entlang der Westküste. Heutzutage siedeln sich die Malaien mehr und mehr in den Städten an, aber vielen fällt es schwer, ihre traditionelle Lebensweise im Kampong aufzugeben und sich in die moderne Arbeitswelt einzufügen. Von der Regierung wird dieser Prozeß gefördert, um den *Bhumiputras*, den ›Söhnen der Erde‹, einen gehörigen Anteil am Volksvermögen zu sichern und den Einfluß der einheimischen Chinesen wie auch den ausländischer Unternehmen zurückzudrängen.

Ganz anders Singapur, in dem die Chinesen dominieren. Die ultramoderne City breitet sich fast über die gesamte Insel aus. Überall in der Landschaft wird die regulierende Hand des Menschen spürbar. Malaiische Kampongs sind so gut wie verschwunden, und Primär-Regenwald gibt es nur noch in einigen kleinen Reservaten.

Ost-Malaysia und Brunei

Sarawak und Sabah, im Norden Borneos (malaiisch: Kalimantan) gelegen, der größten Insel des Malaiischen Archipels, gehören seit dem 16. September 1963 zur Föderation Malaysia, eine zu dieser Zeit künstlich geschaffene Bezeichnung aus Buchstaben der Begriffe Malaya und Singapur (Singapur verließ jedoch 1965 die Föderation). Ost-Malaysia nennt man zusammengefaßt diese beiden Bundesstaaten. Vom Staatsgebiet im Westen ist es durch das Südchinesische Meer getrennt, die kürzeste Entfernung beträgt ca. 643 km.

West- und Ost-Malaysia bilden keine historisch gewachsene Einheit. Was sie verbindet, sind die koloniale Vergangenheit und die Bestrebungen, sich von der britischen Herrschaft zu lösen. Malaien bilden in Sarawak mit 20% und in Sabah gar nur mit 5 % eine Minderheit der Bevölkerung. Sogenannte Proto-Malaien stellen in beiden Staaten mit knapp oder mehr als der Hälfte den Hauptteil der Einwohner; von diesen bilden in Sabah die zumeist christlichen Kadazan/Dusun die stärkste Gruppe, was in diesem Bundesstaat oft zu religiös-politisch motivierten Konflikten führt.

Nordwest-(Sarawak) und Nordborneo (Sabah) stellten unter dem Sultanat von Brunei über die Jahrhunderte eine, wenngleich locker gefügte, politische Einheit dar. Auf Druck der Briten und anfangs noch mit der Zustimmung des Sultans schmolz Brunei letztendlich auf zwei voneinander getrennte Enklaven in Sarawak zusammen (s. S. 137).

Ost-Malaysia nimmt nur ein Fünftel der Insel Borneo ein, der weitaus größere Teil gehört zu Indonesien. In Sarawak bilden die bis zu 2000 m hohen west-östlich verlaufenden Kapuas Mountains, Iran Mountains, die Klingklang Range sowie die Penambo Range mit dem 2438 m hohen Murud-Massiv die Abgrenzung zum Nachbarstaat. In Sabah dagegen, das im Süden keine natürlichen Grenzen besitzt, wurde die Linie in Abständen von fünf Kilometern mit weißen Steinen markiert. Der höchste Gebirgszug Sabahs, die Crocker Range mit dem 4101 m hohen Mount Kinabalu, dem höchsten Berg Südostasiens, verläuft parallel zur Küste, wobei zwischen Gebirge und Meer nur ein schmaler Saum bleibt. Anders in Sarawak, wo sich entlang der See ein breiter Schwemmlandstreifen mit weiten Sumpf-und Waldmoorgebieten, stellenweise auch mit Mangroven entlangzieht. Durch dieses Schwemmland suchen sich die aus den Bergen kommenden Flüsse ihren Weg ins Südchinesische Meer. Besonders eindrucksvoll ist das breitgefächerte, vielfach verzweigte Delta des Batang (Sungai) Rajang bei Sibu. Der noch unvermindert stark andauernde Verlandungsprozeß verhindert eine Zergliederung der Küstenlinie, sie schwingt sich in wohlgeformtem Bogen von Matu bis hinauf zur Brunei Bay.

Die erdgeschichtliche Entwicklung verlief in Ost-Malaysia wesentlich wechselvoller als auf der Malaiischen Halbinsel. In Sabah dauerte die vulkanische Tätigkeit bis zum Jungtertiär (vor etwa 20 - 1 Millionen Jahren) und hat dem Land sein Relief, das komplizierte geologische Gefüge, aber auch die Erdölfelder vor der Küste von Miri und Brunei und schließlich den Mount Kinabalu gebracht, der sich vor etwa 9 Millionen Jahren erhob.

Ost-Malaysia, das ebenfalls im Klimabereich der immerfeuchten inneren Tropen liegt, hat weit mehr Pflanzenarten aufzuweisen als die ohnehin reich gesegnete Malaiische Halbinsel. Für Botaniker ist die einzigartige und vielgestaltige Flora der größte Anziehungspunkt: allein 5000 Baumarten gibt es hier (in Europa 160).

In Sabah und Sarawak leben nur rund 2,65 Millionen Menschen, vorwiegend in den Küstenebenen und hier vor allem in den Städten, die zum Teil aufstrebende Handels-und Industriezentren sind. Einheimische Ethnien wie die Iban, Kanyan und Kenyah haben sich noch größtenteils ihre traditionelle Lebensweise in Langhaussiedlungen an Flußufern im Landesinnern bewahrt. Mit ihren wendigen, zum Teil mit Außenbordmotor ausgestatteten Booten besuchen sie die Küstenorte zum Kaufen und Verkaufen. Andere Stämme oder Gruppen siedeln auf Hochplateaus, und die Punan lieben nach wie vor das Umherschweifen im tiefen, nur unter größten Mühen zugänglichen Dschungel.

Malaysia
Persekutuan Tanah Malaysia (›Staatenbund Malaysia‹)

Geographie West-Malaysia: Halbinsel Malaysia mit zahlreichen größeren und kleineren Inseln, darunter Pinang (Penang), Langkawi, Pangkor an der Westküste, Pehentian Kechil, Perhentian Besar, Tioman, Rawa, Redang und Tinggi an der Ostküste.

Ost-Malaysia: (auf der Insel Borneo, malaiisch Kalimantan): Sarawak und Sabah mit den Inseln Labuan, Balambagan, Banggi u. a.

Landfläche insgesamt 330 434 qkm; West-Malaysia 131 587 qkm; Ost-Malaysia (Sawarak und Sabah) 198 847 qkm.

Ausdehnung von West-Malaysia: Rund 800 km von Nord nach Süd, zwischen 322 und 90 km von West nach Ost.

Ausdehnung von Ost-Malaysia: 1126 km von West nach Ost; breiteste Stelle in Sarawak von Nord nach Süd 175 km, in Sabah 162 km.

Einwohner Insgesamt 18 010 000; davon in West-Malaysia 14 500 000, in Ost-Malaysia 3 510 000.

Ca. 55 % sind Malaien, 35 % Chinesen, 7 % Inder, 3 % Altstämme.

Religion Staatsreligion ist der Islam. Angehörigen anderer Religionen ist freie Kultausübung garantiert.

Muslime (Malaien sowie Gruppen der Inder) über 50 %, Daoisten, Konfuzianer, Buddhisten (Chinesen) ca. 33 %, Hindus ca. 6 %, Katholiken und Protestanten ca. 3, Angehörige von Naturreligionen sowie Juden und Sikhs.

Sprache Bahasa Malaysia (Malaiisch) ist Staatssprache, Mandarin (chinesische Hochsprache) und Tamil sind Landessprachen, Englisch ist wichtige Verkehrs- und Bildungssprache. Weitere gesprochene Sprachen bei den Chinesen: Cantonesisch, Hokkien, Teochew, Hakka und Hainanesisch; bei den Indern: Hindi, Malayalam, Punjabi und Telegu. Stammessprachen der Ureinwohner.

Regierung Malaysia ist eine Wahlmonarchie, die einzige der Welt (von den Vereinigten Emiraten abgesehen), auf parlamentarisch-demokratischer Grundlage. Staatsoberhaupt ist der *Yang di-Pertuan Agong,* ›Der zum Herrn gesetzte Große‹, der alle fünf Jahre von den neun Sultanen der Halbinsel Malaysia (deren Amt erblich ist) aus ihren Reihen gewählt wird (seit 1989 Raja Azlan Shah, Sultan von Perak). Zugleich ist er Oberhaupt des Islam in den Bundesstaaten Melaka, Pulau Pinang und dem Bundesterritorium Kuala Lumpur sowie in seinem eigenen Bundesstaat.

Das Parlament besteht aus zwei Kammern, der Länderversammlung (Senat, *Dewan Negara)* mit 69 Mitgliedern, von denen 43 vom König ernannt und 26 durch Wahlmännergremien in den Bundesstaaten bestimmt werden, und der Volksversammlung (Abgeordnetenhaus, *Dewan Rakyat),* deren 177 Mitglieder nach dem Mehrheitswahlrecht alle fünf Jahre vom Volk gewählt werden. Gesetze bedürfen der Zustimmung beider Kammern.

Politische Gliederung 13 Bundesstaaten und zwei Federal Territories (die Bundesterritorien Kuala Lumpur und Insel Labuan). Neun der Gliedstaaten sind Sultanate: Johor,

Kedah, Kelantan, Negeri Sembilan. Pehang, Perak, Perlis, Selangor und Trengganu (alle auf der Malaiischen Halbinsel). Die Herrscher tragen die Titel Sultan (nach islamischem Wortgebrauch) und Raja (nach hinduistischer Tradition), außer der von Perlis (nur Raja) und der von Negeri Sembilan. Die Bundesstaaten sind in Distrikte (in Sarawak Divisionen genannt) untergliedert, die kleinste Einheit ist die Gemeinde *(Mukim)*.

Wirtschaft In der Landwirtschaft sind 48 % der Erwerbspersonen tätig (Anteil am Bruttogesamtprodukt 13 %), in der Industrie 13 % (BSP 12 %). Malaysia liegt bei der Weltproduktion an Naturkautschuk mit 34 % sowie Palmöl mit 35 % an der Spitze. Bis vor kurzem war Malaysia der größte Zinnproduzent und -exporteur der Welt. Inzwischen ist es hinter Brasilien und der VR China auf den dritten Rang zurückgefallen.

Wichtigste Ausfuhrgüter sind inzwischen Rohöl und Mineralölprodukte (25 % des Landesexports), dann folgen Kautschuk (17 %), Rohzinn (nur noch 9 % wegen Erschöpfung mancher Minen und Produktionsbeschränkung durch Preisverfall auf dem Weltmarkt), Palmöl, Furnierholz, Kopra, Kokosnußöl, Pfeffer (Sarawak), Eisenerz, Kupfer (Sabah), Stahl (Trengganu) und Bauxit.

Republik Singapur

(*Singa Pura* = Löwenstadt)
Majulab Singapura
Xinjiapo Gonghegno

Geographie Hauptinsel Singapur und 54 größtenteils unbewohnte Inseln.
Landfläche insgesamt 622 qkm, die Hauptinsel 574,3 qkm (zum Vergleich: West-Berlin 480,1 qkm).
Ausdehnung der Hauptinsel 42 km von West nach Ost, 23 km von Nord nach Süd.

Einwohner Insgeamt 2 610 000 Singapurer.
76,7 % sind Chinesen, 14,7 % Malaien, 6,4 % Inder und Pakistaner, 2,2 % andere, darunter etwa 40 000 Europäer.

Religion Daoismus, Konfuzianismus, Buddhismus (Chinesen, 56 %), Islam (Malaien, Pakistaner und indische Gruppen, 16 %), Hinduismus (Inder, 4 %), Christentum (10 %) und Judentum (kleine Gemeinde).

Sprache Englisch ist Amts-, Verwaltungs- und Bildungssprache, Malaiisch die Nationalsprache. Landessprachen sind außerdem Mandarin und verschiedene chinesische Dialekte sowie mehrere indische Sprachen.

Regierung Staatsoberhaupt ist der Staatspräsident, seit 1985 Wee Kim Wee; er wird von der Volksvertretung gewählt.
Regierungschef ist der Premierminister. Am 28. November 1990 übergab der seit 1959 amtierende Lee Kuan Yew sein Amt seinem Stellvertreter Goh Chok Tong.

Das Einkammerparlament (Nationalversammlung) besteht aus 81 (seit 1988) Abgeordneten, die spätestens alle fünf Jahre vom Volk nach dem Mehrheitswahlrecht gewählt werden.

Verwaltungs- Stadtgebiet City of Singapore und fünf weitere Bezirke.
gliederung

Wirtschaft Die Landwirtschaft ist bedeutungslos (1 % des Bruttoinlandsprodukts), das Industriewachstum steigt ständig (1988 ca. 34 %). Handel und Verkehr (zweitgrößter Hafen der Welt der Ausdehnung nach, an vierter Position beim Warenumschlag) machen ca. 40 %, Banken, Versicherungen und Verwaltungen ca. 25 % des BIP aus; eine große Rolle spielt dabei der Asiendollarmarkt.
Die wichtigsten Ausfuhrgüter sind Raffinerieerzeugnisse (drittgrößte Erdölraffinerie der Welt), Maschinen und Transportmittel, elektronische Produkte einschließlich Mikroprozessoren, Bohrplattformen, Kautschuk, Eisenerz und Zinn (Transitausfuhr von Malaysia).

Sultanat Brunei

Negara Brunei Darussalam (›Staat Brunei – Heimstatt des Friedens‹)

Geographie Zwei durch ostmalaysisches Gebiet (Sarawak) getrennte Landesteile: West-Brunei und Temburong-Distrikt.
Landfläche 5765 qkm (etwa doppelt so groß wie das Saarland).
Ausdehnung ca. 75 km von West nach Ost, ca. 50 km von Nord nach Süd.

Einwohner Zahl insgesamt 256 500 Brunesen.
64 % Malaien, 21 % Chinesen, 8 % einheimische Stämme (Proto-Malaien wie Iban, Kadazan/Dusan, Murut), 6 % Gastarbeiter aus Indonesien, von den Philippinen, aus Thailand, Europa und den USA.

Religion Muslime (60 %, meist Malaien), Daoisten, Konfuzianer, Buddhisten (14 % Chinesen), Christen (10 %) und Anhänger von Naturreligionen.

Sprache Landessprache Bahasa Melayu (Malaiisch), daneben Englisch; chinesische Dialekte und Sprachen der einheimischen Stämme.

Regierung Staatsform ist die Monarchie (Sultanat) mit dem autokratisch regierenden Sultan, seit 1967 der 29. Sultan dieser Dynastie, Sultan Muda Hassanal Bolkiah als Staatsoberhaupt. Der Gesetzgebende Rat *(Dewan Majlis)* existiert nur formal. Im Ministerrat *(Dewan Lapau)* führt der Sultan den Vorsitz.

Verwaltungs- Das Land ist in vier Distrikte geteilt (Brunei-Muara, Belait, Tutong, Temburong)
gliederung und diese wiederum sind in insgesamt 30 Gemeinden *(Mukim)* gegliedert.

Wirtschaft Landwirtschaft 1 %, Industrie 10 % des Bruttosozialprodukts, Hauptwirtschaftszweige sind die Förderung von Erdöl und Erdgas, zugleich auch die weitaus wichtigsten Exportgüter (bis zu 99 %). Außerdem werden Kautschuk, Holz, Pfeffer und Häute ausgeführt.

Kulturtraditionen

Die Kultur der Frühzeit und ihre Zeugen

Das Paläolithikum, die Altsteinzeit, beginnt in Südostasien mit dem Auftreten des *Pithecanthropus erectus,* des ›aufgerichteten Affenmenschen‹, auf dessen Spur – eine Schädeldecke – erstmals der Holländer Eugène Dubois 1891 auf Java stieß. Dieser Frühmensch lebte im Verlauf des Pleistozän vor 600000–150000 Jahren, und man darf annehmen, daß er über ganz Südostasien verbreitet war. Zwischen dem asiatischen Festland und der malaiischen Inselwelt bestand damals die Landbrücke des Sundaschelfs, die allerdings jeweils bei der Schmelze der gewaltigen Eiszeitgletscher der nördlichen Welt zeitweise und dann am Ende der Eiszeit vor etwa 12500 Jahren endgültig unter Wasser geriet (noch heute gibt es kaum Stellen, an denen das Wasser mehr als 90 m tief ist). Auf Java hat der Pithecanthropus Steinwerkzeuge der frühesten technologischen Stufe hinterlassen, äußerst primitive, roh bearbeitete Haumesser aus Quarzit, Sand- und Kalkstein, weiterhin kräftige Schaber und Stecher, die zum Zerlegen und Ausgraben von eßbaren Wurzeln sowie als Jagd- und Kampfwaffe benutzt wurden. Nur wenig besser bearbeitet sind die Werkzeuge, die H. D. Collings 1938 in Malaya fand, und zwar bei Kota Tampan im Tal des Perak-Flusses. Nach dem Fundort wird diese Kulturstufe in Malaya Tampanien genannt.

Der heutige Mensch, Homo sapiens sapiens, lebt seit etwa 50000–40000 Jahren auf der Erde. Er steht an der Wende vom Alt- zum Jungpaläolithikum. 1958 fanden Archäologen des Sarawak-Museums, unter ihnen Tom Harrison, bei der Großen Höhle von Niah (s. S. 329) den Schädel des bisher ältesten ›modernen‹ Menschen in Südostasien, der hier vor ca. 40000 Jahren gelebt hat, vermutlich nicht nur in Höhlen, sondern auch in zeltartigen Unterkünften aus Bambus und Blattwerk.

Das Mesolithikum, die Mittelsteinzeit, trägt in Südostasien den Namen Hoabinhien nach dem Ort Hoa Binh südwestlich von Hanoi, wo zum erstenmal für diese Zeit charakteristische, fortschrittlichere Werkzeuge unterschiedlichen Typs entdeckt wurden. Das Steinmaterial ist sorgfältig ausgewählt und besser bearbeitet, in der Form oval und scheibenähnlich, aber auch dreieckig und grob zugespitzt. Im letzten Zeitabschnitt des Hoabinhien erscheinen rechteckige Breit- oder auch Kurzbeile, mit zwei – häufig polierten – Schneiden; sie dienten zur Herstellung hölzerner Jagdspeere und Grabstöcke, vielleicht auch zum Anfertigen von Holz- und Bambusgefäßen.

18

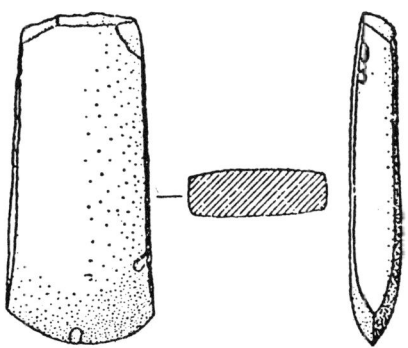
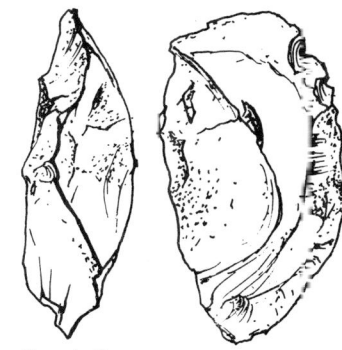

Rechteckbeil, gefunden in Baling (Kedah)   *Faustkeile*

Der Mensch des Hoabinhien lebte ebenfalls vorwiegend in Höhlen oder unter Felsüberhängen, war ein Jäger und Sammler, wenngleich sich aus Funden auf Ansätze von Ackerbau schließen läßt. Daß er ein geschickter Jäger, der wohl auch schon mit Pfeil und Bogen sowie mit dem Blasrohr umzugehen wußte, und ein einfallsreicher Fallensteller war, beweisen die Knochenfunde, die man in Höhlen Nord- und Zentralmalayas fand; nicht nur riesige Mengen an Meeresmuscheln und Gehäusen einer bestimmten Flußschneckenart, Reste von Affen, Schildkröten und Nagetieren, sondern auch von Wildschwein, Rotwild und Braunbär. Aus dieser Zeit stammen auch die ersten Skelettfunde von in Hockstellung bestatteten Menschen. Aus Schädeluntersuchungen ging hervor, daß sie keine Ähnlichkeit mit den heute in Malaya lebenden Menschen hatten. Es handelte sich um Proto-Australide, die zu einem großen Teil von hier aus vor der endgültigen Überflutung des Sundaschelfs nach Australien und Ozeanien gewandert sind.

Im Neolithikum fanden in Südostasien Wanderungsbewegungen größten Ausmaßes statt. Zu Beginn dieser Epoche erschienen die negrid-australiden Semang auf der Halbinsel. Ihnen folgten die proto-malaiischen Senoi und Jakun, dann – wohl zwischen 2500 v. Chr. und der Zeitenwende – malayo-polynesische Gruppen, auch Deutero-Malaien genannt. Sie kamen aus Yünnan (Süd-China), zogen durch Laos – einige Gruppen auch bis zu den Küsten Vietnams – und zur Malaiischen Halbinsel. Viele blieben, andere zogen zu den Inseln des Malaiischen Archipels, einschließlich Borneo, den Philippinen und nach Taiwan, Polynesien und Madagaskar weiter. Ihre Wegmarke ist das für das südostasiatische Neolithikum charakteristische Rechteckbeil mit sogenannter Vierkantklinge, das von großem handwerklichen Können, speziell in der Schleiftechnik, und Sinn für harmonische Formgebung zeigt. Aus der großen Anzahl aufgefundener Beilklingen, Grabstichel und kleiner Skulptiermesser läßt sich mit Gewißheit schließen, daß die Menschen Holzhäuser zimmerten, die sie mit Schnitzornamenten verzierten, und schmale Boote bauten, mit denen sie die Oberläufe der Flüsse erreichen konnten. Sie verstanden sich auf das Drehen von Schnüren und das Takeln von Booten, die, mit Ausleger versehen, bedingt seetüchtig waren. Neben Sammeln, Jagen und Fischen betrieben sie Feldbau von Bananen, Yams, Taro (*Caladium escalentum*, eine

19

Knollenpflanze), vermutlich auch Reis und Hirse. Auf einer drehbaren Unterlage (noch keine Töpferscheibe) formten sie eine mit einfachen, aber variationsreichen Mustern verzierte Gebrauchskeramik. Ihren nun in gestreckter Lage bestatteten Toten wurden steinerne Schmuckstücke, Werkzeuge, Keramiken und als ›Wegzehrung‹ Muscheln und eßbare Schwämme mit ins Grab gegeben. Bedeutende Fundstätten sind Guak Kepah am Unterlauf des Muda-Flusses an der Grenze zwischen Kedah und der Provinz Wellesley (Werkzeuge, Keramiken, Menschenschädel), mehrere Orte in Malakka, Süd-Pahang und auf beiden Seiten der Straße von Johor; weiterhin in Sarawak die Niah-Höhlen, in Sabah die Grotte von Gomantong sowie mehrere Höhlen am unteren und mittleren Kinabatanga- und am Segama-Fluß. Am Bukit Chuping im Staat Perlis fand man kleine Schneidgeräte aus zurechtgeschliffenen Knochen.

Die bisher entdeckten wenigen Felsmalereien gehören dem späten Neolithikum an. Auf einer von überhängenden Felsen geschützten Einbuchtung hoch über dem Kinta-Tal in Tambun (bei Ipoh), einem einst heiligen Ort, entdeckte man eine Anzahl von Zeichnungen. Dargestellt sind ein Tapir, ein wilder Eber, einige Sambar-Hirsche – ein weibliches Tier scheint tragend zu sein, in seinem Leib ist ein Jungtier eingezeichnet –, ein delphinähnlicher Fisch und ein paar menschliche Figuren. Die verschiedenen Stile lassen darauf schließen, daß die Stätte lange Zeit benutzt wurde. Leider verfallen diese 1958 entdeckten Malereien zusehends, und auch der dorthin angelegte Weg ist kaum noch zu finden. Gut erhalten geblieben und behutsam restauriert sind dagegen die Malereien in der Kain Hitam, der ›Bemalten Höhle‹ von Niah (s. S. 329), und in den Sorang Caves nahe Tatau (ca. 80 km südlich von Niah).

Megalithkultur

Eindrucksvolle Zeugen einer prähistorischen Kulturform sind die Megalithe (›große Steine‹), einzelne, aufrecht stehende Felsenstücke, aber auch Dolmen, Grabbauten und steinerne Sitze, vermutlich für die Seelen der Ahnen. Das Setzen dieser monolithischen Monumente nahm in Südostasien wahrscheinlich im ausgehenden Neolithikum seinen Anfang und wurde jahrhundertelang beibehalten. Bei den tief hinten im Bergland um den Mount Murud (Ost-Sarawak/Grenze zu Kalimantan) lebenden Kelabit haben die Archäologen Tom und Barbara Harrison noch um 1950 Steinsetzungen beobachten können. In Malaya finden sich die größten Ansammlungen von Menhiren (keltisch: Men = Stein, Hir = lang) um Alor Gajah und Tampin (nördlich von Malakka) und um Kuala Pilah (östlich von Seremban). Am dichtesten – rund 330 an der Zahl – stehen sie in der Gemeinde *(Mukim)* Terachi an der Straße von Seremban nach Kuala Pilah. Sie sind paarweise angeordnet und bilden Reihen, die in etwa von Ost nach West verlaufen. Keiner der Megalithe, die alle aus einem nahen Granitsteinbruch stammen, wurde behauen oder mit Reliefs verziert, ausgewählt wurden bestimmte natürliche Formen. Während der kleinste nur 0,45 m hoch ist,

Transport eines Megalithen

überragt ein nach Ost weisender Stein mit rund 3,15 m Höhe bei weitem alle übrigen. In einigen Menhiren sehen die heutigen Bewohner den Grabstein eines ihrer wirklichen oder legendären Ahnen und verehren sie als *Keramat* (Heiligtum). Indessen hat sich aber herausgestellt, daß es ringsum keinen Friedhof gab und die Steine bereits standen, als die Minangkabau, die heute, vermischt mit anderen Malaien, die Region besiedelten (14.–15. Jh.). Da es keine schriftliche Überlieferung gibt, weiß man heute so gut wie nichts mehr über Sinn und Bedeutung dieser Megalithe. Fest steht nur, daß sie in vorislamischer Zeit gesetzt wurden. Rätselhaft blieben bis heute auch die Reliefornamente dreier Megalithe – die einzigen verzierten in West-Malaysia – im Keramat Sungai Udang beim Dorf Pangkalan Kempas (s. S. 245).

In Sabah (Ost-Malaysia) zieht sich ein regelrechter Megalith-Gürtel von weit mehr als hundert Menhiren durch das von den Kadazan (Dusun) bewohnte Kinabalu-Tiefland zwischen Kota Belud und Papar. Viele stehen noch aufrecht inmitten von Reisfeldern und sind von der Straße aus sichtbar, andere liegen am Boden, und wieder andere hat der Regenwald überwuchert. Alle Steine, zwischen 0,71 und 1,82 m hoch, sind aus rötlich braunem oder weißlich grauem Sandstein. Die meisten sind oben sanft gerundet, nur ganz wenige laufen hakenförmig spitz zu. Vielleicht wurden sie alle nach irgendwann für gültig erachteten Idealformen ausgesucht. Ob man die Steine bearbeitet hat, läßt sich bei dem weichen, stark verwitterten Sandstein nicht mehr feststellen. Es könnte sein, daß die hohen, langgestreckten Steine maskuline und die kurzen, gedrungenen feminine Elemente symbolisieren, eine Vermutung, die sich – mit aller Vorsicht – aus den eindeutig männlichen oder weiblichen Holzfiguren ableiten läßt, die in jüngerer Zeit an ihre Stelle traten. Die christlichen Kadazan begreifen die Menhire als ihren Kulturbesitz, übernahmen den Brauch aber von ihren Vorgängern. Auch den muslimischen Bajau gelten sie als zu ihrer Prähistorie gehörig. Den Archäologen Tom und Barbara Harrison gelang es durch Befragen älterer Leute, denen Erzählungen ihrer Großeltern noch gegenwärtig waren, Bruchstücke zusammenzutragen, die den Sachverhalt solcher Steinsetzungen erhellen. Nach ihren Ermittlungen gab es vier Hauptanlässe zur Errichtung von Megalithen. Erstens: Eine kinderlose Frau markierte auf diese Weise ihr ererbtes Land, das nach ihrem Tod wieder an ihre Verwandten zurückfiel. Der Stein sollte also ihren Mann und dessen Familie vor Übergriffen warnen. Zweitens: Der Menhir als Statussymbol; eine wohlhabende Familie unterstrich dadurch ihre Macht innerhalb der Gemeinschaft. Drittens: Als eine Art Grabmal, errichtet bei Begräbnisfeierlichkeiten (nicht jedoch bei der eigentlichen Bestattung). Und schließlich, viertens, waren Menhire einfach nur Gedächtnismale für Männer von Rang; sie trugen dann häufig deren Namen. Die von den Harrisons in Sabah gewonnenen Erkenntnisse sind jedoch nicht ohne weiteres auf andere Gebiete übertragbar.

Die bedeutendste Megalith-Fundstelle in West-Sarawak (Ost-Malaysia) war das Delta des Sarawak-Flusses, 3 km stromaufwärts ab dem Dorf Santubong. In dem sumpfigen Boden steckten mehrere mit Ritzzeichnungen und Reliefs – menschliche Figuren und Symbolzeichen – versehene Steinblöcke, darunter der berühmte ›Batu Gambar‹ (Bild- oder Statuenstein) mit dem Relief einer menschlichen Figur in froschähnlicher Haltung und mit einer eigenartigen Haartracht (Replik im Garten des Sarawak-Museums, Kuching). Wer die Menschen waren, die diese Reliefs schufen, was sie und die Symbolzeichen bedeuten, weiß niemand mehr zu sagen.

Zeugen der Frühzeit

Zeittafel

		Unteres Paläolithikum	} Altpaläolithikum
vor	40000 v. Chr.	Mittleres Paläolithikum	(Ältere Altsteinzeit)
ab ca.	40000 v. Chr.	Oberes Paläolithikum	Jungpaläolithikum
ab ca.	30000 V. Chr.	Jüngeres Paläolithikum	(Jüngere Altsteinzeit)
ab ca.	10000 v. Chr.	Mesolithikum	Mittelsteinzeit (Hoabinhien)
ab ca.	4000 v. Chr.	Älteres Neolithikum	Jungsteinzeit
ab ca.	2500 v. Chr.	Jüngeres Neolithikum	
ab ca.	250 v. Chr.	Chalkolithikum	Kupferzeit
ab ca.	400 n. Chr.	Metallzeit	Bronzezeit (Dongson)
			Eisenzeit

Metallzeit (Dongson-Kultur)

Der Übergang zur Bronzezeit vollzog sich in Malaya etwa um die Zeitenwende, in Borneo einige Jahrhunderte später. Diese Epoche dauerte nur eine relativ kurze Zeit, erfaßte nur einen sehr kleinen Teil der malaiischen Bevölkerung und hat deren Leben nicht nachhaltig verändert. Man arbeitete zunächst einige steinerne Geräte nach, bis man dann erkannte, daß sich Bronze auch zur Herstellung anderer Gebrauchsgegenstände und für kunstvolle Verzierungen eignete. Daß Kupfer in Malaya nicht vorkommt, mag ein Grund dafür gewesen sein, daß Bronze nur in geringem Umfang verarbeitet wurde und als großer Luxus galt. Allerdings fehlt es bisher auch an Fundstätten, die das Bild über das wirkliche Ausmaß der Produktion erhellen könnten. Die einzigen Belege für die frühere Bronzezeit in Malaya sind bisher Bruchstücke zweier großer, reichverzierter Kesseltrommeln (heute im British Museum, London), einige ungefähr 60 cm hohe klöppellose Glocken und einige Axtklingen. All diese Gegenstände rechnet man der Dongson-Kultur zu, so benannt nach dem Ort gleichen Namens in der Ebene von Tongking (Nord-Vietnam), wo in den 30er Jahren dieses Jahrhunderts eine große Menge Bronzegerät ausgegraben wurde. Hier und in Süd-China (Yünnan, Guangxi, Guizhou) lag das Zentrum dieser weitgehend eigenständigen Kultur, die sich über fast ganz Südostasien ausbreitete. In ihrem Entstehungsgebiet dauerte die Blütezeit etwa von

Dekorzonen des Tympanons der Kesseltrommel im Nationalmuseum von Singapur

1 *Sonne oder Stern*
2 *stilisierte Zikaden*
3 *geometrisches Muster*
4 *Münze mit viereckigem Loch in der Mitte*
5 *stilisierter Vogel*
6 *Münze mit viereckigem Loch in der Mitte*
7 *Blüte mit vier Blättern*
8 *Mattenmuster*
9 *Münze mit Viereckloch*
10 *stilisiertes Insekt*
11 *Münze mit Viereckloch*
12 *geometrisches Muster*
13 *stilisiertes Insekt*
14 *Münze mit Viereckloch*
15 *stilisiertes Tier*
16 *Münze mit Viereckloch*
17 *Mattenmuster*
18 *geometrisches Muster*
19 *geometrisches Muster*

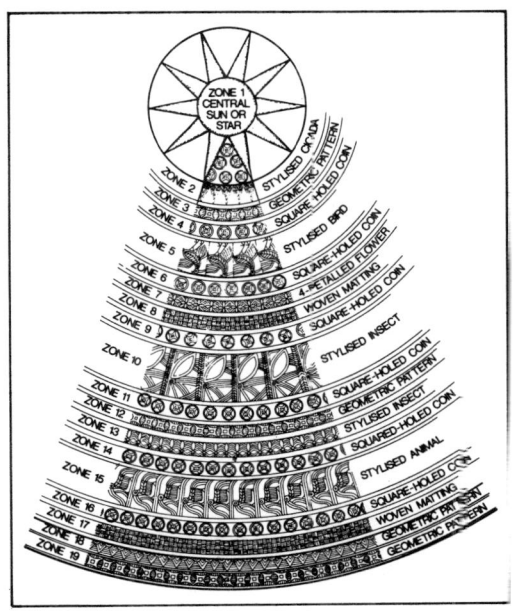

500 bis zur Zeitenwende, in anderen Ländern kam sie später auf, war aber noch jahrhundertelang als prägende Kraft wirksam. Das charakteristische Werkzeug ist das Tüllenbeil, auch Schuhleistenkeil genannt. Anders als bei den Steinbeilen wird der Griff in einen Hohlraum eingeschoben. Das typische Kunsterzeugnis der Dongson-Kultur ist die Bronzetrommel, strenggenommen eher ein Metallophon oder Kesselgong, denn die (einzige) Schlagplatte besteht, wie auch die übrigen Teile, aus Metall und nicht aus einer vibrierenden Membran wie bei der echten Trommel. Charakteristisch ist die Form: Fuß- und Schulterzone schwingen bauchig nach unten und oben aus; dazwischen die eingezogene Wandung, zumeist als scharfer Knick, zuweilen aber auch als langgestreckter Mittelteil mit geradlinigen Konturen; hier sitzen die insgesamt vier Griffe der Trommel. Das Fachreliefdekor ist in konzentrischen Ringen auf Teller und Wandung angeordnet und zeigt die folgenden Motive: Die Mitte des Trommeltellers bildet meistens ein Stern mit acht oder zehn spitzen Zacken, von den Chinesen ›Sonnenornament‹ genannt; in den Ringen Spiralmuster (altes chinesischen Sinnbild für Donner), Dreieck-, Rechteck-, Ringketten- und Mattenmuster sowie figürliche Darstellungen von stilisierten Vögeln und anderen Tieren, menschliche Gestalten, die tanzen oder Reis zerstampfen oder Mundorgel spielen, bewaffnete Krieger mit federgeschmücktem Kopfputz. Die Bronzetrommeln dienten nicht nur als Klanginstrument – zur musikalischen Begleitung bei Tänzen, Nachrichtenübermittlung und zur Geisterbeschwörung –, sondern auch als Schatzbehälter in Gräbern, gefüllt mit Kaurimuscheln (Zahlungs- und Tauschmittel), Wertgegenständen oder Waffen. Bei einigen kleinen Stammesgruppen in Süd-China sind derartige Trommeln ununterbrochen seit mehr als 2500 Jahren in Gebrauch (s. dazu auch die Bronzetrommel im Nationalmuseum, Singapur, S. 172 und S. 23).

Typisch für den Dongson-Stil sind die streng symmetrisch angelegten Reliefdekors, sowohl bei der Flächenaufteilung als auch beim einzelnen Ornament. Als die Chinesen im 1. Jahrhundert Tongking und Annam erobert hatten, nahmen sie den Dongson-Stil in ihre Kunst auf und entwickelten daraus den sogenannten späten Zhou-Stil, der jedoch auf eine harmonische Anordnung keinen besonderen Wert legt und zur Asymmetrie neigt. Beide Stile entfalteten sich bei den malaiischen Völkern zu einer lebendigen Tradition und finden sich noch heute auf bemaltem Bast, bei Webmustern und Hausmalereien.

In Nord- und Nordwestborneo ging das Neolithikum ohne ein ausgeprägtes Bronzestadium fast nahtlos in die Eisenzeit über. Dennoch fand man in Sabah, und zwar in der Höhle Pusu Lumut am Segama-Fluß, das bisher älteste Bronzebeil von ganz Malaysia und Indonesien: 46 × 37 mm groß, mit einer im Bogen verlaufenden Schneide, innen hohl zum Einfügen eines Griffs. Die ›Axt‹ wurde um 800 v. Chr. gefertigt. In einer Schicht über dieser Fundstelle lag ein Teil der Tongußformen für ein etwas anders gestaltetes Beil, ein Beweis dafür, daß diese Werkzeuge nicht eingeführt, sondern an Ort und Stelle hergestellt worden sind.

Die relativ kleinen Bronzebeile waren jedoch keine effektiven Handwerkzeuge im Kampf gegen den Regenwald und blieben wohl mehr oder weniger sakralen Handlungen vorbehalten. Aber Eisengeräte, deren Herstellung die Malaien von den Indern und Chinesen übernahmen, etwa ab 400 oder 500 n. Chr. in größeren Mengen verfügbar, bedeuteten eine Revolution: Es war nun wesentlich einfacher, das Land von den Wucherungen des Dschun-

gels freizuhalten, es zu bearbeiten und Pflanzungen zu kultivieren. 1947 hat man im Sara-
wak-Delta ein ausgedehntes Verhüttungszentrum freigelegt. Dort holten früher die Bajau
und andere seefahrenden Stämme Roheisen zur weiteren Bearbeitung oder auch fertige
Geräte ab, bis man sich auch in Sabah in der Eisenmetallurgie auskannte.

Lebensweise und Kultur der Orang Asli

Orang Asli, ›ursprüngliche‹ oder ›einheimische Menschen‹ – so nennen die Malaien heute die
Restgruppen der ›Ureinwohner‹ auf der Malaiischen Halbinsel; als *Sakai*, was Sklave,
Gefolgsmann, aber auch prügeln bedeuten kann, bezeichneten sie sie früher.

Der Lebensraum dieser Stämme war der von Flüssen durchzogene Dschungel, der einst
fast bis an die Küsten reichte. Vor den andringenden Malaien, die ihre Kampongs an den
Unterläufen der Ströme anlegten und den Dschungel lichteten, wichen die Orang Asli ohne
Gegenwehr immer weiter ins Bergland zurück. Jahrhundertelang gab es nur oberflächliche
Berührungen zwischen beiden Gruppen. Bei gelegentlichen Begegnungen fanden die
Malaien ihre Vorurteile von den ›wilden Ungeheuern des Waldes‹ bestätigt. Sie erschraken
so sehr vor der Fremdheit dieser Menschen, daß sie ihnen mancherlei übernatürliche Kräfte
andichteten und sie nahezu gleichsetzten mit den Geistern des Waldes. Sie verstünden sich
auf Magie und Hypnose, könnten jederzeit einen Tiger herbeirufen oder sich in einen
solchen verwandeln. Paul Schebesta (Hist. Abb. 3), der als einer der ersten Europäer 1924/25

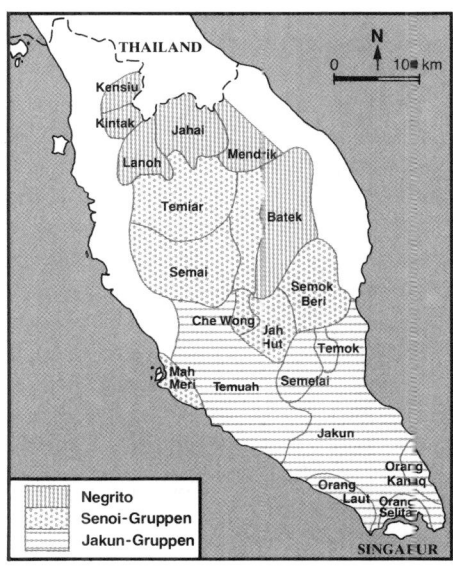

Orang Asli-Stammesgruppen in West-Malaysia

25

Feldforschungen auf der Malaiischen Halbinsel betrieben hatte, berichtete von Erzählungen über einen Orang Asli-›Stamm‹: »Von da an hörte ich den alten Batin öfter über die Zwerge erzählen. Er meinte, daß sie keine richtigen Menschen seien, denn sie kämen aus der Erde hervor. (...) Sie sollten weder Feuer, noch Salz, noch den Parang kennen. Sie sollten Fleisch roh essen, indem sie es geraume Zeit an die Bäume schlagen, bis es gar sei«. Erst im Laufe der Zeit erkannten die Malaien, daß die Eingeborenen äußerst friedliche Menschen waren, die sich ihrer Umwelt angepaßt hatten, eßbare und giftige Pflanzen unterscheiden konnten und Heilkräuter kannten. Diese neue, ihrer magischen Komponente entzogene Sichtweise ließ die ›Ureinwohner‹ in den Augen der Malaien nun als primitiv erscheinen. Und da diese darüber hinaus noch ›Ungläubige‹ waren, nahmen sich die ›rechtgläubigen‹ (= muslimischen) Malaien die Freiheit, Eingeborene als Sklaven zu halten. Mit unbeschreiblicher Grausamkeit fingen sie die Kinder der Orang Asli, töteten die Eltern, wenn diese sich zur Wehr setzten. Tausende verloren im Laufe der Zeit ihr Leben. Trotz der Antisklavereigesetze der Briten (das erste wurde 1878 im Staat Perak erlassen) fanden bis ins 20. Jahrhundert hinein solche Sklavenjagden statt, an denen sich wegen des einträglichen Geschäfts sogar Angehörige jener Stammesgruppen beteiligten, die schon malaiisiert waren.

Eine weitere Dezimierung der ›Ureinwohner‹ geschah gegen Ende des Zweiten Weltkrieges und während der Zeit des Notstands von 1948 bis 1960, als diese in die Kämpfe gegen die kommunistische Guerilla im Dschungel, vor allem im Norden des Landes, hineingezogen wurden. Für die Malaien waren die Eingeborenen als Wegbegleiter durch den Bergwald und beim Aufspüren kommunistischer Lager wertvolle Helfer. Manche der Orang Asli kämpften aber auch auf der Seite der Guerilla.

Die Lage hat sich inzwischen längst entspannt, ein gewisses gegenseitiges Mißtrauen wird geblieben sein. Erst vor rund 20 Jahren begannen die Malaien, die ›Ureinwohner‹ gesellschaftlich zu integrieren. Die Regierung ist bestrebt, die Seßhaftigkeit zu fördern, bessere Bodenbearbeitungsmethoden und Viehzucht einzuführen. Quasi als Gegenleistung müssen sie dem Animismus abschwören und sich zum Islam bekennen. Manche lockt das bessere Leben in der malaiischen ›Zivilisation‹, andere ziehen jedoch die Einsamkeit der Bergwälder vor und belassen es bei gelegentlichen Kontakten mit der Welt ringsum. Vermutlich ist es aber nur eine Frage der Zeit, bis auch sie der Assimilierungsprozeß vollends erfassen wird.

Auf der Halbinsel leben heutzutage noch rund 35 000–40 000 Orang Asli. Man unterscheidet zwei Ethnien: Semang (in Anlehnung an die afrikanischen Pygmäen teilweise noch immer als Negritos [Negerlein] bezeichnet) und die sogenannten Proto-Malaien.

Der ältere der zwei ›Eingeborenenstämme‹, hier ansässig seit dem frühen Neolithikum, sind die Semang (Hist. Abb. 4, 5), deren Zahl gegenwärtig auf 1500–2000 geschätzt wird. Sie gehören der melanesoid-negriden Rasse an wie auch die ›Negritos‹ der Andamanen, Philippinen und Neuguineas sowie Teilen Indonesiens. Die Semang leben in den Tiefland-, Regenwald-und Sumpflandbereichen Kedahs, Peraks, Kelantans und Trengganus sowie weiter südlich in den Submontanwäldern der Benom Range von West-Pahang. Dort bevorzugen sie Höhenlagen zwischen 300 und 600 Meter. Es existieren noch sechs Unterstämme: Mendrik, Jahai, Batek, Lanoh, Kintak, Kensiu.

Um Mißverständnissen vorzubeugen, sei hier kurz auf den Begriff ›Stamm‹ eingegangen. In der ethnologischen Literatur gilt der Stamm als eine homogene und in politischer und sozialer Hinsicht autonome Gruppe, die ein eigenes Territorium bewohnt. Von Bedeutung ist dabei der politische Aspekt, der ein Amt voraussetzt, dessen Träger eine permanente politische Autorität ausdrückt. I. Carey hat auf Grund seiner Feldforschungen bei den Semang beschrieben, daß deren Zusammenschluß hauptsächlich über linguistische Bindungen erfolgt und nicht über einen formellen Führer sowie entsprechende politische Konzeptionen, mit denen die Mitglieder zu einer Einheit zusammengefaßt werden könnten.

Die typische soziale Einheit der Semang bildet die Lokalgruppe, die aus einer über drei Generationen laufenden erweiterten Familie besteht und zwischen 10 und 30 Personen umfassen kann. Autorität besitzt hier das älteste männliche Mitglied (*Ketua*); in der Regel geht das Amt nach dem Tod des Ältesten auf den Sohn über. Werden dessen Führungsqualitäten angezweifelt, übernimmt entweder der nächstgeborene Bruder das Amt, oder aber die Lokalgruppe wählt einen neuen Ketua. Dieser genießt keinerlei Privilegien, trägt keinerlei Rangabzeichen und kann jederzeit von der Gruppe abberufen werden, wenn die Mehrheit dies beschließt. Zu seinen Aufgaben gehören die Organisation der Jagd und die Schlichtung von Streitigkeiten. Die Kernfamilien leben gleichberechtigt nebeneinander. Die Ehe wird eindeutig als Institution aufgefaßt und ist in der Regel monogam, gilt aber nicht als Dauerbindung: Beide Partner können die Scheidung begehren und sich ein- oder mehrmals wiederverheiraten. Die Kinder verbleiben fast immer bei der Mutter.

Eine Familie kann jederzeit den Verband wechseln; die Lebensfähigkeit der Gruppe leidet darunter nicht, da die Aufgabenverteilungen nicht spezialisiert sind. Das Verlassen der Lokalgruppe hat zwei vorrangige Gründe: Zunächst sind da die strengen Inzestbestimmun-

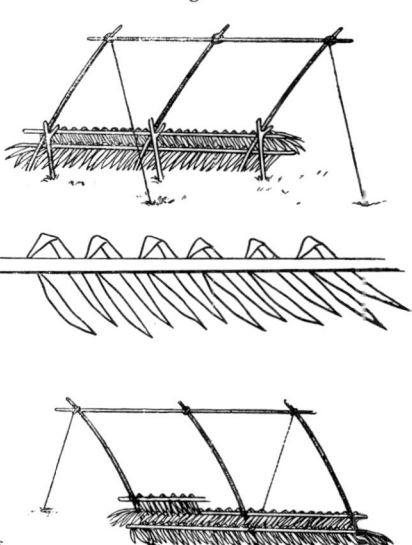

Bau eines Windschirmes

Windschirm der Semang

gen, die Eheschließungen bis zum dritten Verwandschaftsgrad untersagen, zum anderen kann das Nahrungsangebot knapp werden, aber die Lokalgruppe als Ganzes ist noch nicht bereit weiterzuziehen.

Die Semang sind Vollnomaden, die ihre Lagerplätze zuweilen nur wenige Tage behalten. Ihre Windschirme, die jeweils eine Familie beherbergen, errichten sie auf einer durch Einschlag und Abbrennen des Buschwerks geschaffenen Lichtung im Dschungel. Drei dünne Bäumchen werden schräg in den Boden gesteckt und die oberen Enden an einer Querverbindung befestigt, die von innen ein gegabelter Stock stützt. Rotangschnüre oder Schlingpflanzen biegen die eingesteckten Bäumchen herab. Die Leinen werden im Gebüsch verankert, die Bäumchen mit einer Palmblattlage abgedeckt. Diese ›Siedlungen‹ bauen die Semang gerne an Gebirgsbächen auf, denn hier haben sie klares Trinkwasser. Das Lager kann Winkel, Oval, Kreis, Viereck oder eine gerade Linie bilden. Alle Plätze sind gleichwertig.

Männer und Frauen graben mit zugespitzten Stöcken tief im Boden nach Wurzeln und Knollen, pflücken Blätter, Beeren und suchen Bienennester nach Honig ab. Die Beute tauschen sie später untereinander aus, damit jeder das Notwendigste erhält. Von den Malaien haben die Semang den *Parang*, ein großes eisernes Haumesser, übernommen, mit dem sie sich im Wald den Weg bahnen sowie Baumsprossen für die Nahrung und Baumrinde für ihre Kleidung abschlagen. Die Männer tragen einen Durchziehschurz, dessen Ende vorn herunterfällt. An einem langen Strick aus dem Wurzelgeflecht eines Pilzes oder aus geflochtenen Palmblattfasern hängen die Messer. Auch der Rock der Frauen besteht aus Baumrindenbast, und aus Pflanzenteilen werden auch Hals-, Arm- und Ohrschmuck gefertigt. Zum Erlegen von Kleintieren dient den Männern das Blasrohr, dessen Herstellung sie von den Senoi erlernt haben (s. u.). Es ist ihr wichtigster materieller Besitz und wird vom Vater auf den Sohn vererbt.

Schmuckgürtel aus Blattwerk

Äußerst ungewöhnlich sind die beiden folgenden wirtschaftlichen Praktiken: Zum einen treiben die Semang einen ›stummen Handel‹ (silent trade), wobei sie Dschungelprodukte an einem markanten Ort in der Nähe eines malaiischen Dorfes plazieren und einige Tage später die Gegenleistungen abholen – zumeist Salz, Zierperlen und Messer. Zum anderen besitzen Mitglieder der Gemeinschaft eigene Durian-Bäume. Zwar werden auch hier die Ernteerträge mit der Gruppe geteilt, doch niemand außer dem Besitzer darf die Kapselfrüchte pflücken.

Unter dem Einfluß der Malaien und einiger Senoi sind manche Semang inzwischen halb-seßhaft geworden, bauen sich einfache Hütten und pflanzen Reis, Bananen und Tapioka an, die ihnen als zusätzliche Nahrung dienen. Im allgemeinen ziehen sie aber immer noch das relativ mühelose Früchtesammeln und die Jagd dem Reisanbau vor.

Der mit rund 24000 Menschen volkreichste der Eingeborenenstämme sind die Senoi (›Mensch‹, in einigen anderen Quellen auch als ›Bergleute‹ übersetzt), die die Gebirgswälder von Perak, Selangor, Negeri Sembilan und Pahang in Höhen von 800–1000 m bewohnen. Als Siedlungsraum bevorzugen sie die Umgebung der Quellflüsse von großen Strömen. Die Senoi sind Proto-Malaien, sprechen aber wie die Semang eine zur Mon-Khmer-Familie gehörige Sprache. (In der wissenschaftlichen Literatur ist die anthropologische Zugehörig-keit der Senoi zu den Proto-Malaien umstritten. Einigen Ethnologen, wie z. B. I. Carey [s. Literaturverzeichnis], gelten sie als eigenständige Ethnie.) Man unterscheidet bei den Senoi zwei ›Unterstämme‹: die Temiar (Hist. Abb. 7) und die Simai (Hist. Abb. 8–12). Die Trennungslinie zwischen beiden verläuft etwa bei den Cameron Highlands und hat sich ziemlich deutlich erhalten, da beide Gruppen nicht untereinander heiraten und auch gegen-seitige Kontakte meiden. Die Temiar haben sich mit den Semang und die Semai mit den Jakun (s. u.) vermischt; einige Forscher rechnen auch mehrere kleinere Gruppen wie die Che Wong, Jah Hut, Semok Beri und Mah Meri den Senoi zu, anderen gelten sie eher als Jakun.

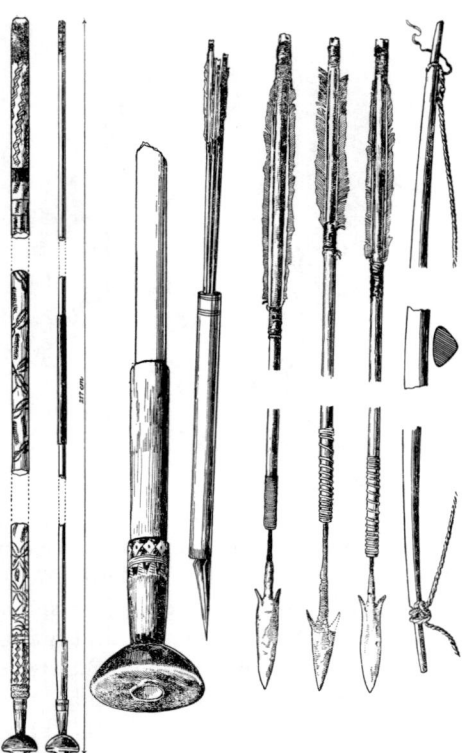

Waffen der Senoi; von rechts nach links: Bogen, drei Pfeile, Köcher mit Pfeilen, Ende eines Blasrohres mit Mundstück, Innenrohr und Schutzrohr

Die Senoi sind halbseßhafte Pflanzer und wohnen in festen spitzgiebeligen Stelzenhäusern nach malaiischem Vorbild (Hist. Abb. 9, 10). Zuweilen sind auch noch Langhäuser mit vier bis fünf Familien in Gebrauch. Hier besitzt jede Familie einen Raum; allen gemeinsam ist die durchgängige Seitenveranda für den Tagesaufenthalt mit Kochvorrichtungen sowie zur Wasser-und Geräteaufbewahrung und für die Geselligkeit. Der Sippenverband ist sehr lose gefügt. Ein Ältester (*Penghulu*) vertritt die gemeinsamen Interessen, regelt interne Angelegenheiten und schlichtet Streitigkeiten. Dieses Amt ist erblich und geht vom Vater auf den Sohn über. Doch Machtkonzentration in einer Hand wird vermieden, die Ämter sind verteilt, so z. B. die Organisation der Jagd und die Feldbewirtschaftung im Jahresverlauf.

Die Äcker legen die Senoi nach Brandrodung in Hausnähe an, bestellen jedes Feld ein Jahr lang und schaffen sich dann neben dem alten ein neues (rotierender Brandrodungswechselbau). Dieser Vorgang wiederholt sich so lange, bis das Land rund um die Siedlung ausgelaugt ist. Das kann bis zu zwölf Jahre dauern. Das Anbauprogramm ist weit gefächert: Bergreis, Hirse, Süßkartoffeln, Mais, Tabak, Chili, Papayas. Die Senoi halten Hühner, Schafe, Ziegen und Kühe. Aber auch Jagd, Fischfang (Hist. Abb. 6) und Früchtesammeln spielen eine große Rolle. Während des Sammelns der großen grünen Durian-Kapselfrüchte werden nach Art der Semang Windschirme errichtet. Die Senoi sind geschickt im Umgang mit Reusen, Wurfnetzen und Fallen sowie hervorragende Blasrohrschützen (Hist. Abb. 1). Auf der Malaiischen Halbinsel waren sie die ersten, die das Blasrohr herstellten und es weiter vervollkommneten, von ihnen lernten die Semang Konstruktion und Handhabung. Das Material ist Bambus, vor allem die Art *Buloh sewoor*, deren Internodien – die Abschnitte zwischen den Wachstumsknoten – mindestens 2,10 m lang sind, so daß man für ein einfaches Blasrohr nur ein einziges Bambusstück braucht. Buloh sewoor wächst in 1500–2000 m Höhe, also im bevorzugten Siedlungsgebiet der Senoi. Bei anderen Bambusarten müssen die Knoten durchstoßen werden. Oder aber man steckt mehrere kurze Rohre ineinander und umwickelt oder verklebt die Nahtstellen. Komplizierter gebaut sind die sogenannten verstärkten Blasrohre, bei denen um das Druckkammerrohr ein äußerer Schutzmantel angelegt ist, um Verbiegungen zu vermeiden. Ein guter Schütze bläst den nur etwa stricknadeldicken, 30 cm langen Pfeil aus Bambus oder, heute mehr und mehr aus Metall, rund 50 m weit – und trifft. Der Pfeil ist in der Regel mit dem giftigen Saft des Upas-(Ipoh-)Baums (*Antiaris toxicaria*) bestrichen, der auch bei Menschen tödlich wirkt, nicht aber bei Großwild wie Elefanten und Büffel.

Sowohl fertige Blasrohre als auch das Rohmaterial Bambus waren bei anderen Eingeborenenstämmen sehr begehrt und wurden im Austausch gegen Naturalien oder durch Bezahlung mit Geld erworben. Die Handelsroute folgte den Flußtälern, aber auch dschun-

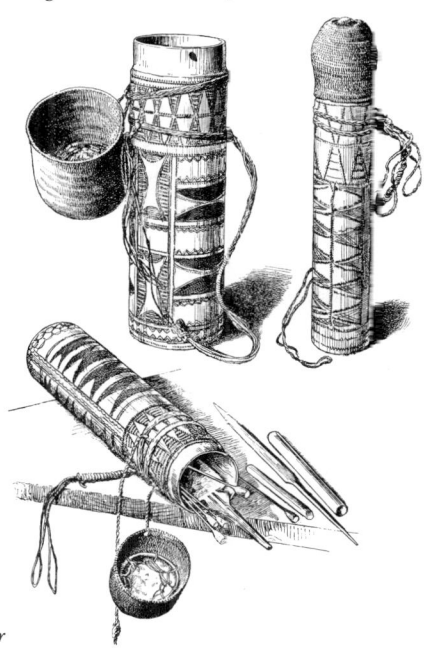

Verzierte Pfeilköcher

gelbewachsene Berge bildeten kein großes Hindernis, so daß die Güter selbst die in entlegenen Gegenden lebenden Gruppen erreichten, zuweilen über Mittelsmänner.

Weiterhin gehören zu den Proto-Malaien die Jakun (Hist. Abb. 13), Temuan, Semelai, Temok, Kanak, Laut und Selitar. Sie leben im Regenwald des Tieflandes bis in Höhen von 300 m, und zwar an den Mittel-und Unterläufen der Nebenflüsse großer Ströme und im Mangrovensumpfwald der Küsten. Ihre Zahl beträgt ca. 14 000. Einige nördliche Gruppen haben sich stark mit den Senoi und auch den Semang vermischt, andere mit den Malaien. Die ›reinen‹ Jakun, die zahlenmäßig stärkste Gruppe, trifft man noch an vielen Stellen in Johor.

Die Lebensweise der einzelnen ›Stämme‹ ist zwar unterschiedlich, allen gemein jedoch die Seßhaftigkeit. Unter malaiischem Einfluß gaben beispielsweise die Jakun schon frühzeitig ihr Sammler-und Jägerdasein auf und bauten sich Häuser malaiischen Typs, die zumeist regellos, seltener in einem Kreis angeordnet sind. Jede Familie führt ihr eigenes Leben. Die Siedlung bildet eine lokale Gemeinschaft: So hilft man einander bei der Ernte oder bei ausgedehnten Fischzügen. Der mit recht großer Machtfülle (vermutlich malaiischer Einfluß) ausgestattete Häuptling *(Penglima)* repräsentiert die Siedlung politisch.

Die Jakun betreiben einen rotierenden Landwechselbau. Die in Brandrodungstechnik gewonnenen Felder liegen zumeist rund um die Siedlungen. Angebaut werden vor allem Mais, Tapioka, Bananen, Reis, Yams und Süßkartoffeln, aber auch Kautschukbäume, Öl- und Kokospalmen. Die Produkte verkaufen die Jakun auf dem Markt. In den Gärten werden mehr als 60 Fruchtbaumsorten kultiviert, am häufigsten Mangusteen, Durian und Rambutan. Eine weitere Nahrungsquelle ist der Fischfang (auf malaiische Art). Das Jagen mit dem selbsthergestellten Holz- oder Bambusblasrohr, das einst von den Senoi eingehandelt wurde, haben die Jakun aufgegeben.

Die Orang Asli sind – soweit nicht islamisiert – Animisten. Sie denken sich ihre Lebenswelt von Gottheiten und Geistern durchwaltet, die sie *Orang Hidop*, Unsterbliche oder Himmelswesen, nennen. Durch Opfer und Rituale muß man sie günstig stimmen. Vor allem gilt es, die Tabus zu beachten, damit ihr Zorn nicht herausgefordert wird. Eine lange Liste von Verboten bestimmter Verhaltensweisen regelt das sozial-religiöse Leben. Das schwerste Vergehen ist der Inzest, daher sind das Nebeneinanderschlafen selbst der Eltern und Kinder verschiedenen Geschlechts ab dem sechsten Lebensjahr und Freundlichkeiten zwischen Schwiegerkindern und Schwiegereltern verschiedenen Geschlechts strenge Tabus. Ehebruch, schlüpfrige Reden, Respektlosigkeit gegenüber Älteren, lautes Feiern bei der Rückkehr ins Lager, ausgelassenes Spiel der Kinder, das Quälen von Tieren, selbst des menschenpeinigenden Blutegels, und das Verspotten von Hund, Katze und verschiedenen Affenarten wird Tod durch Blitzschlag, Sturm oder Flut zur Folge haben, wenn diese Vergehen nicht mit dem Blutopfer gesühnt werden.

Über die Einhaltung der Tabus wacht *Karei*, der oberste Gott, den man sich im allgemeinen als abstraktes Wesen vorstellt, das am Firmament lebt. Seine Frau *Ta Ped'n* wohnt in der Erde. Beim Blitz kommen beide zusammen. Karei schickt die Gewitter, ist daher der Donnergott, und ihm werden die Blutopfer dargebracht: Sobald ein Gewitter losbricht, ritzt sich ein Mann oder eine Frau (manchmal auch beide) mit einem Bambusspliß oder dem

Semang-Frau beim Blutopfer (Fotos von 1935)

Buschmesser die Haut am Schienbein auf und schabt das herausgetretene Blut ab, das in ein Bambusgefäß gegeben und mit Wasser gemischt wird. Dann gießt man einige Tropfen auf den Boden mit den Worten: »Geh zur Erde!«, den größten Rest aber schleudert man nach oben, gegen das Gewitter: »Geh zur Sonne!«

Über den Ursprung der Welt gibt es bei den Orang Asli zahlreiche Mythen, die von Stamm zu Stamm variieren. Als Schöpfer gilt im allgemeinen die freundliche Erdgottheit Ta Ped'n, die aber dem Donnergott Karei untergeordnet ist. Ta Ped'n schuf Bäume, die sie aus einer bestimmten Himmelsschicht erwachsen ließ, Menschen, die sie aus Früchten, und Tiere, die sie aus einem Teil der Menschen gestaltete. Sonne, Mond und Erde aber mußten nicht geschaffen werden, sie waren von Anfang an vorhanden. Den Mittelpunkt der Erde sehen die Semang in einem 200 m hohen Fels an den Quellen des Tadoh-Flusses (zwischen Perak und Kelantan). Dieses Weltzentrum ruht auf dem Rücken eines Drachen und schafft die Verbindung zwischen Erde und Firmament, also zwischen den beiden Hauptgottheiten mit ihrem weitverzweigten Familiensystem und der Hierarchie der ihnen zugehörigen Götter.

Eine wesentliche Rolle im religiösen Leben spielt der *Hala* (Hist. Abb. 2). Er ist einerseits Medizinmann, der durch Arzneien, Heilkräuter, zauberische Praktiken und Beschwörungen Krankheiten vertreibt, andererseits hat er priesterliche Funktionen zu erfüllen, die nicht der Geisterverehrung dienen, sondern der Mittlertätigkeit zwischen Menschen und Göttern. In einer Geheimsprache trägt er den Geistern die Bitten und Anliegen der Menschen vor und erhält von ihnen Antwort. Dazu bedient der Hala sich häufig eines Naturkristalls, mit dem er die Götter herbeiruft, bis sie schließlich von ihm Besitz ergreifen und durch ihn sprechen. Das alles geschieht ohne Trance und Ekstase, ohne auffällige Kleidung und Trommelwirbel, die meistens schamanistische Rituale begleiten.

Doch kennen die Semang und Senoi durchaus Musikinstrumente, zum Beispiel Stampf- und Schlagrohre aus Bambus, Maultrommel, Röhrenzither und eine primitive Flöte. Rhythmisch betontes Spiel begleitet die fast ausschließlich von Frauen ausgeführten Tänze, langsame Bewegungen im Kreis, zu denen Arme und Hände geschwenkt werden.

Das Schmuckbedürfnis war bei den Semang zunächst nur wenig ausgeprägt. Pflanzlicher Schmuck bei festlichen Anlässen, Gesichtsbemalung und die Tatauierung von Stirn und Wangen wurden von den Senoi und wohl auch von den Jakun übernommen. Auch bei der künstlerischen Verzierung von Bambuskämmen, Blasrohren und Köchern waren die Senoi tonangebend. Die Muster entstammten dem Alltagsleben, sind eine Art Sinnbilder für Tiere, Pflanzen und Früchte.

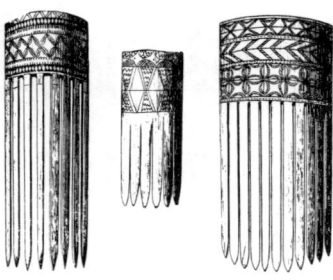

Schmuckkämme der Senoi

Die Orang Asli besitzen keine schriftliche Überlieferung. Unsere heutige Kenntnis über die Semang und Senoi, die auf europäische Forscher die größte Anziehungskraft ausübten, verdanken wir vor allem den umfassenden ethnographischen Aufzeichnungen des englischen Museumsbeamten in Taiping und Kuala Lumpur J.H.N. Evans (zwischen 1910 und 1935) und des deutschen Professors Pater Paul Schebesta (1924/25 und 1935, Hist. Abb. 3). Welche Entwicklungen und Wandlungen die Kultur der malaiischen ›Ureinwohner‹ durchgemacht hat, ließ sich zu jener Zeit allerdings schon nicht mehr genau nachzeichnen. Ob sie denn niemals ihre Götter und Geister in Bilder gefaßt haben – diese Frage taucht angesichts der Holzskulpturen auf, die erst seit den 50er Jahren dieses Jahrhunderts die Jah Hut und Mah Meri schaffen. Es sind phantasievolle, groteske Gestalten, furchteinflößende Naturdämonen – zumeist des Regenbogens, des Donners, des Meeres, der Berge, der Erde und verschiedener Tiere –, aber auch gütige, die Haus, Mutter und Kind beschützen sollen. Von den Mah Meri weiß man, daß sie die Holzskulpturen – ähnlich wie einige Holzmasken bei rituellen Tänzen – dazu benutzten, die Krankheit von einem Menschen abzuziehen, in die Skulptur einzusperren, die sie dann in den Dschungel warfen.

Bei beiden ›Stämmen‹ schnitzen nur Männer mit einem scharfen, eisernen Messer. Die Figuren der Jah Hut sind im allgemeinen differenzierter gearbeitet. Linien strukturieren die Oberfläche und geben den Gesichtern eine stärkere Ausdruckskraft. Die Umrisse der Mah Meri-Figuren sind weicher und die Körper voluminöser. (Das Nationalmuseum in Kuala Lumpur besitzt 16 Skulpturen der Mah Meri und eine Reihe Jah Hut-Figuren.)

Lebensweise und Kultur der Stämme in Sarawak, Brunei und Sabah

Im Norden Borneos leben wohl mehr als 30 verschiedene Stämme; in Sarawak machen sie die Hälfte, in Sabah rund 63 % aus. Alle sind Proto-Malaien. Die meisten besiedelten das Land zur gleichen Zeit wie die Senoi und Jakun die Malaiische Halbinsel, also etwa um 2500–1500 v. Chr. Aber auch solche, die später hier eintrafen, wie die Bidayuh (Land-Dayak) oder die Kenyah und Kayan, die erst vor 200 Jahren die heutige Grenze zu Sarawak überschritten, zählen zu den ›Ureinwohnern‹ Borneos, das gleiche gilt für die Bajau, die von den Philippinen, und die Melanau, die von Malaya und Sumatra aus übersiedelten. Die Trennungslinien zwischen den einzelnen Gruppen sind zumeist unscharf, und an seinem äußeren Erscheinungsbild ist die Stammeszugehörigkeit eines Menschen nur selten zu erkennen. Zu den wenigen Ausnahmen zählen die Punan, die man wegen ihrer geringen Größe und des Kraushaars den Negritos zurechnete. Etwa 15 000 von ihnen sollen in dem Bergland zwischen Belaga (Sarawak) und Tawau (im Südwesten Sabahs) ein extrem zurückgezogenes Leben als Nomaden führen, wobei man nicht weiß, ob das Jäger- und Sammlerdasein ihre ursprüngliche Lebensform oder eine spätere Anpassung an ihre Urwaldumwelt ist. In bewohnte

Stammesgruppen in Ost-Malaysia

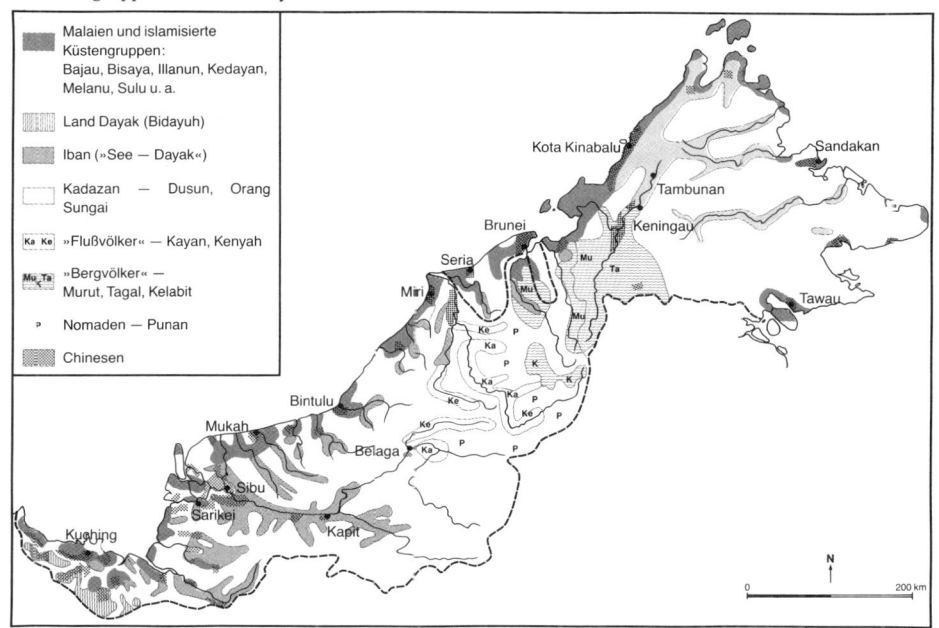

Schnitt durch ein Langhaus   1 Dapor (Küche)   2 Bilek (Wohn- und Schlafraum)   3 Sadau (Reisspeicher)   4 Tempuan (Durchgangsveranda)   5 Ruai (Gemeinschaftsveranda)   6 Pantar (Gästeveranda)   7 Tanju (Außenveranda)

Gegenden begeben sie sich nur, um Handel zu treiben, Körbe, Matten und das beim Verbrennen nach Weihrauch riechende Garu-Holz gegen Salz, Tabak und Reis zu tauschen. Nur wenige sind bisher in der ›Zivilisation‹ verblieben.

Mit einem Drittel machen die Iban – von den Engländern als See-Dayak bezeichnet – die größte Gruppe der Gesamtbevölkerung Sarawaks aus (Chinesen etwa gleich stark). Sie waren früher gefürchtete See-und Flußpiraten sowie verwegene Kopfjäger. Ihre Siedlungsform ist das sogenannte Langhaus, ein langes, rechteckiges, meist ein ein-, gelegentlich auch zweistöckiges Gebäude aus Holz und Bambus mit einem Dach, das früher mit Palmwedeln oder Eisenholzschindeln gedeckt war, heute häufig mit Wellblech. Zum Schutz vor Ungeziefer und Regenfluten steht es auf bis zu 5 m hohen Pfählen. An einer Längsseite zieht sich die ungedeckte oder nur abschnittweise überdachte Außenveranda (*Tanju*) entlang; hier wird Reis getrocknet und Getreide geworfelt. Parallel dazu verläuft die breite überdachte Gemeinschaftsverande (*Ruai*); hier ist der Arbeitsbereich (Matten-und Körbeflechten der Frauen, Netzeknüpfen der Männer), der Spielplatz der Kinder, der Treffpunkt für Versammlungen und Feste und der Behandlungsraum des ›Flying Doctor‹, des Distriktarztes, der in regelmäßigen Abständen das Langhaus aufsucht. Von diesem Korridor führen Türen in die Wohnungen (*Bilek*) der einzelnen Großfamilien (gewöhnlich Großeltern, Eltern,

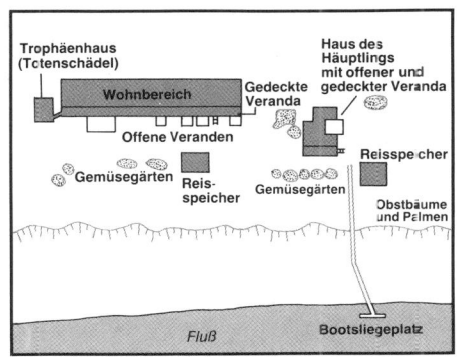

Langhaus der Kenyah für 16 Großfamilien

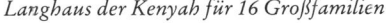

Langhaus der Iban für 21 Großfamilien

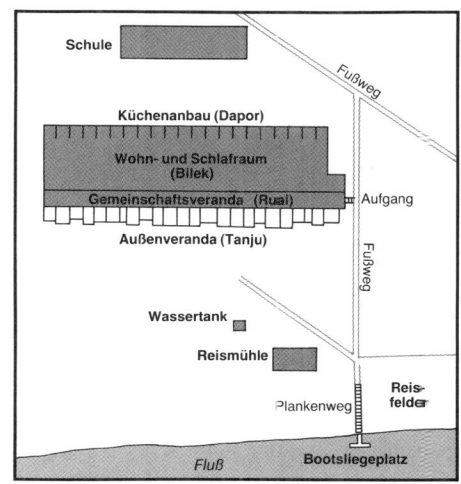

zwei, drei, selten mehr Kinder). Ein Bilek besteht aus dem Wohn/Schlafraum und der Küche, von der aus eine Leiter – ein Baumstamm mit eingekerbten Trittstufen – auf die weniger hoch gelegene ›Holzstraße‹ führt. Diese läuft also auf der anderen Seite am Langhaus entlang.

15, 30 oder gar 60 Familien wohnen in solch einem Langhaus, insgesamt mehr als 300 Menschen, eine Leistungsgemeinschaft, die völlig autonom lebt und wirtschaftet. Jede Familie hat ihren eigenen Besitz an materiellen Gegenständen und an Land. Untereinander helfen sich die Familien etwa bei der Rodung oder der Feldbestellung; es herrscht die Verpflichtung zur gegenseitigen Hilfeleistung. Es gibt einen Landbewirtschaftungsplan für das ganze Jahr; früher wurden die einzelnen Stadien – Roden und Abbrennen, Einsäen von Reis, Mais oder Zuckerrohr, Unkrautbekämpfung, Umpflanzen von Naßreis, Ernte und Dreschen – nach dem Stand der Gestirne bestimmt.

Das soziale Leben der Iban wird von dem *Adat,* dem mündlich überlieferten Gewohnheitsrecht, mit seinen Vorschriften bestimmt. Jeder kennt das Adat und hält sich daran. Dabei sind zahlreiche Tabus zu beachten, so zum Beispiel bei einer Schwangerschaft: In den letzten beiden Monaten dürfen die Eltern keine Zweige abschneiden; die Frau muß bei allen Gängen den gleichen Hin-und Rückweg benutzen, damit das Kind auf normalem Weg zur Welt kommt; sie darf nach der Geburt 41 Tage lang die Wohnung nicht verlassen und vieles mehr. Über die Einhaltung der Tabus wacht der Medizinmann (*Manang*), der früher auch für die Behandlung der Kranken zuständig war. Noch heute führt er eine Anzahl religiöser Rituale aus. Feldrituale, die eine erfolgreiche Ernte garantieren sollen, begleiten das ganze Wirtschaftsjahr, und das Erntefest ist die wichtigste und aufwendigste Feierlichkeit. Für die Belange des alltäglichen Lebens ist der Häuptling, der *Tuai Rumah*, zuständig. Er schlichtet Streitigkeiten, spricht Scheidungen aus und repräsentiert das Langhaus nach außen. Niemals greift er von sich aus in das Gemeinschaftsleben ein, sondern läßt sich immer nur anrufen. Die Gemeinschaft respektiert ihn, weil er sich genauer noch als die einzelnen Bewohner selbst im Adat auskennt und Weisheit besitzt. Er ist Erster unter Gleichen, nur liegt der *Bilek* seiner Familie zumeist an einer bevorzugten Stelle in der Mitte des Langhauses, und die Türpfosten des Eingangs sind zuweilen mit Schnitzereien verziert. Die Häuptlingswürde ist nicht erblich. Die einflußreichsten Männer schlagen von Zeit zu Zeit einen neuen Häuptling vor und stellen ihn zur Wahl. Ist er gewählt, wird das Langhaus nach ihm benannt.

Von großer Bedeutung für den vom Jüngling herangereiften Mann sind die ›Wanderjahre‹ (*Bejalai*), eine wesentliche Voraussetzung zur Eheschließung. Über einen bestimmten Zeitraum zieht der junge Mann jedes Jahr, zeitlich abgestimmt auf die Feldarbeit, in die ›Welt‹, um Erfahrungen und Informationen zu sammeln und Prestigegegenstände – Keramikgefäße, Bronzegongs, Trommeln, heute auch Armbanduhren, elektronische Geräte und Außenbordmotoren – zu erwerben. Seine Wege führten ihn früher schon bis nach Malaya und Neuguinea. Die durch ihn entstandenen Außenkontakte kommen der gesamten Langhausgemeinschaft zugute. Neue, ertragreichere Reissorten zum Beispiel heben den Lebensstandard, neue Methoden der Feldbewirtschaftung erleichtern die Arbeit. Erst der Nachweis einer gewissen Anzahl an Ausfahrten berechtigt auch zum Tatauieren (Tätowieren), und da auch Verheiratete noch jahrelang das Wandern fortsetzen, erkennt man einen im wahrsten Sinne des Wortes ›erfahrenen‹ Mann an der Dichte und der Art der Muster, die – nach bestimmten Vorschriften – Schultern, Arme und Beine, zuweilen auch den Oberkörper bedecken. Viele Male hat er die äußerst schmerzhaften Prozeduren des Tatauierens durchgestanden, auch das unterstreicht die Kraft und Würde eines Mannes.

Mit Einsetzen der Pubertät erhielten die Jungen im allgemeinen ihre ersten Tatauierungen, ebenso die Mädchen, doch bei ihnen kamen nach Abschluß der Pubertät, wenn sie als heiratsfähig galten, keine weiteren Muster mehr hinzu. Mit der Tatauierung waren vermutlich auch Jenseitsvorstellungen verbunden: Tote mit leuchtenden Tatauierungen finden ihren Weg ins jenseitige Reich, Untatauierte müssen in Dunkelheit verharren oder werden vom Fährmann nicht über den Fluß gesetzt, der die beiden Reiche voneinander trennt. Daher waren Tatauierungen vor allem für Frauen wichtig, die sich ja nicht durch die Kopfjagd Verdienste erwerben konnten.

Hakenmuster *Tätowierungsmuster der Iban*

Doppelhund

Panthermuster

Die ›Wanderjahre‹, Tatauierungen und die Berechtigung zur Heirat waren früher aufs engste mit dem Erfolg bei der Kopfjagd verbunden. Mindestens einen Schädel mußte ein Mann von der Bejalai mitbringen und seiner Braut vorweisen können. Fast alle Stämme Borneos betrieben Kopfjagd, selbst die Kadazan/Dusun, als sie bereits zum Christentum übergetreten waren. Die Engländer verboten diesen Brauch, erlaubten ihn aber wieder im Zweiten Weltkrieg, da es sich zumeist um japanische Köpfe handelte. Bei der Kopfjagd versuchte jeder, möglichst einen ahnungslosen Gegner zu überraschen. Dem offenen Kampf wurde ausgewichen. Auch Frauen und Kinder blieben nicht verschont. Wenn der Jäger einen Gegenschlag der betroffenen Gruppe befürchten mußte, zog er sich sofort zurück. Zu Hause im Langhaus wurden die Köpfe eine Zeitlang in der Sonne, dann in feierlichem Ritus über einer Flamme getrocknet. Man umgab sie mit einem großmaschigen Rattannetz und fügte sie dem Kranz aus Rattan und getrockneten Palmblättern ein, der auch heute noch manche Gemeinschaftsveranda der Iban ziert. Bei den Bidayuh wurden sie in dem sogenannten Trophäenhäuschen, einem kleinen, freistehenden Holzbau auf Pfählen am Kopf des Langhauses, gesammelt. Bei fast allen Stämmen waren diese Totenschädel Gemeinschaftsbesitz, denn zu deren Wohl waren die Kopfjäger ausgezogen. Der Kopf galt als Sitz und Gefäß spiritueller Kräfte. Die erbeuteten Köpfe stellten das Gleichgewicht der magischen Kräfte wieder her, das durch Kriegszüge, den Tod eines Bewohners, den Bau eines Hauses oder die Ernte verlorengegangen war.

Die Langhäuser der Bidayuh (Land-Dayak) sind denen der Iban auf den ersten Blick sehr ähnlich, aber weniger einheitlich und bestehen eigentlich aus vielen einzelnen aneinandergebauten Häusern. Und während das Iban-Haus immer für sich allein steht, fügen sich häufig mehrere Bidayuh-Langhäuser zu einer dorfähnlichen Ansammlung zusammen. Die Kenyah und Kayan bauen riesige, festungsartige Langhäuser mit hochgezogenem Dach, so daß ein geräumiger Lagerraum entsteht. An dem Fehlen der durchgängigen Veranda wird schon rein äußerlich sichtbar, daß hier kein ausgeprägter ›Nachbarschaftsgeist‹ herrscht. Diese Gemeinschaften sind streng hierarchisch gegliedert, die Ämter erblich. Die Kayan haben sogar zeitweise ein regelrechtes Skalvenhaltersystem über die eroberten Melanau entwickelt.

Alle bisher erwähnten Stämme bevorzugen Siedlungsstellen an Flußläufen; dagegen setzen sich die Murut sowie die mit ihnen verwandten Tagal und Kelabit nicht den Gefährdungen durch Überschwemmungen aus: Seit alters her sind sie Bergbewohner und legen ihre aus kurzen Gemeinschaftshäusern bestehenden Siedlungen in Hochtälern an.

Im Gegensatz zu den Orang Asli auf der Malaiischen Halbinsel haben manche Stämme Sarawaks eine ausgeprägte künstlerische Tradition entwickelt. Die Schamanen der Kenyah,

*Waffen- und Gebrauchs-
gegenstände eines Dayak-
Kopfjägers*

Kayan und Iban verwendeten bei ihren Ritualen und Tänzen holzgeschnitzte, größtenteils bemalte Masken. In dieser geisterähnlichen ›Verkleidung‹ konnten sie mit den Göttern kommunizieren und sich selbst in einen Dämon verwandeln. Magische Tänze und Beschwörungen dienten dazu, die Seele aus dem Körper eines Verstorbenen zu lösen; diese wurde dann aus dem Haus verbannt und konnte den Lebenden kein Leid mehr zufügen. Andere zeremonielle Maskentänze galten der Beschwichtigung der Erdgeister, die für verheerende Stürme verantwortlich waren, der Stärkung guter und dem Austreiben böser Kräfte und beim Erntefest der Besänftigung des Reisgeistes, der vielleicht beim Ausrupfen der Pflanzen verletzt worden war. (Das Muzium Negara in Kuala Lumpur besitzt etwa 100 verschiedene Masken [s. S. 254]). Die gespenstische Wirkung erhalten sie durch einen angeklebten Schnurrbart oder Haarfransen am Kinn, lückenhafte Zahnreihen und die Bemalung: Auf einer weißen Grundierung treten die rot und schwarz bemalten Gesichtszüge besonders furchterregend hervor. Am freundlichsten und buntesten sind die Erntefestmasken.

Zur Abwehr böser Geister bauten früher die Kenyah jedes Jahr bis zu 1,50 m hohe holzgeschnitzte Figuren als Wächter vor Langhaus und Reisfeld auf. Diese Skulpturen zeigten eine kauernde männliche oder weibliche Figur mit einem mythischen Tier auf dem Kopf (s. Muzium Negara, Kuala Lumpur). Eine solche Kraft der Gestaltung wie bei diesen heiligen Bildnissen haben die Kenyah in ihren späteren Schnitzarbeiten mit einer eher ›weltlichen‹ Thematik (Mutter und Kind, Wasserträgerinnen, schaukelnde Affen etc.) nicht wieder erreicht.

Die Holzarbeiten der Iban sind im allgemeinen weniger feinsinnig und formenreich, sondern schwer und plump. Phantasievoll gestalten sie jedoch ihren hochverehrten Vogelgott, den Nashornvogel (s. S. 317). Grellbuntes Rankenwerk füllt den bedeutungsvoll vergrößerten Kopf, den eine beschützende Gottheit krönt. Auf dem langausgezogenen

Kayan-Masken

Schwanz versammeln sich einige Iban stellvertretend für das ganze Volk (Abb. 73). Viele Motive, vor allem Tiere und Pflanzen, übernahmen die Iban von den Kayan und Kenyah.

Für die Melanau sind die schnellgeschnitzten Krankheitsfiguren typisch. Wenn der Medizinmann das Leiden aus dem menschlichen Körper abgezogen und in die Figur eingesperrt hatte, warf er diese in den Fluß oder versteckte sie im Dschungel.

Die Kenyah und Kayan verfügen über ein reichhaltiges Repertoire an Mustern. Sie erscheinen als Tatauierung, auf Gebrauchsgegenständen, gewebten Stoffen, als Perlenstikkerei auf Kleidern und Babytragetaschen, als Ritz-oder Reliefdekor auf Bambusbehältern und Zeremonialschilden und als Malerei an Hauswänden. Die meisten entstammen der Tier- und Pflanzenwelt, sind aber häufig so stark stilisiert und phantasievoll verändert, in geschwungene Linien aufgelöst, daß der Bezug zum realen Objekt nicht mehr deutlich wird.

Stilisierter Nashornvogel

41

Indisierung

Die Kontakte zwischen Indien und der Halbinsel Malakka reichen bis in vorchristliche Jahrhunderte zurück. Die Inder erreichten mit kleinen Schiffen, die entlang der bengalischen Küste segelten, Malaya und mögen mit der Bevölkerung dort Handel getrieben haben. Erst mit dem Aufstieg des chinesischen Reiches und nachdem die innerasiatischen Karawanenwege, allen voran die berühmte Seidenstraße, durch die Überfälle der Skythen und Hunnen zu unsicher geworden war, suchte man nach weiteren See-und Landverbindungen. Von nun an gingen die Handelsströme zwischen China und dem Nahen Osten über Malaya hinweg, und es wurde bald auch selbst als Lieferant begehrter Güter in den Handel eingeschaltet. Mittler – aber auch Abnehmer – waren Inder.

Literarische Quellen Indiens und Chinas, die im allgemeinen beide recht faktenreich sind, geben über diese Zeit nur ungenügend Auskunft. Offenbar erkannten die Chronisten noch nicht die politische Bedeutung, die Malaya mit dieser Schlüsselposition im damaligen ›Welthandel‹ zugefallen war. Durch griechische Quellen (in denen ›Gehörtes‹ aufgezeichnet wurde) aber haben wir erfahren, daß es im 2. Jahrhundert v. Chr. auf beiden Seiten der Halbinsel Umschlagplätze gegeben hat. Seit der Zeitenwende legten in indischen Häfen arabische und persische Schiffe an, die dank gutentwickelter Takelage und reduzierter Ruderzeiten nicht mehr an der Küste entlangfahren mußten, sondern den Persischen Golf durchquerten und die Koromandelküste erreichten. Die Inder bauten mit arabischer Hilfe diese Schiffe nach und konnten nun auch den Seeweg zur Malakka-Halbinsel beträchtlich verkürzen. Auf Münzen jener Zeit sind solche großen Hochseesegler abgebildet. Die Umschlaghäfen an den malaiischen Küsten wandelten sich zu indischen Kolonien. Treibende Kraft dieser Niederlassungen waren vor allem Angehörige der *Ksatriya*, der indischen Kriegerkaste. Deren Siedlungen glichen Stadtstaaten oder kleinen indischen Königreichen

Indische Waffen

42

mit einer ähnlichen gesellschaftlichen Ordnung wie im Mutterland. Wirtschafts- und Handelszentrum war der Hafen, zugleich auch Wasserstation, Lagerplatz und Reparaturwerft. Einer der ältesten Anlandeplätze war Takola. Wie Funde bestätigt haben, handelt es sich dabei um das heutige Takua Pa an der Westküste Süd-Thailands. Von hier aus beförderten Elefanten und Kamele die Güter über das Gebirge zur Ostküste. Chinesische Schiffe, die mit dem Nordostmonsum gesegelt waren, übernahmen die Waren im Tausch gegen chinesische Produkte. Von den indischen Stadtstaaten an der malaiischen Ostküste sind einige Namen überliefert, wenngleich noch nicht durch Ausgrabungen lokalisiert. Dazu gehört auch das legendäre kleine Königreich Langkasuka, von dem die Orang Asli, die ›Ureinwohner‹ der Malaiischen Halbinsel, zu erzählen wußten. Chinesischen Quellen des 6. Jahrhunderts zufolge, soll die Hauptstadt von mächtigen Ziegelmauern umgeben gewesen sein, und die Häuser standen pavillonartig entlang künstlicher Terrassen. Botschafter aus Langkasuka berichteten in China, daß ihr Staat vor vierhundert Jahren – also im 1./2. Jahrhundert – gegründet worden sei.

Die Inder kamen den Chinesen, die auf See immer noch recht unbeweglich waren, noch weiter entgegen. Im ersten nachchristlichen Jahrhundert gründeten sie am unteren Mekong die Kolonie Funan, die bis 560 bestand. Die Handelsverbindungen dieses wohlhabenden Reiches erstreckten sich im Osten bis tief nach China hinein und im Westen bis in die Zentren der antiken Kulturen. Von der Malaiischen Halbinsel kamen Eisen, Zinn, Blei, Gold, Edelhölzer, Gewürze, Elfenbein, später auch Handwerkserzeugnisse, vor allem Waffen. Es entstanden neue indische Stadtstaaten, viele von ihnen waren dem Funan-Reich tributpflichtig. Der griechische Astronom und Geograph Ptolemäus, der im 2. Jahrhundert n. Chr. in Alexandria lebte, verzeichnete in seinen Schriften und auf seinen Karten viele indische Ortsnamen. Die Logbücher indischer, arabischer und chinesischer Seefahrer berichteten von riesigen Goldfunden im Sungai Patani (im heutigen Sultanat Kedah). Ganz in der Nähe entdeckte um die Mitte des 19. Jahrhunderts der englische Kolonialoffizier James Low bei einer Dschungelexpedition Überreste einer Hindu-Kolonie. Erst vor rund 20 Jahren konnte durch Ausgrabungen und Quellenvergleiche dieser Ort identifiziert und seine Geschichte zumindest bruchstückhaft nachgezeichnet werden. Es handelte sich um das hinduistische Königreich Kalah (s. S. 300). Von Süd-Indien aus im 1. nachchristlichen Jahrhundert gegründet, löste es um 300 den Hafen Takola als zentralen Handelsplatz zwischen China und der westlichen Welt ab und hatte diese Stellung etwa bis zum 14. Jahrhundert, dem Aufblühen Malakkas, inne.

Im 9. Jahrhundert war die Schiffahrt der Araber so weit entwickelt, daß sie nicht mehr der indischen Zwischenhändler bedurfte. Die Segler steuerten auf dem Weg um die Südspitze Indiens und entlang der burmesischen Küste oder um die Insel Sri Lanka (Ceylon) herum direkt den Hafen Kalah an. Unter der Song-Dynastie (960–1279) war auch China zu einer Seemacht aufgestiegen, und die Schiffe gelangten um die Malaiische Halbinsel herum ebenfalls direkt bis Kalah. Malaya geriet in das Kräftefeld dieser damaligen Großmächte, die nicht nur um die Hegemonie im Ost-West-Handel, sondern damit zugleich um die politische Schlüsselposition kämpften.

Hindu-Kaufleute (Darstellung aus dem letzten Jahrhundert)

Die kolonisierenden Inder stießen auf der Malaiischen Halbinsel in einen staats- und kulturpolitisch ungeformten Raum. Durch die *Brahmanen* (Angehörige der höchsten der vier Hauptkasten, in die der Hinduismus die unter dem religiösen Gesetz lebenden Menschen einteilt), die allein berechtigt sind, den *Veda* (›Wissen‹, das heilige Buch des Hinduismus) zu lehren und als Priester zu fungieren, wurde vor allem die Küstenbevölkerung mit dem Gedankengut einer durchgebildeten Kultur vertraut. Den lokalen ›Fürsten‹, die bis dahin ihre Stellung einem magischen Charisma verdankten, lieferten die Brahmanen neue Legitimitätsgrundlagen. Als *Raja* (Sanskrit: ›König‹, ›eingeborener Fürst‹) konnte sich das regionale Oberhaupt nun dem hinduistischen Pantheon zugehörig fühlen. Die Staatskonzeption, die sich schließlich unter indischem Einfluß herausbildete, war eine Patrimonialdespotie, die nicht selten in Tyrannei und schlimmste Ausbeutung ausartete. Der Begriff ›Patrimonialismus‹ stammt von dem Nationalökonomen und Soziologen Max Weber, der Anfang dieses Jahrhunderts den patrimonialen Staat beschrieben hat. In einem solchen Staatsgebilde ist alles auf die persönlichen Bedürfnisse des Herrschers, der alle politische Gewalt ausübt, zugeschnitten. Die Ansprüche des Hofes wurden durch Naturalabgaben befriedigt, wobei das Prinzip der sogenannten ›leiturgischen Deckung‹ galt, d. h. die Haftbarmachung ganzer Gruppen und Sippen. Weber stützte sich bei seinen Untersuchungen auf die von Karl Marx und Friedrich Engels unter dem Begriff ›Asiatische Produktionsweise‹ beschriebene Klassengesellschaft Indiens. Hierbei bildete das Dorf mit seinem Gemeineigentum an Land die ökonomische Grundlage. Darüber stand eine Zentralgewalt mit der Funktion, die zersplitterten Dorfgemeinschaften für übergeordnete Aufgaben zusammenzufassen: Flußregulierung, Bewässerungskontrolle, Bodenverbesserung, Kriegsführung. Diese zentrale Gewalt verselbständigt sich und übt eine despotische Herrschaft aus. Ihre Repräsentanten, bestehend aus einer ›Beamtenhierarchie‹, werden zur ausbeutenden Klasse.

Ab dem Ende des 7. Jahrhunderts beherrschte das buddhistische Sri Vijaya-Reich große Teile des Malaiischen Archipels. Die Hauptstadt war Palembang auf Sumatra, ein bedeutendes Handels- und Machtzentrum stellte Chaya in Süd-Thailand dar (im 10. Jh.). Ob Kalah sich als autonome indische Stadt behauptet hat oder von Sri Vijaya abhängig war, ist noch unklar. Vom Einfluß des Mahayana-Buddhismus zeugen Funde von Buddha- und Bodhisattva-Statuen in Chaya und Kalah. Das Volk Malaysias blieb weitgehend dem Hinduismus verhaftet, der sich fast komplikationslos mit einheimischen magischen Vorstellungen und Mysterienkulten vermischte.

Ab Ende des 13. Jahrhunderts entwickelte sich aus einem kleinen hinduistischen Reich in Ostjava die neue Großmacht Majapahit. 1377 wurde Palembang erobert, und Majapahit erhob damit Anspruch auf die Nachfolge des Sri Vijaya-Reichs, dessen Ausdehnung es auch schließlich ungefähr erreichte. Unter der neuen Herrschaft setzte sich, bis zum Vordringen des Islam ab etwa 1429, die Formung der Gesellschaft in hinduistischem Geist fort. Ein Zeugnis dieser Zeit ist ein Inschriftenstein, den man vor einigen Jahren nahe der Mündung des Singapore Rivers fand, dessen Inschrift aber noch nicht entziffert werden konnte.

Hinduismus

Der Hinduismus ist nicht nur eine Religion, sondern auch eine Gesellschafts- und Lebensordnung. Das persische Wort *Hindu* heißt Fluß (Sanskrit: *Sindhu*) und meint den Indus. Bis zum Einbruch des Islam bezeichnete es alle in Indien lebenden Menschen, seitdem nur die Anhänger der hinduistischen Religion. Ein Hindu kann man nicht werden, man wird als solcher geboren.

Vom Hinduismus im eigentlichen Sinn spricht man erst, seit sich in Indien eine starke Bewegung gegen den Buddhismus formierte und diesen schließlich verdrängte. Die religiösen Wurzeln des sogenannten jüngeren Hinduismus gründen jedoch im Vedismus und Brahmanismus früherer Zeiten. Sie sind die ersten beiden Entwicklungsstufen dieser Religion, die sich höchst uneinheitlich entwickelte und deren Lehren höchst vielfältig und auch widersprüchlich sind.

Der Hinduismus ist keine Verkündigungsreligion, es gibt keinen Stifter. Heiligstes Buch ist der *Veda* (›Wissen‹), eine Sammlung von Hymnen, hauptsächlich Lobpreisungen der Gottheit, Gebete und Verfluchungen. Wie es in der Mythologie heißt, wurden die Texte zunächst von den *Rishis* – weise, mit übernatürlichen Kräften begabte Männer – als göttliche Offenbarungen vernommen, mündlich weitergegeben und später in archaischem Sanskrit aufgezeichnet. Dieser Veda besteht aus vier Büchern: Rig-Veda, Sama-Veda, Yajur-Veda und Atharva-Veda. Die Beiträge stammen aus verschiedenen Epochen, die ältesten vielleicht sogar aus dem 4. Jahrtausend v. Chr. Im erweiterten Sinn wird von Veden gesprochen, wenn auch die an die vier großen Bücher angegliederten Texte gemeint sind: die *Brahmanas* (s. u.), *Aranyakas* (Lehren, die für das dritte Lebensstadium – das des Waldeinsiedlers – wichtig sind) und *Upanishaden* (sie enthalten die Atman-Brahman-Lehre und philosophische Betrachtungen).

Ab 1200 v. Chr. entwickelten sich in der vedischen Religion eine Opferfrömmigkeit zur Verehrung der mächtigen Götter und Überlegungen zum ethischen Verhalten der Menschen. In spätvedischer Zeit traten zu den Opferritualen Magie und Zauber hinzu. In den Brahmanas (›Gelehrte Erörterungen‹; Kommentare zu den Veden) zeigen sich die ersten deutlichen Ansätze zu einer Wiedergeburtenlehre, die von den *Brahmanen* (›Gelehrte‹), den Priestern, weiter ausgebaut und gefestigt wurde. Dadurch verschaffte sich die oberste der vier großen Kasten eine ungeheure Machtfülle. Nur die Brahmanen können auf Erden die Qualität der Taten und die rechte Lebensführung beurteilen, die allein dem Angehörigen einer niedrigen Kaste die Wiedergeburt in einer höheren ermöglicht.

Der Brahmanismus währte von etwa 800 bis 500 v. Chr. Gegen sein in Normen erstarrtes Ständeritual wandte sich Buddha als Reformer. Seine Gedanken, daß es dem Einzelnen auch auf anderen Wegen, etwa Askese oder Meditation, gelingen müsse, den Kreislauf der Wiedergeburten *(Samsara)* zu durchbrechen und zur Erlösung zu finden, waren bereits in den Upanishaden angeklungen, die ebenfalls Opferrituale in den Hintergrund stellen.

Atman und *Brahman* sind zentrale Begriffe des Brahmanismus und des Hinduismus. Atman bezeichnet den allen Lebewesen innewohnenden unvergänglichen Kern, das nichtindividuelle Selbst, das nach jeder Wiedergeburt mit einer neuen Körperhülle umkleidet wird. Dieses Selbst gilt es zu erkennen und freizulegen, denn es ist das einzig Reale und Unvergängliche und Bestandteil des absoluten Urgrundes von allem, des Brahman. Die Erkenntnis, daß Atman und Brahman identisch sind, und das Hinführen des Atman zum Brahman bedeuten Erlösung. Diesen Weg gedanklich und lebendig nachzuvollziehen bleibt aber mehr oder weniger den Gebildeten vorbehalten. Andere suchen die Erlösung durch die Vereini-

Ölgemälde zur Ramayana-Legende.
Rama besiegt den Riesen-König Ravana

gung mit der höchsten göttlichen Existenz auf dem Weg des *Bhakti* (›Verehrung‹, ›Hingabe‹), die geistige und emotionale Liebe zu einem Gott, die auch die Liebe zu allen Geschöpfen sowie Selbstlosigkeit, Freundlichkeit und Gewaltlosigkeit einschließt; eine andere Möglichkeit der Heilssuche liegt in den verschiedenen Formen der Askese. Immer aber gehören zu einem auf Erlösung gerichteten Leben auch *Karma*, die Qualität der Handlungen, und *Dharma*, der Glaube an das Gesetz, an die Weltordnung und an die moralischen Prinzipien, die den Angehörigen der einzelnen Stände jeweils die Beachtung bestimmter Rechte und Pflichten, Reinheits- und Speisevorschriften auferlegt.

Dies sind nur die wichtigsten allgemein verbindlichen Züge des Hinduismus, der kein Dogma kennt und von jeher offen war für andere Einflüsse wie Lokalkulte, Religionen unterworfener Stämme, Mythen und Legenden. Im Grunde ist der Hinduismus eine monotheistische Religion und die unüberschaubare Götterwelt nichts anderes als die Emanation des Höchsten Prinzips, die Entfaltung des Ureinen, doch eine solche Zusammenschau kann dem Hindu des Volkes nicht mehr gelingen. Er wählt sich seine Götter aus, praktiziert Polytheismus. Sein Wissen bezieht er aus volkstümlichen Schriften: den *Puranas*, dem *Mahabharata* und dem *Ramayana*.

Die Puranas (›zur alten Zeit gehörig‹, ›alte Erzählungen‹), entstanden in nachvedischer Zeit (etwa 500–1500 n. Chr.), greifen jedoch weit ältere Schöpfungsgeschichten und Göttermythen auf. Je sechs sind den drei obersten Göttern – Brahma, Vishnu und Shiva – gewidmet. Durchsetzt von philosophischen und priesterlichen Anmerkungen, behandeln sie die periodischen Weltschöpfungen und -zerstörungen, malen mystische Weltbilder und Visionen der Heiligen, führen die Genealogie von Göttern, Dämonen, Priestern und Königsgeschlechtern auf und schildern, mythologisch überhöht, historische Ereignisse sowie Stammes- und Klassenkämpfe.

Mahabharata bedeutet ›Großes (Epos vom Kampf) der Bharata‹. Kern des Epos ist der legendäre Familienkrieg zwischen den Pandava und den Kaurava um 800 v. Chr.; beide Geschlechter gehörten der Bharata-Königsfamilie im Punjab an. Eine der Hauptgestalten der Dichtung ist Gott Krishna, die achte Herabkunft Vishnus; der wichtigste Teil ist das philosophische Lehrgedicht *Bhagavad-Gita*, ›Des Erhabenen Gesang‹, Lehren und Ermahnungen des Gottes Krishna (der hier als Wagenlenker auftritt) an den Helden Arjuna vor einer entscheidenden Schlacht. Es enthält unter anderem profunde Aussagen über das Wesen des Allgottes Vishnu. Die von der Haupthandlung unabhängigen Legenden und Randepisoden werden umrankt von lyrischen und philosophischen Passagen sowie schönen Liebesgeschichten. Das Mahabharata besteht aus 110 000 Doppelversen (Distichen; Sanskrit: *Shloka*).

Das Ramayana-Epos ist mit 24 000 Doppelverszeilen (ohne Reim) wesentlich kürzer und einheitlicher; vermutlich wurden die Texte dieser ebenfalls alten mythologischen Legende um 500 oder 300 v. Chr. erstmals zusammengestellt und bearbeitet. Als Verfasser gilt der Einsiedler Valmiki (4. oder 3. Jh. v. Chr.).

Der Hindu sieht im Ramayana seine religiös-mythologischen Vorstellungen verkörpert, zu denen sich auch der Buddhist den Zugang offengehalten hat. Der Held, Prinz Rama, ist die siebte Inkarnation des hochverehrten Gottes Vishnu. Hier kurz der Inhalt: Der Riesen-König Ravana, der Zehnköpfige, hat sich zum allmächtigen Gebieter der Unterwelt aufgeschwungen und beherrscht das Reich Lanka auf einer großen Insel im Weltozean (Sri Lanka). Herausgefordert von diesem Größenwahn, beschließt Vishnu, ihm in Menschengestalt entgegenzutreten. Er kommt als Rama, ältester Sohn des Königs von Ayodhaya in Nord-Indien, wieder auf die Erde. Als der klügste, schönste und liebenswerteste aller Söhne (von verschiedenen Gemahlinnen) des Königs, gewinnt Rama die schöne Prinzessin Sita zur Frau. Sie ist ebenfalls übernatürlichen Ursprungs – einer Ackerfurche (= *Sita*) entsprungen, als ihr Vater pflügte. Bei der Vergabe des Mitregentenamtes wird Rama zugunsten eines seiner Stiefbrüder übergangen und in die Verbannung geschickt. Er, seine Frau Sita und sein Lieblings-(Stief-)bruder Lakshmana leben fortan im Wald.

Der Riesen-König Ravana möchte die schöne Sita besitzen und ersinnt eine List. Sein Ratgeber Maricha verwandelt sich in einen goldenen Hirsch, der Sita so sehr entzückt, daß Rama und Lakshmana ihm nachjagen und immer tiefer in den Wald geraten. Derweil wird Sita von Ravana in Gestalt eines Einsiedlers nach Lanka entführt. Rama und Lakshmana wenden sich an den Affenkönig Sugriva um Hilfe. Unter Leitung des weisen Feldherrn Hanuman baut nun ein Affenheer binnen fünf Tagen eine Brücke aus Felsbrocken von Süd-Indien (Insel Ramesvaram) nach Lanka. Auch der Fischkönig hilft dabei. Mit List und magischen Kräften werden die schrecklichen Kämpfe mit dem Heer des Riesen-Königs bestanden. Die letzte Entscheidung fällt im Zweikampf: Ramas magischer Pfeil trifft Ravana, und Hanuman zerdrückt das Glasgefäß mit dem unsterblichen Herzen des Königs der Unterwelt.

Rama übernimmt die Regentschaft in Ayodhaya. Die schwangere Sita beweist ihre Reinheit, indem sie unversehrt einem brennenden Scheiterhaufen entsteigt; Agni, der Gott des Feuers, hebt sie aus den Flammen. Doch nach dem Willen des Volkes muß Rama sie verstoßen. Bald darauf bringt sie in der Verbannung Zwillinge zur Welt. 15 Jahre später erkennt Rama bei einer Opferzeremonie seine Söhne und holt Sita wieder an den Hof. Doch bevor sie erneut durch eine Feuerprobe ihre Unschuld beweisen kann, tut sich die Erde auf und nimmt sie in ihren Schoß zurück. Rama übergibt die Regentschaft seinen Söhnen, lebt noch eine Zeitlang als Asket auf der Erde und kehrt dann in den Götterhimmel zurück. Dort lebt er als der große Gott Vihnu wieder mit Sita, jetzt als Lakshmi, zusammen.

1 Zwei Semai mit dem Blasrohr auf der Jagd (Foto von 1930) ▷

3 Paul Schebesta während seiner Feldforschung
1924/25

◁ 2 Jakun-Schamane (Foto von 1924)

4 Zum Tanz geschmückte Semang-Frauen (Foto
von 1924)

5 Geschmückte Semang-Männer (Foto von 1924)

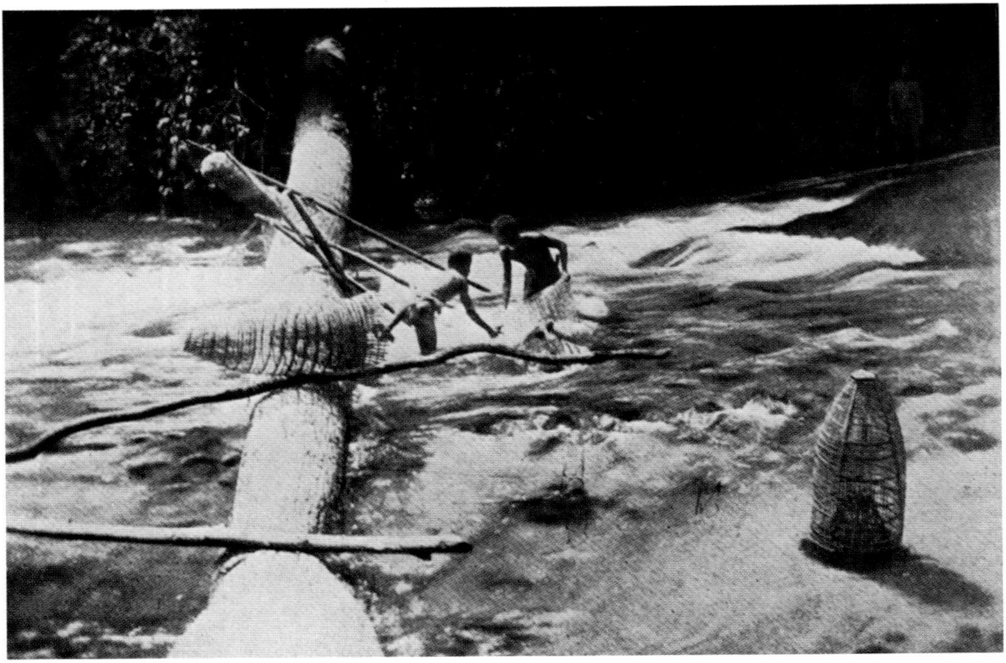

6   Fischfang mit Reusen (Foto von 1924)

8   Zwei Semai (Foto von 1924) ▷

7   Gemeinschaftshaus der Temiar (Foto von 1924)

9   Semai-Hütte (Foto von 1924)

10   Beim Hüttenbau (Foto von 1924)

11 Semai-Mädchen (Foto von 1924)   12 Junger Semai (Foto von 1924)

13 Bei den Jakun (Foto von 1924)

15 Zwei chinesische Migranten (Foto von 1900)
◁ 14 Chinesischer buddhistischer Priester vor einem Tempel in Singapur (Foto um die Jahrhundertwende)
16 Straßenszene in Singapur um die Jahrhundertwende mit englischem »Verkehrspolizisten«

17 Malaiische Speisenverkäufer (Foto von 1900)

18 Floßfähre auf dem Padas-Fluß bei Beaufort, Sabah. Im Vordergrund zwei englische Kaufleute (Foto von 1900)

19   Malaiinnen um die Jahrhundertwende   20   Rikscha-Mann auf einer historischen Postkarte

21   Chinesische Kulis und Towkays auf dem Markt des ehem. Tiffin Place, Singapur (Foto von 1900)

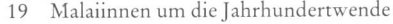

22   Jalan Petaling in der Chinatown von Kuala Lumpur um die Jahrhundertwende

23 Staatssekretariat von Kuala Lumpur (Foto von 1900)

24 Jalan Bandar in Kuala Lumpur (Foto von 1900)

25 Chinesische Kulis im Hafen von Singapur (Foto von 1936)

26 Der Singapore River um die Jahrhundertwende

27 Hinduistischer Götterpavillon auf einem Prozessionswagen

28 Keppel Harbour, Singapur (Foto von 1890)

29   Orchard Road in Singapur (Foto von 1925)

30   Eine Nyonya-Karten-Session im Haus Nr. 58 der Emerald Hill Road, Singapur (Foto von 1936)

Der hinduistische Tempel

Die hinduistische Tempelarchitektur hat sich im Verlauf von rund 1500 Jahren nicht wesentlich verändert. Auch die neuen Materialien, Eisen und Beton, bewirkten kein bauliches Umdenken. Diese jahrtausendelange Kontinuität findet ihre einleuchtendste Erklärung darin, daß der Hindu-Tempel in Grundriß, Schnitt, Orientierung und auch in seiner Lage die Ordnung des Universums symbolisiert, ja den Kosmos in seiner Essenz darstellt.

Der Tempelbau setzte erst im 4. Jahrhundert ein, als sich nach dem Abklingen des Buddhismus in Indien zwei Gruppen bildeten: die Shaivaiten (Shiva-Verehrer) und die Vishnuiten (Vishnu-Verehrer), die jeweils ihrem Gott ein Haus bauen wollten. Beide profitierten von der vollentwickelten buddhistischen Baukunst und übernahmen auch einzelne Formen. Doch die Forderungen, die Buddhisten und Hindu an ihre Tempel stellten, waren von vornherein grundverschieden. Während die Buddhisten mit der aus dem Felsen gehauenen *Chaitya*-Halle einen großen Versammlungsraum und mit dem *Stupa* ein Bauwerk für die heilige Buddha-Reliquie schufen, galt dem Hindu der Tempel als Wohnstätte eines bestimmten Gottes. Für das heilige Bildnis genügte anfangs eine kleine, in den Felsen getriebene Höhlung. Diese stets nach Osten ausgerichtete Cella, indisch *Garbha Griha* (›Mutterleib‹, ›Schoßraum‹) genannt, ist ein schlichter, lichtloser Raum, der sich bis heute seinen Höhlencharakter bewahrt hat. Das Dach bestand aus einigen übereinandergeschichteten Steinplatten, einen Turm gab es noch nicht.

Der Cella wurde bald eine Halle *(Mandapa)* angefügt, deren Pfeiler ein Flachdach tragen. Cella und Mandapa stehen auf einer erhöhten Terrasse – dadurch wird die Trennung des Heiligtums von der irdischen Welt deutlich gekennzeichnet, ein Grundzug nicht nur der Hindu-Architektur. Reicher Skulpturenschmuck – Figuren und Ornamente – besetzte bereits in früher Zeit, etwa in Form von Friesen, die Außenflächen des Sockels und die Pfeiler, die häufig in Glocken-, Topf- oder Blattkapitellen enden. Sie tragen mit Paaren sitzender Tiere geschmückte Konsolen.

Diese Grundform erfuhr in den folgenden Jahrhunderten manche Variation: Das Sanktuarium krönte ein Turmaufbau *(Sikhara)*, zunächst noch deutlich vom Kubus des Unterbaus abgesetzt, später mit ihm verschmolzen; in die Außenwände des Heiligtums wurden Nischen geschlagen, in denen die Wächter des Universums ihren Platz fanden; vertikale Mauervorsprünge lockerten die strenge festgefügte kubische Gestalt, nicht nur an den Seitenflächen, sondern zuweilen auch an den Kanten, so daß ein oktogonaler oder einem Kreis angenäherter sechzehnseitiger Außengrundriß entstand; der oft dreischiffigen Mandapa-Halle wurde an der Frontseite ein vestibülartiger Eingangsbau *(Antarala)* vorgeschaltet und auf den Nebenachsen wurden weitere Hallen hinzugefügt.

Der Entwurf des Hindu-Tempels entspricht in Grund- und Aufriß, in seiner Ganzheit und seinen Einzelteilen, selbst in den kleinsten Details, dem Symbolismus des *Mandala* (›Zirkel‹) – Diagramme und Zeichnungen, die in sehr komplizierter Weise das Universum darstellen. Durch den Tempel, als Übersetzung der Theologie in Steingestalt, erhält das Mandala, aus dem sich auch alle Proportionen ableiten, Dreidimensionalität. So werden das

Heiligtum und die Gottheit in ihm wie das Mandala zum mächtigsten Zentrum psychischer Energie. Der Tempelturm (Sikhara) wird mit dem Weltenberg *Meru* identifiziert, dem Mittelpunkt des gesamten Kosmos in der alten, dem Hinduismus zugrundeliegenden Kosmographie. Er ragt als Götterberg von der Erde durch alle Himmel hindurch (s. S. 97).

Im 7. Jahrhundert entstanden im Norden und Süden Indiens unterschiedliche Bautypen. Für den – später so genannten – nordindischen Tempeltyp ist vor allem eine bestimmte Gestalt des Sikhara kennzeichnend. Anfangs hob er sich vom Unterbau ab und war durch Lagen kragender Steinplatten und durch tiefe Einschnürungen klar horizontal gegliedert. Dann entwuchs der im Umriß parabelförmige Turmaufbau den Wänden der Cella, und schließlich verschmolzen beide Teile vollends miteinander. Die architektonische Gestaltung begann gleich über dem Erdboden und setzte sich in einheitlichem Charakter bis zur Spitze fort. Nur eine besonders tiefe und breite Einschnürung markiert zuweilen das Ende der Cella. Ein weiteres Merkmal ist die Betonung der vertikalen Linien, geschaffen von durchgehenden Vor- und Rücksprüngen. Dennoch bleibt auch der Eindruck einer horizontalen Gliederung erhalten. Diese – durch reiche Profilierungen und häufig üppigen Figurenschmuck überspielte – empfindsame Balance zwischen horizontal und vertikal wirkenden Kräften macht die Baukunst des nordindischen Sikhara aus, gibt ihm Statik und Dynamik, Ruhe und Bewegtheit zugleich. Den oberen Abschluß bildet gewöhnlich eine große *Amalaka*-Deckplatte (nachgebildet der gleichnamigen Frucht), der im Zentrum die glückverheißende Nektarvase aufsitzt, *Kalasa* (›Topf‹, ›Vase‹) genannt. Sie symbolisiert das Absolute und die Grenze, an der Götter und Menschen sich treffen. Die Spitze bildet bei einem Shiva-Tempel der Dreizack, bei einem Vishnu-Tempel das Wurfrad.

Beim südindischen oder dravidischen Tempel trägt die kastenförmige Cella ein mehrstufiges, sich nach oben verjüngendes Terrassendach, das eine Pyramide bildet und von einer massiven, stupaförmigen, gekanteten Kuppel *(Stupika)*, Symbol der Unsterblichkeitsschale, gekrönt wird (Farbabb. 6). Turm und Cella, deutlich voneinander abgesetzt, werden *Vimana* genannt. Die gebogenen, vorspringenden Simse der Dachterrassen tragen Miniaturarchitekturen, die die Pilasterordnung des Sockelgeschosses wiederholen, kleine Schreine auf rechteckigem Grundriß in Chaitya-Form: stark gewölbtes Dach und an den Giebeln das hufeisenförmige Fenster *(Kudu)*, das, häufig mit skulptierten Figuren oder zumindest Köpfen besetzt, sich an den Längsseiten dieser ›Götterpavillons‹ wiederholt. Statt der Miniaturbauten können die manchmal gar nicht mehr deutlich erkennbaren Terrassen auch mit – zumeist bemalten – Götterbildnissen besetzt sein. In dieser (späteren) Form trifft man den südindischen Tempeltyp in Malaysia und Singapur am häufigsten an.

Um 1100 nahm die Stilentwicklung des südindischen Tempels eine Wendung. Das Interesse der Baumeister galt den Toren zum Tempelbezirk. *Gopura(m)* (›Kuhfestung‹) wird ein solcher Torturm genannt (Abb. 31, Farbabb. 7). Er wächst zu großer Höhe empor und überragt den Vimana, der manchmal bis zur Unkenntlichkeit zusammenschrumpft. Der Sinn des Gopuram liegt in dem symbolischen Schutz des nun bedeutend erweiterten heiligen Bezirks, der nicht mehr nur der Durchführung der Riuale, sondern auch als Treffpunkt, der religiösen Erziehung, Tanz und Theater dient. Der Grundriß des Gopuram ist viereckig, das

Profil des hohen gestuften Turmaufbaus häufig konkav. Den Abschluß bildet ein rundes Tonnendach im Chaitya-Stil; oben stehen aufgereiht Kalasas, die Nektarvasen, und den Chaitya-Giebel krönt häufig *Kirtti-Mukha* (›Ruhmesantlitz‹), das gehörnte Antlitz eines stilisierten Löwen. Es symbolisiert den Dämon der alles verschlingenden Zeit *(Kala)*, daher auch Kala-Kopf genannt. Seinem Rachen entquellen Blüten- und Blattranken als Symbol für Lebensfülle und den schöpferischen Weltgeist überhaupt (Farbabb. 6). So vereinen sich im Kirtti-Mukha Leben und Tod.

Die Stockwerke wiederholen in kleinerem Maßstab die Merkmale der unteren Wände, dazu kommen in großer Fülle Figuren, ausgeführt in bemaltem Stuck und Ziegel. Sie sind der sichtbare Ausdruck des Großen Pantheons der Hindu-Götter und -Göttinnen sowie ihrer Begleitpersonen. Häufig erscheint der gesamte Turmaufbau als ein Werk der Plastik.

Der Ritus

Der Hinduismus verfügt über ein reiches Ritual und einen komplizierten Kult. Mit Betreten des Tempelbezirks, ohne Schuhe, ohne den Staub der Straße, wird die Grenze überschritten, die Götter- und Menschenwelt voneinander trennt. Das Fortschreiten vom Eingangstor durch die Hallen zum Sanktuarium gleicht der Bewegung vom Licht der Welt zum Dunkel der Cella, von der Vielfalt der Erscheinungen zum Einfachen. Zuvor aber hat man die Reinigung zu vollziehen: Man hält die Hände an die Opferflamme und bestreicht das Gesicht. Zu der Cella, der Stätte des Mysteriums, hat nur der Hindupriester Zugang; die über die nackte Schulter geschlungene Schnur kennzeichnet ihn als Brahmanen. Nur er beherrscht den Ritus, kennt die Formeln *(Mantra)*, Silben *(Bija)* und symbolischen Gesten *(Mudra)*, mit denen man, unter Benutzung von ›Werkzeugen‹ *(Vajra)*, die Gottheit ›herbeiholen‹ kann.

Für das Bildnis gelten nicht primär ästhetische Gesichtspunkte. Es ist häufig ungeformt, wirkt eher abstrakt, primitiv, klumpig oder auch bizarr, zudem ist es geschwärzt von dem darüber ausgegossenen Öl, häufig aber auch mit Blumengirlanden, farbigen Tüchern und blinkendem Metall geschmückt. Das Bildnis ist das Mittel zur Kommunikation mit der Gottheit, die nur während der *Pooja* (›Erschauen‹) präsent wird. Zu anderen Zeiten verschließt ein Vorhang oder Scherengitter das Sanktuarium. Die Gläubigen bringen dem Tempelgott fünf Opfergaben dar, zumeist Kokosnüsse, Reis und Obst. Sie symbolisieren die fünf Sinnesorgane, denen mit der Übergabe an die Priester eine Absage erteilt wird. Auf diese Weise werden die asketischen Züge der Religion deutlich gemacht. Unter symbolischen Gesten und dem Rezitieren von Formeln reicht der Brahmane diese Gaben dem Gott weiter, derweil die Gläubigen in andächtiger Haltung, einzeln oder in einer Reihe entlang einer Barriere stehend, in das Sanktuarium blicken und den Gott ›erschauen‹. Dann erhalten sie die nunmehr geweihten Gaben zurück. Vom Hindupriester angeführt, umschreiten die Gläubigen anschließend die Cella, den Tempel oder den heiligen Bezirk von Ost nach West und verharren vor den Nebentempeln, um auch diesen Göttern ihre Verehrung darzutun.

Im Gegensatz zu den Verkündigungsreligionen spielt die Predigt keine Rolle. Der Hinduismus kennt auch keine Räume, in denen sich die Gemeinde zu gemeinsamer Andacht versammelt. Wohl aber dient die Halle einzelnen Gläubigen zur Meditation und zum Gebet an verschiedene Gottheiten. Zu den Bet-Übungen zählt das Sichausstrecken auf dem Boden, die völlige Hingabe an den Gott.

Die Götterwelt des Hinduismus – Themen der Bildwerke

Die verschiedenen theologischen Systeme haben den Themenkreis figürlicher Darstellungen sehr weit gespannt. Den breitesten Raum nehmen die Hochgötter in ihren unterschiedlichen Aspekten und Herabkünften ein sowie die weiblichen Energien *(Shakti)*, allgemein als ihre Gemahlinnen bezeichnet. Dazu gesellen sich Gottheiten niederer Rangordnungen, Lokal- und Volksgötter, Dämonen, Riesen, Weise und Heilige, Schlangen- und Baumgeister *(Yakshas)*, Fruchtbarkeitsgöttinnen, himmlische Musikanten und Tänzerinnen *(Apsaras)*, Freudenmädchen, Fabelwesen, Zwerge *(Ganas)*; außerdem die acht Hüter des Universums, die Wächter der Himmelsrichtungen *(Lokapala* und *Dikpala)* und die Gestirnsgottheiten. Beliebte Themen sind auch Szenen aus dem Ramayana (s. S. 47) und bestimmte Mythen der Puranas (s. S. 47).

Götterbilder sind keine anatomisch stimmigen Darstellungen, sondern Visionen einer Gottheit. Vielköpfigkeit und Vielgliedrigkeit symbolisieren ihre übernatürliche Macht, allumfassendes Wissen und Universalität. Wichtige Elemente der Bildsprache sind die Körperhaltung *(Asana)*, die symbolischen Handhaltungen *(Mudra* = ›Siegel‹) und das Mienenspiel.

Brahma

Die Bildnisse der Götter ähneln einander oft sehr. Nicht an ihrer leiblichen Gestalt und ihrem Gesichtsausdruck, eher an ihren Emblemen, Attributen und an ihrem *Vahana* (Reit- und Symboltier) kann man sie erkennen. Für Kleidung und Schmuck gilt allgemein: Götter und Göttinnen in ihrem friedvollen Aspekt tragen dünne Hüfttücher und Beinkleider, Kronen, Diademe, Ketten und Reifen aus Juwelen und Blumengirlanden, die Heilige Schnur oder ein Yoga-Band; in ihrem zornvollen Aspekt dagegen Tierhäute und -felle, wobei Schlangen oder Ketten aus Knochen, Schädel oder abgehackte Hände den Hals umwinden. Das magische Stirnauge, das alles durchschaut und alles vernichten kann, kennzeichnet shivaitische Gottheiten. Die wichtigsten Kopfbedeckungen sind die Flechtkrone (bei Shiva und Brahma), die hohe zylinderförmige Königskrone (für Vishnu als Himmelskönig), die Topfkrone aus übereinandergeschichteten, nach oben zu immer kleiner werdenden Töpfen oder flachen Scheiben (vor allem für Göttinnen) und die Flammenkrone (für Shiva in seinem destruktiven Aspekt und die Göttin Kali).

Von der unüberschaubar großen Zahl hinduistischer Gottheiten können hier nur einige der wichtigsten aufgeführt und diese in ihrem vielfältigen und ausdeutbaren Wesen nur annähernd beschrieben werden. Angemerkt sei auch, daß die figürlichen Darstellungen oft grellbunt und menschlich realistisch gesehen, nicht die geringste Ähnlichkeit haben mit den künstlerisch gestalteten Plastiken in der Blütezeit der Hindukunst.

Brahma: Im jüngeren Hinduismus verlor Brahma seinen hohen Rang als Schöpfer des Universums, diese Eigenschaft ging auf Shiva bzw. Vishnu über. Wenn er bildlich dargestellt wird, dann zumeist mit vier gekrönten Häuptern. Sein Tier ist die (weiße) Wildgans als Symbol für geistige Wiedergeburt.

Vishnu auf der Weltenschlange

Sarasvati (›die Fließende‹): Brahmas erste Gemahlin ging aus einer vedischen Flußgöttin hervor. Sie gilt als die Beschützerin der Wissenschaft, Dichtkunst und Musik und hält oftmals eine Stabzither in Händen. Ihr Vahana ist der Pfau oder, wie bei Brahma, die Wildgans. Unter dem Namen Brahmi (oder Brahmani) verkörpert sie die Muttergöttin, als *Mahavidya* das ›große Wissen‹.

Vishnuitische Gottheiten: Die Vishnuiten betrachten Vishnu als den obersten Gott, nicht nur als Erhalter und Allesdurchdringer, sondern auch als Weltschöpfer. Sein Wesen ist Freundlichkeit, Licht und Güte. Dieses Wohlwollen allen Geschöpfen gegenüber zeigt sich besonders in seinen Herabkünften (*Avataras*; s. u.), wenn er Recht und Ordnung in der Welt wiederherstellt. Seine Attribute weisen ihn als kosmischen Gott, als Hüter der Weltgesetzlichkeit aus. Es sind Wurfrad (Zeichen der Sonne und der kosmisch-ethischen Ordnung), Muschelhorn (symbolisiert als Kampftrompete den königlich heldischen Charakter und ist Zeichen des Absoluten; Farbabb. 3, oberste rechte Nebenhand), Keule (vernichtet Feinde und Dämonen; Farbabb. 3, Haupthand) und Lotos. Vishnus Körperfarbe ist blaugrün, seine Symboltiere sind der halbmenschliche Sonnenadler *Garuda* und die Weltenschlange *Ananta*.

Vaikuntha(natha): Vishnu als Herr des Paradieses mit vier Köpfen: Menschenantlitz, Dämonengesicht, Eber- und Löwenkopf. Um die Schultern trägt er den bis zu den Knien reichenden Waldkranz (Blattgirlande).

Narayana Anantashayi: Der ›aus dem Wasser Kommende‹ und ›auf der Schlange Ananta Ruhende‹ ist eines der häufigsten Skulptur- und Malereimotive in der hinduistischen Kunst (Abb. 69). Vishnu ruht während seines kosmischen Schlafes zwischen zwei Weltperioden im Ur-Ozean auf einem Bett aus Schlangen. Dem ruhenden Vishnu entwächst ein Lotosstengel.

Vishnu und Lakshmi

Auf der Lotosblüte thront der vierköpfige Brahma, den Vishnu beauftragt, eine neue Welt zu schaffen. Die das Universum umgebende Schlange Ananta weist auf Vishnu als Wassergottheit hin, der Adler Garuda auf seine Sonnennatur (s. S. 69). Garuda ist auch der Schlangenvernichter. Wasser, Schlange und Sonne sind ewige schöpferische Prinzipien. In Vishnu vereinen sich die Gegensätze und heben einander auf. Zuweilen wird Vishnu auch auf der Weltenschlange in lässiger Haltung sitzend dargestellt.

Vishvarupa: ›Vishnu als Allgestaltiger‹; seine vielen Köpfe zeigen die Merkmale anderer Gottheiten, und seine Hände halten – außer den vishnu-üblichen – auch deren Attribute. Dies veranschaulicht Vishnus Macht über die anderen Gottheiten (Farbabb. 3).

Die Herabkünfte Vishnus: Innerhalb der jeweils etwa 4,320 Milliarden Menschenalter währenden vier Weltzeitalter, mit denen die hinduistische Kosmologie rechnet, steigt von Zeit zu Zeit eine Gottheit in einer bestimmten Gestalt herab in diese Welt, um sie neu zu ordnen. Von den 22 Herabkünften *(Avataras)* sind die folgenden zehn am bekanntesten. Im ersten Weltzeitalter inkarnierte sich Vishnu als Fisch, Schildkröte, Eber und Mann-Löwe. Mythen und Fabeln umranken die Kämpfe mit bösen Mächten und Dämonen, in Vishnu-Tempeln werden sie bildlich erzählt. Der Gott erscheint dann häufig als halb tierisches, halb menschliches Wesen, ist aber zumeist an den üblichen Attributen zu erkennen. Im zweiten Weltzeitalter erschien Vishnu als Zwerg *Vamana,* der zum Riesen *Trivikrama* wuchs. Sein Dreischritt *(Trivikrama)* konnte Erde. Himmel und Unterwelt, also das All insgesamt, durchmessen und auf diese Weise einen maßlosen König in die Schranken weisen. Als sechste Avatara, als *Parashurama* (›Rama mit dem Beil‹), kämpft Vishnu als Brahmane gegen die Kaste der Adligen und Krieger (Ksatriya). Die nächsten beiden sind die populärsten Avataras: *Rama* (Epos ›Ramayana‹, s. S. 47) und, im dritten Weltzeitalter, *Krishna,* der Dunkle, Schwarze – wegen seiner Menschennähe und allumfassenden Liebe, seines Gerechtigkeitssinns und seiner kosmischen Größe einer der am meisten verehrten Götter des Hinduismus. Krishna liebt die Natur, die Kühe auf den Weiden, vor allem aber die Hirtinnen. 84 000 Geliebte soll er gehabt haben. Die lebensnahe erotische Beziehung zu *Radha,* der Anführerin der Hirtinnen und seiner Hauptgeliebten, gilt als Sinnbild der Bhakti-Frömmigkeit, die liebende Hingabe des Mädchens an einen verehrten Gott als ein Weg zur Erlösung. Krishnas wichtigstes Attribut ist die Flöte, ein göttliches Instrument, dessen Klang die Menschen anrührt. Als neunte Avatara im gegenwärtigen Weltzeitalter gilt *Buddha,* und als zehnte Herabkunft wird am Ende Vishnu als apokalyptischer Reiter *Kalkin* auf weißem Roß mit Flammenschwert erscheinen und alle Geschöpfe erlösen.

Lakshmi: Auch *Sri,* Glück, genannt, die Hauptgemahlin Vishnus, ist die Göttin der Schönheit, des Glücks, des Wohlstands und der Fruchtbarkeit. Sie ist so makellos schön wie der Lotos, das wichtigste ihrer Attribute, und besitzt keinen zornvollen oder furchterregenden Aspekt. Ihr Vahana ist Vishnus Garuda, auch die Eule. *Bhumidevi,* die Göttin der Erde und Vishnus zweite Gemahlin, wird häufig zusammen mit ihm und Lakshmi abgebildet.

Shivaitische Gottheiten: Shiva, der oberste Gott der Shivaiten, besitzt eine sehr komplexe und zwiespältige Natur. Das Wort bedeutet zwar ›wohlwollend‹, ›freundlich‹, und Shiva kann gabenspendend und hilfreich sein, aber auch furchterregend und gefährlich. Er bringt

Krankheit und Tod, ist aber andererseits auch Lebenspender, Todüberwinder und kann zur Erkenntnis verhelfen. Kein anderer Gott ist so stark mit der Vorstellung vom kosmischen Werden und Vergehen verbunden. Im Bild des *Shiva Nataraja*, ›Shiva als König des Tanzes‹, findet dies den großartigsten Ausdruck. Jedes Detail ist von hoher Symbolkraft. Die Flammen des Kranzes, der die Figur umspielt, entquellen der Schnauze eines Delphinpaares *(Makara)* und symbolisieren alle Laute, die im Universum vorkommen. Das Stirnauge, dessen herausschießende Flammen zerstören können, ist auch ein Zeichen für Weisheit. Im rechten Ohr trägt der Gott einen ›männlichen‹, im linken einen ›weiblichen‹ Ohrring als Zeichen dafür, daß er beide Prinzipien verkörpert. Sein zu Flechten zusammengefaßtes Haupthaar bildet oben eine Krone; der menschliche Schädel an ihrer Basis symbolisiert Shivas Zerstörungsenergie. Die unteren Haarflechten folgen der wirbelnden Bewegung des Tanzes. Die Göttin auf den oberen Flechten ist *Ganga*, Symbol für Fruchtbarkeit und Shivas Gnade (durch sie schuf er den Ganges, den heiligen Strom und die Lebensader Indiens). Die Mondsichel links deutet Shivas Ruhm und Großmut an und zugleich die Zeit (Mond als Zeitmesser). In seinen Händen hält er die Sanduhrtrommel, die als Quelle aller Schwingungen und Voraussetzung für die Evolution gilt, außerdem das todbringende und reinigende Feuer, Symbol der Zerstörung, aber auch der Rettung und Befreiung. Die rechte untere Hand zerstreut Furcht, und die linke untere weist auf den erhobenen rechten Fuß hin, mit dem er *Apasmara*, den Dämon der Verblendung und der Verführbarkeit der Seele, zertritt. Die Kobras, die sich um seinen Körper und sein Haar schlingen, repräsentieren die Kräfte, die sich in Shiva vereinen. Es gibt neun Grundformen mit 108 Varianten des Nataraja.

Shivas wichtigstes Attribut ist der Dreizack, Zeichen seiner Universalität, der dreifachen Macht: des Erschaffens, Erhaltens, Zerstörens. In Süd-Indien tritt an die Stelle der Schlange die Gazelle, die ihn als Herrn über alle Lebewesen ausweist. Weitere Attribute: Sanduhrtrommel (s. o.; Abb. 65 rechte Hand), Glocke, Gebetskranz, Schwert, Schild, Axt, Schlinge, Totenkopfstab mit umwundener Schlange, der Shivas Macht über Leben und Tod symbolisiert.

Nur einem, dem Fruchtbarkeitsaspekt, gilt der Phalluskult, der besonders im einfachen Volk weit verbreitet ist. Shivas aufgerichteter Phallus *Linga(m)*, zumeist in Stein (Abb. S. 219), wird mit Wasser, häufig aus dem Ganges, übergossen. Das Komplementär dazu ist *Yoni* als Sinnbild der weiblichen Vulva. Auch in diesem Bild zeigt sich die Einheit der Gegensätze. Shivas Vahana ist Nandi, der (weiße) Stier.

Shivas Shakti kann verschiedene Erscheinungsformen annehmen: friedvolle, gütige und schreckliche, furchterregende. Sie stehen je nach regionaler Auffassung in einer mehr oder weniger engen geistigen Beziehung zur alten Muttergottheit *Devi* oder *Mahadevi* (s. u.), der mancherorts ein eigener ausgeprägter Kult gilt.

Parvati (Abb. 65): Die ›Bergtochter‹, in der hinduistischen Mythologie Personifikation des Himalaya und Schwester der Ganga, ist eine schöne, begehrenswerte, gütige und mütterliche Frau. Shivas Gemahlin wurde sie erst, nachdem sie sich einer langen Askese unterzogen hatte. Sie gelten als ideales Paar. Ihre Hochzeit, die in der indischen Literatur ausführlich 14r12beschrieben wird, ist das Motiv zahlreicher bildlicher Darstellungen. Dabei tritt in Süd-Indien Vishnu als Parvatis Bruder auf und gießt sozusagen als Trauzeuge Wasser über beider

Hände. Parvatis Attribute sind die Shivas. Hinzu kommen häufig ein Papagei als erotisches Symbol (Farbabb. 7, unten u. Mitte links) und die Vase der Lebensfülle (*Kalasa*). Die Göttin tritt auch unter anderen Namen auf: *Amba* oder *Ambika* (Mutter), *Ishvari, Maheshvari, Bhuvaneshvari* (Herrin, große Herrin, Herrin der Welt). Ihr Vahana ist der Löwe (Farbabb. 6, oben). *Uma* ist ein (älterer) Beiname der Parvati, Symbol für Gattentreue, die selbst den Tod nicht scheut.

Durga (›Schwerzugängliche‹, ›Unbekämpfbare‹; Abb. 66) verkörpert den kriegerischen Aspekt der Shakti Shivas. Sie tritt als Dämonenbezwingerin und als Siegerin über den büffelgestaltigen König *Mahisha* auf, den sie mit Hilfe der Waffen niederzwingt, die ihr die Göttin zur Verfügung gestellt haben: Shiva den Dreizack, Vishnu das Wurfrad, Indra den Donnerkeil etc. Sie kann auch in skeletthaft magerer Gestalt erscheinen mit schlaffen Brüsten, ausgemergeltem Gesicht und verzerrten Zügen, um sie herum abgeschlagene Köpfe.

Kali (›Schwarze‹) ist gewöhnlich noch kriegerischer als Durga, blutrünstig, grausam, sie verschlingt sogar ihre eigenen Kinder. Sie wird zumeist mit schwarzer oder dunkelblauer Hautfarbe, heraushängender

Durga als Bezwingerin des Büffeldämons Mahisha

Zunge oder Hauern (Abb. 64 u. Farbabb. 7) und einer Halskette aus Schädeln oder Köpfen dargestellt. Manchmal sind abgeschlagene Hände ihr ›Schmuck‹. Man erkennt sie an mehreren shivaitischen Emblemen wie Mondsichel an der Krone, Dreizack, Schwert, Schlange, Sanduhrtrommel (Abb. 64). Kali ist die Herrin des Todes, an Kraft und Macht Shiva überlegen – manche Bilder zeigen ihn besiegt am Boden liegen. Andererseits gilt auch sie wie Shiva als Lebenspenderin und als Symbol des ewigen Kreislaufs von Werden und Vergehen.

Ganesha, der ›Elefantenköpfige‹, Sohn von Shiva und Parvati, ist der Gott des Glücks und der Weisheit. Er wird mit rundem Bauch (Fruchtbarkeitsaspekt), Topfkrone und Juwelenschmuck dargestellt (Abb. 41 u. Farbabb. 4). Sein Rüssel steckt in einem Schüsselchen mit süßem Reis, seiner Lieblingsspeise. Weitere Attribute sind Rad, Lotos und die Stabzither, die ihn als Patron der Musik ausweist. Sein Vahana ist die Ratte oder der Löwe.

Verschiedene Darstellungen des Elefantenkopfes von Ganesha

Subramanyan (Skanda, Muruga, Karttikeya), der Kriegsgott und Bezwinger böser Kräfte, Sinnbild für Tapferkeit, Tugend und Macht, entstand durch einen Feuerstrahl aus Shivas Stirnauge. In Süd-Indien gilt er als Sohn von Shiva und Parvati. Sein Hauptattribut ist der Meißel, eine Variante von Shivas Dreizack und Indras Vajra (Donnerkeil), hinzu kommen Speer, Pfeil und Bogen, ein Banner mit dem Bild eines Hahns, der neben Pfau (Abb. 64, hier Reittier der kriegerischen Durga-Kali) und Elefant sein Vahana ist.

Devi und Mahadevi: Trotz Shivaismus und Vishnuismus blieben im indischen Volksglauben die alten Muttergottheiten der vor-arischen Induskultur lebendig, und ihnen gilt ein selbständiger, von den männlichen Gottheiten weitgehend abgelöster Kult. Die Namen der Muttergöttin, die nach altem Glauben der Ursprung allen Lebens und des Universums ist, sind ebenso vielfältig wie ihre Erscheinungsformen. *Amba, Ambika, Amma, Mata,* was alles soviel wie Mutter heißt, sind nur einige der Bezeichnungen. Oder sie wird einfach *Devi* (›Göttin‹) oder *Mahadevi* (›Große Göttin‹) oder *Mahalakshmi* (›Große Lakshmi‹) genannt. Im jüngeren Hinduismus wurden die gütigen und mütterlichen Aspekte der weiblichen Urgottheit zur Energie und Teilmanifestation der Hochgötter und gelten als ihnen untergeordnet, so *Uma, Parvati, Amba* und *Gauri.* In ihrem heroischen und zerstörerischen Aspekt entziehen sie sich jedoch weitgehend der Unterordnung und sind Shiva häufig an Macht überlegen, so *Durga, Kali oder Kanya Kumari.* Es kann also sein, daß weibliche Gottheiten unter demselben Namen als Shakti eines Hochgottes oder aber als selbständige Kräfte aufgefaßt werden, die man in eigenen Tempeln verehrt. Zu ihnen gehört auch *Mariamman (Mari Mai),* ein Aspekt der Kali, eine Krankheitsgöttin, die vor allem vor Cholera und Pocken schützt und auch für Regen zuständig ist.

Lokapala und *Dikpala,* die zunächst vier, dann acht Hüter des Universums, auch Wächter der Himmelsrichtungen genannt, besetzen häufig die Nischen der Cella-Außenwand. Die wichtigsten sind: *Indra,* Himmels-, Regen- und Gewittergott (Osten); *Yama,* Richtergott der Toten (Süden); *Varuna,* Gott des Meeres und Regengott (Westen); *Kubera,* Gott des Reichtums (Norden). Die Gestirnsgottheiten stehen in südindischen Tempeln in eigenen Schreinen oder auf einem Podest, in der Mitte der Sonnengott *Surya*. Er und der Mondgott *Soma* sind die mächtigsten von ihnen.

Islamisierung

Der Islam, die Staatsreligion Malaysias, hatte es nicht leicht, auf der Malakka-Halbinsel Fuß zu fassen. Die streng monotheistische Offenbarungsreligion traf dort auf eine animistisch und hinduistisch geprägte Vorstellungswelt – Gegensätze, die schroffer kaum denkbar sind.

Kontakte zwischen Arabern und Malaien gab es bereits im frühen 7. Jahrhundert, zu der Zeit also, als Muhammad die von Gott erhaltenen Offenbarungen den Bewohnern von Mekka und Medina mitteilte und die neue Religion in Arabien Einzug hielt. Missionierend und kulturbringend in Südostasien tätig zu sein, lag den arabischen und persischen See-und Handelsleuten offenbar fern, obwohl doch die Verbreitung des Glaubens zu den strengen Vorschriften des Islam gehört. Erst im 13. Jahrhundert entstanden – zunächst beschränkt auf einige arabisch-malaiische Familien – im archipelagischen Raum erste Stützpunkte des Islam, und zwar in größeren Hafenstädten Nord-Sumatras entlang der Malakka-Straße. 1297 trat der Staat Pasai zum Islam über. Es dauerte dann noch rund 100 Jahre, bis die neue Religion auf der Malaiischen Halbinsel Eingang fand.

Die Einführung des Islam in Malaya hängt aufs engste mit der Gründung von Malakka (heute: Melaka), des ersten malaiischen Staatswesens auf der Halbinsel, zusammen. Begründer war Prinz Paramesvara, ein Anhänger des Hinduismus, aus Palembang (Ost-Sumatra), der hier seine Flucht beendete (s. S. 233). Um 1414 trat er zum Islam über und nahm den Titel Sultan Megat Iskandar Shah an, den er sich vom chinesischen Kaiser in Peking, seinem Schutzherrn, bestätigen ließ. Nicht religiöse Überzeugung wird ihn zu diesem Schritt bewogen haben, sondern kommerzielles und machtpolitisches Denken. Seine wichtigsten Handelspartner – Araber, Kaufleute aus Nord-Sumatra und Inder – sowie selbst der Gesandte des Kaisers von China, Admiral Zheng He, waren Muslime, außerdem hatte er vermutlich eine muslimische Fürstentochter aus Pasai zur Frau. Als Paramesvara 1424 starb, gab es im Sultanat eine zahlenmäßig schon recht starke islamische Händlerkolonie, vorwiegend Ausländer, aber auch manche kleine Territorialherren waren dem Beispiel ihres Sultans gefolgt. Sie wurden die eigentlichen Träger der Ausbreitung des Islam in Malaya. Wichtigste Vermittler aber waren die muslimischen Händler und Kaufleute aus der Gujarat-Region im Westen Indiens (damaliges Königreich Kalinga). Durch sie, die selbst die neue Religion hatten adaptieren müssen, verlor der Islam viel von seiner strengen Orthodoxie arabischer Prägung, kam gleichsam gefiltert nach Malaya. Viele hinduistische Bräuche und Traditionen – die ungeschriebenen Rechtsgewohnheiten des *Adat* – konnten beibehalten werden, vor allem solche, die der muslimischen Lehre nicht widersprachen wie Zeremonien bei der Krönung oder bei einer Heirat. Den Frauen wurden nie derart strenge Körper-und

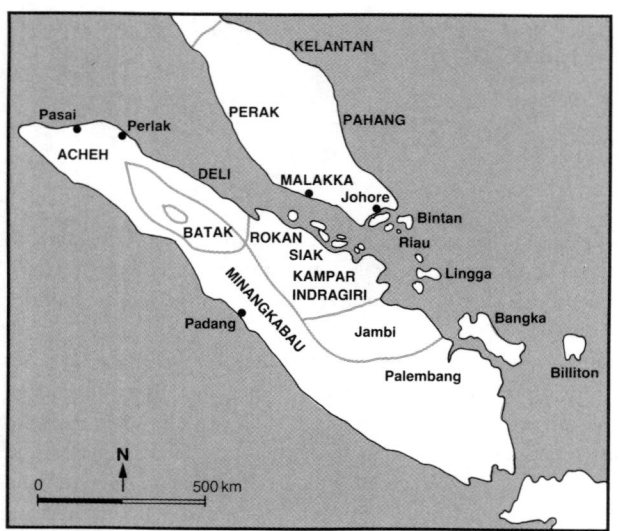

*Das Sultanat von Malakka
um 1500*

Gesichtsverhüllungen verordnet wie in arabischen Ländern, und ihre Stellung blieb eine weit höhere als dort.

Muhammad Shah, Paramesvaras Sohn, und auch dessen Nachfolger, Ibrahim Shah, führten die Politik der Machtkonsolidierung im Land fort. Doch durchgesetzt hatte sich der Islam noch nicht. Nach dem Tod von Ibrahim um 1446 brach der Konflikt zwischen der muslim-malaiischen und der hindu-malaiischen Gruppierung innerhalb der Oberklasse von Malakka offen aus: Von den Söhnen des Sultans, die Anspruch auf den Thron erhoben, war einer ein Hindu, der andere ein Muslim. Aus dem Kampf beider und ihrer Anhängerschaft ging der Muslim als Sieger hervor. Er nahm als Sultan den Namen Muzaffar Shah (1446–1458) an und erhob den Islam zur Staatsreligion. Malakka entwickelte sich zu einem Zentrum islamischen Einflusses in Südostasien. Damit wuchs auch die politische und die wirtschaftliche Bedeutung des Sultanats: Händler, die zuvor Nord-Sumatra als Handelsbasis benutzt hatten, wandten sich nun eher Malakka zu, das im übrigen viel günstiger lag. Nun traten auch die übrigen führenden malaiischen Familien zum Islam über, und breite Bevölkerungsschichten taten es ihnen gleich. Als Muzaffar Shah 1458 starb, hinterließ er seinem Sohn Mansur Shah (1458–1477) ein im Glauben und in der politischen Macht festgefügtes Reich.

Bis dahin war die Durchsetzung des Islam im allgemeinen auf friedlichem Weg erfolgt. Im Zuge der Ausdehung des Reiches trug nun der mächtige *Bendahara* (oberster Minister) Tun Perak (1456–1498) die neue Religion unter erheblichem politischen Druck und auch mit Gewalt in die übrigen Gebiete Malayas und große Teile Sumatras. Während der Zeit der größten Ausdehnung des Reiches trafen die Portugiesen in Malakka ein. Sultan Mahmud floh nach Johor und gründete ein neues Sultanat. Doch in Malakka war der Islam inzwischen so fest verankert, daß christliche Missionare nur noch wenig gegen ihn auszurichten vermochten.

In Nord-Borneo hatte sich zu Beginn des 15. Jahrhunderts eine vom zerfallenden Hindu-Reich Majapahit unabhängige Dynastie gebildet, die heute noch in Brunei regiert. Deren Herrscher übernahmen nach dem Untergang von Malakka und vermutlich unter dem Einfluß malaiischer Flüchtlinge um 1515 den Islam – muslimische Grabsteine aus dieser Zeit bezeugen dies. Erfaßt wurden jedoch nur die Küstenregionen, und ausgeschlossen blieben auch die größtenteils im Tiefland lebenden Kadazan/Dusun – zahlenmäßig die stärkste Gruppe im heutigen Bundesstaat Sabah –, die dem Christentum gewonnen werden konnten.

An der Spitze der Herrschaftspyramide des Malakka-Reiches stand der Sultan. Als Staatsoberhaupt hatte er zwar im Vergleich zu hinduistischen Gesellschaften, in denen der Raja als Inkarnation der Götter galt, an Herrlichkeit eingebüßt, aber als religiöses Oberhaupt stand er in der Nachfolge der großen islamischen Schriftgelehrten und konnte daraus seinen Unbedingtheitsanspruch ableiten. Das Amt war sakrosankt und damit auch die Person, die es ausfüllte. Die Staatsführung lag jedoch nicht allein in den Händen des Sultans. Er hatte sich mit seinen obersten Würdenträgern zu beraten, vor allem in der recht komplizierten Thronfolge. Dem Sultan unterstanden in abgestufter Rangfolge vier, acht, 16, 32 Beamte. Von den vier höchsten Würdenträgern galt der *Bendahara* als oberster Minister sowie Gerichtsherr und Befehlshaber der Streitkräfte; gewöhnlich war er eng mit der Herrscherfamilie verbunden, etwa durch die Ehe mit einer Tochter des Sultans. Ihm folgte in der Hierarchie der *Temenggong,* eine Art Innenminister und Polizeichef, der zumeist aus der Familie des Bendahara stammte und in der Regel dessen Nachfolger wurde. Der *Penghulu Bendahari* galt als zuständig für die Hofhaltung, und der *Menteri Paduka Tuan* füllte das Amt des Staatsjustitiars aus. Die wichtigsten Hofbeamten der zweiten Stufe waren der *Maharaja Lela*, Hofzeremonienmeister, der *Laksamana*, Oberbefehlshaber der Flotte, der *Shabandar*, Zoll-, Hafen-und Handelsminister, und der *Imam Paduka Tuan*, zuständig für Glaubensfragen. Auch die nachfolgenden Beamtenstellen setzten sich aus Mitgliedern der herrschenden Schichten zusammen. Die Kaufleute und Händler, deren sozialer Status im Islam höher war als im Hinduismus, hatten sich in diesen Verwaltungsapparat einzufügen, und die Masse der Bevölkerung, vor allem die Bauern, standen zum Teil bei ihren Herren in Schuldknechtschaft. Sklavenhaltung war weit verbreitet.

Das System von verwandtschaftlichen Beziehungen bildete ein festes, durch Zusammenhalt und gegenseitige Abhängigkeit bestimmtes Gefüge, das aber auch stets der Gefahr innerer Zerrüttung ausgesetzt war. Mit geringfügigen Änderungen wurde es von den Sultanaten übernommen, die nach dem Untergang des Malakka-Reiches entstanden, und hatte bis zu den Eingriffen der Engländer und den Reformen der Malaien Gültigkeit.

Der Islam

Der Islam – das Wort bedeutet ›Hingabe‹, ›Unterwerfung‹ (unter den Willen Allahs) – geht auf die Offenbarungen zurück, die Muhammad, der Stifter dieser Weltreligion, empfing. Über Geburtsjahr und Herkunft von Muhammad (›Der Gepriesene‹), dem letzten Propheten Allahs, ist nur wenig Sicheres bekannt. Wahrscheinlich wird er um 570 n. Chr. als Sohn des Abdallah aus dem Geschlecht der Hashim in Mekka geboren. Der Vater stirbt bald, und Muhammad wird von verarmten Verwandten erzogen. Er erlernt den Kaufmannsberuf, tritt um 595 in den Dienst der reichen Kaufmannswitwe Chadidscha, die ihn bald darauf zum Ehemann nimmt.

Auf seinen Handelsreisen nach Vorderasien lernt Muhammad die Gedanken des Juden- und Christentums kennen und wird für religiöse Themen empfänglich. Um das Jahr 610 zieht er sich im Monat Ramadan zur Askese in die Wüstengegend bei Mekka zurück und erlebt am Berg Hira die erste Offenbarung durch den Engel Gabriel. Dieser befiehlt ihm, von nun an alle göttlichen Verkündigungen in der Öffentlichkeit vorzutragen. Die Einwohner Mekkas jedoch verspotten den Propheten, als er ihnen auferlegt, nur an einen Gott zu glauben. Die Ablehnung der Mekkaner beruht im wesentlichen jedoch auf wirtschaftlichen Überlegungen. Denn mit der Wallfahrt zur *Kaaba*, an der damals eine Vielzahl von Göttern verehrt wurden, verbanden die ortsansässigen Kaufleute ein florierendes Handels- und Messegeschäft. Die Forderung Muhammads nach einem Ein-Gott-Glauben würde bei den Nicht-Moslems zu einem Rückgang der Wallfahrten und damit zu einer Einschränkung der Handelsaktivitäten einheimischer Kaufleute mit den Pilgern führen. Unter dem Druck der Verachtung und wegen der mangelnden Bereitschaft des Stammes, Muhammad vor Repressalien zu schützen, weicht der Prophet am 24. September 622 nach Yathrib (das spätere Medina) aus. Diese *Hidschra* (›Auswanderung‹) wird zu einem Wendepunkt für seine Mission (mit diesem Jahr beginnt die islamische Zeitrechnung). In der von Stammesfehden zerrissenen Oasenstadt Medina findet Muhammad eine große Anhängerschaft. Die Glaubensbereitschaft der Menschen wächst, da er nicht nur die Streitenden in der Stadt besänftigt, sondern auch ihre Karawanen vor den Überfällen der Kaufleute aus Mekka schützt. Im Krieg der beiden Städte kommt es zum Waffenstillstand, und zwei Jahre später kann Muhammad friedlich in seine Geburtsstadt einziehen: Die Bewohner sind zu überzeugten Anhängern des Islam geworden, der bald darauf die ganze arabische Halbinsel vereint. Muhammad übt von nun an auch die Funktion eines Staatsmanns mit allen ihm zustehenden Gewalten aus. Er stirbt überraschend im Jahre 632 und wird in Medina beigesetzt. Sein Grab, das in den später erbauten Moscheekomplex integriert wurde, ist einer der heiligsten Orte des Islam.

Da Muhammad keine Nachfolgeregelung hinterlassen hatte, kam es 656 nach der Ermordung von Uthman (Osman), des dritten Kalifen (›Nachfolger‹ des Propheten), zu jahrzehntelangem, zeitweise blutigem Streit. Die *Schia* (›Partei‹) sahen in Ali, Muhammads Neffen und Schwiegersohn, und dessen Nachkommen die allein nachfolgeberechtigten *Imame* (›Führer‹, ›Vorbild‹, ›Vorbeter‹), für die andere Partei, die Sunniten (nach *Sunna* = Brauch), sind die überlieferte Lehre und die Einheit der Gemeinde wichtiger als die Wahl des ›richtigen‹ Imam, in dem sie nur einen politischen Führer, nicht wie die Schiiten eine inspirierte Lehrautorität und das Oberhaupt des Islam sehen. Zu der sunnitischen Richtung bekennen sich heute etwa 92 % der Muslime, die schiitische Richtung beherrscht den Iran (große Anhängerschaft im Irak und in Bahrain, 5–10 % der Muslime in Saudiarabien).

Der Siegeszug des Islam war beispiellos. Schon hundert Jahre nach Muhammads Tod hatte er sich über Ägypten nach Nordafrika und Spanien, im Osten über Persien bis Indien und im Norden über Palästina und Syrien bis in die heutige Türkei verbreitet. Das größte Heiligtum und räumlicher Orientierungspunkt für die Gebete der Muslime ist die Kaaba (›Würfel‹) in Mekka, ein großes kastenförmiges Gebäude, in das an der östlichen Ecke der silbergefaßte ›Schwarze Stein‹ eingelassen ist; durch Berühren und Küssen bringen die Pilger ihm ihre besondere Verehrung dar. Die Kaaba gab es schon in vorislamischer Zeit – im Koran heißt es, sie sei von Abraham und seinem Sohn Ismael auf Befehl Gottes errichtet worden – und war das Ziel alljährlicher Wallfahrten der Araber, die zu dieser Zeit noch Vielgötterei betrieben. Muhammad ließ sie von allen Götterbildern befreien – bis auf die Bilder von Maria und Jesus – und behielt sie als Heiligtum des Islam bei. Heute bildet die Kaaba den Mittelpunkt der Moschee von Mekka – und der gesamten islamischen Welt.

Die Offenbarungen, die Muhammad seit 610 bis zu seinem Tod 632 empfing, bilden *al-Quran*, den Koran (›Das zu Rezitierende‹), aufgezeichnet von frühen Anhängern des Propheten, gesammelt von Kalif Abu Bakr nach Muhammads Tod, redigiert und geordnet von Kalif Uthman. Das Buch besteht aus 114 *Suren* (Abschnitte) in freier Versform und einer klaren präzisen Sprache. Sie enthalten alle Vorschriften und Gesetze des Islam sowie Mahn- und Gerichtspredigten Muhammads, Aussagen über das Gericht am Weltende und die Auferstehung und beschreiben auch das Paradies. Jeder Muslim muß den Koran kennen. Das gesamte Werk auswendig zu lernen, bringt große Verdienste, ihn zumindest abschnittweise zu rezitieren ist tägliche Pflicht. Der Koran ist Maßstab allen Handelns und Quelle aller Weisheit und Erkenntnis, gültig nur in der ursprünglichen arabischen Version – keine Übersetzung wird je diese Authentizität erreichen, diese Schönheit der Sprache, die nur von Gott kommen kann. So eint nicht nur der Glaube, sondern auch die Sprache alle Angehörigen dieser Religion.

Neben dem Koran steht die *Sunna*, die eine Sammlung verschiedener *Hadith* darstellt – Aussprüche, Begebenheiten und Handlungsweisen aus dem Leben des Propheten. Da das heilige Buch vor allem im rechtlichen und kultischen Bereich nicht in allen Fällen hinreichend Auskunft gab, hielt sich die Gemeinschaft der Gläubigen an die überlieferten Entscheidungen des Propheten, die in der Sunna zusammengefaßt wurden. Die Sunna bildet somit eine Art Korankommentar.

Fünf Hauptgebote – die fünf ›Grundpfeiler‹ *(Arkan)* des Islam – sind es vor allem, die ein Muslim beachten muß. Ein Prophetenspruch faßt sie zusammen: »Der Islam ist auf fünf Dingen aufgebaut: dem Bekenntnis *(Shahada)*, daß es keinen Gott außer Allah gibt und Muhammad sein Gesandter ist, weiterhin der Verrichtung des Ritualgebets *(Salat)*, der Almosenspende *(Zakat)*, der Wallfahrt *(Hadsch)* und dem Ramadanfasten *(Saum)*.« Das Sym-

bol für die ›Grundpfeiler‹ ist die fünffingerige Schutzhand, die Muslime häufig als Amulett tragen. Der erste der fünf Pfeiler ist der wichtigste: ›La illah illa lah we Muhammad rasul lah‹, ›Es gibt keinen Gott außer Allah und Mohammed ist sein Prophet‹. Allah, ›der eine Gott‹, ist Schöpfergott, Gestalter, Erhalter, Herrscher und Richter, jenseitig fern und tritt niemals selbst in diese Welt ein, aber er ist barmherzig und gütig. »Ihm stehen die schönsten Namen zu. Ihn preist alles, was im Himmel und auf Erden ist«, heißt es in Sure 59, und in der Sunna: »Allah hat neunundneunzig Namen. Wer sie im Gedächtnis bewahrt, wird ins Paradies gelangen.« Die Reihe dieser schönsten Namen beginnt mit »Gott ist der Barmherzige, der Gnädige, der Herrscher« und reicht bis hin zu ». . . das Licht, der Rechtleitende, der Immerwährende.« Daher hat der muslimische Rosenkranz 99 Perlen. Die einzig richtige Form der Verehrung ist ›Islam‹, Hingabe und Unterwerfung unter Allahs Willen. Das rituelle Gebet hat ein Muslim fünfmal am Tag zu verrichten: beim Morgengrauen, zur Mittagszeit, eineinhalb Stunden vor, kurz nach und zwei Stunden nach Sonnenuntergang; Uhren in den Moscheen zeigen die Gebetszeiten an. Es sollte zusammen mit anderen Gläubigen in der Moschee stattfinden, doch es kann auch in jedem anderen beliebigen Ort allein oder in Gemeinschaft verrichtet werden, nur das mittägliche Freitagsgebet ist zwingend als Gemeinschaftsgottesdienst in der Moschee vorgeschrieben. Bevor ein Muslim die Andachtsstätte zum Gebet betritt, nimmt er die rituelle Reinigung, das Waschen von Gesicht, Händen und Füßen vor. Leiter des gemeinschaftlichen Ritualgebets ist der Imam. (Jeder angesehene Muslim kann Imam werden.) In der Moschee rezitiert der Gläubige unter bestimmten vorgeschriebenen Körperbewegungen – unter anderem mehrmaliges Berühren des Bodens mit der Stirn – die erste Sure: »Im Namen des barmherzigen und gütigen Gottes, Lob sei Gott, dem Herrn der Menschen, in aller Welt, dem Barmherzigen und Gütigen, der am Tag des Gerichts regiert! Dir dienen wir und Dich bitten wir um Hilfe. Führe uns den geraden Weg . . .« Beim Gebet muß der Körper immer in Richtung Mekka gewandt sein – die Gebetsnische *(Mihrab)* zeigt sie an. Frauen dürfen im allgemeinen den großen Gebetsraum nicht betreten und auch nicht am gemeinschaftlichen Gebet teilnehmen. Ihnen ist ein durch einen hohen Paravent abgeteilter kleiner Raum oder ein Teil des zweiten Stockwerks, von dem aus häufig nicht einmal die Gebetsnische zu sehen ist, vorbehalten.

Im Fastenmonat *Ramadan,* dem 9. Monat des islamischen Kalenders, darf ein Muslim nach einem Imbiß vom Morgengrauen bis Sonnenuntergang keine Speisen und Getränke zu sich nehmen und muß geschlechtlich enthaltsam leben. Das Fastenbrechen *(Iftar)* am Abend soll möglichst in Gemeinschaft geschehen.

Die Almosensteuer – ein Vierzigstel seines Einkommens – an die Armen zu entrichten, ist Pflicht eines jeden Muslim (darauf basierte einst die Steuergesetzgebung), ebenso mindestens eine Wallfahrt nach Mekka, soweit es Gesundheit und finanzielle Mittel erlauben. Sie bedeutet auch heute, trotz technischen Fortschritts und moderner Verkehrsmittel, für die meisten Muslime ein einmaliges Erlebnis. Der Kostenaufwand ist beträchtlich, obwohl Hotels am Weg preiswerte Zimmer, die dann mit vielen Leuten belegt werden, zur Verfügung stellen und verbilligtes Essen ausschenken, denn es muß auch die Versorgung der Daheimgebliebenen gesichert werden. Die eigentliche Wallfahrt dauert sieben bis acht Tage. Außer den empfohlenen Ritualen gibt es eine Reihe vorgeschriebener Weihehandlungen: Anlegen des aus zwei ungesäumten weißen Tüchern bestehenden Pilgergewandes beim Betreten des heiligen Bezirks (zu dem Nichtmuslime keinen Zutritt haben), das siebenmalige Umwandeln der Kaaba entgegen dem Uhrzeigersinn und das Küssen des Schwarzen Steins; der siebenmalige Lauf zwischen zwei Hügeln bei Mekka; die Steinigung der Versucher, symbolisiert durch drei Steinsäulen, im Ort Mina; Anhören der Predigt, die Muhammad während seiner ›Abschiedswallfahrt‹ vor seinem Tod gehalten hat – eine Steinsäule auf dem ›Hügel der Barmherzigkeit‹ in der Ebene Arafat bezeichnet die Stelle; das Schlachten eines Opfertiers (das Fleisch ist zum Verzehr bestimmt, doch bei der großen Menge wird heute ein Teil der toten Tiere zugeschüttet).

Der Koran gestattet es dem Mann, mehrere Frauen zu haben, aber nur dann, wenn er sie alle gerecht behandelt, keine vernachlässigt und für jede einen eigenen Hausstand gründet. Bis heute ist der entsprechende Passus in Sure 4,3 in den meisten islamischen Ländern unverändert gültig. Dagegen regt sich in Malaysia heftiger Widerspruch, so in einer großen Parlamentsdebatte im Sommer 1984, als eine Ministerin ihrem Kollegen, der zur Befolgung dieses Korangebots aufrief (auch um, wie vom Staat beabsichtigt, die Einwohnerzahl bis zum Jahr 2030 auf 70 Millionen zu bringen), entgegenhielt, die Männer wollten nur ungehemmt ihrer Lust nachgeben und bedächten dabei nicht, was es für eine Frau bedeute, nur mit dem Viertel eines Mannes verheiratet zu sein. Lee Kuan Yew, bis November 1990 Premierminister von Singapur, der aufmerksam alle Vorgänge im Nachbarland verfolgte, ließ sogleich eine Botschaft an die muslimischen Männern seines Staates verkünden: Mit zunehmender Bildung seien auch muslimische Frauen nicht mehr geneigt, eine von mehreren Ehefrauen zu sein. Sie würden, wenn sie ihrem Glauben treu bleiben wollten, dann lieber auf eine Ehe verzichten oder aber Männer anderen Glaubens heiraten. Die muslimischen Männer sollten also ihre Einstellung ändern.

Andererseits erfuhr der Islam in Malaysia wie in manchen anderen Ländern eine Wiederbelebung seiner alten Kraft. Seit Mitte der 70er Jahre macht dort die extremistische Dakwah-Bewegung durch Gewalttaten von sich reden. Diese Fundamentalisten wollen das gesamte staatliche Leben auf der Grundlage islamischer Orthodoxie, das private Leben nach Koran und Sunna gestaltet wissen. Die Zahl ihrer Anhänger wächst ständig. Mekkapilger gewinnen durch die Orthodoxen aus dem Vorderen Orient ›bessere‹ Überzeugungen, und Studentinnen und Studenten kommen, entsetzt über die Freizügigkeit, ›bekehrt‹ aus den USA und England zurück. Die Emanzipation, kaum hat sie auch nur in Ansätzen begonnen, soll zurückgedreht werden. Die Zahl der Frauen und Mädchen im schwarzen *Telekung*, der nur einen Ausschnitt des Gesichts und die Hände freigibt, nimmt zu. Die Sorgen der Regierung, die einen zwar festen islamischen, aber doch toleranten, weltoffenen und dem technischen Fortschritt aufgeschlossenen Kurs steuert, sind groß.

Die Moschee

Anlage und Formen

Die erste Moschee – arabisch *Masjid,* ›Ort, an dem man sich niederwirft‹ – für die auf innere Stärkung angewiesene Gemeinde errichteten Muhammad und seine Gefährten, wie es heißt, eigenhändig. Zunächst diente der rechteckige, von einer Mauer umgebene Hof des Propheten, um den sich dessen Wohnung, die seiner zweiten Hauptfrau Aischa und seiner zahlreichen weiteren Frauen gruppierte, als Kultplatz. Ein Steinblock auf dem Boden, der symbolisch für den Schwarzen Stein der Kaaba gestanden haben mag, wies in Richtung Mekka. Als Schutz vor der Sonne wurde der Gebets- und Versammlungshof bald mit einem Dach versehen, getragen von entlang der Mauer aufgestellten Palmenstämmen. Von der obersten Stufe eines dreistufigen Podestes aus Tamariskenholz wandte sich Muhammad an seine Gemeinde. Diese Prophetenmoschee, die im Laufe der Zeit durch mehrere An- und Umbauten erweitert wurde und auch das 1860 überkuppelte Grab Muhammads und seiner Frau einschließt, ist das Urbild aller islamischen Gebetsstätten. Unter dem Einfluß fremder Kulturen entwickelten sich regional variierende Baustile.

Zunächst wurden im Vorderen Orient verlassene oder teilweise zerstörte christliche Kirchen ›islamisiert‹, bis man eigene Konzepte entwarf, um dem Christentum Gleichwertiges entgegenzusetzen. Während der Felsendom in Jerusalem, 685–705 um den Felsblock erbaut,

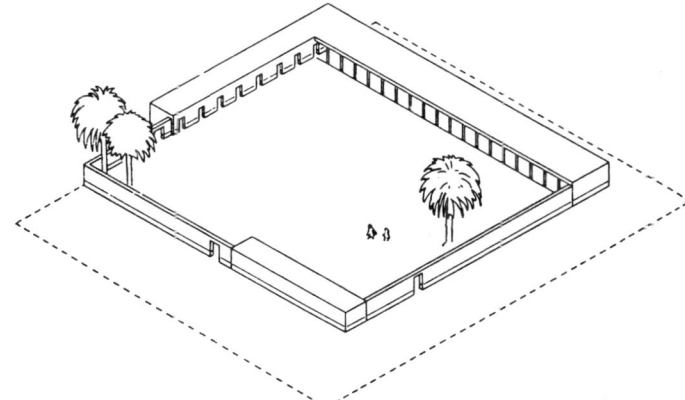

Das Haus des Prophe-
ten in Medina, Vorbild
der frühislamischen
Moscheearchitektur
und ihres Hof-Hallen-
Schemas

von dem aus Muhammad auf dem weißen Reittier Buraq die Himmelsreise antrat, noch ganz
dem Konzept spätantiker Bauten folgt (als Heiligtum gedacht, nicht für Gottesdienste),
atmet die Umajjaden-Moschee von Damaskus, wenngleich eine umgebaute christliche Kirche (ab 706), bereits den Geist des Islam. Im Gegensatz zu den langgestreckten, verhältnismäßig schmalen Schiffen der Kirchen ist für Moscheen die Breitenerstreckung typisch:
Möglichst viele Gläubige sollten in den ersten Reihen vor der nach Mekka gerichteten Qibla-
Wand (*Qibla* = Richtung) Platz finden. In die Mitte der Wand wird ein *Mihrab* (›Gebetsnische‹) eingelassen, er ersetzte die Steinplatte der Prophetenmoschee. Die Form des Mihrab –
kleine halbrunde Apsis mit halbkugeligem oberen Abschluß – ist der Nische in koptischen
Kirchen entlehnt, nur hatte diese dort eine altarähnliche Funktion. Als das Herz einer
Moschee ist der Mihrab mannigfach verziert, die verschiedenartigen ornamentalen Systeme
in den einzelnen Regionen sind kunsthistorisch bedeutsam.

Aus dem hölzernen Stufenpodest des Propheten wurde unter den Kalifen der *Minbar*,
wörtlich übersetzt ›Kanzel‹, doch mit einer Kirchenkanzel hat er nur wenig gemein. Der
Minbar steht gewöhnlich rechts vom Mihrab (vom Betrachter aus gesehen) und repräsentiert
den ›Thron‹, von dem aus Muhammad die ihm von Gott offenbarten Gesetze erließ. Wenn
er geendet hatte, stieg er von der Kanzel herab, um das Gebet zu leisten – als Anführer der
Gemeinde vermittelte er zwischen Gott und dem Volk. Nur beim Freitagsgebet betritt heute
der Imam den Mihrab, um die Predigt zu halten und den Gläubigen wichtige Mitteilungen
zu machen. Aber er wendet sich nicht wie einst Muhammad von der oberen Plattform aus an
die Gläubigen – sie bleibt frei aus Respekt vor dem Propheten –, sondern sitzt oder steht auf
der zweitobersten Stufe. Diese Sitte hatten die Kalifen eingeführt. Traditionelle Minbar sind
aus Holz gezimmerte Treppengehäuse, mit geschnitztem, häufig auch vergoldetem Relief-
und Durchbruchdekor verziert. Ein Rahmentor mit oder ohne Tür bildet den Eingang. Die
Torpfosten symbolisieren die Standarten, die, gehalten von zwei Trägern, Muhammad auf
dem Weg zum Minbar begleiteten. In einer späteren Phase der Entwicklung erhielt der

Minbar in der Ubudiah-Moschee von Kuala Kangsar

Minbar ein Baldachindach als Zeichen der Würde und wurde häufig zusätzlich noch mit einer Kuppel als Hoheitszeichen bekrönt, deren Abschluß der Halbmond bildet.

Dem alltäglichen Gebet dient die gewöhnliche Moschee (Masjid), dem Gemeinschaftsgebet die Freitagsmoschee *(Masjid Jami(k)* oder *Masjid Juma(a)t,* ›Versammlungsmoschee‹). Ihr vor allem galt und gilt das Interesse der islamischen Baukunst. Breit – als Quersaal – lagert sich die Gebetshalle *(Harim)* vor der Qibla-Wand hin. Pfeiler oder Säulen unterteilen sie in Schiffe. Das in der kürzeren Achse liegende Mittelschiff, meist breiter als die übrigen, führt auf den Mihrab zu. Der Halle vorgelagert ist ein weiter, offener, rechteckiger Innenhof, der von ein- oder mehrschiffigen Arkadengängen umhegt ist. Die Außenmauer kann fest geschlossen oder von Fenstern oder Arkaden durchbrochen sein. Diese klassische arabische Binnenhof-Säulenhallenmoschee erfuhr in den einzelnen islamischen Ländern und zu verschiedenen Zeiten mannigfache Abwandlungen. Bei Moscheen in Malaysia ist zumeist der äußere Arkadengang in das Hauptgebäude hereingenommen und legt sich an drei Seiten um die Gebetshalle.

Bei der Umajjaden-Moschee in Damaskus entstand vermutlich auch das Minarett (von arabisch *Manara,* ›Leuchtturm‹), der Turm, von dessen Balkon aus der *Muezzin* (›Gebetsrufer‹) die Gläubigen zum Gebet ruft (heute sind meist Lautsprecher oben am Minarett angebracht). Im allgemeinen genügt der Moschee ein Minarett – es kann abseits stehen, an den Bau angefügt oder völlig in ihn integriert sein –, doch manche, vor allem bedeutende Moscheen besitzen zwei, vier oder mehr solcher Türme. Dabei spielen zumeist bauästhetische Gesichtspunkte, Fragen der Symmetrie zum Beispiel, eine Rolle. Gestalt und Anordnung bestimmen zu einem großen Teil das Bild einer Moschee. Die Form der Minarette ist in den einzelnen islamischen Ländern unterschiedlich: quadratisch behäbig in Nordafrika und Spanien mit abschließender kleiner Kuppel, ein Übereinander von Prisma und Zylinder und Melonenkuppel in Ägypten, Bündelpfeilern ähnliche Türme in Indien und nadelschlanke in der Türkei. In Malaysia finden sich Anklänge an viele dieser Minarettformen, auch in Abwandlungen und Mischungen verschiedener Stile. Manche haben nur einen einfachen Turmcharakter, einigen Dorfmoscheen fehlt das Minarett ganz: Hier erschallt der Ruf des Muezzin vom Dachgiebel der Gebetshalle aus.

So wie die Form des Mihrab aus der Kunst der koptischen Christen stammt, das Minarett in den Leucht-, aber auch in den Kirchtürmen vorgebildet ist und die Anlage der Moschee vom antiken Tempelhof wie auch von der christlichen Basilika ihre Impulse erhielt, so ist auch die Formensprache der islamischen Architektur keine neue Erfindung. Das ist nicht verwunderlich, denn als sie entstand, blickten viele der frühislamischen Länder und ja auch Indien auf Jahrhunderte, Jahrtausende angestammter Kunst zurück. Säule (oder Pfeiler), Bogen und Kuppel, die Trinität islamischer Architekturformen, waren bereits in der Spätantike vorhanden, doch darin, wie sie nun gefügt wurden, äußerten sich Geist und Idee dieser neuen religiösen Architektur. Die Kuppel wurde zur ragenden – neben dem Minarett – und sinngebenden Baugestalt, wie in anderen religiösen Traditionen ein Symbol für das Himmelsgewölbe, und im Islam weist sie auch auf das Paradies voraus. Zunächst stand eine kleine Kuppel über dem Mihrab, dann über dem Zentralpunkt, gewann an Größe, bis sie schließlich die Qibla-Wand in ihrer gesamten Breite überwölbte. Mit einem durchfensterten zylindrischen Tambour oder einem achteckigen Unterbau gewann sie nicht nur an Höhe, sondern es wurde auch eine Lichtquelle für das häufig ausgeschmückte Kuppelinnere und eine zusätzliche Beleuchtung der Gebetshalle geschaffen.

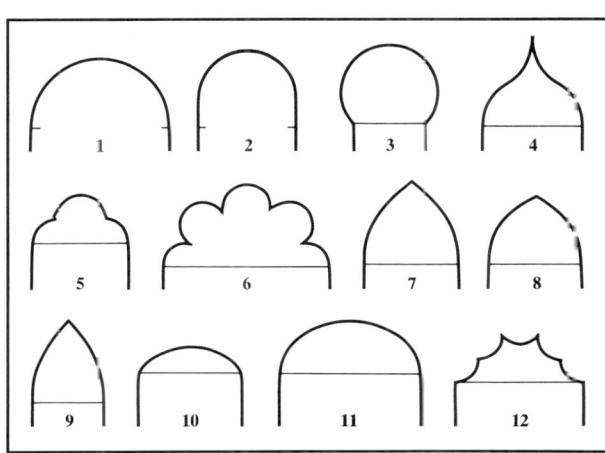

1 *Halbkreisbogen*
2 *Gestelzter Rundbogen*
3 *Hufeisenbogen*
4 *Kielbogen*
5 *Kleeblattbogen*
6 *Zackenbogen*
7 *Gleichseitiger Spitzbogen*
8 *Gedrückter Spitzbogen*
9 *Überhöhter Spitzbogen*
10 *Flachbogen*
11 *Korbbogen*
12 *Vorhangbogen*

DIE MOSCHEE

Die Kuppeln malaysischer Moscheen folgen häufig indischen Vorbildern, vor allem die oberhalb einer Einschnürung am Hals kühn geschwungene Zwiebelkuppel, die die Kontur des Lotosblattes nachzeichnet – ein Anklang an die hinduistisch-buddhistische Vorstellungswelt, in der die Lotosblüte als Symbol höchster Vollkommenheit gilt. Relativ häufig trifft man auch auf die melonenförmige Flachkuppel und das gefaltete Schirmgewölbe – Vorstellung vom Himmel als Zelt –, seltener auf Halbkuppel, Spitzkuppel und Hängekuppel.

Auch die Arkade wurde in der Spätantike mit sakraler und königlicher Symbolik belegt. Die islamische Kunst verwendet den Bogen, ob säulengestützt oder als Fassadenrelief, stets als Künder dieser Bedeutung, niemals rein ornamental; eine Fülle von Bogenformen werden an ein und demselben Bauwerk kombiniert. Arkadengänge umgeben den Innenhof bereits frühester Moscheen, Vorhalle und Gebetshalle werden zu arkadierten Räumen, häufig von verwirrendem Gefüge, da ein Fixpunkt fehlt. Charakteristisch ist die nicht endenwollende Reihung und Staffelung der Arkaden, im Gebäudeinnern in alle Richtungen, die ein Gefühl von Unendlichkeit erwecken. Häufig genug werden sie auch übereinander getürmt. Mit jedem Schritt ändert sich das graphisch-plastische Bild der Formen.

Sind die Pfeiler oder Säulen, denen die Bögen entwachsen, schlank und zart, erscheinen sie zwei-, vier- oder gar sechspaarig, so verkehrt sich optisch das Verhältnis von Stütze und Last: Der Bau wirkt schwerelos, scheint zu schweben – auch dies ist eine beabsichtigte Wirkung und ein Merkmal islamischer Architektur. Die Kapitelle, die die Säulen und Pfeiler krönen und zum Bogenansatz überleiten, sind der Baukunst der Antike entlehnt – Würfel-, Blatt-, Korb-, Falten- und Stalaktitenkapitelle. Auch dem ionischen Kapitell ähnliche Volutenformen kann man zuweilen antreffen. Die klassischen Formen erfahren mancherlei Abwandlungen und werden an den Bauten des ausgehenden 19. und des beginnenden 20. Jahrhunderts im Zuge der Übernahme historisierender Sehweisen aus Europa wiederbelebt. Zu den Dekormotiven gehören Rosette, Palmette, Akanthus, Weinblatt und natürlich der Lotos.

In Malaya hat die islamische Architektur der frühen Zeit nicht mit den einheimischen Traditionen gebrochen und für die Moscheen bestehende Holzbauten auf Pfählen verwendet oder – in Holz oder Ziegel – Formen Indonesiens (Sumatra, Java) aufgegriffen, die ihrerseits wiederum auf angestammten Traditionen beruhen (s. S. 240, 310).

Ornamentik

Die Dekoration islamischer Bauten muß ohne Kultbilder und ohne figürliche Darstellungen auskommen, es herrscht Bilderverbot. Die religiös-theoretische Basis liegt darin, daß nur Gott (Allah) der »Schöpfer, Erschaffer und Gestalter« (Koran, Sure 59, Vers 24) ist, daß er es ist, »der (den Menschen) geschaffen hat« (64, 2). Im Koran gibt es keine explizite Stelle, aus der sich ableiten ließe, daß Muhammad die Anfertigung und Verwendung von Bildern untersagt habe. Allerdings finden sich im Hadith (›Überlieferung‹) mehrere bilderfeindliche Aussprüche des Propheten und seiner Gefährten. Rechtslehrer des 13. Jahrhunderts in

Islamisches geometrisches Durchbruch-muster

Damaskus legten fest, daß es eine schwere Sünde und daher verboten sei, das Bild eines Lebewesens zu malen. So wurde die darstellende Kunst völlig aus religiösen Bauten und Büchern verbannt. Figürliche Malerei hat sich nur in der persischen Buchkunst und in der von ihr beeinflußten höfischen Mogulmalerei Indiens entwickelt. Auf der Malaiischen Halbinsel hat sich gar keine Malereitradition herausgebildet. Erst in jüngster Zeit wandte man sich überhaupt erst dieser Kunstgattung zu und sucht den Anschluß an die Moderne zu finden.

Das muslimische Schmuckbedürfnis mußte sich also in anderer Weise äußern und tat es zuweilen in verschwenderischer Pracht. Elemente der Dekoration sind fortlaufende geometrische Muster, – Kreis- und Reckteckformen, erfindungsreich variiert –, Pflanzenmotive, darunter die Arabeske aus der zum Teil zu geometrischen Formen stilisierten Gabelblattranke, und die arabische Schrift. Sie selbst und die Idee, sie als sinnerfüllte Dekoration auszubilden, sind gänzlich eigenständige Leistungen islamischer Kunst. Schriftbänder umziehen die Wände mancher Gebetshallen in malaysischen Moscheen und rahmen der Mihrab, finden sich – im Gegensatz zu anderen islamischen Ländern – jedoch nur höchst selten an der Außenfront der Gebäude. Sätze oder einzelne Worte zieren Keramiken, Metall- und Glasarbeiten sowie Seidengewänder, die der Sultan vergab. Die am häufigsten verwendeten Texte sind die erste Sure des Korans (s. S. 80) und Sure 2, 255 »Gott ist einer allein. Es gibt keinen Gott außer ihm . . .«, viele der Namen Allahs, der Name des Propheten und der vier ersten, der ›rechtgeleiteten‹ Kalifen Abu Bakr, Umar, Uthman und Ali.

Ähnlich wie in China und im Unterschied zum Westen entstand die arabische Schrift nicht als Kommunikationsmittel für den täglichen Gebrauch, sondern als geheiligtes Medium zur Übermittlung von Gottes Wort an die Menschen. Zu Muhammads Zeit war sie noch wenig entwickelt, man brauchte sie kaum. Innerhalb von hundert Jahren steigerte sie sich zu erhabener Form, wie es dem geoffenbarten Gotteswort entsprach. So eint auch die arabische

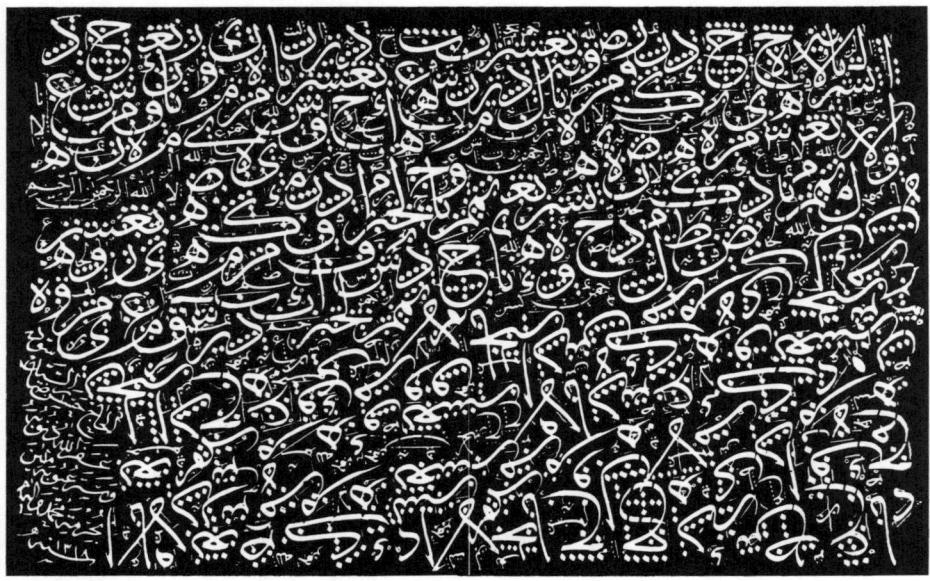

Buchseite in Thuluth-Schrift

Schrift die große islamische Gemeinde in aller Welt, auch wenn nur die wenigsten sie wirklich lesen können.

In der arabischen Schrift werden nur die Konsonanten sowie die drei langen Vokale ›a‹ ›i‹ (auch ›j‹) und ›u‹ (auch ›w‹) wiedergegeben. Kurzgesprochene Vokale erscheinen als ›Häkchen‹ über bzw. unter dem betreffenden Wort. Geschrieben wird von rechts nach links. Ganz allgemein gilt, daß die arabische Schrift, vor allem wenn sie kalligraphisch zur Dekoration von Gebäuden verwandt wird, geometrischen Gesetzen gehorcht. Die Proportionen der Buchstaben, einschließlich der gebogenen Linien, werden durch mathematische Proportionen regiert. Inschriften an Gebäuden sind im allgemeinen in einer kantigen, nüchternen und monumentalen Schrift geschrieben, dem *Kufi,* oder später in einer stärker kursiven, dem *Naskhi,* oder dem *Thuluth.* Diese drei, die sich im Laufe der Zeit entwickelt haben, sind die wichtigsten grundlegenden Schriftstile. Es gibt sie in unendlich vielen Ausprägungen, die von Jahrhundert zu Jahrhundert und von Region zu Region differieren.

Zur Ornamentik, die dem Betrachter stets die Intuition göttlicher Transzendenz vermitteln soll, also erst in zweiter Linie der Verschönerung dient, gehört auch das wohlberechnete Spiel mit Licht und Schatten, das ebenfalls religiöse Dimensionen besitzt. Durch Brechung und Reflexion verändert das Licht die Materie, versetzt sie in Schwingung oder löst sie sogar optisch auf, indem es die Umrisse zerfließen läßt. Das Licht erzeugt Muster nicht nur an den durchbrochenen Wänden selbst, sondern auch als Zeichnung auf dem Boden.

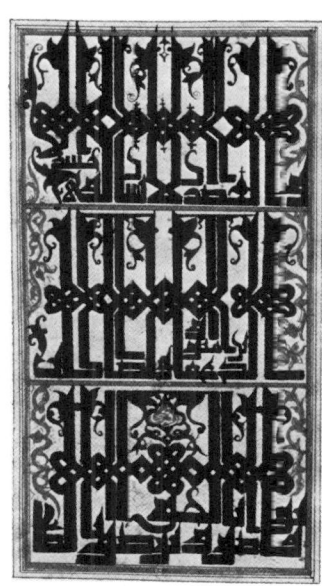

Buchseite in Kufi-Schrift

Chinesen in Malaysia und Singapur

Als Faxian (377–422), ein wagemutiger buddhistischer Mönch, 414 nach 15jähriger Reise von Indien aus in seine Heimat zurückkehrte, nahm er den Weg über Palembang (Sumatra), wo er sich einige Monate lang aufhielt; dies ist der erste sicher nachweisbare Besuch eines Chinesen auf dem Malaiischen Archipel. Danach mehrten sich solche Besuche in *Nanyang*, wie die Chinesen Südostasien nannten. Ein ausführlicher Bericht über den Besuch der Malaiischen Halbinsel stammt von Wang Da Yuan (s. S. 151) und datiert aus dem Jahre 1349; auf der Insel Tumasek (alter Name für Singapur) hatte Wang eine kleine chinesische Kolonie vorgefunden. Rege Kontakte zwischen China und Malaya begannen sich während der frühen Ming-Dynastie Anfang des 15. Jahrhunderst zu entwickeln. China suchte neue Wege nach dem Westen als Alternative zu den unsicher gewordenen Landrouten (s. S. 42). 1403 legte eine chinesische Flotte unter Admiral Yin Jing im Hafen von Malakka an – das junge malaiische Königreich stellte sich nun unter den Schutz des mächtigen chinesischen Kaisers. Zwischen 1408 und 1431 kam der muslimische Admiral Zheng He, ein Eunuch, achtmal nach Malakka, und sein Name – in der vergöttlichten Form Sam Po Kong – ist dort auch heute noch nicht vergessen. Einer seiner Begleiter, Fei Xin, schrieb 1436, daß in Malakka zahlreiche Menschen chinesischer Abstammung lebten. So läßt man die Geschichte chinesischer Siedlungen in Malaya gewöhnlich etwa mit der Gründung des

Chinesische Dschunke

Reiches von Malakka um 1400 beginnen. Im Laufe der Zeit verdichtete sich das Siedlungs-
netz mehr und mehr. Etwa tausend Familien ließen sich im frühen 18. Jahrhundert in Johor
nieder, und man schätzt, daß 1720 die Hälfte der Einwohner von Trengganu chinesische
Händler mit ihren Angehörigen waren.

Mit ihren Dschunken trieben die Kaufleute Handel mit Siam, Kambodscha, Tongking
und West-Borneo. Hundert Jahre später flutete ein Strom von chinesischen Migranten in
den Westen der Halbinsel zu den neuentdeckten Zinnvorkommen in Malakka (Linggi),
Perak (Larut) und Selangor (Kelang). Die Besitzer der Minen waren Malaien, aber den
Großteil der Finanzierung für den Abbau leisteten Chinesen. Auch in anderen Wirtschafts-
bereichen wurden die Migranten aktiv; sie kultivierten Gewürze wie Pfeffer, Muskat, Nel-
ken sowie Gambir in Penang, der Provinz Wellesley und Singapur. Als um 1840 die Pfeffer-
plantagen in Singapur erschöpft waren, zogen die Pflanzer nach Johor. Gegen Ende des
vorigen Jahrhunderts wurden diese Produkte durch den einträglicheren Kautschuk ersetzt.

Chinesische Arbeiter waren es auch, die den Dschungel rodeten, Straßen bauten und mit
ihrem Geschäftssinn, ihrer Flexibilität und ihrer natürlichen Begabung für den Umgang mit
Geld bald auch im Kleinhandel und als Besitzer von Ladengeschäften eine führende Rolle

spielten. Die rassische Zusammensetzung des Landes veränderte sich radikal. Um 1910 machten die Chinesen z. B. in Selangor nach Schätzungen rund 65 % der Bevölkerung aus.

Politische Unruhen, Armut, Mangel an Nahrung und Beschäftigungsmöglichkeiten bei steigender Bevölkerungszahl lösten während der zweiten Hälfte des 19. Jahrhunderts abermals eine Wanderbewegung von Süd-China nach Malaya und Singapur aus. Die Migranten unterschrieben einen Kulivertrag, mit dem sie sich für ein Jahr zu stetiger Arbeit verpflichteten. Während dieser Zeit lebten sie wie Gefangene in primitiven Gemeinschaftsunterkünften. Von dem Lohn wurden ihnen die Unkosten für Überfahrt, Verpflegung und Unterkunft abgezogen. Danach waren sie frei (Hist. Abb. 15, 25). Kaum einer der Einwanderer war wohlhabend, aber in Malaya brachten es viele innerhalb kürzester Zeit zu bescheidenem Reichtum. Fast alle schickten regelmäßig Geld an ihre Verwandten in China, und nach einer bestimmten Zeit wollten viele in ihr Heimatdorf zurückkehren und sich dort ein Stück Land kaufen. Letztendlich aber blieb ein Großteil der Chinesen in Malaya, vor allem seit den 20er Jahren dieses Jahrhunderts, und, ermutigt durch die britische Administration, dominierten sie bald im Wirtschaftsleben. Kapitalkräftige Leute bahnten sich den Weg an die Spitze großer Unternehmen wie Banken, Versicherungs- und Schiffahrtsgesellschaften, der Verwaltung von Zinnminen und Kautschukplantagen. In diese geschlossene Wirtschaftsgemeinschaft, die auch mit den chinesischen Gruppen in Sarawak und Sabah sowie im Mutterland verflochten war, vermochten die Malaien und Inder nicht einzudringen.

Das soziale Leben der Chinesen spielte sich in geschlossenen Stammesverbänden *(Kongsi)* ab, einer Solidargemeinschaft, in der sich jeder für jeden verantwortlich fühlte. Allerdings kam es zwischen den einzelnen Kongsis zuweilen auch zu Auseinandersetzungen und Konkurrenzkämpfen (s. S. 269). Jeder ›Clan‹ hatte seine eigene Administration; als Anführer wurde ein Capitan berufen, allgemein *Capitan China* genannt. Dieser regelte weitgehend autonom alle die Gruppe betreffenden Angelegenheiten, hatte gerichtliche Vollmachten und war nur den britischen Herren gegenüber für sein Tun verantwortlich. Die Chinatowns in den Zentren der Städte schwollen mehr und mehr an, während die Malaien an die Peripherie abgedrängt wurden.

Die kulturellen und weltanschaulichen Gegensätze zwischen Chinesen und Malaien sind denkbar scharf. Nach jahrtausendealter Tradition betrachteten die Chinesen ihr Reich als Zentrum der Welt (›Reich der Mitte‹) und alle Ausländer als Barbaren. Die Angehörigen dieses alten Kulturvolkes sahen bei den Malaien einen großen Mangel an herausragenden kulturellen Leistungen, hielten sie für rückständig, denkfaul und vergnügungssüchtig. Während sich die Chinesen erfolgreich ihren Geschäften widmeten, bevorzugten die Malaien den gemächlichen Lebensrhythmus im *Kampong* (Dorf), kultivierten Reis, Bananen und Kokospalmen oder kombinierten Landwirtschaft und Fischfang. Da das Land reich an natürlichen Ressourcen war, verzichteten sie auf Lohnarbeit. Ihrerseits blickten die muslimischen Malaien verächtlich auf die Chinesen herab, denn sie besäßen kein dem Koran vergleichbares Buch, beteten Idole an und hielten Schweine.

Die rassischen, kulturellen und sozialen Spannungen brechen bis heute immer wieder offen aus. 1969 kam es in Kuala Lumpur zu blutigen Straßenkämpfen, an denen sich auch die

Chinesische Gebrauchsgegenstände 1 Bambusbecher 2 Becher aus Schwarzlack mit Perlmutteinlage 3 Porzellanteller 4 Büchse aus Kokosnußschale 5 Lackteller 6 bronzenes Räuchergefäß 7 Schnitzereiverzierte Teebüchse aus Speckstein 8 Lacktasse 9 innen verzinkte Holztasse 10, 11 Porzellantassen 12 Teekanne aus Kokosnußschale mit Messing 13 Tassenbrett aus Lack 14 Becher aus Rhinozeroshorn 15 Eßbesteck aus Elfenbein und Stahl mit goldbesticktem Futteral

Inder beteiligten. Die Gegensätze haben sich weiter verschärft, seit die Regierung 1970 ein Wirtschaftsprogramm ins Leben rief, das den *Bhumiputra*, den ›Söhnen der Erde‹, bis 1990 einen Anteil am Volksvermögen von 30 % zusichert (1987 besaßen die Malaien etwa 18 %, die Chinesen rund 30 %, die Ausländer, vorwiegend die Briten, 50 %). Bei der Arbeitsplatzsuche, insbesondere bei Staatsstellen, werden die Chinesen wegen der hohen Bhumiputra-Quoten stark benachteiligt, und es wird ihnen schwergemacht, die malaysische Staatsbürgerschaft zu erwerben, auch wenn die Familie schon seit 100 Jahren im Land seßhaft ist.

Die chinesische Bevölkerung in Malaysia und Singapur ist keineswegs homogen, sondern zerfällt in verschiedene Stammesgruppen. Mit einem Anteil von ca. 32 % in Malaysia und 41 % in Singapur stellen die Hokkien, die aus dem Hinterland von Amoy (Xiamen), aus Süd-Fujian und dem Umland von Guangdong stammen, die weitaus größte Gruppe. Sie vor allem waren die Pioniere der Frühzeit und sind heute im Exportgeschäft und anderen kaufmännischen Unternehmen tätig. Mit jeweils 22 % bilden die Kantonesen und die Hakka die zweitstärkste chinesische Bevölkerungsschicht in Malaya. In größerem Abstand folgen die Hainanesen (von der Insel Hainan), die in Singapur die zweitstärkste Gruppe bilden (22 %) sowie die Teochew, Guangsai, Hokjiu, Henghua, Hojia und weitere kleinere Ethnien.

Der chinesische Tempel

Die chinesische Tempelanlage folgt in Grundriß und Symbolbezügen dem traditionellen Schema, das von Anbeginn für die heiligen Bezirke von Palast- und Grabanlage, Stadtstruktur und Hofhaus Gültigkeit besaß und die einfache, schlichte Abbildung der gedachten Ordnung des Universums widerspiegelt. Das Viereck, das die Gestalt der Erde symbolisiert, ist die vorherrschende Form der von einer Mauer oder einem Zaun umfriedeten Gesamtanlage und auch der einzelnen breit hingelagerten Bauten, die nur von der Pagode überragt werden. Zutritt gewährt das (Große) Südtor, das einfach, aber auch recht aufwendig gestaltet sein kann mit drei Durchgängen, Doppelstürzen, Konsolgebälk und Doppeldach. Auf der nordwärts laufenden Achse, dem heiligen Weg, sind die Hauptgebäude aufgereiht. Hinter dem sogenannten Mitteltor liegt die Halle für die Vier Weltenwächter oder Himmelskönige und den Buddha Maitreya, gefolgt von der Halle mit dem Hauptkultbild (Buddha, Bodhisattva). Auch die ›Altar‹-Rückwand ist gewöhnlich mit einem nach Norden blickenden Kultbildnis besetzt. In größeren buddhistisch ausgerichteten Tempeln folgt im Achsenverlauf die Predigthalle oder *Dharma*-(›Lehre‹-)Halle, ein Versammlungsgebäude auch für Laien. Hier werden die heiligen Schriften zitiert und diskutiert.

Die Pagode wechselt ihre Stellung innerhalb der Tempelanlage, sie kann aber auch ganz entfallen. Der einst wichtigste Kultbau des Buddhismus, der in der Regel eine Buddha-Reliquie enthält, verlor im Laufe der Zeit in China an Bedeutung. Auch die meisten Tempel in Malaysia und Singapur verzichten auf ihn. Die Pagode entwickelte sich aus dem früheren indischen Stupa. Die Wandlung der Halbkugelform begann bereits in Indien selbst (1 Jahrhundert v. Chr.), setzte sich zum Beispiel in der Glockenform des thailändischen Chedi fort und führte in China über verschieden Stadien zu der hochgestreckten, vielstöckigen Pagode. Ein Grundrißwandel kam noch hinzu: Chinesische Pagoden sind nicht rund, sondern quadratisch oder polygonal.

Entwicklung vom indischen Stupa zur chinesischen Pagode (von links nach rechts):   1 Großer Stupa von Sanchi (Indien), etwa 3.–1. Jh. v. Chr.   2 Ruvanweli-Dagoba in Anuradhapura, Sri Lanka, erbaut 137 v. Chr.   3, 4 Streckung zur chinesischen Form   5 Chinesische Pagode auf einer Wandmalerei im Felsentempel von Dunhuang, ca. 6. Jh.

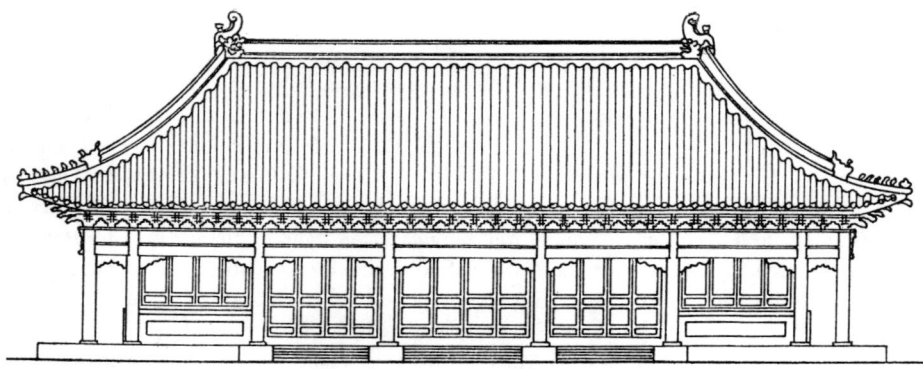

Vorderansicht einer in Holz-Skelett-Bauweise errichteten chinesischen Halle

Größere Tempel besitzen manchmal einen Trommel-und/oder Glockenturm, zumeist massive Torbauten mit aufgesetztem Pavillon. Sie stehen häufig im Eingangsbereich rechts und links hinter dem Südtor und bilden dann den Anfang von Nebenachsen, an denen sich weitere Bauten orientieren: Hallen oder Pavillons zur Aufbewahrung der heiligen Schriften (Sutrenbibliothek) oder Mönchsquartiere, Verwaltungs-und Wirtschaftsräume, aber auch die Wohnung des Tempelwächters und seiner Familie. Die einzelnen Gebäude oder Gebäudegruppen sind meistens durch Höfe, besetzt mit alten Bäumen, Sträuchern und Miniaturfelslandschaften, voneinander getrennt und seitlich durch Wandelhallen oder einfache Galerien miteinander verbunden.

Der Tempeleingang wird gewöhnlich von einem Löwenpaar aus Marmor, Granit oder Bronze bewacht. Das männliche Tier hält unter seiner Pranke einen Ball, vermutlich ein Sonnensymbol, die Löwin hat häufig ihr Junges bei sich. Beide Tiere sind fast immer mit geöffnetem Maul dargestellt: Ihr Brüllen soll böse Geister und schädliche Einflüsse vom Tempel fernhalten. Diese anmutigen, verspielt, manchmal sehr manieriert wirkenden Figuren sind die Relikte einer vergangenen Tradition; zusammen mit anderen Steintieren wie Tiger, Einhorn und verschiedenen Fabelwesen säumten sie den Weg zum Grab von Kaisern und Fürsten.

Die klassische chinesische Halle ist eine Holzkonstruktion in Ständerbauweise. Pfeiler entlang den Seiten und sie verbindende Querbalken bilden das Gerüst, auf dem das Dach ruht. Die Füllungen zwischen den Säulen bestehen aus Ziegelmauerwerk oder einem lehmverputzten Gitter und haben keine tragende Funktion. Größere Hallen besitzen oft mehrere Pfeilerstellungen. Doch diese und die Querbalken, die häufig den ganzen Raum durchziehen, reichten nicht aus, um die Last eines weiten Daches zu tragen. Schon im 3. Jahrhundert v. Chr. entwickelte man eine Methode, die Drucklast auf eine größere Fläche zu verteilen: Auf den meist würfelförmigen Pfeilerkopf wurde ein zweiarmiger Balken gelegt und fest verankert. Daraus entwickelte sich ein System aufgetürmter, sich wieder und wieder ver-

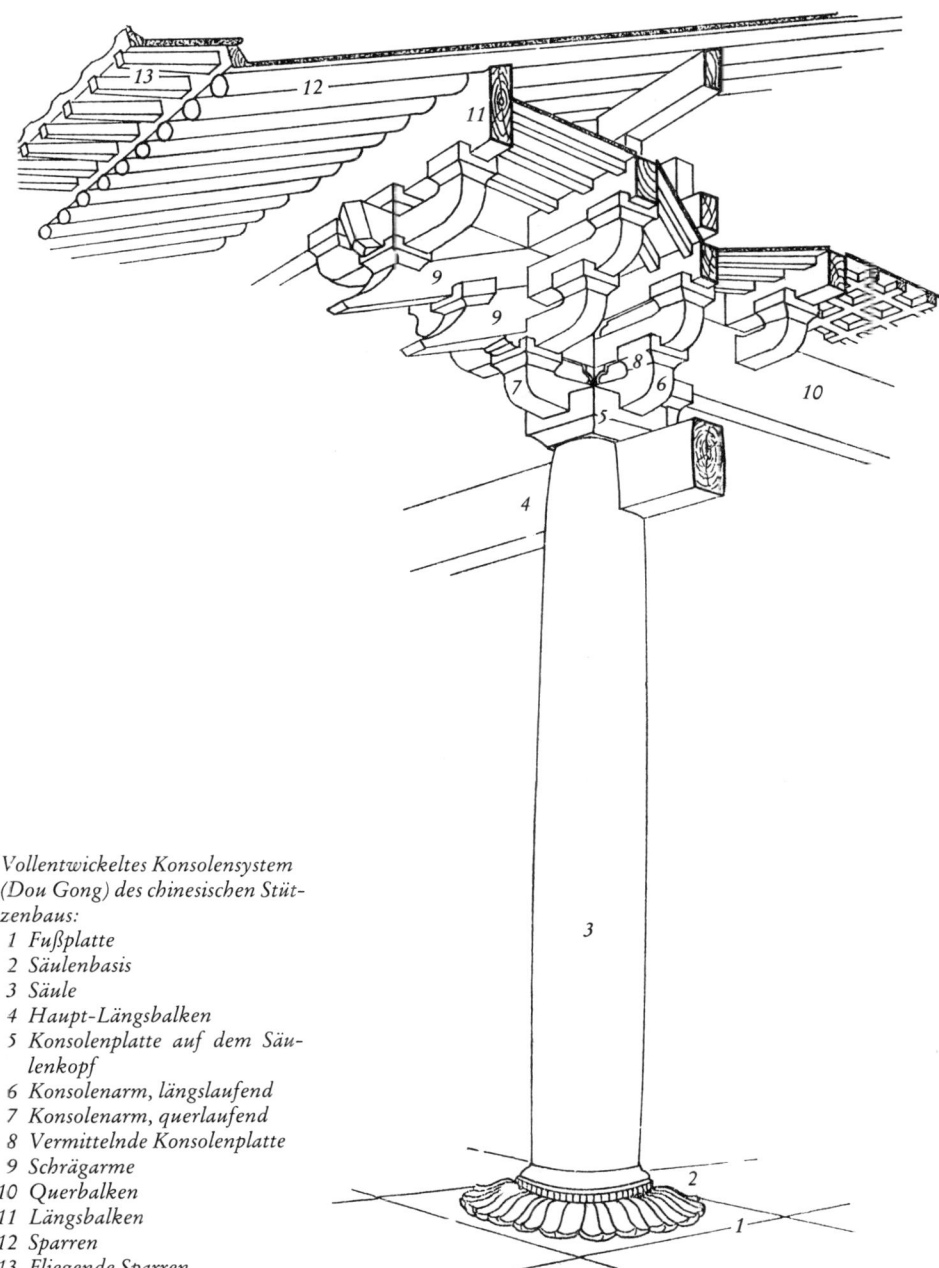

Vollentwickeltes Konsolensystem
(Dou Gong) des chinesischen Stüt-
zenbaus:
 1 Fußplatte
 2 Säulenbasis
 3 Säule
 4 Haupt-Längsbalken
 5 Konsolenplatte auf dem Säu-
   lenkopf
 6 Konsolenarm, längslaufend
 7 Konsolenarm, querlaufend
 8 Vermittelnde Konsolenplatte
 9 Schrägarme
10 Querbalken
11 Längsbalken
12 Sparren
13 Fliegende Sparren

zweigender Trägerarme (*Dou Gong*-System), das den Bau hoher und mehrstöckiger Hallen erlaubte. So wurde aus einem strukturell bedingten Bauglied eines der dekorativsten Elemente chinesischer Architektur. Der Dachstuhl ist meistens offen, so daß die Funktion der Einzelteile deutlich zu erkennen ist.

Für das äußere Erscheinungsbild traditionell chinesischer Bauten sind die gestaffelten Dächer mit ihren schwingenden Flächen, gekurvten Kanten und weiten Überhängen bestimmend. Ihre scheinbare Leichtigkeit bildet einen Kontrapunkt zu der in sich geschlossenen Form des Baukörpers mit seinen geraden Linien und gibt dem Ganzen etwas Schwebendes. Konkav geschwungen ist häufig auch der Dachfirst, der in aufwärts gebogenen Balken endet, die – wie auch die unteren Dachkanten – mit plastischem Schmuck besetzt sind. Die häufigsten Motive:

die von einem Strahlenkranz umgebene Himmelsperle (Wunschjuwel, *Cintamani*-Perle), die die Sonne symbolisiert und ein Zeichen des *Yang* (Kraft, Energie) ist; flankiert wird das Juwel häufig von hochaufgerichteten tanzenden Drachen, Sinnbild der männlichen zeugenden Naturkraft; die wohlwollenden ›Ungeheuer‹ reiten auf den Wolken und betrachten von dort aus das Universum; wenn sie auf die Erde kommen, können sie sich so klein machen wie eine Raupe und sich so weit dehnen, daß der Raum zwischen Himmel und Erde ausgefüllt ist (seit der Han-Dynastie [206 v. Chr.–220 n. Chr.] ist der Drache Symbol des Kaisers);

der Flaschenkürbis (*Hulu*) vereint als Mikrokosmos Himmel und Erde; ihm entströmt eine Wolke, die böse Geister bannt;

die Miniaturpagode, die eine ähnliche Schutzfunktion wie der Kürbis hat und böse Gewalten in wohltätige Kräfte verwandeln kann;

der Fischdrachen (Fischleib und Drachenkopf), einst ein Karpfen, der sich beim Sprung über die Stromschnellen des Gelben Flusses in einen Drachen verwandelt hat, gilt als Symbol für Ausdauer und Beharrlichkeit;

das Einhorn (*Qilin*) und der Phönix (*Fenghuang*) sind wie der Drachen mythische Wundertiere (das vierte ist die Schildkröte);

verschiedene Götter-und Heiligengestalten wie der Gott des Windes, des Regens, des Donners, der Sonne und der Langlebigkeit sowie der eine oder andere der Acht Unsterblichen (s. S. 102).

Manche Dächer tragen Mauerkappen, an deren unteren Enden hausähnliche Gebilde aufgesetzt sind; diese ›Räume‹ werden von zahlreichen Gestalten bevölkert, die sich zu szenischen Darstellungen bestimmter Begebenheiten aus der chinesischen Mythologie zusammenfügen.

Ein anderes dekoratives Element ist die Dachdeckung. Seit ca. 800 v. Chr. werden in China die Dächer mit flachen, leicht konkaven Pfannen im Wechsel mit halbzylindrischen Röhrenziegeln gedeckt. Die letzteren bilden deutliche, senkrecht zum Traufrand verlaufende Rippen. Sie strukturieren die Dachfläche und bieten dem Beschauer durch das lebhafte Licht-und Schattenspiel und die perspektivischen Verschiebungen ein reizvolles Bild. Die Stirnseite der Ziegel ist rund, mit Reliefs von Blatt-und Blütenmustern, häufig Lotosblüten,

Schmuckscheibenmuster der runden Traufenden der Dachziegel

oder Schriftsymbolen verziert. In Singapur sind etwa ein Viertel der chinesischen Tempel in dieser traditionellen Weise gedeckt.

Bedeutungsvoll können die Fensterformen – rechteckig, oktogonal, hexagonal, oval und rund (als Ausdruck höchster Konzentration) – sein wie auch das Gitterwerk, bei dem ineinanderübergehende Hakenkreuze (u. a. altes Symbol für die vier Weltgegenden und Siegel von Buddhas Herz) und der endlose Knoten (ein Band, das in sich selbst zurückschlingt, Symbol für ununterbrochenes langes Leben) wohl die häufigsten Zierformen sind.

Plastischer Schmuck, Schnitzwerk, Perlmutteinlagen und Malerei verkleiden manche Pfeiler, Dachgestühl und Decke. Unterhalb des Gebälks ziehen sich oft Bänder bemalter Friese hin. Die Muster in den einzelnen Feldern sind symmetrisch angelegt, ihre Motive mythische Tiere, Szenen, Pflanzenornamente und abstrakte Muster. Das Hauptkultbild wird zumeist von einem mit Schnitzereien und Einlegearbeiten geschmückten Baldachin oder einem Kuppeldach überfangen und ist von einer Vielzahl anderer Götterstatuen und -statuetten umgeben. Sie stehen auf einer erhöhten Plattform, die nicht die Funktion eines Altars in unserem Sinn hat, sondern den gestuften Weltenberg *Meru* symbolisiert, der nach indischen kosmologischen Vorstellungen die Achse der Welt bildet und aus vielen übereinander geschichteten Himmelssphären besteht. Zur Ausstattung buddhistisch-daoistischer Tempel gehören außerdem Behälter für Räucherstäbchen, weiterhin große Verbrennungsöfen im Eingangshof, in denen falsches Papiergeld und Wunschzettel an die Ahnen geschickt werden (in streng buddhistischen Tempeln wird diese Praxis als Aberglaube abgelehnt) sowie eine Art hölzerne Trommel *(Mu Yu,* wörtlich: hölzerner Fisch) in stilisierter Tierform, deren Klang den Sprechgesang der buddhistischen Mönche und Nonnen begleitet. Um den Willen der Götter zu erkunden, zu erfahren, was die Zukunft bringt, werden Holzstäbchen in einem Bambusbehälter so lange geschüttelt, bis ein Stäbchen herausfällt. Nach der Nummer, mit der es beschriftet ist, wählt man von einem Brett den entsprechenden Zettel. Darauf ist das Schicksal verzeichnet (man kann mehrmals schütteln).

Konfuzianismus

Was Chinesen in aller Welt am stärksten verbindet, ist das gemeinsame kulturelle Erbe, der Glaube an das Pantheon der daoistischen und buddhistischen Gottheiten sowie der vergöttlichten Ahnen und die Art, mit ihnen umzugehen, ihnen Verehrung zu erweisen. Vor mehr als 4000 Jahren entwickelte sich der Glaube an unzählige Gottheiten und Geister in Bergen, Flüssen, Wolken, an verschiedene imaginäre Kräfte wie die Lichter des Firmaments und die vier Himmelsrichtungen. Die Ahnen wurden durch Opferungen von Schafen, Hunden, Schweinen und Rindern um Vermittlung und Fürsprache bei den himmlischen Mächten gebeten, damit diese sich für die lebenden Nachkommen einsetzten. Auch heute bringen Chinesen ihren Gottheiten und Heiligen, die seit dem 7. Jahrhundert v. Chr. in Bilder gefaßt werden, sowie ihren Ahnen Speiseopfer dar.

Konfuzius (etwa 551–479 v. Chr.) verschaffte den heiligen, damals in Verfall geratenen Bräuchen neue Autorität, löste aber auch den Menschen aus seiner mythisch-magischen Befangenheit und stellte ihn und seine Beziehung zu anderen Menschen in den Mittelpunkt seiner Lehre. Ihn interessierten nicht Spekulationen über das Verhältnis von Gott und Mensch und kosmische Zusammenhänge, sondern Fragen gesellschaftlicher Ordnung. Der Mensch sollte aus moralischen Überzeugungen richtig handeln und über sein Verhalten unaufhörlich reflektieren, die Tugend erstreben und sich bemühen, wahrhaft gut zu sein. Der solchermaßen ›edle Mensch‹ wird nach Konfuzius nicht durch seine Herkunft bestimmt, sondern durch seine Gesinnung und das daraus resultierende Handeln. Auf der Grundlage seines edlen Charakters und des gegebenen Systems von Über- und Unterordnung – Herrscher und Beherrschte, Vorfahren und Nachkommen, Vater und Sohn, Mann und Frau, Älterer und Jüngerer – können von den richtigen Personen die richtigen Handlungen ausgeführt werden, kann ein Fürst wirklich Fürst und ein Untertan wirklich Untertan sein. Sinn des Studiums der Tradition ist es, Maßstäbe für richtiges Handeln zu finden, und die Riten der Ahnenverehrung sind dazu da, das menschliche *Dao* (›Weg‹) mit dem himmlischen Dao in Übereinstimmung zu bringen.

Menzi (Menzius, 2. Hälfte 4. Jh. v. Chr.) und andere Theoretiker entwickelten Konfuzius' Gedanken weiter zu einer Staatslehre, die von etwa 100 v. Chr. (Han-Dynastie) an ihre Wirkung entfaltete und vom 12. Jh. an mit einigen Schwankungen bis zum Ende der Kaiserzeit in China vorherrschend war.

Konfuzianische Gottheiten

Es gibt in Malaysia und Singapur keinen Tempel, der ausschließlich dem als Gott verehrten Weisen gewidmet ist. Seine Statue findet sich in einigen daoistisch-buddhistischen Tempeln, sei es in einem gesonderten Schrein oder umgeben von daoistischen Göttergestalten. Göttlichen Rang genießen die Ahnen. Ihr Sinnbild sind die Ahnentafeln, in denen zur Zeit des Rituals die Seelen der Verstorbenen wohnen.

Daoismus

Dao ist ein sehr alter chinesischer Begriff und bedeutet ›Weg‹, ›Bahn‹. Als erster hat ihn wohl Laozi (= alter Meister; in der bekannteren Form auch Lao Tse geschrieben) umrissen, der um 600 v. Chr. gelebt haben soll. Seine Identität ist nicht mehr feststellbar und sein Leben wurde zur Legende. Dao bezeichnet den nach gewissen Ordnungsprinzipien verlaufenden, nie abreißenden Prozeß des Weltalls und aller seiner Geschöpfe, alles Wachsen und Gedeihen, Blühen und Vergehen. Es ist der Urgrund allen Seins und Nichtseins und eigentlich nicht faßbar. Möglich werden die Geschehensabläufe in der Welt durch die einander entgegengesetzten, aber, da sie sich ergänzen, als Einheit aufzufassenden Kräfte *Yang* und *Yin*: einerseits das Männliche, Starke, Helle, Aktive, Himmel und Sonne, andererseits das Weibliche, Schwache, Dunkle, Passive, Ruhige, Erde und Mond. Das Symbol für das Yang-Yin-Prinzip ist ein Kreis, der S-förmig in eine helle und eine dunkle Hälfte geteilt ist. Er soll zeigen, daß beide Kräfte einander bedingen.

Die Ahnenverehrung, üblich schon seit frühester Zeit, entspringt nicht nur Nützlichkeitserwägungen – die Ahnen als Fürsprecher für die Lebenden bei den Gottheiten –, sondern auch dem Glauben an ein Weiterleben nach dem Tod. Das Streben nach physischem ›ewigen Leben‹ war ein Wesenszug daoistischer Weltanschauung. Um dieses Ziel zu erreichen, bediente man sich verschiedener Methoden. Sie reichten von alchimistischen Praktiken über Gymnastik- und Atemübungen bis hin zu sexuellen Praktiken. Der chinesische Reichseiniger, Kaiser Qin Shi Huangdi (221–206 v. Chr.) sandte zahlreiche Männer aus, die in seinem Reich nach dem Unsterblichkeitskraut suchen sollten. Auch in der Erhebung von verdienstvollen Menschen oder legendären Gestalten zu Gottheiten (die Acht Unsterblichen, die vielen Heiligenfiguren, s. S. 102) findet der Unsterblichkeitsgedanke seinen Niederschlag.

Der Begriff des Dao liegt allen religiösen Vorstellungen der Chinesen zugrunde,

Laozi als bärtiger, kahlschädeliger Mann (Symbol für langes Leben). Auf einem schwarzen Wasserbüffel soll er gegen Ende seines Lebens nach Westen, bis nach Indien, geritten sein (Buchillustration von 1600)

Das Yang-Yin-Symbol, umgeben von den Acht Diagrammen, bestehend aus ungebrochenen (männlichen) und gebrochenen (weiblichen) Linien, die Dreiergruppen bilden. Die Diagramme symbolisieren Himmel, Erde, Wasser, Feuer, Feuchtigkeit, Wind, Donner und Berge

doch im Gegensatz zu den rationalen Konfuzianisten suchen die Daoisten auf mystischem Weg eine Vereinigung mit dem All. Ihrer Meinung nach kann die Gesellschaft nur gedeihen, wenn man nicht von außen eingreift, sondern allen Vorkommnissen seinen Lauf läßt. Das Dao wird nicht durch Streben und aktives Tun erreicht, sondern es ist spontan da. Um ihm Einlaß zu gewähren, muß der Mensch leer und offen sein. »Wären Gefäß und Radnabe nicht leer, so wären sie nutz- und sinnlos«, sagt Laozi. Als Daoismus bezeichnet man heute die im Volk praktizierte Religion, die eine Mischung ist aus Konfuzianismus, Daoismus und Buddhismus.

Daoistische Gottheiten, Heilige und Geister

Die Chinesen ziehen keine klare Grenze zwischen Göttern und Geistern; eher unterscheiden sie zwischen guten und feindseligen personifizierten Kräften, wobei die letzteren wiederum nicht absolut böse sind, sondern durchaus diesen oder jenen Menschen Positives bringen können. Die Schar all dieser Gestalten ist unübersehbar groß und erweitert sich ständig. Feld-, Fluß- und Weggottheiten gehören dazu, die Seelen toter Ahnen und die Volksgötter, die alle irgendwann einmal als irdische Menschen gelebt und bemerkenswerte Taten vollbracht haben sollen. Nur einige der wichtigsten daoistischen Gottheiten können hier aufgeführt werden.

Yu Huang (Shangdi) oder *Yok Wong*, der Jadekaiser, die höchste Gottheit der Volksreligion, war ursprünglich ein legendärer Königssohn, der sich den Armen, Alten und Kranken widmete, später als König dem Thron entsagte, als Einsiedler in den Bergen lebte und sich der Meditation hingab. Nach seinem Tod wurde er in den Himmel aufgenommen. Er kehrte viele hundert Mal zur Erde zurück, um den Menschen zu helfen und ihnen die daoistischen Lehren nahezubringen. Dargestellt wird er als Mann mit regelmäßigen Gesichtszügen, langem mehrteiligem Bart und einem herrscherlichen Gewand. Seine Krone ist mit Edelsteinen und großen Jadeplättchen geschmückt, von einem Aufbau hängen vorhangartig Perlenschnüre herab. Zusammen mit *Dao Jun,* der im Nordpol residiert und die Beziehungen zwischen Yin und Yang kontrolliert, und *Laozi* bildet er die Dreiheit der Reinen Wesen.

Tian Hou, die Kaiserin des Himmels, auch *Ma Zu Po,* Mutter der himmlischen Weisen genannt, ist eine Wassergottheit und die Beschützerin der Seeleute und Fischer. Der Legende zufolge lebte zu Beginn des 10. Jahrhunderts in Fuzhou die Tochter eines See-manns mit Namen Lin. Eines Nachts träumte sie, daß die Dschunke ihres Vaters in Seenot geraten sei. Sie verwandelte sich in einen Geist und eilte ihm zu Hilfe. Anfang des 15. Jahr-hunderts wurde sie zur Gottheit erhoben. Ma Zu Po wird häufig von zwei Gottheiten begleitet, deren Fähigkeiten ihr von großem Nutzen sind: *Qian Li Yan* (Tausend-Li-Au.ge) und *Shun Feng Er* (Dem Wind folgendes Ohr, s. S. 214).

Ein noch recht junger Wasserheiliger ist *Da Bo Gong,* auch *Na Gong* genannt, den die Seeleute ebenfalls um sichere Fahrt bitten. Der Legende zufolge geht diese Gestalt auf einen Gelehrten namens Zhang Li zurück, einen mutigen und edlen Mann, der aus politischen Gründen unter der Regierung des Qianlong-Kaisers (1735–1796) aus der Provinz Fujian fliehen mußte. Da Bo Gong wird als ein zufriedener alter Mann mit weißem Bart dargestellt. In Singapur und Malaysia verschmolz diese Gottheit mit dem sehr beliebten *Tua Pek Kong,* dem Gott des Wohlstands und Gedeihens, der eine Schöpfung der Übersee-Chinesen ist.

Eine der populärsten Göttergestalten ist *Guan Di (Guan Yu),* der Kriegsgott, der auch für die Gerechtigkeit zuständig ist. Man findet ihn sowohl in den Haupthallen zahlreicher Tempel, als auch in den Hausschreinen. Das historische Vorbild lebte um 300 n. Chr. und war ein Abenteurer und Revolutionär, der einen Regierungsbeamten tötete, als dieser einen alten Mann zwingen wollte, ihm seine Tochter zur Konkubine zu geben. Als Mörder verfolgt, entging er der Gefangennahme dadurch, daß sich sein Gesicht rot verfärbt hatte, wie er beim Wassertrinken in einem See feststellte. Die Legenden überhäufen ihn mit wun-dersamen Heldentaten. 1594 wurde er in das daoistische Pantheon aufgenommen. Plastiken zeigen ihn gewöhnlich als rotgesichtigen, bärtigen Mann in einem Armsessel sitzend und mit einem juwelengeschmückten Panzerhemd bekleidet, auf gemalten Bildern erscheint er häu-fig zu Pferd mit einer riesigen Waffe in der Hand.

In kaum einem Tempel fehlt – als Plastik oder Malerei – ein Bild des *Shou Xing,* des Gottes der Langlebigkeit, ein älterer, stets freundlich blickender Herr mit langem weißem Bart und kahlem Schädel. In einer Hand trägt er – oder aber sein jugendlicher Begleiter – einen Pfirsich als Symbol der Unsterblichkeit, in der anderen hält er einen knorrigen Stab. Auch der Hirsch, auf dem er zu reiten pflegt, ist ein Sinnbild der Langlebigkeit (aber auch des Reichtums). Shou Xing ist eine Gestirnsgottheit, die vor langer Zeit menschliche Gestalt annahm. Er wird auch »Gott des südlichen Scheffels« genannt (Süden = Reich des Lebens), der mit seinem Kontrahenten im Norden, im Totenreich, um die Geschicke der Menschen Schach spielt.

Bei den geschäftstüchtigen und vom Glücksspiel besessenen Chinesen steht *Cai Shen,* der Gott des Reichtums, in hohem Ansehen. Meistens tritt er in einer Doppelgestalt auf: einerseits mit friedlichen und harmonischen Gesichtszügen, andererseits mit militärischem Habitus, verzerrtem Antlitz und abstehenden Barthaaren.

Eine in China wie in Singapur und Malaysia sehr populäre Gottheit ist *Sun Wukong*, ›Seine Exzellenz der Affe‹, auch ›Seine Exzellenz der Heilige König‹ oder ›Der dem Himmel gleichende Große Heilige‹ genannt. Der Legende nach gilt er als Begleiter des Mönches Xuanzang (602–664), der zu Beginn der Tang-Dynastie (618–907) durch die zentralasiatischen Wüstengebiete und den Hindukusch bis nach Indien wanderte, dort die buddhistischen Stätten besuchte und eine bedeutende Anzahl religiöser Schriften mit nach China brachte. In der Ming-Zeit (1368–1644) verfaßte der Autor Wu Zhengen (1500–1582) in Anlehnung an dieses bedeutende Ereignis in der Geschichte des chinesischen Buddhismus den Schelmenroman ›Reise nach dem Westen‹ (*Xi You Ji*), in dem der Affe eine Hauptrolle spielt.

›Seine Exzellenz der Affe‹ gilt als Herrscher über Kobolde, Hexen, Elfen und alle bösen Geister, die Krankheit und Mißerfolg bringen können. Dargestellt wird er zumeist in menschlicher Gestalt, aber mit sehr langen Händen und affenähnlichen Gesichtszügen.

Aus der Menge der daoistischen Heiligen ragen die *Acht Unsterblichen* heraus. Diese von phantasiereichen Legenden umwobenen Gestalten, darunter zwei Frauen, sollen zu verschiedenen Zeiten gelebt haben, die meisten im 8.–10. Jahrhundert, der älteste und oberste der Acht zur Zeit der Zhou-Dynastie (ca. 1030–256 v. Chr.). Sie alle erlangten Unsterblichkeit, weil sie durch intensives Studium die Geheimnisse der Natur ergründeten. Nun führen sie im Paradies des Westens, in den Kulun-Bergen (im Westen Chinas), oder auf den ›Inseln der Seligen‹ im Osten ein glückliches Leben, tauchen aber gelegentlich bei den Menschen auf. Sie können sich unsichtbar machen, die Toten wieder zum Leben erwecken, alle Dinge, die sie mit einem speziellen Stein berühren, in Gold verwandeln und viele andere Wunder vollbringen. Zu einer Gruppe zusammengefaßt wurden sie erst während der Yuan-Dynastie (1271–1368). Sie repräsentieren verschiedene Lebensaspekte wie Armut, Wohlstand, Adel, einfaches Volk, Alter, Jugend, Männlichkeit, Weiblichkeit und symbolisieren Glück und Langlebigkeit.

Buddhismus

Abgesehen von einigen *Wats* (Tempel der Thai), buddhistischen Gesellschaften, die sich der ›reinen Lehre‹ widmen, und Skulpturen in Museen aus der Zeit des Sri Vijaya-und Majapahit-Reiches begegnet man dem Buddhismus in Singapur und Malaysia nur in der von den Chinesen adaptierten und auf mannigfache Weise mit dem Daoismus verquickten Form.

Die Lehre kam zunächst in der strengen Form des *Theravada* (›Lehre der Alten‹), wie Buddha sie selbst verkündet hatte, nach China. Diese Schule wurde später abwertend als *Hinayana* (›Kleines Fahrzeug‹) bezeichnet. Der nordindische Fürst Siddharta Gautama (um 563–483 v. Chr.) aus dem Geschlecht der *Shakya*, der nach langen Jahren des Umherwanderns, der Askese und des Meditierens die Erleuchtung (*Buddha* = der Erleuchtete) erlangt hatte, formulierte den Kern der Lehre während seiner ersten Predigt in der Nähe von Benares. Hier sprach er von den Vier Heiligen Wahrheiten: Vom Leiden, von der Entstehung des Leidens, von der Aufhebung des Leidens sowie von dem zur Aufhebung des

Buddha im Lotos- oder Meditationssitz, in Dharma-
chakra-Mudra

Leidens führenden Achtteiligen Pfad. Dieser besteht aus den acht Schritten: rechte Anschauung, rechte Gesinnung, rechtes Reden, rechtes Handeln, rechtes Leben, rechtes Streben,
rechtes Denken, rechte Meditation. Mit dieser Verkündigung setzte Buddha das ›Rad der
Lehre‹ (*Dharmachakra*) in Bewegung; die symbolische, mit den Fingern beider Hände
ausgeführte Geste ist eine der wichtigsten Mudra (Handhaltung) buddhistischer Figuren.
Die Befolgung des Achtteiligen Pfads kann zum Durchbrechen des Kreislaufs der Wieder-ge-
burten und zum Eingehen ins Nirvana (·Verwehen‹, ›Verlöschen‹) führen.

Ins chinesische Volk drang etwa seit dem 3. Jahrhundert eine andere Form des Buddhismus: das *Mahayana* (›Großes Fahrzeug‹). Diese Weisheitsschule war im 1./2. Jahrhundert
in Nordwestindien entstanden. Während die Hinayana-Buddhisten nur den historischen
Buddha als Vorbild und Wegbereiter verehren, kennen die Anhänger des Mahayana eine

Drei Sitzpositionen; von links nach rechts: ›Spielsitz‹ *(Lilasana),* ›Königsspielsitz‹ *(Rajalilasana),* ›Glücks-
sitz‹ *(Bhadrasana)*

ganze Reihe von Buddhas und *Bodhisattvas*. In dem historischen Buddha sehen sie nur eine Erscheinungsform des kosmischen Buddha, der schon unzählige Existenzen durchlebt hat und auch in Zukunft, vielleicht in einigen tausend Jahren, wieder als *Maitreya* (= Zukunftsbuddha) erscheinen wird. Die lebensnahen Helfergestalten, die Bodhisattvas (Erleuchtungswesen), die auf das Eingehen ins Nirvana verzichten, um den Menschen zur Erlösung zu verhelfen, fanden vor allem in der Volksfrömmigkeit Eingang. Sie boten außerdem eine Alternative zu den daoistischen Gottheiten, waren als Heilbringer noch verheißungsvoller als jene.

Buddhas und Bodhisattvas

Neben dem *Shakyamuni* (›Sohn der Shakya‹), dem historischen Buddha, der häufig von seinen beiden Lieblingsjüngern *Ananda* und *Kasyapa* in anbetendem Gestus begleitet wird, ist *Amitabha*, der ›Buddha des unermeßlichen Lichts‹, eine der wichtigsten Gestalten; der freundliche Erlöser belohnt gute Taten und legt denen, die Böses begehen, nur eine lange Wartezeit auf, schließt sie aber nicht vom Paradies aus.

Der verklärte Körper eines Buddha wird durch eine Reihe von Zeichen – 32 Haupt- und 80 Nebenmerkmale eines ›Großen Wesens‹ – ausgedrückt; so zum Beispiel der Schädelauswuchs (*Usnisa*), das mystische Weisheitsauge zwischen den Augenbrauen (*Urna*), die Flamme der Erleuchtung (*Ketumala*), die langgezogenen Ohrläppchen und die *Mandorla*, der mandelförmige Lichtschein als Zeichen der Energie. Zu einem Buddha gehören der friedliche und gelöste Gesichtsausdruck und das stille, gleichsam ›archaische‹ Lächeln. Für die Körperhaltung *(Asanas)* gelten bestimmte Schemata, und die ebenfalls festgelegten Handhaltungen *(Mudras)* haben einen tiefen symbolischen Sinn. Buddhas sind immer frontal dargestellt, häufig sitzend auf einem Lotos- oder Löwenthron, auch liegend, seltener stehend oder schreitend.

1 Amitabha
2 Sarvanivaranavishkambhin
3 Manjushri
4 Vajrapani
5 Akashagarbha
6 Kshitigarbha
7 Padmapani (Avolokiteshvara)
8 Samantabhadra
9 Maitreya

105

Die Haltung der Bodhisattvas ist im allgemeinen lockerer, zuweilen ausgesprochen lässig. Sie tragen zumeist eine Krone, zumindest einen Kopfputz, und Juwelenschmuck an Hals, Brust, Armen und Beinen. Mehrere Köpfe und viele Arme sind Zeichen ihrer übernatürlichen Weisheit und ihrer vielfältigen Kräfte.

Der Bodhisattva *Avalokiteshvara,* der ›Herr der (auf das Leiden der Welt) herabblickt‹, wandelte sich während des 10. Jahrhunderts in China zu der weiblichen Gottheit *Guan Yin,* der Göttin der Barmherzigkeit, der Gnade und des Kindersegens (Abb. 48). Aus dem Maitreya, dem ›Buddha der Zukunft‹, der bis zu seinem Erscheinen auf der Erde in einigen tausend Jahren in einem Freudenhimmel lebt, wurde der populäre lachende dickbäuchige *Mile Fo,* der ›Buddha des Frohsinns‹ (Abb. 49). Weitere Bodhisattvas sind:

Manjushri (›glücklicher Jüngling‹), häufig dargestellt mit Schwert und Buch in den Händen als Zeichen der Weisheit und mit einem Löwen;

Samantabhadra, (der ›ringsum Glückbringende‹), mit Fläschchen, Lotos, Sonnenscheibe und einem Elefanten;

Kshitigarbha (›Mutterschoß der Erde‹), der die reuigen Seelen Verstorbener aus der Hölle herausführt; häufig stehend dargestellt, mit einem Rasselstab und der Cintamani-Glücksperle in den Händen.

Schutz- und Wächtergottheiten

Außer Löwen bewachen die beiden Könige des mystischen Wissens (*Vidyaraja*; chin.: *Er Wang*) die Tempeleingänge, häufig auf die Torhälften gemalt; sie können wie Gelehrte, aber auch wie gepanzerte und bewaffnete Krieger mit grimmigen Gesichtern dargestellt sein. Beide Gestalten stammen eigentlich aus dem Hinduismus, wurden aber ins Chinesische

Mo Li Hai

Die Vier Weltenwächter (Lokapala)

Mo Li Qing

Mo Li Hong

Mo Li Shou

umgedeutet. Einer Legende zufolge bewachten sie als Schutzgeister einen gewaltigen Pfirsichbaum am Berg Shu im östlichen Meer.

Hinduistischen Ursprungs sind auch die Vier Himmelskönige oder Weltenwächter (Sanskrit: *Lokapala*, s. S. 68; chin.: *Tianwang*). Im 8. Jahrhundert wurden sie vom Buddhismus übernommen und tauchten zur gleichen Zeit in China als Bewacher der Städte auf. Als Tempelwächter säumen sie die Wände der Eingangshalle; unter ihren Füßen Dieb und Lügner, Spieler, Trinker und Opiumraucher. Die Weltenwächter sind den vier Haupthimmelsrichtungen zugeordnet und werden im allgemeinen wie folgt dargestellt:

Mo Li Qing (Osten): Die Züge des weißen Gesichts sind grimmig und verzerrt. Er trägt einen Jadering, dem magische Kräfte innewohnen sowie ein Zauberschwert, in das die Worte ›Erde‹, ›Wasser‹, ›Feuer‹, ›Wind‹ eingraviert sind. Damit kann Mo Li Qing einen großen Sturm hervorrufen, der einen Wald von Speeren erzeugt, die die Körper der Feinde durchbohren und in Staub verwandeln. Dem Wind folgt ein Feuer, das Tausende von Giftschlangen freisetzt und letztendlich quillt dicker Rauch aus der Erde, der die Feinde erblinden läßt und tötet.

Mo Li Hong (Süden): Sein Gesicht ist rot. Wenn er den ›Schirm des Chaos‹ öffnet, versinken alle Himmel und die Erde in Dunkelheit, dreht er den geöffneten Schirm um, erhebt sich ein mächtiger Sturm über dem Meer, und die Erde erbebt.

Mo Li Hai (Westen): Sein Gesicht ist blau. Mit dem Spiel auf seiner viersaitigen Gitarre beherrscht er die Elemente, und in den Lagern der Feinde bricht ein vernichtendes Feuer aus.
Mo Li Shou (Norden): Sein Gesicht ist schwarz. Er trägt zwei Peitschen und einen Beutel aus Pantherfell. Die rattenähnliche Kreatur darin kann sich in einen geflügelten Elefanten verwandeln und alle Feinde verschlingen.

Die Achtzehn Luohan

Die *Arhats* (›Verehrungswürdige‹) waren persönliche Schüler Buddhas, Wächter seiner Lehre und Schutzherren ihrer Anhänger. Als Arhats gelten seit frühbuddhistischer Zeit zunächst Buddha selbst, dann die 500 Mönche, die auf dem ersten Konzil kurz nach Buddhas Tod (um 483 v. Chr.) dessen Lehre rezitierten, und schließlich kann auch ein hervorragender Buddhist so bezeichnet werden. Sie alle haben den Achtteiligen Pfad der Lehre durchschritten, ihre Wünsche und Begierden besiegt und den Kreislauf der Wiedergeburt durchbrochen, werden also ins Nirvana eingehen. In vielen buddhistischen Tempeln Chinas sind die 500 (Haupt-)Arhats, hier *Luohans* genannt, dargestellt. In den Tempeln von Malaysia und Singapur findet sich nur der kleine Kreis von 18 Verehrungswürdigen; 16 sind indischen, 2 chinesischen Ursprungs. Jedem Luohan ist eine bestimmte Weltgegend zugewiesen, in der er und seine 500 bis 1600 ihm untergeordneten Luohans die Lehre Buddhas verbreiten. Jeder Luohan verkörpert einen bestimmten Typ des asketischen Einsiedlers. Auf den zumeist höchst phantasiereich ausgeschmückten Bildnissen sind sie mit folgenden Symbolen und Attributen dargestellt: ein aufgeschlagenes Buch, Bettelstab, Almosenschale, meterlange Augenbrauen, Rosenkranz, Fächer, Schriftrolle u. a. Einer der beiden chinesischen Luohans reitet auf einem Tiger und demonstriert auf diese Weise seine Macht über alle Tiere.

Die Baba und Nyonya

Im Lauf des 19. Jahrhunderts begann man in den Straits Settlements, also in Penang, Malakka und Singapur, bei der chinesischen Bevölkerung Unterscheidungen zu treffen. Es gab ›China-born Chinese‹, Immigranten, die sich als Übersee-Chinesen betrachteten, politisch loyal zu ihrem Mutterland standen (soweit sie nicht gänzlich apolitisch waren), China als ihre Heimat ansahen und die chinesische Staatsbürgerschaft behielten. Im wesentlichen traf dies auch auf die Mehrzahl der ›Straits-born Chinese‹ zu. Andere aber, die ›Straits Chinese‹, identifizierten sich mit den Settlements und betrachteten diese Region als ihre Heimat. Sie pflegten einen engen geschäftlichen Kontakt mit den Engländern und übernahmen bis zu einem gewissen Grad englische Lebensart. Als die Straits Settlements 1867 Kronkolonien wurden, erhielten sie die von ihnen begehrte britische Staatsbürgerschaft. Manche ließen ihre Söhne in England studieren. Einige der ›Straits Chinese‹ heirateten malaiische Frauen. Durch sie drang auch malaiische Kultur in die Familien ein und wurde von der nächsten Generation weitergetragen. Die männlichen Nachkommen aus solchen Familien sind die *Baba,* abgeleitet von dem malaiischen Wort *Bapa* (›Vater‹), und die weiblichen nennt man *Nyonya,* vermutlich abgeleitet aus dem chinesischen *Niangniang,* ›Herrin‹, ›Lady‹, ›Mutter‹ (Hist. Abb. 30).

Die Baba entwickelten in den Straits Settlements eine eigenständige Kultur. Untereinander sprachen sie das sogenannte *Malay Patois,* ein mit chinesischen Brocken durchsetztes, grammatikalisch abgewandeltes, zumeist vereinfachtes Malaiisch, das ihnen auch zur Verständigung mit den Malaien diente. Chinesisch konnten sie weder sprechen noch lesen oder schreiben. Die konfuzianische Ethik, das Verantwortungsgefühl gegenüber der chinesischen Gemeinschaft, geriet bei ihnen häufig in Vergessenheit.

Seit den 20er Jahren dieses Jahrhunderts trugen die Nyonyas den malaiischen *Sarong* (Wickelrock) und den *Kebaya* (eine Art hüftlange Tunika). Als Frauen aus wohlhabenderen Familien legten sie dabei Wert auf eine kostbare Ausstattung: Aus Java wurden die Batikstoffe für den Sarong und die reich mit Spitze verzierten Stoffe für den Kebaya importiert. Auch heute noch sieht man in den Straßen Singapurs und Melakas zuweilen Frauen in einem solchen Kebaya. Im Unterschied zu dem der Malaiinnen ist er vorne geknöpft und unten nicht gerade, sondern zweizipfelig. Die Nyonyas trugen reichlich Schmuck, womit sie den geschäftlichen Erfolg ihrer Ehemänner dokumentierten. Zur ›Standardausrüstung‹ gehörten zwei lange goldene Haarnadeln und drei große juwelenbesetzte Broschen *(Kerosang)* für den Kebaya. Neben der üblichen Hausarbeit widmeten sich die Nyonyas vor allem dem Besticken von Pantoffeln – feinste Nadelarbeiten mit Gold- und Silberfäden und winzigen Perlen. Möbel und Porzellan zeigen chinesisch-malaiisch-europäische Mischformen. Berühmt ist auch heute noch die Nyonya-Küche, eine raffinierte Mischung aus malaiischen und chinesischen Elementen.

Einen Überblick über die Baba-Kultur geben in Singapur das Nationalmuseum, Peranakan Place (Orchard Road) und das Museum Emerald Hill Road; in Kuala Lumpur das Muzium Negara; in Melaka das Museum ›The Baba Nyonya Heritage‹.

Indonesische Einflüsse

Schon vor Jahrhunderten zog die Malaiische Halbinsel wegen ihrer ökonomischen Gegebenheiten Menschen der Großen Sundainseln an: Minangkabau, Korindi, Rawa, Mandiling, Batak und Achinesen von Sumatra, die Bugis von Sulawesi (Celebes) sowie Javaner. Die kräftigsten Spuren haben die Minangkabau und die Bugis hinterlassen.

Die Minangkabau

Jungindonesische Volksgruppe, die vom 13. Jahrhundert an ganz Zentralsumatra beherrschte. 1662 gerieten die Minangkabau unter die Oberhoheit der Holländer, die die

Indonesische Haustypen

Rivalität der Häuptlinge und deren Kampf gegen islamische ›Missionare‹ geschickt zu ihren Gunsten nutzten.

Wohl schon im 12. Jahrhundert setzten einzelne Gruppen dieses dynamischen Volkes zu verschiedenen Inseln des Malaiischen Archipels über. Mindestens ab dem 14. Jahrhundert erreichten sie in mehreren Wellen die Halbinsel und ließen sich in der weiteren Umgebung des späteren Sultanats Malakka als Reisbauern nieder. Eroberungssüchtig waren sie nicht und setzten sich nur zur Wehr, wenn ihre Interessen berührt wurden; so z. B. als die Holländer und später die Briten die Lieferung von Reis für Malakka verlangten oder als es im 18. Jahrhundert galt, die Expansionsgelüste der Bugis einzudämmen. 1773 schlossen sich mehrere kleine selbständige Minangkabau-Dynastien zu einer losen Koalition zusammen. Unter einem gewählten Führer, dem *Yang di-Pertuan Besar* (›Der zum Herrn gesetzte Große‹) wurde damit ein Verteidigungsbündnis gegen die eroberungssüchtigen Bugis geschaffen. Diese Föderation ist der Vorläufer des heutigen Bundesstaates Negeri Sembilan (s. S. 242).

Von ihren malaiischen Nachbarn unterschieden sich die Minangkabau nicht nur in wirtschaftlicher oder kultureller Hinsicht, sondern vor allem durch die Besonderheiten in ihrer sozialen Organisation. Die tatsächliche Macht lag nicht in den Händen des Yang di-Pertuan Besar, dieser handelte vielmehr nur nach Maßgabe der *Suku*-Häupter. Suku bezeichnet den Geschlechtsstamm, zu dem alle Glieder der mütterlichen Abstammungslinie gehören, auch wenn die einzelnen Familien weit voneinander entfernt wohnen. Ein *Penghulu Putjuk* steht dieser Solidargemeinschaft vor. In großen Zügen hat sich diese Herrschaftsstruktur im Staat Negeri Sembilan bis heute erhalten. Der Yang di-Pertuan Besar wird von den *Unang* (›Gesetzgeber‹), den Oberhäuptern von vier Einzelstaaten, aus der männlichen Nachkommenschaft oder der übrigen Verwandtschaft des vormaligen Yang di-Pertuan auf Lebenszeit gewählt und handelt in seinem eigenen und im Namen der Häuptlinge.

Zwar sind die Minangkabau Muslime, räumen jedoch dem *Adat*, dem aus vorislamischer Zeit stammenden Gewohnheitsrecht, häufig Vorrang vor den religiösen Bestimmungen des Islam ein. Und obwohl der Islam die Rolle des Mannes in der Familie und Gemeinschaft überbetont, ist die soziale Organisation noch heute matrilinear ausgerichtet.

Matrilineare Ordnung ist nun nicht gleichbedeutend mit Matriarchat, sondern bezieht sich auf das Erbfolgerecht: Aller Besitz – Reisfelder, Häuser und andere materielle Güter – geht immer nur von der Mutter auf die Töchter über, ist aber nicht deren persönliches Eigentum, sondern verbleibt im Familienverband. Auch der Name der Mutter wird auf die Kinder übertragen. Trotz dieser umfangreichen Rechte ist nicht die Mutter, sondern ihr ältester Bruder (*Mamak* = ›Mutterbruder‹) das Familienoberhaupt und Vormund der Kinder. Doch auch er handelt nicht selbständig. Entscheidungen werden zuerst von den Frauen und Männern der Familie getrennt, dann in gemeinsamer Versammlung beraten. Nach der Heirat bleibt das Mädchen im mütterlichen Haus; der Mann zieht zu ihr, gilt aber nur als Gast (früher verblieb er in seinem eigenen Familienverband und kam nur zu Besuch ins Stammhaus der Frau). Er ist verpflichtet, das Adat zu schützen und hat seine Arbeitszeit zwischen Mutter und Ehefrau aufzuteilen. Was er für diese erwirtschaftet, kommt allein ihr und den Kindern zugute, von den Leistungen für seine Mutter erhält er einen vom Adat genau festgelegten Anteil. Diese außerordentlich funktionsfähige Ordnung bewirkt einen Ausgleich zwischen alleiniger Frauen-oder Männerordnung und bewahrt den Besitz vor Zersplitterung.

Die auf Pfählen stehenden, zumeist eingeschossigen Minangkabau-Häuser tragen mehrere ineinandergeschobene Satteldächer, deren Firstlinie tief ausgeschweift und deren leicht vorgeneigter, manchmal mehrstufiger Giebel zu hohen Spitzen ausgezogen ist. An der Menge der Giebel ließ sich früher die Zahl der Einzelfamilien ablesen: Wenn eine Tochter heiratete, wurde angebaut. Die malerische Dachform, die zu den schönsten baulichen Schöpfungen Indonesiens zählt, soll dem Gehörn des Wasserbüffels nachgebildet sein. Dazu gibt es eine Legende: Zur Zeit des Majapahit-Reiches wurde auf Sumatra wieder einmal ein Büffelkampf veranstaltet. Die Minangkabau fürchteten, den Wettstreit zu verlieren, und ersannen eine List. Sie beschmierten die Hörner eines jungen, ausgehungerten Büffelkälbchens mit Gift. Gierig stürzte sich das Tier auf seinen Rivalen und rammte ihm dabei die Hörner in den Leib. Mit der Dachform nun gedachten sie dieses Sieges und nannten sich seit der Zeit *Minang* (›Besieger‹) *Kabau* (*Kerbau* = ›Wasserbüffel‹), ›Besieger des Büffels‹. Zutreffender dürften allerdings praktische Erwägungen gewesen sein: Das hohe Dach erlaubt eine gute Durchlüftung des Hauses und schützt bei niedriger Temperatur vor Auskühlung.

Die Bugis

Die Heimat dieses ›Stammes‹ erstreckte sich über die südwestliche Halbinsel der mehrgliedrigen Insel Sulawesi. In ganz Indonesien galten die Bugis als einfallsreiche Schiffbauer und kühne Seefahrer, und ihre Raubzüge verbreiteten Angst und Schrecken. Ende des 17. Jahrhunderts erschienen sie in größerer Zahl vor Malayas Westküste und schalteten sich dort in den Handel ein. Kleinere Gruppen ließen sich als Piraten an der sumpfigen Küste des heutigen Bundesstaates Selangor nieder, wo die Mangroven gute Verstecke boten.

Im gesamten 18. Jahrhundert bestimmten die Bugis die Politik auf der Malaiischen Halbinsel maßgeblich mit. Zunächst schützten sie um 1720 den Sultan von Johor-Riau mit ihren Söldnertruppen vor einem Rivalen und sicherten sich als ›Belohnung‹ das Amt eines ›Unterkönigs‹ (*Yang di-Pertuan Muda*), der de facto alle Macht in Händen hielt. Von Johor aus unternahmen sie weitere Vorstöße in die umliegenden Regionen. Kedah blieb ihnen lange Zeit tributpflichtig, Perak wurde in zwei Lager mit je einem Sultan gespalten, und auch die Minangkabau standen zeitweise unter ihrer Vorherrschaft. 1742 wurde ein Bruder des Unterkönigs von Johor zum ersten Sultan von Selangor ausgerufen, womit eine zweite Machtbasis entstanden war. 1784 setzten die Bugis zum Angriff auf das damals holländische Malakka an. Die Belagerung währte ein halbes Jahr, doch die Festung hielt stand. Als dann

31   Gopuram des Hindu-Tempels Sri Mariamman in Singapur ▷

32 Nagore Durgha, Moschee der muslimischen Tamilen in Singapur

33 Pooja vor dem Parvati-Schrein im Chettiar's Hindu-Tempel in Singapur

34 Zwillingspagode im Chinesischen Garten von Singapur

35 Brücke im Japanischen Garten von Singapur

37 Kolonialgebäude in Johor Bahru
◁ 36 Abu Bakar-Moschee in Johor Bahru
38 Christ Church und Uhrturm auf dem »Roten Platz« von Melaka

39/40 Eingangstor (o.) und Gläubige (u.) im Cheng Hoon Teng von Melaka

41   Shivaitische Figuren am Gopuram des Maha Sri Mariamman-Tempels in Kuala Lumpur ▷

43 Bahnhof von Kuala Lumpur
42 Skyline von Kuala Lumpur; im Vordergrund die Masjid Jami
44 Singhalesisch-buddhistischer Tempel der Sasana Abhiwurdhi Wardhana Society in Kuala Lumpur

45/46 Chan See Shu Yuen-Kongsi (o.) mit Fassadenrelief (u.); Kuala Lumpur

47 Bangunan Sultan Abdul Samad (ehem. Staatssekretariat) in Kuala Lumpur

48 Achtzehnarmige Guan Yin im Perak Tong, einem Höhlentempel in Ipoh

49/50 Buddha Maitreya oder Mile Fo (li.) und Buddha im Gestus der Erdanrufung im Perak Tong, Ipoh

51 Istana Kenangan, ehem. Sultanspalast, in Kuala Kangsar

52   Ubudiah-Moschee in Kuala Kangsar

53 Oberster Gerichtshof (Supreme Court) von Georgetown

54 Campell Street in Georgetown

55 Inder im Straßenbild von Kuala Lumpur
57 Drachenbauer in einem Dorf an der malaiischen Ostküste

56 Chinesischer Koch in Chinatown von Kuala Lumpur
58 Mobiler Friseur in Kuala Lumpur

die Holländer die Flotte der Invasoren bei Riau vernichtet und die Unterkönige aus Johor vertrieben hatten, verloren die Bugis in Malaya beträchtlich an Einfluß. Nur in Selangor konnten sie noch behaupten und mit der Zeit ihre Machtposition durch geschickte Eheschließungen mit den Töchtern anderer malaiischer Sultane und aristokratischer Familien ausbauen. Ab 1795 schickten sie allerdings wieder Unterkönige ins Johor-Reich, nachdem die Holländer sich aus Riau zurückgezogen hatten.

Die Bugis waren – abgesehen von Selangor – in den von ihnen eroberten Ländern wenig an produktiver Politik und Verwaltung, sondern am Profit interessiert. Zwar haben sie durch ihre Aktionen möglicherweise eine Ausweitung der holländischen Kolonisation auf der Halbinsel verhindert, aber die Macht mehrerer Sultane entscheidend geschwächt. Den Briten boten sie in Kedah indirekt die Handhabe zum Eingreifen (Gründung von Penang, s. S. 273). Das Empire von Johor-Riau verlor 1784 die Oberhoheit über seine Staaten auf Sumatra und zerbrach schließlich an den unklugen Aktionen des Unterkönigs, was 1819 zur Gründung von Singapur führte (s. S. 153).

Der europäische Einfluß

Die Portugiesen

Die Krise des Sultanats Malakka (s. S. 233), hervorgerufen durch innere Konflikte, erbittertes Konkurrenzdenken am Hof und die damit verbundene Schwäche gegenüber den Vasallenstaaten an der Peripherie des Reiches, zeigt sich am deutlichsten daran, daß es den Portugiesen beim zweiten Versuch 1511 gelang, Malakka für sich zu gewinnen und – allen, zum Teil massiven Rückeroberungsversuchen zum Trotz – zu behaupten. Es war nach Goa (1510) ihre zweite Besitzung im Bereich des östlichen Indischen Ozeans. In schneller Folge kamen Teile Ceylons, die Molukken und schließlich 1557 Macao hinzu. Ziel der portugiesischen Expansionspolitik war die Errichtung eines Handelsmonopols und die Kontrolle der Seewege.

Malakka wurde von einem portugiesischen Festungskommandanten regiert, der 1517 den Titel ›Gouverneur des Südens‹ erhielt. Der König von Portugal ernannte ihn auf drei bis vier Jahre. Direkt unterstellt war er dem Vizekönig von Goa; dort wurden auch schwerwiegende juristische Entscheidungen getroffen. Die Portugiesen behielten im großen und ganzen den Aufbau der malaiischen Herrschafts-und Verwaltungshierarchie bei und besetzten die Ämter des Temenggong (Polizeichef), Bendahara (Kanzler) und Shabandar (Handelsminister, der jetzt aber nur für die lokale Schiffahrt zuständig war) mit Malaien.

◁ 59   Arbeiterin beim Anzapfen eines Stammes auf einer Kautschukplantage bei Kuantan

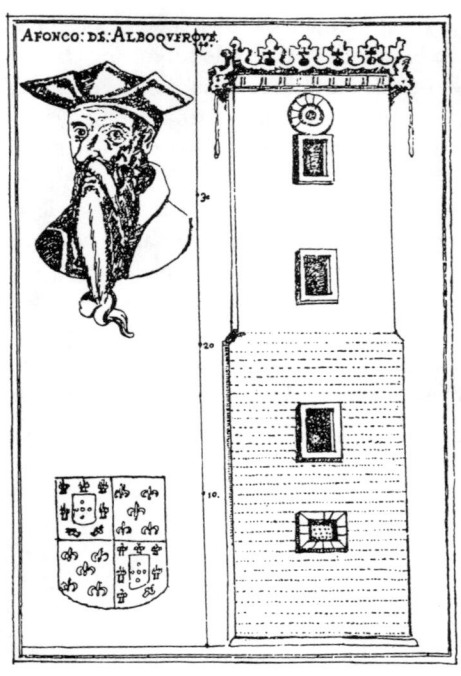

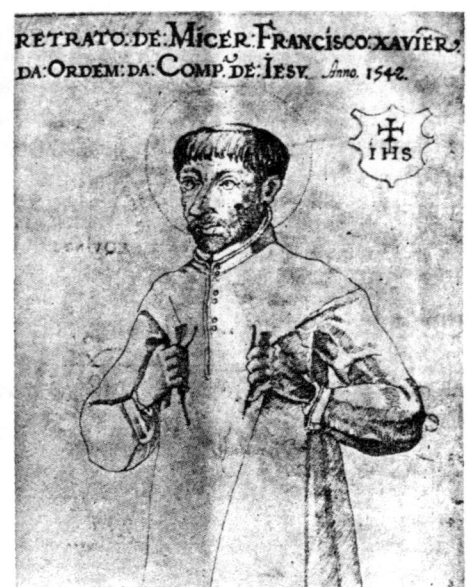

Franciscus Xavier

Afonso d'Albuquerque

Das Regiment der Kolonialherren in Malakka war streng und von Rassismus bestimmt. Darüber hinaus nahm die europäische Missionstätigkeit oft genug fanatische Züge an. Portugiesische Männer wurden dazu angehalten, einheimische Frauen zu heiraten, und für Muslime kamen sogar Frauen aus Portugal herüber. Das Versprechen von Vergünstigungen brachte viele dazu, zum Katholizismus überzutreten. Der spanische Missionar des Fernen Ostens, der Jesuit Franciscus Xavier (1506–1552), der sich eine Zeitlang in Malakka aufhielt, kritisierte nicht nur Herrschaft und Habgier der portugiesischen Beamten, sondern auch deren Bekehrungspolitik: Die zum Christentum konvertierten Muslime würden unterdrückt und ausgebeutet wie zuvor.

Der Bischof von Malakka, der auch über die Diözesen Burma, Thailand, Malaya, China, Japan und Indonesien gebot, beaufsichtigte zusammen mit drei Priestern die wohltätigen Werke in der Stadt, so den Bau von Hospitälern und die Unterstützung der Armen. Mehrere öffentliche Kirchen – auch außerhalb des Forts – wurden erbaut, darunter die Kapelle der Verkündigung (St. Paul's Church), das älteste von Europäern in Ostasien errichtete Bauwerk. Malakka ist zwar heute nicht mehr Bischofssitz, sondern untersteht der Diözese Macao, doch die Kirche St. Peter, 1710 errichtet, also 70 Jahre nach Abzug der Portugiesen, ist noch heute das Zentrum der Katholiken in Malaysia. Sonst erinnert im Stadtbild nur noch wenig an die ersten Kolonialherren (s. S. 241).

Die Holländer

Die Holländer (ebenso die Briten) hatten bald die Nachteile staatsabhängiger kolonialer Unternehmungen erkannt und setzten dem starren System der Portugiesen die Beweglichkeit einzelner freier Handelsgesellschaften entgegen (dadurch ließen sich auch Verwicklungen meist von den Regierungen fernhalten). Kapitalgeber waren Privatleute; ihnen gehörte zwar ein Großteil des Profits, allerdings trugen sie auch das Risiko. Als man dann feststellte, daß die Einzelunternehmen nicht so effektiv wie erwartet wirtschaften konnten, schlossen sich 1602 holländische Unternehmen zu der *Vereenigde Oost-Indische Compagnie* (VOC) zusammen. Diese war mit staatlich verbrieften Handelsrechten, später auch mit Hoheits- und Verwaltungsbefugnissen ausgestattet. Sitz war ab 1619 Batavia (Jakarta) auf Java: jahrhundertelang blieb die Stadt das Zentrum des holländischen Südostasienhandels, da sie günstig an der Route zu den Gewürzinseln (Molukken) lag. Für den weltweiten Handel

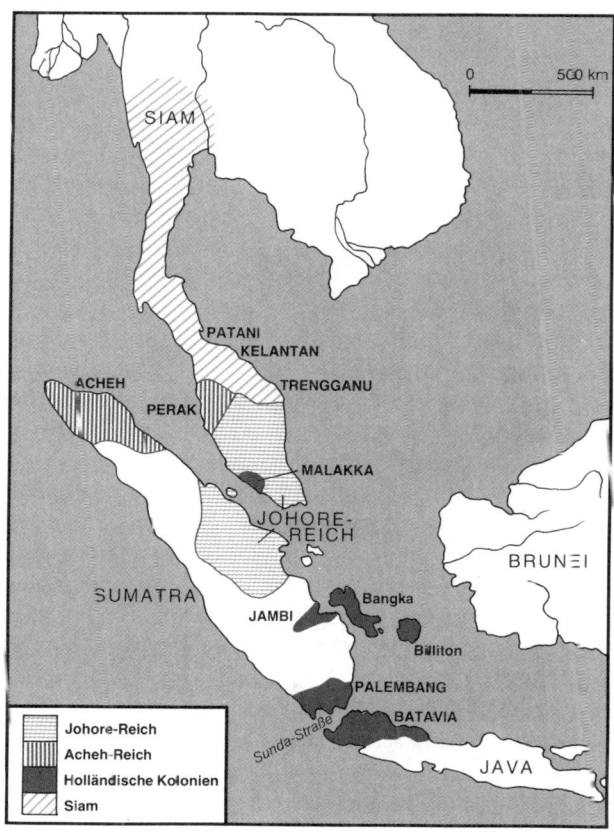

Südostasien um 1680

131

benötigte man jedoch weitere Seestützpunkte. Malakka, das 1641 im zweiten Versuch und mit Hilfe malaiischer Truppen nach verlustreicher Belagerung erobert werden konnte, entwickelte sich zu einem strategisch wichtigen Militärhafen. Patrouillenboote überwachten die Gewässer entlang der Küste, und nicht selten wurden Schiffe der britischen Konkurrenz gekapert. Erst in zweiter Linie diente Malakka auch als Handelsstützpunkt.

Die Herrschaft der Holländer war weitaus rigoroser als die der Portugiesen und in Glaubensangelegenheiten puritanisch streng. Den katholischen Portugiesen und ihren Nachkommen untersagten die neuen Kolonialherren die öffentliche Ausübung der Religion und zerstörten alle katholischen Gotteshäuser, bis auf die St. Paul's Church, die in eine reformierte Kirche umgewandelt wurde. Diese Haltung spiegelt die Kontroverse zwischen Protestanten und Katholiken während des 16./17. Jahrhunderts in Europa wider. Erst 1710 führten die Holländer in Malakka die Religionsfreiheit ein. Kontakte mit der einheimischen Bevölkerung galten als unerwünscht, Eheschließungen waren so gut wie ausgeschlossen. Auch in späterer Zeit heirateten die in Malaya seßhaft gewordenen Holländer zumeist europäische Frauen. Manche hatten später unter britischer Herrschaft verantwortungsvolle Stellungen inne, zum Beispiel die Familie der Westerhout. Einer von ihnen, der Ingenieur und Architekt Johannes Bartholomew, entwarf zahlreiche Wohnhäuser in Malakka und Singapur (Emerald Hill Road).

Trishaw-Werbeannonce aus dem letzten Jahrhundert

In einem kleinen Ausschnitt trägt das Stadtbild von Malakka noch ausgeprägt holländische Züge. Das repräsentative Stadthuys, der älteste noch erhaltene europäische Bau in ganz Südostasien, ist eines der auffälligsten Beispiele (s. S. 237). Einen ähnlichen Seltenheitswert besitzt auch ein ehemals holländisches, um 1660 erbautes Wohnhaus an der Jalan Kota Nr. 7.

Rund 150 Jahre waren die Holländer im Bereich der Malaiischen Halbinsel präsent, wo sie geschickt die Zwistigkeiten der Fürsten untereinander zu ihren Gunsten ausnutzten. Eine völlige Kontrolle über das Land besaßen sie jedoch zu keiner Zeit. Auch die ökonomische Nutzung des Landes hielt sich in Grenzen. Es kam zu Vertragsabschlüssen mit verschiedenen Sultanen über die Ausbeutung von Zinnminen und die Beteiligung am Zinnhandel. Dem wachsenden Einfluß der Briten in Südostasien konnten sie jedoch auf Dauer nicht widerstehen; 1795 mußten die Holländer Malakka aufgeben und konnten auch nicht verhindern, daß Raffles 1819 Singapur für die British East India Company in Besitz nahm. Mit dem Londoner Vertrag von 1824 einigten sich beide Kolonialmächte auf eine Trennung ihrer Interessensphären, wobei die Straße von Singapur, die allerdings das Sultanat von Johor-Riau durchschnitt, die Grenze bildete: Die Briten zogen sich aus Indonesien zurück, und die Holländer verzichteten endgültig auf Gebietsansprüche und Interventionen in Malaya.

Die Briten

In Malaya

Tiefgreifender noch als Portugiesen und Holländer bestimmten die Briten das Leben auf der Halbinsel, in den Städten stärker als auf dem Land. Schwerpunkte bildeten die kolonialen Niederlassungen an der Meeresküste, Straits Settlements oder einfach Settlements genannt: Penang (1786) und die Provinz Wellesley (1800), Malakka (1795), Singapur (1819) und – kaum von Bedeutung – die Dindings, ein kleiner Küstenstreifen mit dem Hafen Lumut (1826) sowie die Insel Pangkor. Alle galten als britisches Staatsgebiet. 1832 wurde Singapur das administrative Zentrum der drei Residencies, die zunächst dem britischen Gouverneur von Indien und ab 1867, nach Auflösung der 1600 gegründeten British East India Company zur Kronkolonie erhoben, dem Colonial Office in London direkt unterstellt waren.

Aus der schon lange zuvor gewonnenen Erkenntnis, daß die wirtschaftliche Ausnutzung des Landes und eine reibungslose Handelstätigkeit ein ruhiges Hinterland voraussetzen, zogen die Briten 1874 Konsequenzen. Streitigkeiten über die Thronnachfolge in Perak und die Konkurrenzkämpfe zweier chinesischer Organisationen im Zinnrevier von Ipoh und Taiping (s. S. 269) boten die Handhabe zum Eingreifen: Perak, Selangor und Sungai Ujong, ein zinnreiches Gebiet im Staat Negeri Sembilan, hatten einen britischen Residenten zu akzeptieren. Die malaiischen Herrscher mußten seinen ›Ratschlag‹ befolgen, außer bei Fragen der Religion und des Brauchtums. Die Auflehnung bestimmter Kreise der malaiischen Oberschicht gipfelte in dem Mord an dem britischen Kolonialbeamten J. W. W. Birch in Perak. Die Briten reagierten mit strengen Maßnahmen: Verurteilung und Hinrichtung der maßgeblich ab dem Komplott Beteiligten, Zwangsdeportation der Sympathisanten und Einsetzung eines Sultans in Perak nach ihrer Wahl. 1888 wurden auch Pahang und ganz Negeri Sembilan in das britische Residentensystem einbezogen. Diese vier Staaten bildeten laut Vertrag von 1895 eine Föderation, die Federated Malay States, mit Kuala Lumpur als administrativem Zentrum.

Die Regierung in den einzelnen Staaten lag nominell in den Händen eine Staatsrats (State Council), dem außer dem britischen Residenten Vertreter der malaiischen Oberschicht und chinesische Wirtschaftsführer angehörten. Den Vorsitz führte der jeweilige Sultan. Faktisch lag die Macht jedoch in Händen der Briten. 1909, nach einer vertraglichen Regelung mit Siam, mußten auch Perlis, Kedah, Kelantan und Trengganu, die ›siamesischen Staaten‹, einen britischen Berater (Adviser) hinnehmen. Zusammen mit Johor, das sich seine Unabhängigkeit bis 1914 bewahren konnte, allerdings von dem anglophilen Sultan Abu Bakar regiert wurde, galten sie als die ›Nichtföderierten Staaten‹ (Nonfederated States). Damit hatte sich das Herrschaftssystem der Briten über ganz Malaya ausgedehnt. Daß es ohne militärische Gewalt funktionierte, lag vor allem daran, daß viele malaiische Fürsten mit den Briten kooperierten, weil sie von dem wirtschaftlichen Aufschwung zu profitieren hofften. Die Organisation eines schlagkräftigen Widerstands wäre auch wohl an der politischen Zersplitterung des Landes gescheitert.

Das koloniale Wirtschaftssystem der Briten war geprägt von weitgefaßtem industriekapitalistischem Denken unter Ausnutzung des technischen Fortschritts. Die Einführung von Dampfschiffen, die Öffnung des Suezkanals, die Kommunikationsmöglichkeiten per Kabel und nicht zuletzt die steigende Warennachfrage beflügelten den ökonomischen Aufschwung. Zinn und Kautschuk erreichten Spitzenpreise, und die Fördermengen stiegen beständig an. Um die Transportprobleme im Landesinnern zu lösen, wurden Straßen und Eisenbahnstrecken angelegt. Die Bodenspekulation und der Kampf um Schürfrechte nahmen überhand. An der malaiischen Oberschicht ging diese stürmische Wirtschaftsentwicklung größtenteils vorbei. Auch deren innenpolitische Machtbefugnisse waren durch die Steuergesetze und die Administration der Briten beschnitten, ihr soziales Prestige dadurch unterhöhlt. Der Unterschicht brachte die britische Herrschaft jedoch manche Vorteile. Die Mechanisierung der Industrie, die verkehrstechnische Erschließung des Landes, die Eindämmung von Seuchen – vor allem der Malaria, deren Ursachen nun erforscht waren –, die Abschaffung der Sklaverei und Schuldknechtschaft sowie die Grundsatzerklärung britischer Gouverneure zur Gleichheit aller Menschen vor dem Gesetz (der allerdings die Praxis nicht unbedingt folgte), brachten eine Verbesserung der Lebensbedingungen. Christlichen Missionen ist der Aufbau des Schulwesens zu danken.

Aber mit der wirtschaftlichen Expansion gingen auch schwerwiegende sozio-ökonomische Probleme einher. Durch den sprunghaften Anstieg der chinesischen Einwanderer veränderte sich die Bevölkerungsstruktur grundlegend. Um 1920 machten Chinesen und Inder mehr als 50 % der Gesamtbevölkerung aus. Im Westen der Halbinsel, zwischen der Meeresküste und dem Fuß der Gebirge, entstanden zahlreiche Siedlungen mit urbanem Charakter: Hier nahmen die Wirtschafts-und Verwaltungszentren, die Banken und Handelsgesellschaften ihren Sitz. Zwischen den vorwiegend von Chinesen bewohnten städtischen Siedlungen und den fast ausschließlich von Malaien bewohnten ländlichen Gegenden entstand eine tiefe soziale Kluft. Viele der während der Spätphase der britischen Kolonialherrschaft entstandenen Probleme haben ihre Brisanz bis heute nicht verloren.

Im Bild der Städte ist der britische Einfluß unübersehbar. Die öffentlichen Bauten, die heute von malaysischen Ämtern genutzt werden, kündeten von Macht, Würde und Anspruch des Empire. Chinesische und auch einige indische Unternehmer bauten sich, von den Briten inspiriert, prächtige Residenzen in abendländischen Bauformen. Auch die Sultane wandten sich mehr und mehr von der traditionellen malaiischen Holzbauweise ab und ließen sich Paläste europäischen Zuschnitts mit islamischen Zierelementen in festem Mauerwerk errichten. Die christlichen Kirchen folgten mit einer Phasenverschiebung von etwa 20 Jahren den historisierenden Architekturstilen des Mutterlandes: In der ersten Hälfte des 19. Jahrhunderts galt der Klassizismus als die dominierende Richtung, danach setzte sich zunehmend die Neogotik durch. Einzelelemente erfuhren manche Abwandlung der in Europa gebräuchlichen Formen. Nur wenige Baumeister waren Architekten, statt dessen übten sich Kolonialbeamte in diesem für sie fremden Metier.

Daß die Geschäftsstraßen vieler Städte ein ziemlich einheitliches Aussehen haben, ist auf eine Bauverordnung von Raffles für Singapur aus dem Jahr 1822 zurückzuführen, die später auch im übrigen Teil der Kolonien und in den Protektoraten Anwendung fand: Veranden und Arkaden mußten im Untergeschoß mit einem fünf Fuß breiten, die Häuser untereinander verbindenden Gang ausgestattet sein, innerhalb eines Blocks war eine annähernd gleiche Stockwerkhöhe der Häuser vorgeschrieben. Den heutigen Charme dieser Kolonialarchitektur macht die Mischung von abendländischen (klassizistischen) und chinesischen Elementen aus.

Im Kampf gegen den Kolonialismus erwachte nach dem Zweiten Weltkrieg in den Malaien der Halbinsel ein bis dahin noch nie dagewesenes Gefühl der Zusammengehörigkeit, das, auch beruhend auf der bindenden Kraft des Islam, den Aufbau eines neuen, unabhängigen Staates förderte. Dessen Verfassung ist in der Substanz an der Großbritanniens orientiert, während die Beibehaltung der Sultanate (eine Ausnahme bilden die ehemaligen Straits Settlements und die britischen Kolonien in Borneo) dem traditionellen Element Rechnung trägt.

In Sarawak, Brunei, Sabah

Im Norden Borneos setzte britischer Kolonialismus erst später ein, und zwar 1839 mit dem Erscheinen des Abenteurers und wohlhabenden ehemaligen Offiziers der Indien-Streitkräfte James Brooke (1803–1858) bei Kuching. Er verwirklichte Raffles Idee, in Borneo einen britischen Stützpunkt für den Seeweg nach China und Australien zu schaffen.

Der ganze breite nördliche Küstenstreifen der Insel gehörte damals dem Sultan von Brunei, dessen Einfluß und Macht aber seit dem 17. Jahrhundert immer mehr geschwunden waren. 1827 unternahm er den Versuch, Sarawak wieder stärker an sich zu binden und setzte dort einen ›Vizekönig‹ als Gouverneur ein. Auf dessen Mißwirtschaft und die Beschneidung

James Brooke

ihrer Freiheiten antworteten die Stammes-
fürsten mit offener Rebellion. Als Brooke
eintraf, herrschte dort noch immer ein bür-
gerkriegsähnlicher Zustand. Der Sultan bot
dem Europäer den Gouverneursposten an,
wenn es ihm gelänge, den Aufstand dauer-
haft niederzuschlagen. 1841 erlangte Brooke die volle Souveränität über Sarawak, das
heißt über die heutige sogenannte 1. Division, und bekam vom Sultan den Titel Raja
(›König‹) verliehen. Damit begann die Ära
der ›Weißen Rajas‹ der Dynastie Brooke, die
ihren Besitz stufenweise bis zu den Grenzen
des heutigen Bundeslandes ausdehnte und
auch die Einteilung in Divisionen vornahm.
Begründet wurden diese Annexionen mit
Unruhen im Hinterland, natürlich ein blo-
ßer Vorwand, da es in Wirklichkeit darum
ging, der europäischen Konkurrenz (Holländer) zuvorzukommen. 1890 eignete sich
Charles Brooke, der Neffe des ersten Raja,
die heftigen Proteste des ohnmächtigen
Herrschers von Brunei mißachtend, das
Limbang-Tal an. Dadurch wurde der kleine
Rest des Sultanats in zwei unverbundene
Teile gespalten.

Sarawak war eine Privatkolonie der Brooke-Familie, die autoritär und absolut regierte.
Der Oberste Rat (Supreme Council, später Council Negeri = Staatsrat), dem britische und
malaiische Kolonialbeamte sowie Oberhäupter einheimischer Stämme angehörten, hatte nur
beratende Funktion. Ohne in die traditionelle Lebensweise der Stammesvölker einzugreifen
und damit deren Widerstand herauszufordern (Seeräuberei und Kopfjagd wurden allerdings
streng verboten), schuf Brooke ›Ordnung‹ im Land. Aufstände oppositioneller Kreise
konnten im allgemeinen unterbunden werden, wo sie aufflammten, so 1849 unter den Dayak
und 1857 unter den Chinesen um Kuching, gingen Brookes Streitkräfte unbarmherzig vor.
Wirtschaftliche Aktivitäten erstreckten sich auf die Orte an der Küste und das Hinterland.
Etwas Gold (bei Bau, westlich von Kuching) und Antimon wurden gefördert, Pfeffer und
Sago angebaut, bis dann schließlich der Kautschukboom auch diese Region erreichte. Eine
große kulturelle Leistung der Briten in Sarawak sind die archäologischen Forschungen und
die Gründung des Sarawak-Museums (1889–1891) in Kuching.

Nord-Borneo (Sabah) gehörte in den 70er Jahren des vorigen Jahrhunderts teils zum Sultanat von Brunei, teils zu dem von Sulu (das Gebiet um Sandakan). Beide Herrscher verkauf-

ten ihr Land dem Österreicher Overbeck, Generalkonsul in Hongkong, und Alfred Dent von der gleichnamigen Londoner Firma gegen eine jährlich zu zahlende Abfindung. Diese erhielten damit laut Vertrag auch die ›absolute Gewalt‹ über alle Bewohner. Da Overbeck keinen europäischen Staat als Käufer fand, überließ er seinen Anteil der Firma Dent, die, von der britischen Regierung gestützt, die North Borneo Company ins Leben rief. Verdeckt durch eine Handelsgesellschaft, dehnte Großbritannien nun seine Kolonialherrschaft auch auf Sabah aus. Offene Widerstände der Stammeshäuptlinge wurden blutig niedergeschlagen, schwelten aber jahrelang weiter. An der Spitze der kleinen Kolonialbehörde, die zugleich ein Wirtschaftsunternehmen war, stand ein Gouverneur. Im Legislativen Rat, 1912 begründet, waren nur Kaufleute und Plantagenbesitzer vertreten. Nirgendwo sonst war die britische Kolonialherrschaft so ausschließlich auf Profit bedacht, hat sie so wenig zur Verbesserung der Lebensbedingungen der Menschen bewirkt wie in Sabah. Erst in den 20er Jahren fanden regelmäßige Zusammenkünfte der Kolonialbeamten mit den Stammesoberhäuptern statt, später bildete sich daraus ein beratendes Gremium.

Sarawak, Sabah und Brunei wurden 1888 britisches Protektorat. Da Brunei ständig den Begehrlichkeiten der land-und machthungrigen Brooke-Familie ausgesetzt war, erhielt es 1905 einen britischen Residenten. Nach dem Ende des Zweiten Weltkriegs und dem Abzug der Japaner traten Sir Vyner Brooke Sarawak – gegen eine Million Pfund – und die North Borneo Company den Staat Nord-Borneo (Sabah) mit der Insel Labuan an Großbritannien ab; sie wurden Kronkolonien. Allerdings mußten die Briten nun eine Beteiligung der einheimischen Bevölkerung an der Administration und ab 1960 auch die Bildung von politischen Parteien zulassen. Vom Premierminister der 1957 unabhängig gewordenen Föderation Malaya ging der Vorschlag aus, einen Staat Malaysia unter Einbeziehung der Kolonien Singapur, Sarawak, Sabah und Brunei zu gründen. Der Sultan von Brunei, der um seine autokratischen Rechte fürchtete und seinen Ölreichtum nicht mit anderen Bundesstaaten teilen wollte, lehnte ab und verblieb unter britischer Schutzherrschaft (bis 31. 12. 1983). Von der Bevölkerung Sabahs und Sarawaks stimmte nur ein Drittel dem Anschluß an Malaya zu. 1963 kam es dann zur Gründung des Staates Malaysia.

Zeittafel

ab etwa 400 v. Chr.	Indische Handelskontakte mit Malaya. Einige indische Handelsniederlassungen an den Küsten. Hinduistischer Einfluß. Die Malaien übernehmen von den Indern auch Schrift, Recht und politisches System.
7.–14. Jh.	Buddhistisches Königreich Sri Vijaya; Hauptzentrum auf Sumatra.
ab 775	Das Sri Vijaya-Reich beherrscht die Malakka-Halbinsel bis weit über den Isthmus von Kra hinaus.
860–ca. 1000	Das goldene Zeitalter von Sri Vijaya.
1292	Gründung des hinduistischen Königreichs Majapahit auf Java.
1338–1365	Majapahit erobert Sumatra, Malaya und die Insel Singapur.
um 1400	Beginnender Verfall des Majapahit-Reiches (bis 1478).

1401	Gründung des Königreichs Malakka durch Prinz Paramesvara von Sumatra unter dem Schutz der chinesischen Ming-Dynastie.
um 1414	Paramesvara tritt zum Islam über und nennt sich Sultan Iskandar Shah.
2. Hälfte 15. Jh.	Malakka entwickelt sich zum Zentrum des West-Ost-Handels und dehnt sein Herrschaftsgebiet über die gesamte Malaiische Halbinsel und Mittelsumatra aus.
1511	Der portugiesische Seefahrer Afonso d'Albuquerque erobert Malakka. Der Sultan flieht nach Johor: Gründung des Sultanats Johor-Riau.
1600	Gründung der British East India Company.
1602	Gründung der Vereenigde Oost-Indische Compagnie der Holländer; Sitz ist ab 1619 Batavia (Jakarta) auf Java.
1635	Niedergang Malakkas als Handelsmetropole. Neue Zentren sind Acheh (Sumatra) und Batavia (Java).
1641	Die Holländer erobern Malakka.
1786	Francis Light, Handelskapitän der britischen East India Company, pachtet die Insel Penang vom Sultan von Kedah.
1795	Die Briten erobern Malakka.
1800	Die Briten pachten die Provinz Wellesley gegenüber der Insel Penang vom Sultan von Kedah.
1819	Sir Thomas Stamford Raffles erwirbt vom Temenggong von Johor (bald auch vom Sultan) das Recht, auf der Insel Singapur eine Handelsniederlassung zu errichten.
1824	Vertrag von London zwischen Großbritannien und den Niederlanden: Trennung beider Einflußsphären im südostasiatischen Raum; die Straße von Singapur bildet die Grenze. Damit werden Malakka und Singapur endgültig britisch. Die Niederlande erhalten die britische Besitzung auf Sumatra (Bencoolen).
1841	Der ehemalige Kolonialoffizier James Brooke wird vom Sultan von Brunei zum Raja von Sarawak ernannt, nachdem er eine Rebellion der Einheimischen gegen die Herrschaft des vom Sultan bestellten Gouverneurs beigelegt hatte.
1850	Sarawak wird von den USA,
1864	auch von Großbritannien als Staat anerkannt.
1861–1905	Sarawak, das Gebiet des ›Weißen Raja‹, dehnt sich durch Kauf, Annexion und Abtretungen ungefähr bis zu den heutigen Grenzen aus.
1858	Das India Office der britischen Regierung in London übernimmt die Kontrolle über die drei ›Straits Settlements‹ der East India Company: Penang, Malakka und Singapur.
2. Hälfte 19. Jh.	Einwanderung vieler Tausender Chinesen in Malaya, die sich vor allem als Zinnunternehmer und Minenarbeiter verdingen.
1867	Die Straits Settlements werden Kronkolonien.
1874	Abkommen von Pangkor: Die Briten regeln die Sultannachfolge in Perak und setzen J. W. W. Birch als Residenten ein (Beginn des Residentensy-

	stems). Nach Vermittlung der Briten beenden die beiden rivalisierenden chinesischen Gruppen im Zinnrevier um Taiping die sogenannten Larut-Kriege (seit 1850).
1875	Mord an Birch, dem britischen Residenten in Perak. Die unmittelbar an dem Komplott Beteiligten, der Maharaja Lela und seine Leute, werden zum Tode verurteilt, Sultan Abdullah und Sultan Muda Ismail ins Exil geschickt.
1874–1888	Die malaiischen Sultanate Perak, Selangor, Negeri Sembilan und Pahang erhalten einen britischen Residenten.
1877	Ein privates Syndikat, aus dem später die North Borneo Company entsteht, erwirbt in Sabah Landrechte von den Sultanen von Brunei und Sulu.
1895	Die vier malaiischen Staaten mit britischen Residenten werden zu Federated Malay States (Föderierte Staaten). Sitz des Generalresidenten ist Kuala Lumpur.
1909	Abkommen von Bangkok: Durch Verzicht Thailands (Siam) auf die Oberhoheit über Malayas Nordstaaten werden Perlis, Kedah, Kelantan und Trengganu britische Protektorate und Nonfederated States (Nichtföderierte Staaten) genannt.
1914	Johor wird britisches Protektorat und zählt zu den Nichtföderierten Staaten.
1924	Fertigstellung des Eisenbahnnetzes, das die Malaiische Halbinsel vom Norden bis Singapur erschließt.
Ende 1941–1945	Pazifischer Krieg: Die Japaner besetzen die Malaiische Halbinsel, Singapur, Sarawak und Sabah. Sie fördern Malaien und Inder, unterdrücken die Chinesen; viele Bewohner ziehen sich in den Dschungel zurück und schließen sich der kommunistisch organisierten Malayan People's Anti-Japanese Army (MPAJA) an.
1945	Rückkehr der Briten. Sie versuchen, auf der Halbinsel einen Staat zu errichten mit gleichen Rechten für alle Bewohner, also auch für Inder und Chinesen. Die Malaien fühlen sich in ihrem Nationalgefühl verletzt.
1946	Bildung der United Malays National Organization (UMNO). Sarawak und Sabah werden britische Kronkolonien.
1948	Gründung der Förderation Malaya mit elf Gliedstaaten. Singapur wird britische Kronkolonie im Rahmen der Föderation.
1948–1960	Guerillakrieg und Notstand: Die kommunistische Partei Malayas strebt die Herrschaft im Staat an. 1960 werden die letzten Kader aufgerieben.
1952	UMNO und Malayan Chinese Association verbünden sich im Kampf gegen Kommunismus und Kolonialismus.
1955	Freie Wahlen in Malaya: Die Allianz von UMNO, Malayan Chinese Association (MCA) und Indischer Kongreß Malayas (MIC), erhält 51 von 52 Sitzen.
1957	Malaya wird unabhängiger Staat im Commonwealth und Mitglied der UNO.
1959	Singapur erhält eine unabhängige Selbstverwaltung. Premierminister Lee Kuan Yew befürwortet die ›Unabhängigkeit durch Fusion‹ mit Malaya.

	Premierminister Tunku Abdul Rahman wünscht ebenfalls die Fusion, will aber zum Ausgleich für die Aufnahme von einer Million Singapur-Chinesen, darunter viele Kommunisten, die Aufnahme von Sarawak und Sabah in die Föderation.
1963	Gründung der Federation of Malaysia mit 13 Gliedstaaten gegen den massiven Widerstand von Indonesien (einjähriger Buschkrieg). Brunei schließt sich nicht an und bleibt britische Kronkolonie.
1965	Singapur scheidet aus der Föderation aus und wird unabhängige Republik.
1967	Malaysia, Singapur, Thailand, Indonesien und die Philippinen schließen sich zur Association of South-East Asian Nations (ASEAN) zusammen.
1969	Blutiger Aufruhr der Inder und Chinesen in Kuala Lumpur wegen der politischen Vorherrschaft der Malaien in Westmalaysia.
1979	Mehr als 122000 Vietnamflüchtlinge landen an den Küsten Malaysias.
1.1.1984	Brunei wird von Großbritannien in die Unabhängigkeit entlassen.
1985	Demonstrationen und blutige Unruhen der muslimischen Parteien in Sabah, nachdem die christlichen Kadazan die Wahl gewonnen haben.

Kunsthandwerk

Malaiische Schmiedekunst – Der Kris

Jahrhundertelang galt der Kris, eine scharfe, dolchartige Waffe, als Inbegriff der malaiischen Kultur. Bis ins 19. Jahrhundert hinein trug jeder Malaie im Mannesalter, wenn er ausging, gleich zwei Krise mit sich, die griffbereit oben im Hüfttuch, dem traditionellen Kleidungsstück über der Hose, steckten. Der erste gehörte ihm selbst, der zweite war ein bedeutendes Erbstück der Familie. Der Vater gab ihn dem Sohn weiter, sobald dieser erwachsen geworden war. Der Kris war sowohl eine Verteidigungswaffe als auch Schmuck und Abzeichen der Würde eines Mannes. Und er hatte kultische Bedeutung: Der Besitz und das Tragen eines Krises verband seinen Träger mit der langen Reihe der Ahnen.

Krise (und andere Stoßwaffen) gehören auch heute noch zu den Regalien der Herrscher, manche berühmte Stücke sind darunter. So enthalten zum Beispiel die Sammlungen des Sultans von Perak den Kris, mit dem der malaiische Seeheld Hang Tuah (15. Jh.) seinen besten Freund tötete, als es darum ging, die Ehre seines Herrn, des Sultans von Malakka, zu verteidigen. Seitdem gilt Hang Tuah als Vorbild an Loyalität, sein Kris ist dafür das Symbol.

Wie lange der Kris in Malaya schon in Gebrauch ist, weiß man nicht, sicher aber ist, daß er von Indonesien auf die Halbinsel gekommen ist. In den Quellen heißt es, die ersten Krise seien im 13. Jahrhundert am königlichen Hof des javanischen Majapahit-Reiches geschmiedet worden. Wahrscheinlich haben die Dolche aber eine noch längere Tradition. Das älteste, noch erhaltene Stück ist auf 1342 datiert.

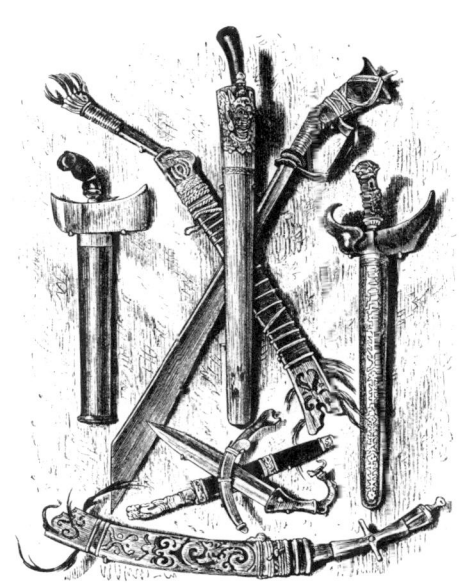

Malaiische Krise und Schwerter

Das Schmieden der 30–40 cm langen doppelschneidigen Damaszenerklinge ist eine hohe Kunst. Vierkantstäbe und Drähte verschiedener Dicke aus Stahl müssen nach bestimmten Systemen so miteinander verschweißt werden, daß auf der Oberfläche der Klinge eine flammige oder adrige Zeichnung entsteht. Das Muster wird vorher bestimmt, und damit es deutlich hervortritt, wird die nach mehreren Schweißvorgängen gefertigte Schneide in Arsen oder Essigsäure getaucht. Die Technik des Schmiedens solcher Klingen wurde vermutlich von arabischen Seefahrern nach Südostasien gebracht.

Die Klingen können gerade *(Kris Sapukal)* oder wellige Ränder *(Kris Berlok)* haben. Beide stehen in Beziehung zur Naga, der mythischen indischen Schlange: die gerade Klinge zeigt sie im Zustand der Ruhe und des Meditierens, die wellige in Bewegung. Der Schmied, der einst seine Kunst von den Göttern verliehen bekommen hatte und seine Arbeit als kultische Handlung betrachtete, versah die Waffe mit magischen Kräften; je höher ein Würdenträger war, für den ein Kris geschmiedet wurde, desto mächtigere Kräfte wurden ihm mitgegeben. Bei der Gestaltung des Griffs und der Scheide konnte sich die Phantasie des Kunsthandwerkers voll entfalten. Bei Krisen aus früher Zeit trifft man auf Griffe in Menschen-, Tier- oder Vogelform, das Material ist häufig Elfenbein; seit der Islamisierung der Halbinsel sind diese bildhaften Darstellungen verschwunden. Die Umrisse sind einfacher und klarer, die Flächen mit getriebenem Silberblech bezogen und zuweilen mit Edelsteinen oder Halbedelsteinen besetzt; Pflanzenornamente bilden die Motive. Bei manchen Stücken ist der Schuh, der obere Abschluß der Scheide, auf besondere Weise geformt und üppig verziert.

Zwar liegt der Kris heute nicht mehr, eingewickelt in ein Tuch aus Silberbrokat, in Reichweite neben dem Bett des Mannes, aber die Familie hält das Erbstück immer noch in Ehren. Alle paar Monate wird es hervorgeholt und mit dem Saft einer Limone und frischer Kokosmilch vom Rost befreit. Heutzutage spielen Krise nur noch bei bestimmten Zeremonien, zum Beispiel bei der Inthronisation eines Sultans, eine Rolle. Schmiedemeister gibt es vor allem an der Ostküste der Malaiischen Halbinsel.

Malaiische Batik

Das Batiken von Stoffen ist vermutlich eine indonesische Erfindung. Wann diese Technik dort aufkam, läßt sich nicht genau datieren. Ihre erste Blüte erreichte sie auf Java wohl um 1500, und auch heute ist die Insel noch das Zentrum dieser Färbekunst. Obwohl die nicht gerade billigen javanischen Batikstoffe im 19. Jahrhundert in Malaya sehr begehrt waren, fand die Technik in Singapur und auf der Halbinsel erst Mitte der 30er Jahre dieses Jahrhunderts Eingang; erst nach dem Zweiten Weltkrieg, als der Import von Java stockte, verstärkte sich die Produktion. Heute ist die eigene Herstellung von Batikstoffen ein beachtlicher Industriezweig in West-Malaysia, vor allem in den Staaten an der Ostküste.

Batik (von javanisch *Tik* = kleiner Punkt, Fleck) ist ein Verfahren zum Einfärben von Stoffen, wobei auf die Stellen des Musters, die von der Farbe frei bleiben sollen, heißes Wachs aufgegossen wird, das man später abschmilzt oder mit dem Messer entfernt. Je mehr Farben das Muster hat, um so öfter muß man die Stellen, die jeweils nicht mitgefärbt werden sollen, also auch die bereits zuvor gefärbten, mit heißem Wachs belegen. Das Aufzeichnen der Musterumrisse auf dem weißen Baumwollstoff und das Auftragen des Wachses mittels eines kleinen kupfernen Tiegels ist Frauensache (Farbabb. 25), das Färben dagegen Männerarbeit. Nach dieser Methode werden heute noch die kunstvolleren Batiken in Java hergestellt. Nach 1850 kam ein rationelleres Verfahren auf: Das Wachs wird mit zuvor hergestellten Druckstöcken aus Kupfer (in Java) oder Aluminium (in Malaysia) auf den Stoff gestempelt. In Malaysia entstehen heute Batiken nur nach dieser Methode. Nach dem Druckvorgang zeichnet eine Frau weitere andersfarbige Feinheiten des Musters mit einem Pinsel ein und deckt sie ebenfalls mit Wachs ab. Dann wird das Tuch – meist in der Länge eines Sarongs – zum Färben des Hintergrunds in den Farbbottich getaucht und später das Wachs in heißem, nahezu kochendem Wasser abgeschmolzen. Durch ein Bad in einer Mischung aus Limonensaft und Alaun erhalten die Farben ihre Beständigkeit. In Malaysia werden nur synthetische Farben verwandt; Pflanzenfarben, die früher üblich waren, finden heute nur noch in Java Verwendung. In größeren Fabriken des Bundesstaates Kelantan ersetzt die Arbeit mit Schablonen (je eine für eine Farbe) das Bedrucken und Handbemalen. Derartige Sarongs sind wesentlich billiger. Die Farben malaysischer Batik sind meistens Rot-, Gelb-, Grün- und Blautöne und die Motive häufig Pflanzenornamente vor einem mit Punkten und sich kreuzenden Linien besetzten Hintergrund.

Chinesische Jadeschnitzerei

Seit Urzeiten gilt den Chinesen Jade als die edelste aller mineralischen Substanzen, und sie nimmt bei ihnen den Platz ein, den in anderen Kulturen das Gold innehatte. Jade ist umgeben von der Aura des Magischen und wird mit dem Göttlichen in Verbindung gebracht: Seit dem frühen 11. Jahrhundert hat der Jadekaiser in der daoistischen Volksreligion den obersten Rang unter den Himmlischen inne.

Mineralogisch gesehen ist Jade kein eindeutiger Begriff. Im Grunde können damit viele feinkörnige Gesteine gemeint sein, die durchscheinend und ziemlich gleichmäßig gefärbt sind, eine gewisse Härte besitzen, sich aber gut bearbeiten lassen ohne zu zerspringen, nach dem Polieren glänzen wie ›Schweinefett‹ und sich weich, aber kühl anfühlen. Unter dem Sammelbegriff Jade verstand man vor allem zwei Minerale: Jadeit und Nephrit. Die Farben des wertvolleren und selteneren Jadeit variieren von Weiß bis Grün, aber auch Rot, Gelb und Lavendel sind möglich. In China wird ein klares Smaragdgrün am meisten geschätzt. Der Nephrit kommt in verschiedenen Grüntönen vor, nicht aber in dem leuchtenden satten Grün wie Jadeit, selten in reinem Weiß, zartem bis kräftigem Gelb – beides hochgeschätzte Farben – und Schwarz. Die ältesten bisher in China aufgefundenen Jaden stammen aus der Zeit um 5000 v. Chr. Tausende von Jahren diente Jade zur Herstellung von Ritualobjekten, die auch Toten mit ins Grab gegeben wurden – man glaubte an die konservierende und unheilabwendende Kraft des Minerals. Etwa seit dem 5. Jahrhundert v. Chr. verarbeitete man Jade auch zu Schmuck und Gegenständen der Raumdekoration; die Fertigungsmethoden, vom Rohentwurf über das Schleifen mit Bohrer und Scheibe bis zum Feinpolieren und dem abschließenden Einwachsen, erreichten bereits in den folgenden Jahrhunderten ein Höchstmaß an Präzision. Bald gehörten auch szenische Darstellungen aus der Götterwelt, Landschaften und Gartenszenen zum Ornamentrepertoire. Im 18. Jahrhundert, als man bis zu 2 m hohe Nephritblöcke bearbeitete, entstanden – in der Komposition einer in die Höhe gestaffelten Landschaftsmalerei ähnlich – mit Felsen, Bäumen, Wasserfällen, Pavillons und Figuren besetzte Szenerien, die eine unglaubliche Detailfülle offenbaren. Durch die Kombination von Reliefs unterschiedlicher Tiefe bis hin zu Vollplastik und Durchbruchsarbeit sowie durch die geschickte Ausnutzung der wechselnden Farbigkeit des Steins und seiner Maserung läßt sich eine beachtliche Tiefenwirkung und eine starke Lebendigkeit der Darstellung schaffen. (Das Nationalmuseum in Singapur hat eine reichhaltige Jadesammlung mit qualitätvollen Stücken.)

Chinesische Elfenbeinschnitzerei

Elfenbein ist als Werkstoff ebenso alt wie Jade und wurde schon in der Hemudu-Kultur (ca. 5000 v. Chr.) verarbeitet, als in Chinas Norden noch große Elefantenherden lebten. Elfenbein ist hart, aber sehr elastisch, läßt sich leicht auf der Drehbank bearbeiten und eignet sich

Ein chinesischer Kunsthandwerker fertigt ineinanderliegende Elfenbeinkugeln

vorzüglich für kunstvolle Miniaturen. Aus dem 12. Jahrhundert v. Chr. gibt es bereits Arbeiten von außerordentlicher Feinheit und Zartheit.

Von großem handwerklichen Geschick und erlesenem Geschmack zeugen vor allem die Schnitzereien der Ming-Zeit (1368–1644); in der Qing-Epoche (1644–1912), besonders ab dem 18. Jahrhundert, erfuhren die szenischen Landschaftsdarstellungen weitere Verfeinerungen und farbige Effekte, hervorgerufen durch die Kombination mit Gold, Achat, Lapislazuli und anderen Halbedelsteinen. Heute werden mit Vorliebe Werke dieser Zeit nachgearbeitet.

Theater und Tanz

Wayang Kulit – Das malaiische Schattenspiel

An der Ostküste West-Malaysias, vor allem in Kelantan, trifft man in den Dörfern noch recht häufig auf schnell errichtete Bühnen für das Schattenspiel, einfache Hütten hoch über dem Erdboden aus stabilen Bambusrohren mit Wänden und Dach aus Palmstroh. Eine Giebelseite der Hütte bleibt frei. Hier spannt man, geschützt von einem weit überstehenden Dach, die etwa 3 × 2,5 m große weiße Leinwand, auf der ein Spiel lebendig wird, das am Abend zwei bis vier Stunden lang jung und alt bezaubert.

Die Basis der Leinwand besteht aus zwei frisch gehauenen grünen Bananenstämmen. Dort hinein steckt der *Tok Dalang*, der Schattenspieler, die Figuren, die er selbst gerade nicht führt: zu seiner Rechten die Hindugötter und ihren Anhang; in die Mitte die wichtigeren Figuren wie den *Tok Mahasiku*, Ahn aller Medizinmänner, *Semar*, eine altindonesische Gottheit, *Raja Rama* und sein Gefolge sowie einen stilisierten Banyan-Baum, der als Lebensbaum die Achse der Welt symbolisiert; zur Linken stecken die Dämonen, und darüber schwebt Garuda, das Begleit- und Symboltier des Gottes Vishnu.

Die Figuren sind flächige, puppenähnliche, meist bemalte Gestalten aus Leder *(Kulit)* von bizarrem Umriß und mit ornamentalen Durchbrechungen; diese ausgestanzten Muster verleihen der Schattenpuppe beim Spiel Plastizität. Das Gesicht wird meistens im Profil gezeigt, der Körper ist frontal gedreht, und die Füße sind immer so zur Seite gestellt, daß alle Zehen deutlich zu sehen sind. In den stilisierten Gesichtsschnitten, Körperformen und -haltungen drücken sich bestimmte Charakterzüge aus. Auf den ersten Blick sind die Guten und Edlen sowie die bösen und dämonischen Gegenspieler zu erkennen (Farbabb. 27–30).

Schattenspielfiguren

145

Zwischen dem Akteur und der Leinwand hängt eine Lampe, in deren Schein die Puppen als Schatten *(Wayang)* auf dem transparenten Schirm agieren. Die Zuschauer im Rücken des Schattenspielers sehen, angestrahlt von der Lampe, die Figuren in all ihrer Farbigkeit. Der Tok Dalang ist zugleich mehrfacher Schauspieler, Regisseur, Improvisator, Sänger und – da das Schattenspiel kultische Dimensionen besitzt – Zeremonienmeister sowie Führer zu den Mysterien und genießt hohes gesellschaftliches Ansehen. Er muß nicht nur die Texte beherrschen, sieben oder acht Figuren gleichzeitig an ihren langen dünnen Holzstäben hinter der Leinwand führen können, ihnen differenzierte Stimmen verleihen und sie zum Leben erwecken, sondern auch über die Fähigkeit verfügen, inspiriert vom Augenblick kräftige Späße und Glossen – mit moralisierendem Unterton – über dörfliche Vorkommnisse zu erfinden. Der Schattenspieler muß sich im Vollziehen der Riten zu Beginn und am Ende der mehrtägigen Vorstellungen auskennen und schließlich jene Zauberkraft besitzen, mit der er die Zuschauer bis zur Atemlosigkeit in den Bann des Spiels schlagen kann. Weiterhin muß er nicht nur seine Helfer, die ihm manche Figuren und Utensilien reichen, koordinieren, sondern auch das Gamelan-Orchester dirigieren, das wirkungsvoll den Ablauf der Handlung begleitet.

Aufgeführt wird in Kelantan ausschießlich das Ramayana (s. S. 47), allerdings nicht mehr in der ursprünglichen indischen Form. Da es jahrhundertelang nur in mündlicher Überlieferung weitergegeben worden ist, haben sich zwangsläufig lokale Abwandlungen ergeben. Doch blieb das malaiische Schattenspiel weitgehend frei von islamischen Einflüssen; lediglich bei der Eröffnungszeremonie, in der der Tok Dalang neben den Hindugottheiten und den Naturgeistern der animistischen Zeit auch die vier Erzengel anruft und beschwört, wird auch die muslimische Vorstellung von der Weltschöpfung erzählt. Gewöhnlich erfolgt die Aufführung des Ramayana an sieben aufeinanderfolgenden Abenden von 21.00 Uhr bis Mitternacht; die letzte Vorstellung endet mit der großen Schlußzeremonie. Musiker und Helfer setzen sich zu den Zuschauern, und der Tok Dalang sagt seiner Geistertruppe, all den Göttern und Dämonen, Lebewohl. In anderen Provinzen der Ostküste werden außer dem Ramayana Sequenzen aus dem Mahabharata mit Arjuna als Helden aufgeführt (s. S. 47).

Wayang Kulit ist eine recht alte Kunst. Vermutlich entstand sie in Java während der hinduistischen Zeit (ca. 600–900 n. Chr.) und verbreitete sich von dort aus über Indien und Siam. In Kelantan gibt es kaum javanische Einflüsse, hier fand bereits in hinduistischer Zeit die siamesische Form des Spiels Eingang. Insgesamt gesehen hat das malaiische Schattenspiel nie den Figurenreichtum und die künstlerische Vollendung erfahren wie in Java oder Siam, und die Figuren sind nicht so fein und differenziert gearbeitet.

Chinesische Oper

Die Wurzeln dieser ureigenen chinesischen Kunstform, des unter Orchesterbegleitung gesungenen und getanzten Dramas, reichen bis ins chinesische Altertum zurück. Zunächst drückte man seine Gefühle – Freude, Schmerz, Zorn und Wohlbehagen – mit der Stimme

Szene der Chinesischen Oper. Stich des 19. Jahrhunderts

und der entsprechenden Mimik aus, dann verstärkte man die Wirkung durch Gesten und Bewegungen. Militärische Tänze, ausgeführt von mit Pfeil und Bogen bewaffneten Kriegern, erweiterten das Repertoire. Volkstümliche Elemente verbanden sich mit solchen des kaiserlichen Chortanzes. Das Geschichtenerzählen kam hinzu. Nach einem bestimmten Melodiestil, der während der Qing-Dynastie (1644–1912) in Peking aufkam, wird die heutige Chinesische Oper auch Peking-Oper genannt.

Den Stoff der Handlung liefern vorwiegend Legenden und geschichtliche Ereignisse. Die wesentlichen Züge sind in allen Stücken die gleichen. Die Handlung ist immer höchst einfach und eigentlich nur dazu da, die wechselnden Gefühle wie Loyalität, Liebe, Heroismus, Täuschung, Eifersucht, Verrat und die ganze Skala zwischen Freude und Schmerz zum Ausdruck zu bringen. Auch der Schluß ist überall der gleiche: Gute Taten werden belohnt, die Bösewichter scheitern. So hatte die Chinesische Oper auch einen erzieherischen Auftrag im konfuzianischen Sinn zu erfüllen. Kaum jemals wird ein Stück in seiner ganzen Länge gespielt, meist werden mehrere Abschnitte aus verschiedenen Schauspielen dargeboten.

Die Chinesische Oper ignoriert sowohl bei der Abwicklung der Handlung als auch bei der Bühnenausstattung die Realität, sie wendet sich vielmehr an die Einbildungskraft der Zuschauer. Der Tisch und die Stühle, häufig die einzigen Gegenstände auf der Bühne, können je nach Thema, Zeit und Szene alles mögliche bedeuten, ein Tisch zum Beispiel auch einen Berg, ein Stuhl auf einem Tisch den kaiserlichen Thron usw. Die Charaktere besitzen

147

kaum Individualität. Sie sind plakativ gezeichnet und unterliegen in Aussehen, Kleidung, den Accessoires und der Gesichtsbemalung einem Code, der leicht zu entschlüsseln ist. Das rote Gesicht kennzeichnet eine warmherzige Person und drückt Loyalität aus, das schwarze Gesicht einen strengen, ernsten, aufrichtigen und unkomplizierten Charakter, das weiße Gesicht einen schlauen, listenreichen und heuchlerischen Menschen. Grün symbolisiert Geister und Gold Götter. Manche männliche Figuren tragen eine phantasievolle Gesichtsbemalung. Die Maskenmalerei entwickelte sich schon recht früh zu einer hohen Kunst.

Das Wichtigste an der Chinesischen Oper ist der Gesang. Man unterscheidet den uns gewohnten, vom Orchester begleiteten Gesang, den rhythmischen Sologesang bei der Einleitung, beim Vortrag von Versen und lyrischen Liedern, den melodischen Sprechgesang und das musikalische Rufen, Lachen, Seufzen und Husten. Die meisten Frauen singen in hohen, schrill klingenden Tönen, die sie ineinander ziehen – ein allgemeines Merkmal chinesischen Gesangs. Zum Orchester einer Peking-Oper gehören Blas-, Streich- und Zupfinstrumente aus Bambus oder Holz, die helle, auch schrille, und nuancenreiche Töne hervorbringen, sowie Blas- und Schlaginstrumente, die für martialisches Getöse sorgen. Die Musiker wie auch die Schauspieler werden vom Rhythmus des Trommlers dirigiert.

Mit dem Singen untrennbar verbunden ist die Schauspielerei. Alle Gesten sind exakt festgelegt, das Publikum interessiert sich nur dafür, wie sie ausgeführt werden. Schönheit darzubieten ist das Ziel der Chinesischen Oper – Schönheit des Gesanges und der Orchestermusik, des Tanzes, der sorgfältig geschminkten oder bemalten Gesichter und der prächtigen Kostüme, die alle denen der Ming-Zeit (1368–1644) nachgearbeitet sind.

Tänze

Die Musikalität der Malaien äußert sich vor allem in ihren Tänzen. Sie zeigen indisch-hinduistischen Einfluß, der über Java auf die Halbinsel kam, und sind anmutsvoll, haben aber nie indonesische Vielfalt, Nuancenreichtum und Ausdrucksstärke erreicht. Höfische und volkstümliche Tanztraditionen bestanden nebeneinander und bereicherten sich häufig wechselseitig. Auch heute noch werden in den Sultanspalästen zu festlichen Ereignissen Tänze dargeboten; so z. B. am Geburtstag der Sultane für jedermann sichtbar im Freien, aber auch auf Hochzeiten einfacher Leute. Die Kulturshows in Singapur (etwa im Hotel Raffles oder im Singapore Cultural Theatre) sind zwar für Touristen bestimmt, geben aber immerhin einen Eindruck von der Art des malaiischen Tanzes.

Viele Tänze gehörten früher zum Ritus religiöser Handlungen, bekamen aber im Laufe der Zeit immer mehr profanen Charakter. Damit schwand die Besessenheit, wie man sie zum Beispiel in Bali antrifft, wo die Tänze noch ein wahres Volksgut sind.

Die musikalische Begleitung bildet der *Gamelan* (im weitesten Sinn mit ›Orchester‹ zu übersetzen). Ein vollständiges Gamelan besteht aus den freimelodischen Instrumenten (Spaltflöte und *Rebab*, eine dreisaitige Geige), die weder rhythmisch noch tonal gebunden sind, den melodieführenden Instrumenten (Metallophone mit metallenen Spielblättern und

Bambus-Schalltrichtern sowie ein Satz Kesselgongs), den umspielenden Instrumenten (vor allem Xylphon) und den rhythmisierenden Instrumenten, zu denen drei Arten von Trommeln gehören: *Gendang,* die längliche malaiische Trommel in zwei Größen (der Spieler des ersten Gendang ist der Dirigent des Gamelan), *Geduk,* eine auf dem Boden stehende Trommel, und *Gedombok,* eine vasenförmige, an einem Ende offene Trommel; der Geduk wird mit Holzstäben angeschlagen, alle anderen nur mit den Fingern. Die Holzgerüste an deren Balken die Instrumente hängen, oder die Sockel, auf denen sie stehen, sind zumeist mit Schnitzwerk und Malereien verziert.

Die Musik erscheint unseren Ohren höchst fremdartig. Sie beruht auf dem chinesischen Fünftonsystem, jedoch betragen in der malaiischen Musik alle Tonschritte ¾ Ton (Tonfolge in etwa: c, d, f, g, b, c), sowie auf dem ebenfalls aus China stammenden Siebentonsystem mit Ganz- und Halbtönen (Tonfolge in etwa: c, cis dis, f, g, gis, a, c). Daraus ergibt sich ein schier unüberschaubares System von Tonarten und eine große musikalische Vielfalt, die jedoch ohne Harmonien in unserem Sinn auskommen muß. Das Wichtigste ist der Rhythmus. In Malaysia spielt man niemals die Musik für sich, sondern immer nur als Begleitung zu Tänzen oder zum Wayang Kulit.

Tänze in West-Malaysia:

Makyong: Altes malaiisches Tanzdrama, das bis zu Beginn dieses Jahrhunderts nur am Hof des Herrschers von Kelantan aufgeführt wurde. Heute ziehen Theatertruppen durch das ganze Land. Das Makyong umfaßt 12 einzelne romantische Episoden, die sich zwischen einem Prinzen und einer Prinzessin, die über den Wolken im Land der Dämonen wohnt, entspinnen. Alle Rollen – außer den beiden genannten treten noch König, Königin, Diener, Dienerinnen, Dämonen und zahlreiche Nebenfiguren auf – werden von Frauen getanzt und gespielt. Nur die Komödianten, die mit deftigen Späßen die Handlung würzen, sind Männer. Viele Züge des Makyong entstammen dem nur von Männern getanzten *Manohra*, einem thailändischen Tanzdrama mit buddhistischem Gehalt.

Garong: Einst ein höfisches Ballett, das sich zu einem Volkstanz wandelte. Vier Paare umkreisen in schnellem Rhythmus zwei Personen in ihrer Mitte, die die Bewegungen eines grasenden Tieres mit einer um den Hals gehängten Glocke imitierten.

Erntetanz: wird von Männern und Frauen dargeboten und symbolisiert das Setzen, Pflegen und Ernten von Reispflanzen sowie das Dreschen des Getreides.

Schirmtanz: ein kokettes Bewegungsspiel junger Mädchen und Männer.

Tudung Saji: symbolisiert das Decken eines Tisches.

Tanz der Färber: dargestellt wird das Färben eines Stoffes mit Henna.

Tarian Lilin: Kerzentanz; das Jonglieren mit mehreren brennenden Kerzen erfordert große Geschicklichkeit.

Tari Piring: Ein aus dem 16. Jahrhundert stammender Tanz, der das Darbringen von Opfergaben an die Götter symbolisiert.

Ronggeng: Ausdruckstanz und Gesangswettbewerb zugleich; Männer und Frauen stehen einander gegenüber und improvisieren Verse als Rede und Gegenrede.

Mak Enang: Ein Tanz, der die Brautwerbung beschreibt.

Rodat: Tanz der Fischer an der Ostküste, mit dem die Wassergeister beschworen werden.

Tari Endau und *Tari Tongsan:* rituelle Fischertänze im Staat Pahang.

Hadrak: ein Tanz arabischen Ursprungs zur Verehrung Allahs (wird von arabischen Gitarren und Violinen begleitet).

Tänze in Ost-Malaysia:

Kriegstanz der Iban: wird von Männern in Festtagskleidung (verzierter hoher Lendenschurz mit ornamentiertem Silbergürtel und Kopfputz aus Nashornvogelfedern; Farbabb. 17) und mit voller Bewaffnung (Pfeil und Bogen bzw. Blasrohr) ausgeführt.

Sumazau: Tanz der Kadazan/Dusun, mit dem der Flug großer Vögel nachgeahmt wird. Die traditionelle Festtagskleidung ist schwarz, bei den Frauen ärmellos, besetzt mit goldfarbenen Bordüren. Die Frauen tragen Silberketten um die Hüften, die Männer eine reich verzierte turbanartig geschlungene Kopfbedeckung, die vorne ein Dreieck bildet.

Sumaya: Ein dem Sumazau ähnlicher Tanz der Kadazan Dusun, jedoch ist der Bewegungsablauf stärker stilisiert.

Menggunatip: schwungvolles Geschicklichkeitsspiel der Murut, bei dem zwei Bambusstämme von vier jungen Männern in unregelmäßigen Abständen knapp oberhalb des Erdbodens zusammengeschlagen werden. Die Teilnehmer müssen durch rechtzeitiges Springen verhindern, daß die Bambusstangen die Füße berühren oder gar einklemmen. Es treten jeweils zwei Paare zum Wettkampf an. Die Männer tragen rote Gewänder und eine perlenbestickte Kopfbedeckung mit zwei langen Dschungelhuhnfedern.

Adai Adai: Fischertanz der in Sabah lebenden Brunesen; beschrieben wird die Rückkehr der Fischer, die am Strand von ihren Frauen erwartet werden und gemeinsam den Fang an Land bringen. Die Männer tragen schwarze Hosen, Jacken und Mützen, die Frauen den langen malaiischen Kebaya aus weißem schimmernden Stoff und einen diademartigen Kopfputz.

Daling Daling: Sing- und Tanzspiel der Suluk (in und um Sandakan und Semporna) unter der Begleitung von kastagnettenartigen Einhandklappern aus Holz *(Gabbang)* und Trommelklängen. Wichtig sind die Bewegungen der Hände, deren Wirkung durch lange, zum Handrücken hin gebogene Fingeraufsätze aus Metall bei Männern und Mädchen noch verstärkt wird. Die Männer tragen auf ihren schwarzen Anzügen bunt bestickte Bänder als Hüft- und Schulterzierde, die Mädchen einen grünen Sarong, ein reich mit großen und kleinen Glasperlen verziertes, blusenartiges, gelbes Oberteil und einen blauen Gürtel. Blau ist auch ihre vorn hohe, dicht mit weißen und gelben Perlen besetzte Kopfbedeckung.

Limbai: kunstvoller Tanz der Bajau, der die Geschicklichkeit dieses Seefahrervolkes beschreibt. Es bewegen sich jeweils drei oder vier Paare in farbenfrohen Kostümen: die Männer in hellgrüner langer Hose und gelber loser Bluse, die Frauen in rotem Sarong mit breiter Goldbordüre von der Taille bis zu den Füßen und weißem, locker fallendem, besticktem Oberteil. Ihr hoher und breiter diademartiger Kopfputz aus Metall, *Siga* genannt, ist mit getriebenem Silberblech überzogen. Die Ornamente sind pflanzliche Motive.

Singapur

Als Stamford Raffles 1819 Singapur für die East India Company entdeckte, hatte die Insel einen – lange in Vergessenheit geratenen – Teil ihrer Geschichte bereits hinter sich. Bei Bauarbeiten auf dem Canning Hill fanden Kulis 1925 einen Goldschmuck, der in die Zeit des Majapahit-Reiches (13./14. Jahrhundert) zu datieren ist. Neben dem Singapur-Stein (s. S. 172) war dies ein weiterer Hinweis darauf, daß die Insel zu diesem javanischen Königreich gehört hatte. Dem entspricht auch die Textstelle eines Briefes, den Stamford Raffles 1819, kurz nach seiner Ankunft in Singapur, an William Marsden schrieb: Es sei für ihn und seine Begleiter eine Freude, auf historischem Boden zu stehen. Die Linien der alten Stadt und ihrer Befestigungsanlagen seien noch deutlich zu erkennen. Nur schenkten die Engländer den Gebäudefundamenten, der Fülle von Keramikscherben chinesischen und lokalen Ursprungs und den chinesischen Kupfermünzen damals keine weitere Beachtung, und auch die einheimische Bevölkerung bemühte sich nicht um die Erforschung ihrer Vergangenheit.

Aufschluß über die frühe Geschichte von Tumasek, wie die Insel Singapur einst hieß, gibt das *Seraju Melayu,* eine malaiische Sammlung geschichtlicher Berichte und Erzählungen aus dem 16. Jahrhundert. Danach hat Ende des 12. Jahrhunderts Sri Buana, ein Prinz aus Sumatra, die Insel in Besitz genommen und auf den Namen Singapura, ›Stadt des Löwen‹ getauft. In der dschungelbewachsenen Ebene nahe der Küste, dem jetzigen Padang, hatte er ein fremdartiges Tier gesehen, das er für einen Löwen hielt. So ist bis heute der König der Tiere Singapurs Wappentier geblieben, besser gesagt der in jüngster Zeit ›erfundene‹ Merlion, ein Fabeltier mit Löwenkopf und Fischleib. Die Statue steht nahe der Mündung des Singapore River am äußersten Landzipfel.

Unter Prinz Buanas Nachfolgern wuchs Singapur zu einer großen, weithin berühmten Stadt heran, die Seefahrer und Händler aus fernen Ländern besuchten. 1252 wurde Dasia Raja, vierter Nachfolger von Sri Buana und König Singapurs, von den Javanern vertrieben. Die Legende behauptet, daß er nach Malakka geflohen sei, dort den Islam angenommen und sich fortan Iskandar Shah genannt habe. Sein angebliches Grab auf dem heutigen Fort Canning Hill, dem einstigen Verbotenen Hügel *(Bukit Larangan)* wird von den Malaien Singapurs als Heiligtum *(Keramat)* verehrt.

Über das folgende Jahrhundert sagen historische Quellen nichts aus. Erst aus Reiseberichten einiger chinesischer Kaufleute läßt sich wieder etwas über Singapur entnehmen, das damals ein übles Piratennest gewesen sein soll. Der Händler Wang Da Yuan schrieb 1349: »Die Wasserstraße verläuft zwischen zwei Hügeln, die Drachenzähnen gleichen. Die Felder

Sir Stamford Raffles

Thomas Stamford Bingley Raffles wurde 1781 als Sohn eines Kapitäns an Bord eines Schiffes geboren. Nach einer ärmlichen Kindheit trat er im Alter von 14 Jahren in den Dienst der East India Company. Raffles war hochbegabt, betrieb jahrelang intensiv Studien, kletterte langsam die Karriereleiter aufwärts und erhielt nach zehn Jahren die Stelle eines Assistant Secretary in Penang. Er war einer der wenigen Engländer, die die malaiische Sprache erlernten und das Volk und seine Kultur zu verstehen suchten. 1811 führte er die Java-Expedition durch und entriß den Holländern ihre dortigen Besitzungen. Zu dieser Zeit entdeckte einer seiner Beamten in Mitteljava den bei einem Vulkanausbruch verschütteten und gänzlich vom Dschungel überwachsenen, 1100 Jahre alten buddhistischen Tempel Borobudur.

Für seine Verdienste wurde er zwar 1817 geadelt und zum Lieutenant-Governor befördert, doch seine sozialpolitischen Reformpläne für die Bevölkerung galten als zu weitgehend und kostspielig. Raffles wurde nach Bencoolen, einem ärmlichen, malariaverseuchten Flecken an der Nordwestküste Sumatras, versetzt. Von hier aus sah er jedoch um so deutlicher, welche Gefahren der Handelsmacht Großbritannien durch die Holländer drohten. Major William Farquhar, britischer Resident in Malakka, teilte seine Ansicht, daß England in Südostasien einen neuen Handelshafen finden müsse. Nachdem sie vom Generalgouverneur in Calcutta die Erlaubnis zu einer Expedition erhalten hatten, machten sich beide auf die Suche nach einem geeigneten Stützpunkt. In Begleitung einer Mannschaft, bengalischen Infanteristen *(Sepoys)* und englischer Artillerie, erreichten die ›Indiana‹ und sieben weitere Schiffe zunächst die Insel Sentosa, von wo aus einige Mann nach Singapur übersetzten.

Wenige Monate nach Abschluß der ersten Verträge 1819 (s. S. 154) kehrte Raffles auf seinen Posten nach Bencoolen zurück, nicht ohne Farquhar, dem ersten Residenten in Singapur, Instruktionen für die Zukunft gegeben zu haben.

1822 besuchte Raffles Singapur zum letzten Mal. Seine Gesundheit war angeschlagen, und er war tief deprimiert über den Tod von dreien seiner vier Kinder; schon vorher hatte er seine Frau Olivia Marianne in Java verloren. Alle waren an Malaria gestorben. Die Ärzte sagten auch ihm den baldigen Tod voraus, wenn er nicht sofort nach England zurückkehre. Raffles ließ sich auf dem heutigen Fort Canning Hill, wo die Luft etwas frischer war, einen kleinen Bungalow erbauen und traf letzte Anordnungen für Singapur. Im Juni 1823 verließ er die Insel, und zu Beginn des folgenden Jahres begab er sich auf die Reise nach England. Doch unterwegs fing die ›Fame‹ Feuer. Sir Stamford, seine zweite Frau und die meisten Besatzungsmitglieder konnten sich in kleine Boote retten und erreichten wohlbehalten Bencoolen. Raffles Aufzeichnungen, Kartenskizzen, Bücher und die naturwissenschaftlichen Sammlungen wurden jedoch vernichtet.

Raffles genoß in England nach seiner Rückkehr 1824 den Ruf eines Orientalisten. Er beteiligte sich an der Gründung des Londoner Zoos und war dessen erster Präsident. Am 5. Juli 1826 starb er in Hendon – jetzt ein Stadtteil von London – an einem Gehirntumor.

sind verödet, und es gibt nur wenig Reisanbau. Das Klima ist heiß, und in den Wochen des vierten und fünften Mondes fällt starker Regen. Bei Neumond zu Jahresbeginn kommt der Fürst mit edelsteinbesetztem Kopfschmuck und in zeremoniellem Gewand vom Hügel herunter, um die Glückwünsche des Volkes entgegenzunehmen. Die Bewohner betreiben Piraterie. Wenn die chinesischen Dschunken zum westlichen Ozean segeln, lassen die einheimischen Barbaren sie ungehindert passieren, aber wenn sie zurückkommen, greifen zwei- bis dreihundert *Prahus* (malaiische Boote) tagelang an. Manchmal haben die chinesischen Dschunken Glück und können mit einem günstigen Wind entkommen, sonst aber wird die Besatzung der Schiffe hingemordet, und die Handelsgüter werden in kürzester Zeit vereinnahmt.«

Die wie ›Drachenzähne‹ ausschauenden Hügel beiderseits der Wasserstraße waren nach Interpretationen von Historikern vermutlich die Insel Sentosa und der Mount Faber. Um das heutige Fort Canning herum lag im 14. Jahrhundert das Zentrum eines Hafenstaates, der die Singapore Straits kontrollierte. Wer der Fürst und die Bewohner waren, bleibt vorerst ungeklärt. Jedenfalls scheinen sie sich mit den piratischen *Orang Laut*, den Seenomaden, verbündet zu haben, um von deren Beute zu profitieren. Aus dieser Zeit stammen die eingangs erwähnten Funde.

Nach der Gründung von Malakka wanderten viele Bewohner Singapurs dorthin aus. Über die Insel breitet sich wieder geschichtliches Dunkel. Nur als Piratennest war sie noch bekannt und später als Bestandteil des Sultanats von Johor-Riau.

Am Morgen des 29. Januar 1819 betrat Stamford Raffles zum erstenmal den Boden von Singapur. Während er mit dem Temenggong Abdul Rahman, dem Herrscher der Insel, verhandelte, inspizierten die Kolonialbeamten Farquhar und Captain Ross die Umgebung. Hinter den auf Booten lebenden piratischen Orang Laut (›Seemenschen‹) und dem malaiischen Kampong nahe der Mündung des heutigen Singapore River fanden sie weiter stromaufwärts eine kleine Ansiedlung von Chinesen, die hier das Land vom Dschungel befreit und Gambirplantagen angelegt hatten. Alles in allem mag die Insel etwa 300 bis 400 Einwohner gehabt haben, die sich hauptsächlich vom Fischfang ernährten und einen bescheidenen Handel auf dem Fluß betrieben. Farquhar und Ross fanden bald heraus, daß die – noch dschungelbewachsene – Ebene sich zur Gründung einer Stadt eignete, die natürliche Bucht größeren Schiffen einen guten Ankerplatz und die Mündung des Singapore River kleineren Seglern einen sicheren Hafen bot.

Über den politischen Zustand des Johor-Reiches – ein brüchiges Gebilde, bestehend aus den heutigen Bundesstaaten Johor und Pahang, der Insel Singapur, den Archipelen Riau und Lingga – war Raffles gut informiert. Sultan Mahmud hatte seinen Temenggong Abdul Rahman als Landesherrn in Johor und Singapur eingesetzt. Nach dem Tod des Sultans 1812 kam es zu Streitigkeiten über die Herrschernachfolge. Von den beiden Gemahlinnen aus königlichem Geblüt gab es keine Nachkommen, von den beiden Frauen niederer Herkunft je einen Sohn. Der Temenggong und die beiden fürstlichen Witwen sahen im Prinzen Tengku Long, dem älteren der beiden Sultanssöhne, den rechtmäßigen Thronnachfolger. Doch der Raja Muda Raja Jaffur aus dem Stamm der Bugis, die 1795 wieder den Unterkönig im Johor-Reich stellten (s. S. 112f.), nutzte die Abwesenheit Tengku Longs, um dessen Halbbruder Abdul Rahman, die schwächere Persönlichkeit, auf den Thron zu heben. Als die Versuche des Temenggong, den Usurpator zu vertreiben, erfolglos blieben, erklärte er seine Gebiete für abgetrennt vom Reich. Prinz Tengku Long zog sich auf eine der Inseln des Riau-Archipels (Bulang oder Bintang) zurück. Sultan Abdul Rahman lebte auf einer der Inseln des Lingga-Archipels, der Raja Muda Raja Jaffur residierte auf der Insel Bintang. Beide hatten den Holländern dort die Gründung einer Niederlassung zugestanden und ihnen die Häfen des Johor-Reiches geöffnet. Raffles wußte, daß es ihm kaum möglich sein würde, in den Einflußbereich der Holländer einzudringen. So hielt er sich an den Temenggong in Singapur, der ständig das Auftauchen holländischer Schiffe vor der Insel befürchten mußte. Dieser erteilte, vorbehaltlich der Zustimmung des Prinzen Tengku Long, ›seines Sultans‹, der East India Company die Erlaubnis, in Singapur eine Faktorei, einen Handelsplatz, einzurichten. Die Engländer schickten ein Bott aus, um den Prinzen herbeizuholen. Über das Gespräch zwischen ihm und Raffles an Bord des englischen Schiffes gibt es kein Protokoll. Aber das Ergebnis ist bekannt: Prinz Tengku Long stimmte Raffles Plänen zu und wurde dafür im Namen der East India Company zum Sultan Hussein erhoben. Der Vertragsabschluß erfolgte am 6. 2. 1819, übrigens gegen den Protest des englischen Parlaments. Doch dessen Hoffnung und die des Temenggong, ihre Macht über Singapur und Johor, womöglich auch über die übrigen Gebiete, mit Hilfe der Engländer festigen zu können oder zumindest maßgeblich an der Regierung beteiligt zu werden, erfüllte sich nicht. 1823/24 handelten ihnen Raffles und der englische Resident John Crawfurd noch weitere Rechte ab und machten sie zu Privatiers in ihrem eigenen Land. Die ›Ehrenwerte Englische Ostindische Kompanie‹ besaß nun ›und für immer‹ volle Souveränität über die Insel Singapur, die sie umgebende See mit allen Wasserstraßen und die Inseln bis zu einer Entfernung von zehn geographischen Meilen von den Küsten aus. Als Gegenleistung zahlten die Briten dem

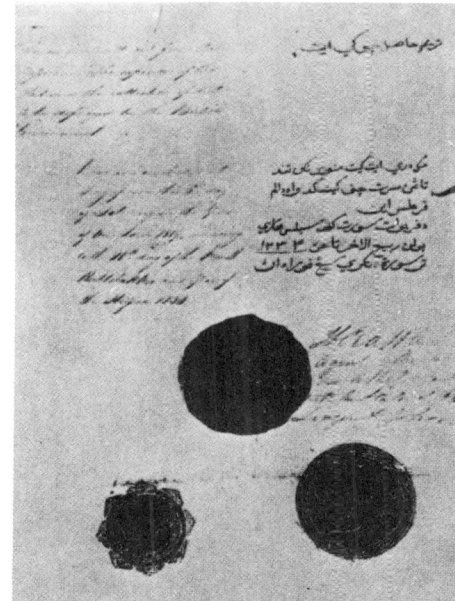

William Farquhar   *Letzte Seite des Vertrags von 1819*

Sultan eine einmalige Abfindung von 33 200 ›Spanischen Dollar‹ zuzüglich eine lebenslange monatliche ›Apanage‹ von 1300 ›$‹ sowie dem Temenggong 26 800 ›$‹ plus 700 ›$‹ monatlich. (Während der Kolonialzeit waren auf der Malaiischen Halbinsel und in Singapur eine Vielzahl von Währungen in Umlauf. Es gab den ›Silberdollar‹ aus Hongkong, Mexiko, Bolivien, Peru und Spanien, den amerikanischen ›Handelsdollar‹, den japanischen Yen und die indische Rupie. 1904 wurde der ›Straits Dollar‹ eingeführt. Daraus wurde 1963 der ›Malaysia-Dollar‹ [oder Ringgit] und 1965 in Singapur der ›Singapur-Dollar‹.)

Die europäische Stadt entwickelte sich im Schutz von Fort Fullerton an der Mündung des Singapore River (dort steht jetzt das General Post Office) und der Kanonen auf der Anhöhe, die die Einheimischen den Verbotenen Hügel nannten – man glaubte ihn umschwebt von den Geistern der alten Könige von Tumasek, und niemand traute sich hinauf. Raffles ließ sich hier einen einfachen Bungalow erbauen, der später zum Sitz des Gouverneurs wurde. Weitere Bauten kamen hinzu, und der Hügel hieß nun Government Hill. Am östlichen Abhang wurden ein römisch-katholischer und ein protestantischer Friedhof angelegt. Die Grabsteine für die ersten Europäer in Singapur stehen noch heute (nach 1865 gab es hier keine Beerdigungen mehr). 1859 wurde der ehemals konisch geformte Gipfel des Government Hill abgetragen, und etwa 400 chinesische Kulis mußten dort eine Befestigungsanlage erbauen (1861 fertiggestellt). Man benannte den Bau nach dem ersten Vizekönig von Indien,

Lord George Canning. Das Fort ist heute Ruine und Bestandteil des Central Park (Fort Canning Park). Das mächtige neugotische Eingangsportal und Teile der Wälle sind noch zu sehen, und unter der Grasdecke verbirgt sich ein zu Beginn des 20. Jahrhunderts angelegtes Tunnelsystem.

Obwohl Raffles sich immer nur kurze Zeit in Singapur aufhielt, gab er der Stadt Konturen, die trotz gewaltiger Veränderungen in jüngster Zeit im Erscheinungsbild heute noch sichtbar sind. Zusammen mit dem Iren G. D. Coleman, einem gelernten Architekten, entwarf er 1822 einen neuen Plan der Stadt und das – zumeist klassizistische – Design der wichtigsten Gebäude. Auf dem Westufer des Singapore River rund um den heutigen Raffles Place (früher Commercial Place) entstand ein Geschäfts- und Bankenviertel; die chinesischen Handwerker, Ladenbesitzer und Kulis mußten sich weiter nach Westen ausbreiten. Die Telok Ayer Bay war ihr Anladeplatz. Den indischen Händlern wurde der Distrikt nördlich des Raffles Place zugewiesen (Chulia Street, Market Street, North Canal Road). Nach Osten zu hatte sich das europäische Stadtviertel weiter ausgedehnt und reichte bis zur heutigen Rochor Road. Das Viertel der muslimischen Inder, Araber und Malaien schloß sich an – darin Kampong Glam mit dem Palast des abgedankten malaiischen Sultans. Noch ein Stück weiter die Küste entlang hatten die Bugis ihren Kampong und einen kleinen Hafen.

Die Einwohnerzahl stieg zeitweise sprunghaft. Der Handel blühte. Bereits 1822 hatte Singapur Penang überflügelt. Raffles war im Zweifel darüber gewesen, ob die Gewürzplantagen – vor allem Muskat und Pfeffer –, die er und Farquhar hatten anlegen lassen, oder der Handel Singapur den größeren Wohlstand bringen würden. Aber es gab auch Rückschläge und Zeiten der Stagnation, so nach 1842, als die neugegründete britische Kronkolonie Hongkong einen großen Teil des Warenumschlags und des Kapitals an sich zog. Der Status als Kronkolonie 1867 und die Eröffnung des Suezkanals 1869 brachten Singapur dann erneut Auftrieb. Als Poststation für Ostasien hatte die Insel vor allem seit der Zeit der Dampfschiffe Bedeutung, und die ständig verbesserten Werften und Trockendocks ermöglichten in großem Umfang Schiffbau und -reparatur zu günstigen Konditionen. Um die Wende zum 20. Jahrhundert entstanden als erste größere Industrieanlage Zinnerzschmelzereien, zunächst in der Nähe des Keppel Harbour, später auf der Insel Brani, in denen malaiisches, siamesisches und indonesisches Zinnerz verhüttet wurde.

Die beiden Weltkriege brachten wiederum tiefe Einschnitte, besonders die trostlose Zeit der japanischen Besatzung. Dann folgte – wie auch für Malaya – die Zeit der Loslösung vom kolonialen Mutterland, der Kampf gegen die starke kommunistische Partei und schließlich Singapurs Ausscheiden aus der Föderation von Malaysia. Dadurch wurde die Insel ein Stadtstaat ohne Hinterland, ohne Ressourcen – selbst Nahrungsmittel und Trinkwasser müssen eingeführt werden.

Singapur ist heute das Wirtschafts- und Finanzzentrum der südostasiatischen Region, das Land mit dem dritthöchsten Pro-Kopf-Einkommen in Asien (nach Japan und Brunei), dem zweitgrößten Seehafen der Welt (nach Rotterdam) und dem drittgrößten Erdöl-Raffineriezentrum; Slums gibt es keine mehr, die Malaria ist so gut wie ausgerottet, und der Kleinstaat präsentiert sich moderner, sauberer und grüner als die meisten Großstädte der Welt. Dies ist der pragmatischen Intelligenz und politischen Klugheit des ersten, von 1959–90 regierenden Premierministers Lee Kuan Yew, seiner weitgehend korruptionsfreien Regierung sowie – und nicht zuletzt – der stets lernfreudigen und unerhört fleißigen Bevölkerung (76 % Chinesen) zu verdanken. Lee Kuan Yew, dessen Biographie eine Geschichte grandioser Erfolge ist, regierte das Land mit einer seltsamen Mischung aus kapitalistischem und sozialistischem Denken. Ihm, der sich als großer Erzieher der Nation sah und stets aufs neue versuchte, den Menschen tugendhaftes, gesittetes, sozialbewußtes Verhalten beizubringen (Konfuzius' Lehren werden wieder beherzigt), dabei mit seinen Maßnahmen oft tief ins private Leben eingriff, ist es auch nahezu gelungen, die unterschiedlichen Ethnien des Stadtstaates mit einer einheitlichen Identität auszustatten. Das moderne Singapur mit seinen hochragenden Bauten, weiten Grünflächen, sauberen Straßen und einer ›neuen Gesellschaft‹ ist die Verwirklichung von Lees Vision. Aber ein solcher Fortschritt hat seine Schattenseiten: Allzuviel Traditionelles ging dem Stadtbild und dem Bewußtsein der Menschen verloren.

Und wo findet man in dieser hochgewachsenen Stadt, die sich so wenig von modernen europäischen und amerikanischen Großstädten unterscheidet, das fremdartige, geheimnisvolle, faszinierende Gesicht Asiens? Ursprünglichkeit wird noch abseits der großen Straßen spürbar: in den engen, von pulsierendem Leben erfüllten Gassen Chinatowns, bei einem abendlichen Gang durch schwach beleuchtete indische Viertel und den inbrünstigen Riten in den hinduistischen Tempeln, bei den Vogelkonzerten jeden Sonntagmorgen (Ecke Tiong Bahru Road/Seng Poh Road), wenn die Chinesen selbstvergessen dem Gesang der Käfigvögel lauschen – kein Gedanke mehr an die Jagd nach dem Geld – und bei den farbigen Festen. Hinter der modernen Alltagsfassade verbirgt sich der in seiner Tradition wurzelnde Mensch.

Lee Kuan Yew – ein Porträt

Am 28. November 1990 schied Lee Kuan Yew, 67 Jahre alt, der erste und bis dahin einzige Premierminister Singapurs, nach 31 Jahre währender Regierung aus dem Amt, nicht ohne den Machtwechsel sorgfältig vorbereitet zu haben, um seiner Politik die Kontinuität zu sichern. Nachfolger als Regierungschef wurde sein langjähriger Stellvertreter, der rund 20 Jahre jüngere Goh Chok Tong, dem dereinst vermutlich Lee's Sohn, der Brigadegeneral und Minister für Handel und Industrie Lee Hsien Loong, nachrücken wird. Im Hintergrund aber hät wohl das nunmehr einfache Kabinettsmitglied Lee Kuan Yew die Zügel in der Hand.

Seit 1963 herrscht in Singapur unumschränkt die People's Action Party (PAP), die Lee mitbegründet hat und dessen Generalsekretär er ist – man identifizierte sie und den Regierungschef mit dem innerhalb von zwei Jahrzehnten rapide gewachsenen Wohlstand. Begünstigt durch das Mehrheitswahlrecht, bescherte ihr die letzte Wahl im September 1988 wieder

80 der 81 Sitze im Einkammerparlament. Daß die oppositionelle Worker's Party nur einen einzigen Abgeordneten entsendet, sagt jedoch nichts über die Stimmenverteilung im Land aus. In drei aufeinanderfolgenden Wahlen sank nämlich der Stimmenanteil der PAP von 75 (1981) auf 61 (1988) Prozent. Lee aber wünschte möglichst hundertprozentige Zustimmung. Vor Wahlen zeigte sich besonders deutlich, wie durch ein ausgeklügeltes System tatsächliche oder vermeintliche Gesinnungsabweichler auf die Regierungslinie eingeschworen wurden. Von einem Zweiparteienparlament hielt Lee nichts. »Dazu fehlt uns die historische Tradition als Erfahrungswert«, sagte er. In der Workers' Party, der einzigen als Opposition ernstzunehmenden Partei, sah der Premierminister weit und breit keine politischen Talente. Reines Streben nach Macht und Maychterhalt hätte man bei Lee vermuten können. Doch das wäre zu einfach. Politische Klugheit träfe eher zu. Niemand wußte besser als Lee, wie empfindlich die Basis ist, auf der Singapur gedeiht, wie sich die kleinste Instabilität auf die Finanzwirtschaft auswirkt, von deren Florieren Singapur abhängig ist wie kaum ein anderer Staat. Ausländische Investoren könnten sich zurückziehen. Die eben erst geschaffene moderne Industrieproduktion – die Herstellung von elektronischen Geräten und Ölbohrinseln –, die diese Abhängigkeit mindern soll, könnte Schaden nehmen.

Die Lees sind Hakka. Dieser Volksstamm war einst im Norden Chinas ansässig. Den Tataren und Mongolen ausweichend, zogen die Hakka südwärts und ließen sich in der Provinz Guangdong nieder. Lee Kuan Yew wurde am 16. September 1923 geboren, vielleicht in Singapur, 92 Kampong Java Road, wie offiziell angegeben wird, vielleicht aber auch in Kudus auf Java, wie die wenigen Eingeweihten wissen wollen. Lee's Vater war dort eine Zeitlang für eine ausländische Erdölfirma tätig. Nach Singapur ausgewandert war der Urgroßvater schon um 1820. Der Großvater genoß bereits eine englische Erziehung und pflanzte die Bewunderung für englischen Fortschritt und englische Lebensart in die Familie ein. Mit Lee's Mutter zog die malaiische Kultur ein. Als Harry Lee wuchs der Junge auf – bei anglophilen Chinesen war es Sitte, den Kindern auch einen englischen Namen zu geben. Er legte ihn erst ab, als er Politiker wurde. Lee besuchte die Raffles Institution, die berühmteste Schule der Stadt.

Beim Jurastudium in England war Lee klar geworden, daß die Zukunft für ihn Politik bedeutete. Die Befreiung Singapurs von der Kolonialherrschaft war sein Ziel, nur zu erreichen in Zusammenarbeit mit den Kommunisten, die auf internationale Unterstützung hoffen konnten. Für 1955 kündigten die Briten die ersten Wahlen an. Vier Jahre später wurde Lee zum Premierminister gewählt. Mehrere sozialistische Studentenführer, die ihm zu Beginn seiner politischen Laufbahn zu Publizität verholfen hatten – er verteidigte sie und ihr Journal als Rechtsanwalt in einem aufsehenerregenden Prozeß und plädierte leidenschaftlich für die Freiheit der Rede und des Individuums –, steckte er nun ins Gefängnis, andere verbannte er aus Singapur. Vor der Wahl 1963 machte er die extrem linke Partei Barisan Sosialis, die in Scharen Mitglieder der PAP abgeworben hatten, durch Einkerkerung von mehr als hundert führenden Leuten unschädlich.

Es war oftmals Lee's Taktik, zu provozieren und aus den entstehenden Spannungen seinen Nutzen zu ziehen, so auch 1965, als er Malaysias Premier Tunku Abdul Rahman geradezu zwang, Singapur aus der zwei Jahre zuvor gegründeten Federation of Malaysia auszuschließen. Nach diesem Bruch stand Großbritannien vor der Frage, einzugreifen oder Singapur die Souveränität zu verleihen. Es entschloß sich für das letztere.

Ein Inselstaat ohne Hinterland – es gab kaum jemanden, der ihm nicht den sicheren Untergang prophezeite. Doch Lee Kuan Yew machte die ganze Welt zu seinem Hinterland, holte multinationale Konzerne in den Stadtstaat und schuf ein von aller Welt bestauntes Wirtschaftswunder. In der PAP gibt es seit 1965 keine Kommunisten mehr, die Barisan-Partei ist zu Bedeutungslosigkeit herabgesunken. Die Bewohner erzog er zu Ruhe, Ordnung und effizientem Arbeiten. Als er erkannte, daß man von materiellem Wohlstand allein auf die Dauer nicht leben kann, deckte er die Wurzeln der Tradition auf: die Lehren des Konfuzius, die auch seiner Staatsführung entgegenkamen. Und getreu dem konfuzianischen Grundsatz, daß ein Staatsmann ein wahrer Staatsmann zu sein habe, verlangte er von sich selbst das Äußerste an Disziplin.

Seine hohe Intelligenz, die Schärfe der Gedanken, die Brillanz seiner Rede, die stets ohne Umschweife zum Wesentlichen kam und nicht selten aggressiv wirkte, verschafften ihm Respekt. Daß er nicht geliebt wurde, kümmerte ihn wenig. T. J. S. George, ehemals politischer Redakteur der Zeitschrift Far Eastern Ecconomic Review, rühmender Biograph von Lee, aber ein scharfer Kritiker seiner so wenig dem asiatischen Raum zugewandten Politik, erklärt: »Es ist eine Tragödie, daß ein Mann von solch außerordentlichen Fähigkeiten auch solch außerordentliche Fehler haben muß.«

Nördlich des Singapore River

Das alte europäische Stadtviertel

Das koloniale Herz der Stadt mit den prächtigen Regierungs- und Verwaltungsbauten, dem Padang mit den Grünanlagen (»dem besten englischen Grün östlich von Suez«, T. J. S. George) ist noch unversehrt erhalten geblieben, wie es sich von etwa 1860 an entwickelte. Die seit 1965 unabhängige Republik Singapur hatte keine Identifikationsprobleme, betrachtete sogleich die Kolonialzeit als einen wesentlichen Teil ihrer Geschichte und knüpfte ohne Bruch an sie an.

Ob Sir Stamford Raffles tatsächlich dort an Land ging, wo heute eine Kopie seiner Statue steht (Original von 1887 jetzt vor der Memorial Hall), ist fraglich, Historiker meinen, es gebe gute Gründe anzunehmen, daß es in der Nähe des heutigen Rochor-Kanals gewesen sei. »Die Republik verehrt Raffles, dessen Voraussicht und Genius Singapur Existenz und Reichtum verdankt«, so lautet die Widmung unter der Statue.

Das jetzige **Victoria Theatre**, 1855–1862 erbaut, war das erste Rathaus der Stadt. Zusammen mit der Victoria Memorial Hall, die 1905 eingeweiht wurde, halten beide Gebäude die Erinnerung an die englische Königin Victoria (gest. 1901) wach. Die Anlagen verbindet ein vierkantiger Uhrturm, dessen geripptes Kuppeldach von einem Volutenkranz emporgehoben wird – ein reizvolles Ensemble, das sich aus eigenwilligen neoklassizistischen und ziervollen Neorenaissanceformen zusammensetzt.

Dem neuen **Rathaus** (City Hall) von 1929 mit seiner langen, dem griechisch-römischen Klassizismus nachempfundenen Kolonnadenfront und zwei Eckrisaliten hatte sich der zehn Jahre später erbaute **Supreme Court** (Oberster Gerichtshof) anzupassen: Einem einfachen mehrstöckigen Gebäude wurden ein hoher Säulenportikus mit reliefgeschmücktem Giebelfeld und – ihm zur Seite – Kolonnadenfronten vorgeblendet. Von Würde, Macht und Anspruch des britischen Empire kündet noch mehr die hohe Kuppel in neobarocken Formen über der Mitte.

In dem gleichermaßen anmuts- und würdevollen **Parlamentsgebäude** steckt noch ein Bauwerk von George D. Coleman (1827), dem feinsinnigen Architekten aus Singapurs Frühzeit; dahinter das Gebäude der Staatsanwaltschaft. Im 1864 errichteten klassizistischen *Empress Building* am Singapore River (früher Immigration Department) finden heute u. a. bedeutende Kunstausstellungen statt. Erhalten blieb auch der koloniale Charme des ehrwürdigen Singapore Cricket Club, dessen Terrassen sich dem Padang zuwenden und das in dem gegenüberliegenden Singapore Recreation Club der Chinesen ein Pendant findet.

Singapurs Nationalmonumente

Thong Chai Medical Institution Building	(Wayang Street)
Telok Ayer Market	(Raffles Quay)
St. Andrew's Cathedral	(St. Andrew's Road)
Thian Hock Keng	(Telok Ayer Street)
Armenian Church	(Armenian Street/Hill Street)
Cathedral of the Good Shepherd	(Queen Street)
Hajjah Fatimah Mosque	(Beach Road)
Sri Mariamman Temple	(South Bridge Road)
Nagore Durgha	(Telok Ayer Street)
Al-Abrar Mosque	(Telok Ayer Street)
House of Tan Yeok Nee	(Clemenceau Avenue)
Tan Si Chong Su	(Magazine Road)
Jamae Mosque	(South Bridge Road)
Sultan Mosque	(North Bridge Road)
Hong San See	(Mohamed Sultan Road)
St. George's Church	(Minden Road)
Sri Perumal Temple	(Serangoon Road)
Abdul Gaffor Mosque	(Dunlop Street)
Siong Lim Temple	(Jalan Toa Payoh)
Hotel Raffles	(Beach Road)
Telok Ayer Methodist Church	(Telok Ayer Street)

Die **St. Andrew's Cathedral** (Coleman Street) steht inmitten eines Parks – die Hochhäuser halten respektvoll Abstand – und zählt zu den schönsten und stattlichsten Kirchen im ehemaligen östlichen Kolonialreich Großbritanniens. Den Platz hatte bereits Sir Stamford Raffles 1823 für den Bau einer anglikanischen Kirche bestimmt. Der damalige palmstrohgedeckte Holzbau wurde zwischen 1834 und 1836 durch eine Steinkirche ersetzt, ein einfaches Gebäude mit einem Portikus aus dorischen Säulen an jeder Seite. Der Architekt war George D. Coleman, Stadtplaner und erster Superintendent der Regierung für öffentliche Bauten (vgl. Armenian Church). Durch Blitzeinschläge wurde das klassizistische Gotteshaus mehrmals schwer beschädigt und schließlich geschlossen. Der jetzige Bau entstand zwischen 1856 und 1863, Architekt war Ronald McPherson, Captain der Madras Army, kein gelernter Baumeister. Er übernahm die zu der Zeit in England modischen Stilformen des Gothic Revival, und zwar die der strengeren frühen Gotik mit den nur mäßig zugespitzten und niedrigen Bögen.

Die Anlage der Basilika ist kreuzförmig, die Enden des Seitenschiffs sind zu Vorhallen ausgebaut. Den Giebel flankieren hohe Türmchen. Sie korrespondieren mit denen auf den Eckpfeilern des schweren viereckigen Turms an der Westseite und auf der Balustrade, die den Ansatz des spitzen Turmhelms umgibt; überhaupt entfaltet sich am Turm die größte Schmuckfreude: Archivolten an den drei Spitzbogenportalen des als Vorhalle ausgebildeten ersten Geschosses, Zierfenster mit sehr eigenwilligem Maßwerk, ornamentale Simse und Blendbögen. Das Mittelschiff ist breit und hoch. Die Höhe wird optisch noch betont durch den bis ins offene Holzgebälk reichenden Triumphbogen mit den ohne Absatz bis zum Kämpferpunkt hochgeführten Diensten und durch die schlanken hohen Fenster der Apsis. Die bunten Glasfenster wurden zum Gedenken an Sir Stamford Raffles von John Crawfurd und Major-General Butterworth, zwei ehemaligen Gouverneuren, gestiftet. C. J. Blomfield malte die Altartafeln, die in der Mitte die Anbetung des Kindes zeigen. Sie sind eine Gedächtnisgabe des Bischofs von Singapur, Labuan und Sarawak für seine verstorbene Frau. (Dieser erste Bischof von Singapur wurde 1909 in sein Amt eingesetzt. Bis 1859 war die Kolonie eine Diözese von Calcutta, dann von Labuan und Sarawak.) Auch die Kanzel, angefertigt 1889 in Ceylon, das Lesepult (1900), Altargitter und Chorgestühl (1900) sind Stiftungen und Gedächtnisgaben. Epitaphe und Tafeln an den Wänden tragen klangvolle Namen der Kolonialzeit. Die Wände und Pfeiler sind mit einer ›Madras Chunam‹ genannten Masse belegt, einer Mischung aus Muschelschalenmehl, Eiweiß und Zucker. Die Paste wird ungewöhnlich hart und nach dem Polieren glatt und glänzend.

Armenian Church of St. Gregory the Illuminator (Hill Street/Armenian Street). Diese Bischof Gregorius dem Erleuchter (um 300) geweihte Kirche auf einer von alten Bäumen beschatteten Wiese ist ein architektonisches Kleinod, zugleich das älteste und fast noch in seiner ursprünglichen Form erhaltene christliche Gotteshaus der Stadt. Der englische Architekt George D. Coleman erbaute die Kapelle 1835 für armenische Christen, die wegen der Verfolgungen durch die muslimischen Türken aus ihrem Heimatland geflohen waren. Zeitweise hatte die Gemeinde um die 5000 Mitglieder, die sich jedoch schnell assimilierten. Heute mag es noch etwa 50–60 rein armenische Familien geben.

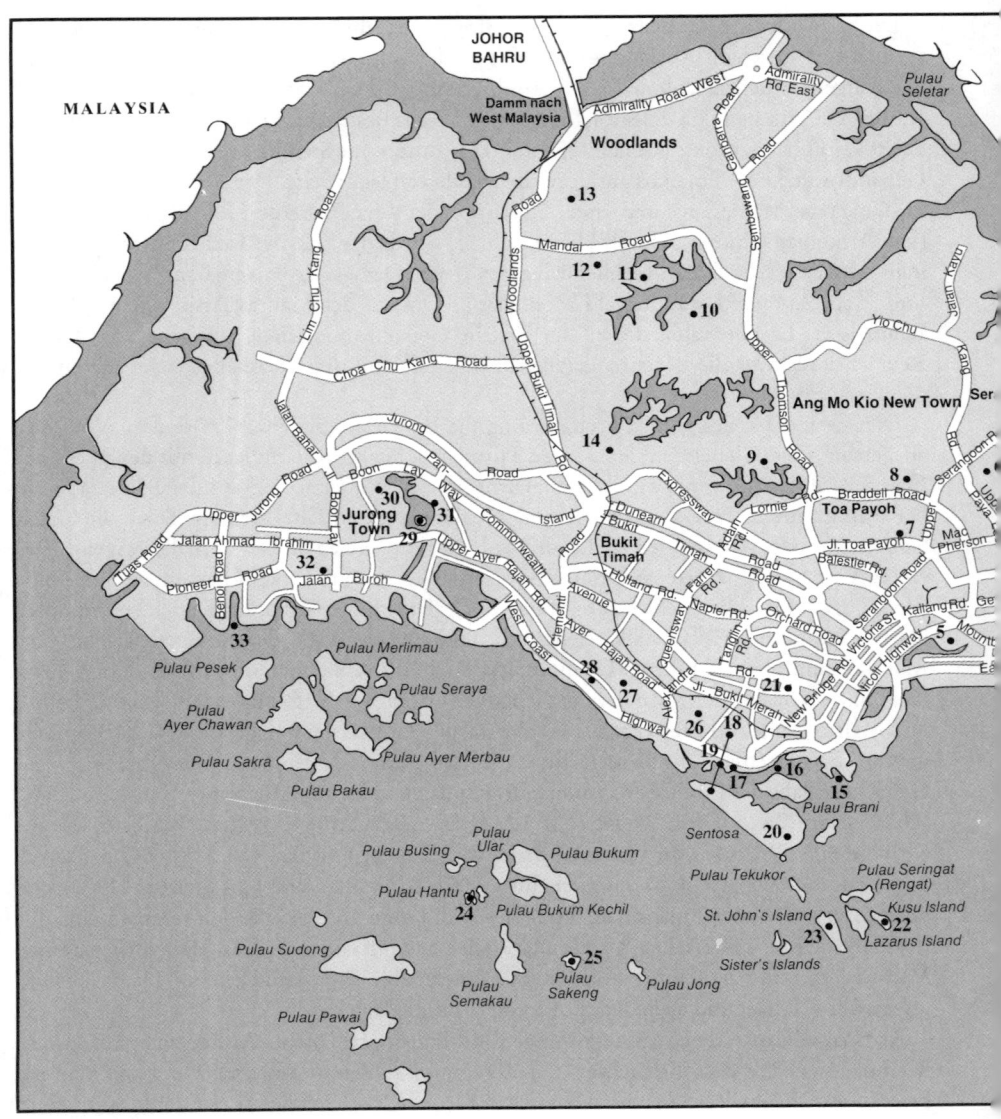

JOHOR BAHRU

MALAYSIA

Damm nach West Malaysia

Admirality Rd. East

Pulau Seletar

Admirality Road West

Woodlands

•13

Mandai Road

12• 11•

•10

Choa Chu Kang Road

Upper Bukit Limah Rd

Ang Mo Kio New Town

Ser

Jurong

Road

Bukit

14•

9•

8•

Jurong Town

30•

31

Braddell Road

Toa Payoh

29

Upper Jurong Road

Upper Ayer Rajah Rd.

Dunearn

Jl. Toa Payoh

7•

Jalan Ahmad Ibrahim

Island

Lornie

Mac Pherson

Jalan Buroh

32•

Bukit Timah

Batestier Rd.

Pioneer Road

Holland Rd.

Napier Rd.

Orchard Road

5•

33

Pulau Merlimau

Clementi

West Coast

Ayer Rajah Road

Queensway

New Bridge Rd

Kallang Rd

Mount

Pulau Pesek

Pulau Seraya

28•

27•

Highway

18

21•

Pulau Ayer Chawan

26•

Pulau Ayer Merbau

19•

16•

Pulau Sakra

17•

15•

Pulau Bakau

Pulau Brani

Sentosa

20•

Pulau Busing

Pulau Ular

Pulau Bukum

Pulau Tekukor

Pulau Seringat (Rengat)

Kusu Island

Pulau Hantu

24•

Pulau Bukum Kechil

St. John's Island

23•

22•

Lazarus Island

Pulau Sudong

25•

Sister's Islands

Pulau Semakau

Pulau Sakeng

Pulau Jong

Pulau Pawai

162

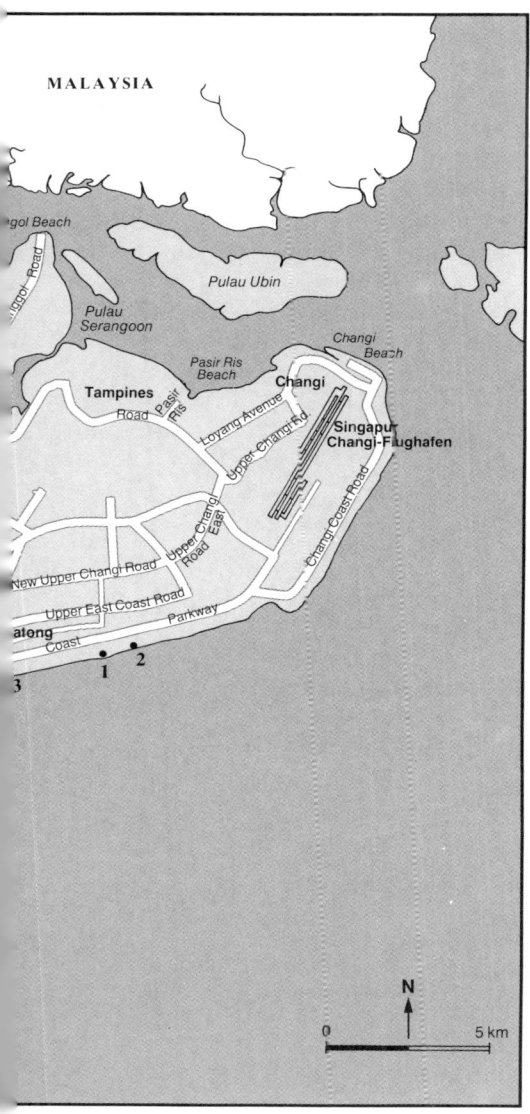

Singapur (Insel) 1 East Coast Lagoon (Badestrand) 2 East Coast Sailing Centre 3 Big Splash (Wellenbad) 4 Singapore Crocodilarium 5 National Stadium 6 Krokodilfarm 7 Chinesischer Tempel Siong Lim See 8 Kong Meng San Phor Kark See (Komplex buddhistischer Tempel) 9 MacRitchie-Reservoir und Park 10 Seletar-Reservoir und Park 11 Singapore Zoological Gardens 12 Mandai-Orchideengarten 13 Kranji War Memorial (Ehrenmal für die 24 000 Opfer des Zweiten Weltkriegs im Kampf gegen die Japaner) 14 Bukit Timah Nature Reserve (nahezu unberührter tropischer Regenwald) 15 Container-Hafen 16 Keppel Harbour (Hafen, Werften, Docks) 17 World Trade Center 18 Mount Faber und Bahnhof der Kabinenseilbahn zur Insel Sentosa 19 Jardine Steps (Zwischenstation der Seilbahn) 20 Insel Sentosa mit großer Badelagune 21 Bird Singing Concert (Vogelkonzert; jeden Sonntag ab 8 Uhr) 22 Insel Kusu: Chinesischer Tempel Tua Pek Kong und muslimisches Heiligtum (Keramat) 23 Insel St. John (Badestrände) 24 Pulau Hantu (vorgelagerte Korallenriffe) 25 Pulau Sakeng (malaiisches Fischerdorf auf Pfählen, zum Teil im Meer) 26 Tempel der 1000 Buddhas 27 Har Par Villa (Tiger Balm Garden) 28 »Instant Asia«, Kultur-Show 29 Japanischer Garten 30 Chinesischer Garten 31 Singapore Science Centre (technisches und biologisches Museum) 32 Jurong Bird Show (großer Vogelpark) 33 Jurong-Fischerhafen

Singapur 1 Sir Stamford Raffles Landing Site 2 Empress Place 3 Victoria Theatre und Memorial Hall 4 Parliament House 5 Supreme Court (Oberster Gerichtshof) 6 City Hall 7 Singapore Cricket Club 8 Padang 9 Elizabeth Walk 10 St. Andrew's Cathedral 11 Armenian Church 12 Stamford House 13 Covent of The Holy Infant Jesus School 14 Raffles Hotel 15 Raffles City (Westin Hotel); im Westin Building: Singapore Tourist Promotion Board (Fremdenverkehrszentrale) 16 Bethesda Church 17 Cathedral of the Good Shepherd 18 St. Joseph's Institution 19 Church of St. Peter and St. Paul 20 St. Joseph's Church 21 Central Sikh Temple 22 Guan Yin-Tempel 23 Krishna-Tempel 24 Nationalmuseum and Art Gallery 25 Presbyterian Church 26 National Library 27 Central Park (Fort Canning Park) 28 Keramat Iskandar Shah 29 Fort Canning (Ruinen) 30 National Theatre 31 Van Cleef Aquarium 32 House of Tan Yeok Nee (Salvation Army) 33 Sri Thandayuthapani (Chettiar's Hindu Tempel) 34 Chinesischer Tempel Hong San See 35 Cuppage Road (Häuser im Kolonialstil) 36 Peranakan Place und Emerald Hill Road (Baba-Kultur und Häuser im Kolonialstil) 37 Ehemalige Residenz der Familien Aw Boon Haw and Aw Boon Par 38 Häuser im Tudor-Stil (elegante Geschäfte) 39 Goodwood Hotel und Park 40 Residenz des Präsidenten 41 Sikh-Tempel 42 Sri Veerama Kali Amman (Hindu-Tempel 43 Burmesischer buddhistischer Tempel 44 Anguillia Mosque 45 Sri Srinivasa Perumal (Hindu-Tempel) 46 Sri Vadapathira Kali Amman (Hindu-Tempel) 47 Chinesischer Tempel Leong San See 48 Tempel Sakya Muni Buddha Gaya (Temple of 1000 Lights) 49 Istana Kampong Glam (ehem. Palast des malaiischen Sultans) 50 Sultan Mosque 51 Abdul Gaffor Mosque 52 Hajjah Fatimah Mosque 53 Anderson Bridge 54 Merlion Park 55 General Post Office 56 Clifford Pier 57 Change Alley 58 Chinesischer Tempel Wak Hai Cheng Bio 59 Telok Ayer Market 60 Chinesischer Tempel Tan Si Chong Su 61 Chinesischer Tempel Giok Hong Thian 62 Thong Chai Medical Institution 63 Jamae Mosque 64 Sri Maha Mariamman (Hindu-Tempel) 65 Chinesischer Tempel Fuk Tak Chi 66 Nagore Durgha Shrine (Moschee) 67 Chinesischer Tempel Thian Hock Keng 68 Al-Abrar Mosque 69 Bahnhof

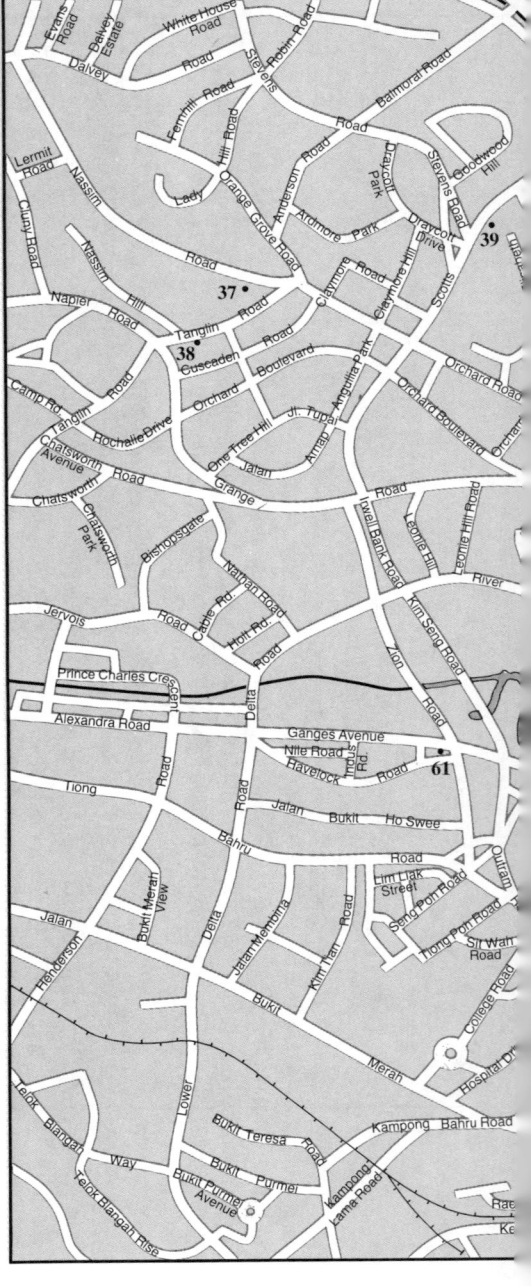

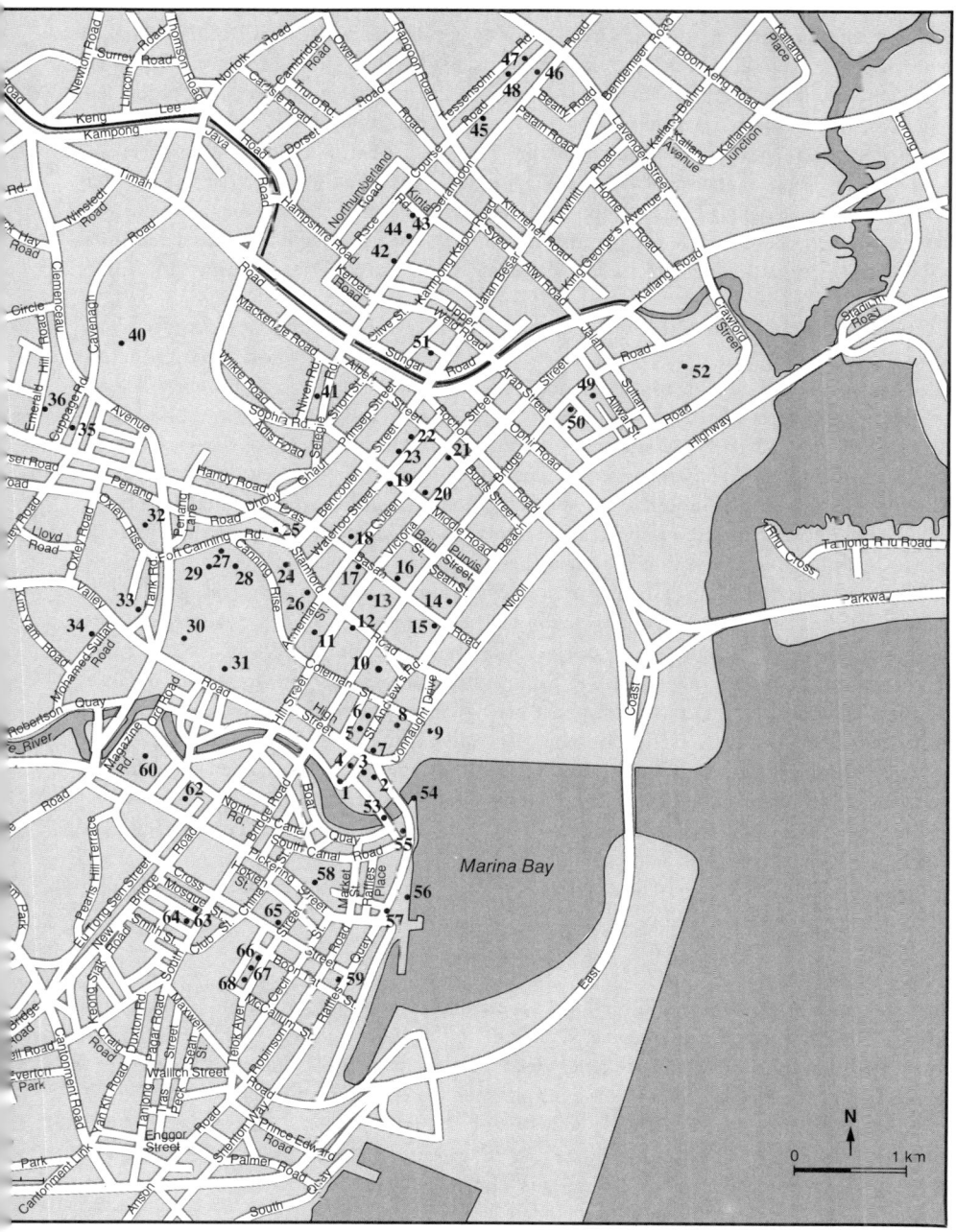

Der kleine Innenraum ist – ganz unvermutet bei diesem sonst von Rechtwinkligkeit beherrschten Bauwerk, aber der Tradition armenischer Kirchenbaukunst folgend – als überkuppelte Rotunde ausgebildet. Die Rundform findet ihre Fortsetzung in der polygonalen, dem Kreis angenäherten Form des unteren Turmabschnitts und seiner Halbsäulen und korrespondiert auch mit den Reihen dorischer Säulen der an allen Seiten weit vorspringenden Portiken. Diese Säulen sind wiederum eingepaßt in die geraden Linien der Viereckpfeiler und des dreieckigen Giebels. Kapitelle, Simse, Sockel und Giebel haben klassizistisch strenge Formen, ziervoll wirken eigentlich nur die Balustrade an den Dachkanten der Portiken und des Kernbaus, die Kapitelle der Pilaster am Turm und die Dreieckformen am Ansatz des Helms.

Cathedral of the Good Shepherd (Queen Street/Bras Basah Road). Der kleine Vorgängerbau stand schräg gegenüber (jetzt St. Joseph's Institution) und war das erste römisch-katholische Gotteshaus Singapurs. Die jetzige Kirche wurde 1846 fertiggestellt (1888 um drei Joche verlängert), der Entwurf stammte von einem englischen Kaufmann und Unternehmer, der von 1828–1847 in Singapur lebte. Die Formen sind streng klassizistisch. Je ein Vierkantpfeiler plus Säule außen und Doppelsäulen in der Mitte tragen den Portikus des Haupteingangs. Der Dachunterbau ist schlicht und nur triglyphenartig gefeldert. Am Dachgiebel sind die Kanten durch kräftige Rippen betont, ein kleines Rundfenster markiert die Mitte. Auch den Nebeneingängen an beiden Enden des Querschiffs ist jeweils ein kleiner Portikus vorangestellt. Lange, mäßig breite Fenster, oben rundbogig endend, gliedern die Wände. Ziervoller ist der Turm, der sich in vier Abschnitten, zunächst quadratisch, dann oktogonal über dem Langhausende erhebt. Aber auch hier sind die Formen klassizistisch geometrisch. Im Innern trennen hohe Säulen die Seitenschiffe von der Halle. Kräftige Gesimse leiten zu der an den Seiten leicht geneigten und in große Kassetten unterteilten Holzdecke über. Die Apsis ist durch eine Nische mit einem großen Kruzifix ersetzt.

Weitere eindrucksvolle und traditionsreiche Kolonialbauten in diesem alten europäischen Stadtviertel: Convent of the Holy Infant Jesus School (Victoria Street) und St. Joseph's Institution (1852; sehr schön renoviert; Bras Basah Road), Stamford House (Stamford Road) und Feuerwache (Hill Street).

Kleinere Kirchen: Church of St. Peter and St. Paul (Waterloo Street), St. Joseph's Church (1913; Queen Street) und die bescheidene Bethesda Church (Bras Basah Road).

Das ›Raffles‹

Das berühmte Kolonialhotel gilt in Singapur, das sich ja nicht ungern an seine Kolonialzeit erinnert, und Besuchern aus Übersee, vornehmlich Europäern, als Inbegriff der Nostalgie, und sorgsam kolportiert wird auch jener vielzitierte Ausspruch von Somerset Maugham, es sei der Inbegriff aller Legenden über den exotischen Osten. Rein äußerlich ist viel geblieben vom Charme der Zeit um die Wende vom 19. zum 20. Jahrhundert. Atmosphärisches wird konserviert in dem Marmorspeisesaal, damals der größte der Welt, mit der Long Bar, an der 1915 der Singapore Sling, ein Cocktail aus Gin, Cherry und manchen anderen Zutaten ›erfunden‹ wurde, dem hohen anmutsvollen Tiffin Room, dem früheren Speisesaal, mit

William Somerset Maugham

Der Engländer Somerset Maugham wurde 1874 in Paris geboren, verlor früh seine Eltern und wuchs bei einem reichen Onkel auf. Im Alter von zehn Jahren kam er zum erstenmal nach England. Über seine kalte und lieblose Jugend berichtet er, dichterisch verkleidet, in seinem umfangreichsten Werk ›Of Human Bondage‹ (1915; deutsch: ›Der Menschen Hörigkeit‹, 1939; verfilmt u. a. 1963 mit Laurence Harvey und Kim Novak).

Maugham war ein ständig Reisender – von Land zu Land, von Hafen zu Hafen vor allem im südasiatischen und pazifischen Raum. Nirgendwo blieb er lange. Man hätte ihn einen Weltbürger nennen können, wenn dazu nicht auch das Begreifen der fremden Welten gehört hätte. Maugham blieb stets in seiner Welt, und das war auch die der englischen Kolonialgesellschaft. Kultur und Brauchtum der einheimischen Bevölkerung, Wesensart und Leben dieser Menschen, der Inder, Malaien oder Chinesen, haben ihn nie interessiert. Um das Erlernen ihrer Sprache hat er sich nie bemüht. Eine malaiische Frau oder ein chinesischer Boy, wenn sie denn in seinen Novellen und Kurzgeschichten auftreten, bleiben Randfiguren, gehören, wie auch die Örtlichkeit, zum dekorativen Rahmen und geben der Story einen Hauch von Exotik. Verwunderlich ist das nicht, nahm man doch zu seiner Zeit in Großbritannien selbst so bedeutende Staatsmänner wie Sukarno, Tunku Abdul Rahman und Lee Kuan Yew kaum zur Kenntnis und betrachtete malaiische Sultane nur als orientalisch farbenprächtiges Dekor. (Dazu aber sei vermerkt, daß es unter den Engländern auch manche Ausnahmen gab, Stamford Raffles gehört dazu.)

Zu einem Weltbürger gehört auch das Sich-Selbst-in-Szene-Setzen. Dies war Maugham verwehrt – er stotterte. Wie es heißt, schickte er abends im ›Raffles‹ seinen Reisegefährten an die Bar, und der mußte ihm die erlauschten Geschichten zutragen. In seinen literarischen Arbeiten blieb Maugham dann häufig so nah an der Wirklichkeit und an der Wahrheit, daß die lebenden Personen sich wiedererkannten und öffentlich bloßgestellt fühlten. Er erntete nicht nur viel Ruhm, sondern schuf sich auch viele Feinde, und manche englische Familie trägt ihm seinen sezierenden Blick, seine rückhaltlose Offenheit und sein Bemühen um Klarheit heute noch nach. Gerichtlich belangt worden ist er jedoch niemals.

Die für ihn gefahrvollste Story war wohl ›The Letter‹ (›Der Brief‹), erschienen 1924, in der er einen Kriminalfall der englischen Gesellschaft in Kuala Lumpur aufgriff, den diese gern mit dem Mantel des Schweigens umhüllt hätte, so wie auch das Gericht um eine Vertuschung bemüht war. 1911 hatte Ethel Proudlock, Frau des Direktors der Victoria Institution, der führenden Schule in der Stadt, wohl aus einer Mischung von Liebe, Haß, Eifersucht und Rache einen jungen Engländer mit sechs Revolverschüssen getötet; vier davon hatte sie auf den bereits Fliehenden abgefeuert. Das Gericht glaubte ihre Theorie von der Selbstverteidigung nicht und befand sie des Mordes für schuldig; dies gegen den Protest der englischen Gesellschaft, die ungern zugeben wollte, daß eine ›anrüchige‹ Beziehung (ob sie die Geliebte des Ermordeten gewesen war, wurde nie geklärt) zwischen Angehörigen ihrer Kreise mit Mord geendet hatte. Ethel Proudlock wurde nicht verurteilt, sondern nur zurück nach England geschickt. Massive Bestechung der malaiischen, von Engländern dirigierten Richter war dabei im Spiel gewesen.

Maugham veränderte in seiner Story zwar verschiedene Äußerlichkeiten und schmückte sie mit dramatischen Effekten aus, beleuchtet aber scharf den moralischen Zustand der Kolonialgesellschaft und legt die psychische Situation der Mörderin offen. (William Wyler verfilmte den Stoff mit Bette Davis in der Hauptrolle und hielt sich dabei eng an die literarische Vorlage.)

Sowohl die Thematik, die sozialkritische Untersuchung bürgerlichen Lebens, als auch die Sprache, die nicht poetisch verkleidet, sondern zwischen Humor und Satire schwankend, unverblümt und treffsicher konstatiert, waren der breiten Leserschaft höchst ungewohnt. Für seine Novellen und Kurzgeschichten nahm Maugham Maupassant als Vorbild, dessen literarische Qualität hat er aber nie erreicht. Doch wie dieser enthält sich der Schriftsteller Maugham jeglicher Stellungnahme, läßt höchstens zuweilen Mitgefühl und starke Anteilnahme am Schicksal der Schwachen, Gestrauchelten erkennen. In Singapur, während er im Raffles wohnte, entstand unter anderem ›The Moon and the Sixpence‹ (1919; deutsch: ›Silbermond und Kupfermünze‹, 1950), die Geschichte eines Zivilisationsmüden, der eine erfolgsgekrönte bürgerliche Existenz aufgibt und Erfüllung im Leben als armer einsamer Maler in Paris und Tahiti findet – das Leben von Paul Gauguin bildete die Vorlage zu dieser Novelle.

Maugham starb 1965 in Cap Ferrat bei Nizza.

Joseph Conrad

Conrad schrieb seine Romane, Erzählungen, zwei autobiographische Bücher und die zahlreichen Essays in englischer Sprache, obwohl er polnischer Abstammung war und eigentlich Józef Feodor Konrad Nałęcz Korzeniowski hieß. Sein Vater besaß ein Landgut in Berdyczew/ Ukraine. Mit 17 Jahren ging Józef als Matrose zur französischen Marine, wechselte 1886 als Offizier zur britischen Marine und befuhr als Kapitän eines Kauffahrteischiffes die Weltmeere, bis ihn 1894 ein tropisches Fieber zur Aufgabe seines Berufes zwang. Er lebte seitdem in England und widmete sich ausschließlich der Schriftstellerei. 1924 starb er in seinem Landhaus in Bishopsbourne bei Canterbury.

Conrad spürt dem Schicksal der Gescheiterten und Gestrauchelten nach, denjenigen, die sich, einmal begonnen, immer tiefer in Schuld verstricken und denen sich die fremde Umwelt, Natur und Menschen, feindlich gegenüberstellt. Doch so sehr seine Charaktere plastisch und

deutlich werden, es bleibt ihnen ein Rest an Unerklärbarem, Geheimnisvollem. Die exotische Landschaft, der tropische Regenwald, in dem der Mensch sich verliert und seine Ohnmacht spürt, und die rauhen Felsenklippen mancher Küsten sind nicht nur Kulisse, sondern werden in ihrer unmittelbaren Einwirkung auf das Leben der Menschen gezeichnet. Landschaft, Städte, Siedlungen, die psychische Situation der verschiedenen Akteure und die an ihnen sichtbaren sozialen Konflikte schildert Conrad atmosphärisch dicht und mit bezwingender dichterischer Kraft. Ein Thema taucht immer wieder auf: der Kampf des Menschen mit dem Meer.

Die Schauplätze von Conrads Romanen und Erzählungen reichen vom Roten Meer bis nach Australien mit dem Schwergewicht auf dem malaiischen Raum.

Hier einige seiner wichtigsten Werke, die alle auch in Deutsch erschienen sind: Almayers' Folly (1895; Almayers Wahn), An Outcast of the Islands (1896; Der Verdammte der Inseln, verfilmt mit Trevor Howard in der Hauptrolle), The Nigger of the ›Nartissus‹ (1897; Der Neger von der ›Narzissus‹), Lord Jim (1900; Lord Jim), Typhoon (1903; Taifun), Victory (1915; Sieg), The Shadow Line (1915; Die Schattenlinie), The Rescue (1920; Die Rettung), Heart of Darkness (1911; Herz der Finsternis, das die Vorlage für den Vietnam-Film ›Apocalypse Now‹ von Francis Ford Coppola bildete).

Rudyard Kipling

Kipling wurde 1865 in Bombay geboren und war als Reporter und Journalist in Indien tätig. Für sein dichterisches und erzählerisches Werk mit den glänzenden Schilderungen des indischen Lebens erhielt er 1907 den Nobelpreis. Er starb 1936 in Südengland.

Kipling vertritt rigoros die Ansicht von der Überlegenheit des weißen Mannes über andere Rassen, befürwortet ohne Einschränkungen den britischen Imperialismus und seine Methoden: »Ein Dichter muß geboren werden, der den Engländern **den** Gesang von ihrem eigenen, eigenen Land geben wird, was besagen will, von ungefähr der Hälfte der Welt. Bleibt dann nur noch, den größten der Gesänge zu verfassen – die Saga von den Angelsachsen um die ganze Erde...« (aus: ›From Sea to Sea‹, 2 Bände, 1900).

Auf einer Weltreise 1889 lernte er unter anderem Burma, Malaya, Singapur und Hongkong kennen, doch der Schauplatz fast aller seiner Werke ist Indien. ›Das Dschungelbuch‹ (2 Bände, 1894/95) und ›Kim‹ (1901) zählen auch heute noch in Europa zu den beliebtesten Jugendbüchern. Weitere Werke: Plain Tales from the Hills (1882; Einfache Erzählungen aus den Bergen), Soldiers Three (1888), Tiergeschichten und zahlreiche Gedichte, darunter das berüchtigte ›The White Man's Burden‹ (1899), in dem er die Eroberung und Unterwerfung überseeischer Gebiete zur höchsten sittlichen Pflicht des weißen Mannes erhebt.

Rattanmöbeln, umlaufenden Galerien und Musikerpodium, wo altersschwache Ventilatoren den Gästen Luft zufächelten, weiterhin im Billiard Room, wo 1902 ein Tiger die Spieler in Angst und Schrecken versetzte (der aber nur ein zahmes, dem Zirkus entlaufenes Tier war), an der Writer's Bar, wo sich Noel Coward, Somerset Maugham und mancher andere Schriftsteller Anregungen für ihre Werke holten – insbesondere für die genüßlich ausgebreiteten Skandälchen der Upper Class –, in der Cats Alley, wo sich die Frauen zu Kartenspiel, Kaffee, Likör und zum Austausch von Neuigkeiten zusammenfanden, und vor allem in dem zaubervollen Palm Court, dem größten der palmenbestandenen, blumenumkränzten Binnengärten. Wohlgemerkt, nur Weiße, nach strenger Vorschrift gekleidet, waren früher hier anzutreffen. Asiaten blieb der Zutritt verwehrt, und selbst Leutnants und Korporale der britischen Kolonialarmee durften sich hier nicht sehen lassen. Das änderte sich, als Malcolm Macdonald, 1948–1955 britischer General-Kommissar für Malaya und Singapur, Anfang der fünfziger Jahre ihnen Zutritt gewährte. Nach zweijähriger Renovierungszeit erstrahlen die prächtigen weißen Fassaden in französischer Neorenaissance nun wieder in altem Glanz. Die Rezeption, von der japanischen Besatzungsmacht 1942 in einem kurzen Flügel eingerichtet, wurde in die Mitte des Hauptbaus zurückverlegt – das Hotel besitzt nun wieder ein herrschaftliches Entrée. Das Innere wurde dem Luxusbedürfnis der heutigen verwöhnten Gäste angepaßt, dabei hat man aber sorgsam darauf geachtet, daß kolonialer Charme und exotische Gemütlichkeit erhalten bleiben. Heute ist das Raffles eine der nobelsten Herbergen Singapurs mit Preisen, die bei 650 S$ pro Nacht beginnen und bei 6000 S$ für die Raffles oder die Sarkies Suite enden. Man kann auch in den Suiten wohnen, die einst berühmte Literaten beherbergten wie Noel Coward (Zimmer Nr. 10), Somerset Maugham (Suite Nr. 78), Noel Barber, Robert Elegant, Arthur Hailey, Hermann Hesse, James Michener. Auch eine Joseph-Conrad- und eine Rudyard-Kipling-Suite ist zu mieten, doch der erstere hat nie im ›Raffles‹ gewohnt, sondern im Sailor's Home – hier fand er die Umgebung, die er liebte, und die Abenteurertypen, die Vorbilder für seine Romanfiguren abgeben konnten. Kipling zog meistens das vornehmere, wenngleich weniger große Hotel de l'Europe (dort steht heute der Supreme Court) dem Raffles vor, wo er nur das Essen schätzte. Die einheimische und internationale Geschäftswelt sowie die Prominenten der Unterhaltungsbranche sind schon längst nicht mehr im Raffles anzutreffen, sie bevorzugen die modernen Nobelherbergen. Eine von ihnen ist der mit einer Metallhaut umkleidete Turm des Westin Stamford Hotels, mit 226 m der höchste Hotelbau der Welt (1984/85 erbaut; 73 Stockwerke mit 2000 Zimmern; Kosten 100 Millionen Dollar).

Der erste Flügel des alten Raffles entlang der Bras Basah Road entstand 1887 – die vier armenischen Brüder Sarkies hatten ihr kleines Frühstückscafé zum Hotel erweitert. Später kamen der Billardsaal und der Trakt an der Beach Road hinzu, die damals tatsächlich noch eine Küstenstraße war, heute aber mehr als zwei Meilen vom Meer entfernt liegt. Den Sarkies gehörten bereits zwei weitere renommierte Hotels der kolonialen Welt: das ›E & O‹ (Eastern & Orient) in Penang und das ›Strand‹ in Rangun.

Die Bras Basah Road erhielt ihren Namen 1835 (früher hieß sie Church Street, hier standen die Kapelle der London Mission Society und die alte römisch-katholische Kirche, letztere auf dem Gelände der heutigen St. Joseph's Institution). *B(e)ras Basah* ist malaiisch und bedeutet ›nasser Reis‹ – vermutlich legten die Anwohner an den Ufern des Sungai Brass Bassa, dem späteren Stamford Canal, ihren Reis zum Trocknen aus.

Das Nationalmuseum

Die Anfänge des Museums – als naturwissenschaftliche Sammlung und Bibliothek (Raffles Museum and Library) – gehen auf das Jahr 1849 zurück. Damals lagerten die Exponate und Bücher zunächst in der City Hall, dann in einem neuen Flügel der Raffles Institution. Um 1876 kam eine ethnologische Abteilung hinzu. Zehn Jahre später war das jetzige Gebäude an der Stamford Road fertiggestellt, zwei langgestreckte, zweistöckige, hintereinander gelagerte Trakte im repräsentativen Stil der viktorianischen Zeit mit Formelementen der Renaissance. Ein dreibogiger zweistöckiger Portikus führt in den quadratischen Mittelbau, dem eine Rotunde einbeschrieben ist. Sie wird von einer halbkugeligen silberglänzenden Kuppel gekrönt. 1960 in Nationalmuseum umbenannt, ist es heute auf Ethnologie vorwiegend des malaiischen bzw. südostasiatischen Raums, Geschichte, Kunst und Kunsthandwerk spezialisiert und nahm die Kunstsammlung der früheren Universität von Singapur sowie die berühmte Jadesammlung der ›Tigerbalsam-Könige‹ Aw Boon Haw und Aw Boon Par auf.

Die einzelnen Abteilungen

Erdgeschoß: Zur Geschichte Singapurs: Goldschmuck und Keramikscherben des 13./14. Jahrhunderts, ausgegraben am Fort Canning Hill (s. S. 151). Singapur-Stein, 1820 nahe der Mündung des Singapore River gefunden; die Inschrift, vermutlich in *Majapahit Kawi*, konnte bisher noch nicht entziffert werden. Dokumente über Verträge, darunter diejenigen, die Raffles und Crawfurd mit dem Temenggong (s. S. 154) abgeschlossen hatten und damit Englands Kolonialherrschaft auf der Insel begründeten. Porträts von Raffles und einigen englischen Gouverneuren. Glocken aus chinesischen und indischen Tempeln sowie die berühmte Revere Bell, die 1843 für die St. Andrew's Cathedral gestiftet wurde. 20 Dioramen schildern wichtige Stationen der Geschichte Singapurs von der Ankunft Raffles 1819 bis zur Unabhängigkeit sowie die Entwicklung des sozialen und ökonomischen Lebens.

Zur Kultur der Peranakans (Babas; s. S. 108): Möbel mit vergoldetem Schnitzwerk und Perlmuttintarsien, ein üppig ausgestattetes Hochzeitsgemach, mit Perlen- und Goldfädenstickerei verzierte Gewänder und Accessoires (19./20. Jh.), edelsteinbesetzter Haarschmuck und Nyonya-Ware, Porzellan zumeist mit Emaillefarbendekor.

Hinterer Trakt: Südostasien-Galerie: Holzschnitzereien, Waffen, Gegenstände aus Naturfasern, Musikinstrumente, Schattenspielfiguren und Marionetten verschiedener ethnischer Gruppen Südostasiens, darunter zahlreiche Gegenstände der Bewohner Sarawaks und Sabahs. Eines der interessantesten Objekte in dieser Abteilung ist die Bronzetrommel, die in der südchinesischen Provinz Guangxi gefunden wurde. Sie stammt aus dem 7./8. Jahrhundert und ist ein spätes Zeugnis der sogenannten Dongson-Kultur (s. S. 23). Die Reliefs sind vorzüglich erhalten. Die Mitte des Tympanons bildet das Sonnen- (oder Stern-) motiv mit zehn Strahlen, das in konzentrischen Kreisen von verschiedenen Ornamenten umgeben ist; in den breiteren Zonen stilisierte Zikaden, Vögel mit einem Fisch im Schnabel und ein nicht eindeutig zu definierendes Tier (seine Form hat Ähnlichkeit mit dem auf anderen Trommeln abgebildeten Kopfputz von Tänzern; dazwischen Reihen von geometrischen Mustern, Münzen mit einem quadratischen Loch in der Mitte, Blüten mit vier Blättern, ein regelmäßiges Mattenmuster. Am Rand aufgesetzt sind sechs plastische Frösche, Manifestationen von Naturkräften. Den Ackerbau treibenden Stämmen Süd-Chinas galten sie als Gottheiten für Regen und Fruchtbarkeit (als Wetterpropheten haben sie heute noch Geltung, nicht nur im Raum der früheren Dongson-Kultur). Der Froschkult (= Regenkult) war auch in Laos und im nördlichen Teil Vietnams verbreitet. Ungeklärt blieb bis heute jedoch, welche Bedeutung die Zahl der Froschplastiken hat, es gibt Trommeln mit vier, sechs und auch mit acht Fröschen. Daß die Zahl immer gerade ist, mag mit dem Wunsch nach Symmetrie zusammenhängen. Der Körper der Trommel trägt die gleiche Ornamentik, ergänzt noch durch das Spiralmuster, das den Chinesen seit altersher als Symbol für den Donner galt.

Obergeschoß: Singapur im 19. Jahrhundert: Objekte zu Kultur, Brauchtum und Lebensstil der frühen Siedler aus China, Indien und der Malakka-Halbinsel, u. a. maßstabsgetreue Modelle traditioneller Handelsschiffe, ein chinesisches Marionettentheater, kunsthandwerkliche Arbeiten, religiöse Gegenstände sowie solche, die beim Handel und zur Ausübung bestimmter Berufe gebraucht wurden. Zu sehen sind hier auch sehr feine Silberarbeiten, zumeist malaiischer Herkunft (Malakka-Halbinsel, Indonesien, Brunei), aber auch aus Thailand.

Keramik: Die Geschichte des Porzellans als Handelsware ist Thema dieser Abteilung. China, Japan, Thailand und Vietnam tauschten ihre Keramiken auf der Malakka-Halbinsel gegen Gewürze und Duftstoffe; von hier aus wurden die Waren weiter in den Vorderen Orient verschifft. Zu sehen sind Keramiken vorwiegend des 12.–17. Jahrhunderts, die vielfache Verwendung im täglichen Leben und zu rituellen Zwecken fanden.

Haw Par-Jadesammlung: 1979 erhielt das Nationalmuseum die berühmte Jadesammlung der Gebrüder Aw als Schenkung. Rund 380 Stücke sind ausgestellt, darunter viele von unschätzbarem Wert und in exquisiten Farben sowie einige Objekte aus Rosenquarz, Achat, Lapislazuli und Malachit. Sie stammen zumeist aus der späten Zeit der Qing-Dynastie (1644–1912) und dem frühen 20. Jahrhundert. Besonders schöne Arbeiten entstanden während der Regierungszeit des Qianlong-Kaisers (1735–1796), als man in größerem Umfang das wertvollere Jadeit verarbeitete (s. S.143). Die Themen sind traditionell: Drachen, Phönix, die Unsterblichen des Daoismus und andere mythologische Figuren, die buddhistische Gottheit Guan Yin, vollplastisch oder als Relief auf Gegenständen wie Vasen, Gefäße, Tischplatten und Teller (s. S. 143).

Aw Boon Haw, einer der beiden ›Tigerbalsam-Könige‹, begann in den 30er Jahren dieses Jahrhunderts, die Sammlung zusammenzutragen. Eine mentholhaltige ›Wundersalbe‹ hatte ihn in China zu einem reichen Mann gemacht, und so wurden ihm von Sammlern und Geschäftsleuten diese und andere wertvolle Kunstgegenstände zum Kauf angeboten.

Galerie der National University of Singapore: Vor einigen Jahren siedelte die Sammlung der Universität von Singapur ins Nationalmuseum über. Sie enthält Stein- und Bronzeskulpturen der Gottheiten des hinduistisch-buddhistischen Pantheons aus Indien und Südostasien, chinesische Tonwaren vom Neolithikum bis zur Zeit der Qing-Dynastie (1644), Töpfer- und Keramikartikel aus Vietnam, Kambodscha und Thailand vom 14. bis 16. Jahrhundert und traditionelle Textilien aus Indien und Südostasien.

Art Gallery (1976 eingerichtet): Zum Bestand gehören mehr als 200 Gemälde malaiischer und indischer Künstler und Künstlergruppen, vorwiegend des 20. Jahrhunderts. Wechselausstellungen sind den Werken zeitgenössischer Maler, Bildhauer, Graphiker und Industriedesigner gewidmet.

Young People's Gallery (1973 eröffnet): Hier hängen von Kindern geschaffene Bilder. Im Discovery Room werden Besucher zur Eigeninitiative aufgefordert, so z. B. chinesische Masken aufzusetzen, mit den Wayang Kulit-Figuren zu spielen oder in Kostüme aus vergangenen Zeiten zu schlüpfen.

In der Umgebung
Guan Yin-Tempel (Waterloo Street): Traditionsreicher Tempel, prächtiger Neubau; in der großen Halle schönes Schnitzwerk, vor allem am Altaraufbau. Hauptbildnis ist die mehrarmige allmächtige Göttin Guan Yin.

Hindu-Tempel, Krishna geweiht (Waterloo Street).

Central Sikh-Tempel (Queen Street).

Stadtansicht von Singapur (Darstellung von 1850)

Westlich des Central Park (Fort Canning Hill Park)

Tempel Sri Thandayuthapani, besser bekannt als **Chettiar's Temple** (Tank Road, Abb. 33); die Chettiar (Kaste der Geldverleiher) aus Südindien erbauten 1859 an dieser Stelle ihr erstes Heiligtum. Der jetzige Bau entstand 1983/84 und folgt in der Gesamtanlage wie auch in einzelnen Zügen südindischen Vorbildern. Die Anlage ist in etwa T-förmig: Dem breiten Vorraum schließt sich eine vierschiffige offene Pfeilerhalle an. Beeindruckend ist vor allem der 23 m hohe Gopuram. Der hohe rechteckige, durch Architekturelemente gegliederte und mit Chaitya-Bögen verzierte Sockel trägt einen pyramidalen Aufbau, dessen Flächen gänzlich durch blau- und grünpastellfarbene Miniaturtempel und Chaitya-Bögen aufgelöst sind. Dazwischen stehen einige Götterfiguren. Den Abschluß bildet ein Tonnendach, an den Stirnen und in der Mitte der Längsseiten große Chaitya-Bögen mit dem Kala-Kopf. Die Torumrahmung ist mit Reliefs anmutiger Apsaras, Lotosblüten und Blattranken geschmückt. Die Pfeiler im Innern sind in ihrem detaillierten Aufbau und der Dekoration, den Kapitellen aus herabhängenden Blüten, typisch für die südindische Tempelarchitektur.

Der Chettiar-Tempel ist ein shivaitischer Tempel, die Auswahl der Götterbilder fast ausschließlich auf Shiva und seine engere Familie beschränkt, die als heiliges Spiegelbild jeder irdischen Familie gilt. Geweiht ist der Tempel Sri Thandayuthapani (ein anderer Name für Subramaniyan oder Murugan), Shivas zweitem Sohn. Ihm gehört auch der größte

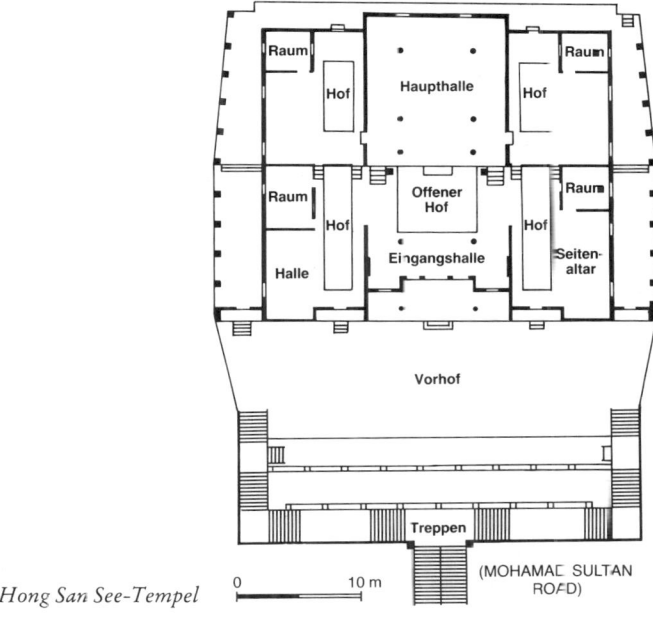

Hong San See-Tempel

Schrein; davor Statuen seines Bruders, des elefantenköpfigen Ganesha (auch Jtmbu Vinaya-gar genannt) und des Idumbar, eines Jüngers von Subramaniyan, der als Bewacher des Schreins fungiert. Auf den Pfeilern des Heiligtums ist Subramaniyan in sechs verschiedenen Formen dargestellt, wie er an sechs heiligen Stätten in der südindischen Provinz Tamil Nadu erscheint. In den beiden Nebenschreinen werden Shiva – in Form des Lingam – und seine Shakti Parvati als Sri Menakshi Amman, als fischäugige Muttergottheit, verehrt (Abb. 33). Ihrem Heiligtum gegenüber stehen auf einem hohen Podest Bildnisse der neun Planetengott-heiten, in der Mitte der Sonnengott Surya. Plastiken, Reliefs an den Wänden, in Nischen und auf Pfeilern sowie Bildnisse auf den mattierten Glasscheiben zeigen die vier Mitglieder der heiligen Familie, darunter den tanzenden Shiva in verschiedenen Formen. In der großen Halle neben dem Tempelheiligtum werden Heiraten vollzogen, finden religiöse Feiern und kulturelle Veranstaltungen statt. Das Thaipusam-Fest (Farbabb. 19–21, 23) wird hier beson-ders intensiv begangen (s. S. 372).

Ein traditionsreicher chinesischer Tempel ist der **Hong San.** Hokkien aus dem Lam Ann-Distrikt (Provinz Fujian) erbauten ihn 1836 zunächst in Tanjong Pagar, südlich von China-town. Dort mußte er 1907 der Straßenerweiterung weichen und wurde einige Jahre später größer und schöner an der Sultan Muhammad Road wiedererrichtet. Er steht, zum Meer hin ausgerichtet, auf der steinernen Plattform eines Hügels. Eine doppelläufige Treppe führt in den Vorhof und die mit goldfarbenen Wächtern und Drachen bemalten Eingangstore. Leider stören die in jüngster Zeit angebrachten gelbgrauen und gelbbraunen Kacheln, mit denen Treppenwände und Fassadensockel verkleidet sind, den imposanten Gesamteindruck.

Die besondere Zierde des Tempels sind die anmutig geschwungenen, mit tanzenden Keramikdrachen, dem magischen Flaschenkürbis (Hulu), Phönixen und glückbringenden Vierfüßlern besetzten Dächer und das kunstvoll angeordnete Gebälk; dessen Verzierungen reichen bis in die höchste Spitze, so daß die Strukturlinien der rot- und schwarzlackierten Balken verschwimmen und der Eindruck prachtvoller Fülle bleibt. Auch die lebendig und sicher komponierten Bilder auf den Gebälkfriesen zeugen von guter handwerklicher Arbeit. Das gilt auch für die goldfarbenen Malereien auf schwarzem Lackgrund. Kalligraphische Inschriften zieren die vierkantigen schlanken Granitpfeiler. Blattwerk, verbunden mit Dra-chen und menschlichen Figuren, umrankt als Relief die Granitsäulen beiderseits des Haupt-eingangs. Galerien flankieren den offenen Innenhof und verbinden die Eingangs- mit der Haupthalle des Tempels. Die Statuen daoistischer Götter stehen in dekorativen geschnitzten Schreinen. Den zentralen Platz auf dem Hauptaltar nimmt der in ein prächtiges Seidenge-wand gekleidete Kok Seng Wong, der Gott der Mildtätigkeit, ein. Dargestellt sind weiterhin der Stadtgott (Cheng oder Cheng Huang), der Gott des Wohlstands, der Gott des Glücks, der Sonnengott und der Krieger des Schwarzen Tigers. In der linken Halle wird Guan Yin verehrt, der rechte Flügel ist dem früheren Abt Swee Yee gewidmet. Die Form der roten hölzernen Trommel *Mu Yu* vor dem Hauptaltar gleicht der eines kugeligen Fisches. Sie wird

1 Siebenköpfige Schlange (Naga), Tempelwächter (Yak) und weiblicher Vogelmensch (Kinnari) vor ▷
  dem Wat Chaya Mangkalaram in Georgetown/Penang

2/3 Vishnuitische Götterfiguren (unten Vishnu als Allgestaltiger) am Perumal-Tempel im Viertel ›Little India‹ in Singapur

4 Ganesha im Sri Mariamman-Tempel in Singapur ▷

6 Sikhara des Sri Mariamman Devale in Taiping
◁ 5 Moschee in Kuah auf der Insel Langkawi

7 Gopuram des Sri Mariamman-Tempels in Georgetown ▷

9 Vergoldetes Schnitzwerk an Gebälk und Türen eines chinesischen Tempels
◁ 8 Chinesisches Tempelfest auf der Insel Penang
10 Daoistische Unsterbliche

12 Istana Abu Bakar, der Palast des Sultans von Pahang in Pekan
◁ 11 Steinboot Mahaligai und Kampong Ayer (Wasserdorf) in Bandar Seri Begawan
13 Eingangsbereich des Höhlentempels Perak Tong in Ipoh

14 Kelong, eine besondere Art von Fischreusen, bei Telok Bahang (Penang)

16 Langhaus Long Singut am Belaga-Fluß (Sarawak) ▷

15 Felsentempel und Clan-Haus Ling Sen Tong in Ipoh

17/18   Iban-Krieger, links mit Kopfschmuck aus Nashornvogelfedern

19–21   Während des Thaipusam-Festes

23 Thaipusam-Fest

22 Wächterfiguren, »die beiden Könige«, am Tempel Thian Hock Keng in Singapur

24 Bei den Semang

25 Malaiin beim Einwachsen einer Batik

26 Markt in Kota Belud (Sabah)

27–30 Wayang Kulit-Malaiisches Schattenspiel

31 Landschaft in Sarawak

32 An der Ostküste Westmalaysias

33 Landschaft in Sarawak

34 Fluß an der Ostküste Westmalaysias

35 Masjid Jami in Kuala Lumpur

37 Im Tiger Balm-Garten von Singapur ▷

36 Alter Istana in Sri Menanti

mit einem Holzstab geschlagen, die dumpfen rhythmischen Töne geben die Begleitung zum Gebetsgesang. Im Hof vor dem Tempelkomplex errichtet häufig die Chinesische Oper ihre Bühne.

Das Gebiet um Orchard Road

Das **Tan Yeok Nee-Haus**, heute Sitz der Salvation Army (Heilsarmee, Ecke Clemenceau Avenue/Penang-Orchard Road), ist ein Beispiel für die repräsentativen, nach innen gekehrten Hofhäuser Süd-Chinas, nur sind hier die Außenwände von einigen Fenstern durchbrochen. Einst war es die Stadtresidenz des reichen Gambir- und Pfefferhändlers Tan Yeok Nee, der auch in Johor Plantagen besaß. Den ›Palast‹ ließ er um 1885 erbauen. Der an Hochhäusern orientierte Blick des Singapurbesuchers kann dieses niedere Gebäude leicht übersehen, und erst hinter dem Haupteingang, bekrönt mit einem sanft geneigten, mit tanzenden Drachen und farbigen Keramikblumen geschmückten Dach, erkennt man die Weitläufigkeit und Vornehmheit der Anlage. Ähnlich wie in einem Tempel liegt hinter dem großen offenen Hof das hohe Hauptgebäude mit kunstvoll konstruiertem und reichverziertem Gebälk, dazu Galerien und kleinere Höfe. Die seitlichen, langgestreckten Bauten sind zweistöckig und tragen ein Doppeldach mit hochgeschobenen Giebelenden, die ein Rechteck bilden. Unterhalb der Dachkanten verlaufen Reliefbänder. Einzelne Wände, z. B. an der Eingangshalle, sind mit in Felder gesetzten Reliefs geschmückt und zeigen Szenen aus chinesischen Mythen und Legenden.

Im weiteren Verlauf der Orchard und Scotts Road, die früher quer durch Obst- und Gewürzplantagen verliefen, wechseln Hotels, Banken und Superkaufhäuser einander ab, Hochbauten zumeist, an denen sich die Trends zeitgenössischer Architektur der letzten Jahrzehnte ablesen lassen. Mit Ausnahme des etwas älteren Cockpit-Hotels, fehlt hier jedoch die in Europa so beliebte ›Postmoderne‹, der Rückgriff auf alte europäische, ins Moderne gewendete Formen. Singapur denkt sachlich und zukunftsorientiert, die Architektur ist zumeist funktional (einige jüngste Wohnhäuser und -blöcke ausgenommen). Bauten aus diesem Geist können schön sein, aber auch in Schematismus entarten. So gibt es neben unbeweglich und rein kolossal wirkenden Bauten solche, deren gerade Linien wundervolle Klarheit verbreiten und deren Flächenrasterung durch rechteckige Fenster nicht eintönig wirkt, sondern ein Ausdruck von sympathischer Vernunft ist. Das Forum Singapura (gegenüber Orchard Hotel), der stahlblaue Glasbau des Wisma Atria (gegenüber Lucky Plaza) und die beiden schmalseitigen, übereck gestellten Türme des Mandarin Hotel gehören dazu. Variabel sind die Untergeschosse, vor allem die Eingänge, gestaltet – gläserne Ecken, sich wölbende Flächen oder herabtropfende Dächer wie beim Mandarin Hotel, deren Formen sich oben als Gebäudeabschluß wiederholen.

◁ 38   Arrangement für eine Totenfeier am Boat Quai in Singapur

Aus dem von kubischen Körpern und Gradlinigkeit beherrschten Bild fallen einige Bauten heraus. Das 1986 errichtete Paragon Building gleicht einem herabgesenkten Luftschiff, wirkt in seinem weißen, sich bauschenden Plattenkleid wie eine autonome Raumskulptur. Beim Scotts, Einkaufszentrum und Appartmenthaus (Scotts Raod), sind die senkrechten Linien des Rasters an der Frontseite unten zu Parabeln umgebogen, die einen überraschenden Effekt vermitteln. Beim Dynasty Hotel verbinden sich wirkungsvoll alte chinesische Stile mit modernen Bauformen: Auf einem mit chinesischen Dächern verzierten hohen und breiten Unterbau erhebt sich ein oktogonaler Padogenturm, den ein schwungvolles Dach krönt.

Das 1900 im Neorenaissance-Stil erbaute Goodwood Park Hotel (Scotts Road), das früher eine Zeitlang den Deutschen Club beherbergte, blieb noch aus der Kolonialzeit übrig. Es gleicht einem Burgschlößchen in verspielten historisierenden Formen.

Wie ein Stück Alt-England, anmutig und behaglich, wirkt eine Häuserreihe im scheckigen Tudor-Stil (Tanglin Road). Hier werden die Erker von Gebälkkonsolen getragen.

Peranakan Place und Emerald Hill Road

Hier hat sich Singapur anschaulich ein wichtiges Stückchen seiner Geschichte und Tradition bewahrt, wenngleich die Gruppen alter Häuser zwischen den Wolkenkratzern ringsum ein wenig museal wirken.

In dem Tanglin genannten Gebiet hatten Chinesen zu Beginn des 19. Jahrhunderts, wohl schon vor Ankunft der Engländer in Singapur, Gambirplantagen angelegt. Später siedelten sich Engländer an, denen es im kolonialen Viertel östlich des Singapore River zu eng geworden war. Der Kolonialbeamte William Cuppage war einer von ihnen. Mit seinen Muskatnuß- und Obstplantagen brachte er es zu beträchtlichem Reichtum. 1900 erwarben die beiden Chinesen Seah Boon Kang und Seah Eng Kiat das Land und begannen sogleich mit dem Bau von Mietshäusern.

In sanften Bögen zieht sich die Straße den ›Smaragd-Hügel‹ (Emerald Hill) hinauf, gesäumt von 112 Häusern, die zwischen 1902 und 1930 entstanden sind. Eine gezielte Planung gab es nicht, und nur einer der Baumeister war ein ausgebildeter Architekt. Obwohl die einzelnen Abschnitte zu verschiedenen Zeiten entstanden und unterschiedliche architektonische Einzelzüge aufweisen, bietet sich doch ein geschlossenes und harmonisches Bild, wie es sonst in diesem Umfang nirgendwo mehr in Singapur anzutreffen ist. Die dominierenden gemeinsamen Merkmale sind Arkaden im Untergeschoß mit einem 5 Fuß breiten, die Häuser untereinander verbindenden Gang, wie es die englische Bauverordnung für die Kolonien vorsah, die annähernd gleiche Stockwerkhöhe und Frontbreite sowie die in einigen wesentlichen Zügen gleiche Frontgestaltung. Dreistöckig sind nur wenige Häuser, sie bilden einen eigenen kurzen Block, der aber gestalterisch nicht aus dem Rahmen fällt. Der abendländischen Baukunst entlehnt sind die Pfeiler und Säulen des unteren und die Pilaster des oberen Stockwerks mit den frei komponierten dorischen oder korinthischen Kapitellen, die Bögen über den hohen Fenstertüren des oberen Stockwerks und die abschließende Simsgestaltung. Doch trotz dieser klassizistischen Elemente ist der Charakter der Häuser ausgesprochen chinesisch: die mit Röhrenziegeln gedeckten überstehenden Halbdächer oberhalb des ersten Stockwerks, die Gestaltung der Pfeilerbasen (die der älteren Häuser sind aus einem Granitblock gehauen), vor allem aber die Gestaltung der Terrasse und der Eingangsfront. Die Paneele der Türen waren früher mit chinesischen Schriftzeichen verziert (nur noch bei Haus Nr. 90 erhalten), und viele der kurzen Pendeltüren *(Pintu Pagar)* weisen reiches goldbelegtes Schnitzwerk auf (z. B. bei Haus Nr. 79). Typisch chinesisch sind auch das Gitter- und Rasterwerk der Fenster zu beiden Seiten des Eingangs, das Schnitzwerk in den Lüftungsfenstern, die bunten, die Front farbig belebenden Kacheln – manchmal zu schönen Blumenornamenten geordnet (Haus Nr. 79 und 83) –, die Form der Seitengiebel eines Häuserzugs mit der gerundeten Spitze und die Betonung der Dachkanten, die die Trennung der Häuser markiert. Vor allem bei den vor 1918 erbauten Häusern überwiegen die chinesischen Züge, nach 1918, als man begann, Beton zu verwenden, verschwanden sie mehr und mehr.

Haus Nr. 21 an der Emerald Hill Road

Die Frontlänge der Häuser beträgt nur eine Zimmerbreite. Zwei oder drei Räume liegen hintereinander, ein bis drei Binnenhöfe dienen der Zufuhr von Frischluft. Holztreppen führen aus den Räumen hinauf ins Obergeschoß. Der Boden des unteren Geschosses war mit Malakka-Kacheln oder europäischen Keramikfliesen ausgelegt, der des oberen Stockwerks bestand zumeist aus Holz. Einen Einblick ins Innere erhält man bei einem Besuch des kleinen Museums rechts zu Beginn der Emerald Hill Road, das typische Gegenstände der Baba-Kultur (s. S. 108) enthält (Möbel, Porzellan, kunsthandwerkliche Arbeiten, ein Hochzeitszimmer).

Den Eingang zur Emerald Hill Road von der Orchard Road aus flankieren zwei prachtvolle zweistöckige Kolonialbauten, die 1906 (das linke) und 1903 (das rechte) entstanden

---

Vor 1918 erbaute Häuser
Rechte Straßenseite (von Orchard Road aus gesehen):
Haus Nr. 4–60, 64–82, 90–106, 140–150
Linke Straßenseite:
Haus Nr. 1–45

Nach 1918 erbaute Häuser
Rechte Straßenseite:
Haus Nr. 62, 84–88, 120–130, 158
Linke Straßenseite:
Haus Nr. 47–51, 53–69, 71–85

---

sind. Als Peranakan Place wird das letztere heute bezeichnet – die Läden enthalten ebenfalls Gegenstände der Baba-Kultur.

Peranakan heißt wörtlich ›hier geboren‹ und wird oft als Synonym für Baba gebraucht. Später bezeichneten sich in Singapur aber auch viele der in den Straits Settlements geborenen Malaien, Bugis und auch Tamilen als ›Peranakan‹.

In der Cuppage Road (off Orchard Road, neben Centre Point) entging ein Zug von 17 Häusern in feinstem Kolonialstil, nunmehr in einheitlichem Weiß, der ›Sanierung‹. Ein chinesischer Bankmanager ließ sie zwischen 1905 und 1907 als Mietshäuser erbauen, heute sind in das untere Stockwerk Geschäfte eingezogen. Am Ende der Straße stehen noch einige Kokospalmen, letzte Überreste von Bill Bailey's Plantage.

Die **St. Georg's Church** (Minden Road) ersetzte 1911 ihre Vorgängerin, die ganz in der Nähe gestanden hatte, und war die Kirche der britischen Kolonialtruppen. Die Baumaterialien wurden von Europa herübergeschafft. Im Zweiten Weltkrieg benutzten die Japaner das Gotteshaus als Munitionslager. Ein breites Satteldach deckt einen schlichten einstöckigen Bau aus unverkleidetem Backstein. Neoromanische Rundbogenfenster in verschiedenartiger Anordnung gliedern die Flächen. Sehr wirkungsvoll ist das Innere. Weite Arkaden mit ziervoll gesetzten Backsteinen in den Rundbogen trennen das Mittelschiff von den Seitenschiffen. Darüber zieht sich ein Lichtgaden mit drei kleinen Rundbogenfenstern pro Joch entlang. Der Dachstuhl ist offen und läßt die Konstruktion des Balken- und Strebewerks erkennen. Buntes Glas mit Darstellungen christlicher Themen füllt die drei Fenster in der Altarwand. Die Kirche zählt zu den National Monuments.

Serangoon Road (›Little India‹) und Umgebung

Erst in den 80er Jahren des vorigen Jahrhunderts siedelten sich hier indische Plantagen- und Bauarbeiter sowie Ladenbesitzer an. Die meisten sind Hindus, und ihre farbenfrohen Tempel säumen die Straße. Bis jetzt hat sich in diesem Viertel noch nicht allzu viel geändert. Man sieht Frauen in schönen Saris und mit Goldsplittern an den Nasenflügeln, Männer in Dhotis, die an alten Nähmaschinen sitzen oder Gewürze, Reis, Erbsen, Linsen und Bohnen in großen Kupfensäcken oder Fässern feilbieten, blickt in die langen, mit hauchdünnen Seidenstoffen oder mit Goldwaren gefüllten Läden, hört den Klang der Trommeln, Zimbeln und Trompeten, der zur *Pooja* ruft, und riecht den betörenden Duft der Frangipani- und Jasmingirlanden, der sich mit dem der scharfen Curries in den Garküchen mischt. In manchen Nebenstraßen, so in der Racecourse Road und der Petain Road, stehen noch einige schmuckvolle Kolonialhäuser aus dem ersten Drittel dieses Jahrhunderts.

Tempel Sri Veerama Kaliamman (Serangoon Road); Bengalis, die in den Kalksteinbrüchen nahebei arbeiteten, erbauten den Tempel 1881 und weihten ihn der Muttergottheit Kali. 1984 wurde das Heiligtum bis auf geringe Teile niedergerissen und ist inzwischen neu erstanden. Bemerkenswert sind vor allem die sorgfältig gearbeiteten Reliefs der Götterfiguren.

Tempel Sri Srinivasa Perumal (Serangoon Road; Farbabb. 2 u. 3); seine Tradition reicht bis 1855 zurück, als der südindische Händler Narasinghan das Land von der East India Company kaufte. Den alten Tempel, der wie in Süd-Indien an einem heiligen Teich (jetzt nur noch eine Quelle) angelegt war, gibt es nicht mehr. Der jetzige

Indischer Kuli (Darstellung aus dem letzten Jahrhundert)

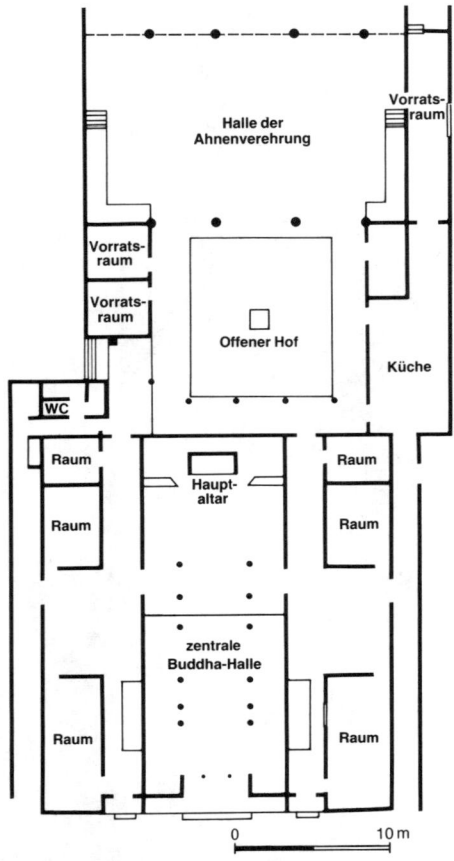

Leong San See-Tempel

Andachtsort erstand 1961, der Gopuram und die Hochzeitshalle wurden erst 1979 hinzugefügt. Der reiche indische Kaufmann und Philantrop P. Govindasamy Pillai, dem mit einer Tafel und einem kleinen Schrein gedacht wird, stiftete sie. Die gesamte Anlage ist Vishnu (Perumal) geweiht und in etwa quadratisch. Auf der Mittelachse stehen der Gopuram, ein Altar mit einer Lotosblütenskulptur – hier erlangen die Gläubigen vor Betreten des Tempels geistig-seelische Reinheit –, ein hoher bronzener Tempelmast mit einem Fuß aus stilisierten Lotosblüten, ein kleiner Schrein (Mandapa) und schließlich das Sanktuarium, den ein terrassierter, figurenbesetzter, halbkugelförmiger Sikhara krönt. Ihn flankieren zwei kleine ebenfalls sikharagekrönte Nebenschreine. Die offene Halle im Hof vorne rechts dient zu Meditation wie auch Tanzvorführungen. Der pyramidale Turm des Gopuram erhebt sich in fünf Hauptterrassen bis zu einer Höhe von 20 m und endet mit einem Chaitya-Tonnendach; an den Stirnseiten finden sich Hufeisenbogen mit Kala-Kopf. Dieses Motiv kehrt auf allen Stufen mehrmals wieder, ebenso auf dem farbigen Schmuckband am Turmansatz. Der Gopuram ist rundum reich mit sehr lebendig wirkenden Figuren besetzt. Dargestellt ist Vishnu, der Durchdringer und Erhalter des Kosmos, in mannigfachen Inkarnationen (Farbabb. 3) und den damit verbundenen szenisch erfaßten Ereignissen, am häufigsten als Himmelskönig, zuweilen in blauer Körperfarbe, mit hoher Tiara, Brustjuwel und Blumengirlande, in den Händen die vier Hauptattribute: Wurfrad, Keule, Lotos und Muschelhorn. Begleitet wird er von seiner Hauptgemahlin Lakshmi (in Süd-Indien oft nur Sri, ›Glück‹, genannt). Sie hält eine Schale als Fruchtbarkeitszeichen.

Vishnu in vielen seiner Erscheinungsformen ist auch das Thema der Mauerfiguren sowie der Wand- und Deckenmalereien im Mandapa. Auf dem Hallendach erscheint er als Löwe, als Garuda mit Adlerschwingen und in Begleitung zweier seiner Frauen: Lakshmi und Bhumidevi (Prithivi), Göttin der Erde. Lakshmi tritt auch allein auf, mit vier Armen und in den Händen die Hauptattribute Vishnus.

Tempel Sri Vadapathira Kaliamman (Serangoon Road); dieser äußerst farbige und reichdekorierte Hindu-Tempel – es gibt sowohl außen wie innen keine Stelle, die nicht von zum Teil überlebensgroßen Figuren besetzt oder mindestens farbig bemalt ist – gehört Kali, der großen Muttergöttin Süd-Indiens. Die Statuen in den Schreinen und an den Wänden zeigen sie in ihren verschiedenen Aspekten: als blutrünstige, mütterliche, kämpferische und – mit vielen Armen – als allmächtige Frau. Die Attribute, die sie in den Händen hält, u. a. Dreispitz, Sanduhrtrommel, Gazelle, schlangenumwundener Totenkopfstab, weisen sie als Shivas Shakti aus. Der Gopuram ist dreiteilig, ein hoher Mittelturm wird von zwei niederen Türmen flankiert; alle tragen ein Chaitya-Tonnendach. Eine Tafel nennt Arani Chelvar (1915–1982) als Stifter des Tempels und des nebenstehenden, von einem pyramidalen figurenbesetzten Gopuram gekrönten Schreins, der Sri Ramar Sannadhi, Gott Rama, der siebten Inkarnation Vishnus, geweiht ist.

Tempel Leong San See (Racecourse Road); als der Reverend Chun Wu um 1913 seinen Heimatort An Ping in der Provinz Fujian verließ, nahm er aus dem dortigen Tempel Leong San ein Gefäß für die Räucherstäbchen und eine Statue der Guan Yin mit. Ihr zu Ehren baute er einige Jahre später in Singapur einen palmstrohgedeckten Schrein. Chun besaß tiefgehende Kenntnisse der chinesischen Medizin, und seine Heilerfolge hatten ihm so viel Geld eingebracht, daß er sich ein Grundstück zum Bau des Schreins hatte kaufen können. Doch erst die großzügige Spende eines wohlhabenden Kaufmanns ermöglichte den Bau des heutigen, prächtig ausgestatteten Heiligtums. Die Grundkonstruktion wurde 1926 vollendet; später kamen zu beiden Seiten weitere Räumlichkeiten hinzu.

Die wesentlichen Teile sind die langgestreckte, aber von zwei Giebeldächern bedeckte Haupthalle, die zusammen mit den seitlichen Nebenräumen in etwa ein Quadrat bildet, und – durch einen offenen Hof von ihr getrennt und an den Seiten durch Galerien verbunden – die Halle der Ahnenverehrung. Der Maitreya, eine mit Gold überzogene Holzstatue, begrüßt als Buddha des Frohsinns die Eintretenden. In dem Schrein ihm zur Rechten thront die Göttin der Geburten mit ihrem Anhang, gegenüber stehen der Beschützer der buddhistischen Lehre (Weituo), Konfuzius und Cheng Huang, der Stadtgott. Die Wand des Hauptaltars ist üppig mit vergoldeten Schnitzereien und Goldmalereien auf Schwarzlackgrund gestaltet. Der Schrein im Zentrum gehört der vierzehnarmigen Guan Yin und dem Buddha Shakyamuni, einer großen weißen Porzellanfigur. Der Schrein zur Rechten ist dem Bodhisattva Kshitigarbha (chinesisch: Dizang) und den Schwertbrüdern der Drei Königreiche, Guan Yu, Liu Bei und Zhang Fei gewidmet. Die Statuen dieser drei daoistischen Gottheiten sind sehr viel kleiner als die des Bodhisattvas: Der buddhistische Glaube hat in diesem Tempel Vorrang.

Das Gebälk unterhalb des ersten Daches ist reich mit vergoldetem Schnitzwerk verziert, dasjenige des zweiten Daches dagegen sparsamer dekoriert und läßt das Balkensystem erkennen. Beide Überdachungen sind üppig mit Aufbauten und Figuren aus bunten Keramikteilen besetzt: Krieger alter Zeiten in dramatischen Szenen, Drachen, Chimären, Phönixe, Blumen, tanzende Drachen mit dem Wunschjuwel oder einer fünfstöckigen Pagode in ihrer Mitte, Flaschenkürbis und Fische. In den fünf Schreinen der hinteren Halle stehen in dichter Folge die Ahnentafeln zusammen, viele tragen einen Dekor aus stilisierten vergoldeten Drachen.

Thai-Tempel Shakyamuni Buddha Gaya, Temple of 1000 Lights (Racecourse Road); diese einfache Halle mit Satteldach sowie sämtliche Plastiken an der Außenwand als auch im Innern schuf der buddhistische Mönch Vutthissara, der als junger Mann von Thailand nach Singapur übergesiedelt war. Er starb im Alter von 94 Jahren nach Vollendung seines Werkes.

Ein 15 m hoher, sitzender Buddha im Gestus der Erdanrufung beherrscht den Raum. Die Figur beeindruckt durch ihre Größe und grelle Farbigkeit, nicht jedoch durch die Feinheit der Gestaltung. In ihrem Flammenkranz erstrahlt das Licht von mehr als hundert Glühbirnen. Plastische, zu szenischen Bildern gefügte Figuren im Sockel erzählen die 26 wichtigsten Ereignisse aus Buddhas Leben (Beschriftung auch in Englisch). Besonders innig verehrt wird die Plastik des mit einem grünen Seidentuch bedeckten liegenden Buddha in einer hinten in den Sockel eingelassenen Kammer. Eine pyramidenförmige Glasvitrine vorne in der Halle enthält die Figur eines vielköpfigen Buddha. Der hohe Thron ist mehrfach gegliedert, reich verziert, und der Baldachin über der Buddha-Figur endet als thailändischer Chedi. Offenbar ist die Statue in Thailand gearbeitet und dem Tempel geschenkt worden. Auch des Tempelgründers und -erbauers ist mit einer Skulptur gedacht.

Eine feine und kostbare Arbeit, vermutlich ebenfalls aus Thailand stammend, ist Buddhas Fußabdruck, eine symbolische Nachbildung der Spur in Stein, die der Erleuchtete auf dem Samanala Kanda (heute Adam's Peak), dem heiligen Berg Sri Lankas, hinterlassen haben soll. Die in Schwarzlack eingelegten Perlmuttmotive zeigen Symbole des Buddhismus wie Lotospflanze und -blüte, mehrstöckiger Ehrenschirm, die Flamme der Erleuchtung, Wunschjuwel, Vase, in der Mitte das Rad der Lehre (die acht konzentrischen Kreise versinnbildlichen den Achtteiligen Pfad), Buddha auf dem Thron und unter dem Bodhi-Baum, dem Baum der Erleuchtung, sitzend, dazu Löwe, Tiger, Wildgans und Kinnari (Vogelmensch).

Am Anfang von Little India

Kleiner burmesischer buddhistischer Tempel (Kinta Road) mit einer 3,30 m hohen Buddha-Statue aus weißem Mandalay-Marmor.

Sikh-Tempel (Niven Road).

Das islamische Viertel

Hier leben muslimische Araber, Javaner, Bugis, Malaien und Inder. Im Kampong Glam hatte die Familie des abgedankten Sultans Hussein ihren Wohnsitz. Der Palast selbst steht noch (am Ende von Sultans Gate, Abzweig der Beach Road), ein schlichter zweistöckiger und geräumiger Bau in feinen Proportionen (kürzlich restauriert). Der Architekt war vermutlich George D. Coleman.

Arab, Baghdad, Muscat und Kandarah Street haben größtenteils noch den Charakter eines orientalischen Basars. In zum Teil nur kammergroßen Läden werden Edelsteine, Goldwaren, Antiquitäten, Spitzen, Seiden- und Baumwollstoffe, Gewürze, Korbwaren und Gebetsmatten angeboten. In der Bussorah und Kandahar Street stehen noch eine Reihe schöner Häuser im Kolonialstil, zum Teil mit gerundeten chinesischen Seitengiebeln.

In der Dunlop Street, einer Verbindungsstraße zwischen dem vorwiegend hinduistisch-indischen und dem muslimischen Viertel, erhebt sich die wohl sonderbarste Moschee Singapurs, die **Masjid Abdul Gaffoor.** Ihr Stifter, Shaik Abdul Gaffoor, finanzierte den Bau, wie auch die beiden vorhergegangenen einfacheren Gebetsstätten, aus dem Profit seiner Ladengeschäfte. Die jetzige Anlage entstand zwischen 1907 und 1910. Die Fassade wirkt palastähnlich, ausgestattet mit einer Fülle von Zierformen wie Bündelpfeiler, Kapitelle in Pflanzenformen und kräftige Konsolgesimse. Die Mitte betont ein hoher Scheingiebel mit geschweiften Kanten. Verschiedene Einzelelemente haben islamischen Formencharakter, so die Zackenbögen, die kleinen Rundtürmchen am Rand des Flachdaches und der von unten kaum sichtbare Dachaufsatz, der als Minarett dient.

Die größte und auch architektonisch bedeutendste Moschee ist die **Masjid Sultan** (North Bridge Road). Ursprünglich 1823 mit einem beträchtlichen Kostenzuschuß der East India Company errichtet, wurde die Moschee 1925 abgerissen und drei Jahre später durch das jetzige Bauwerk ersetzt. Die Engländer Swan und MacLaren lieferten den Entwurf dazu.

Die Anlage ist quadratisch. Polygonale Minarette mit Balkonen, eingefaßt vor einer durchbrochenen Brüstung, und überkuppelten kleinen Pavillons markieren die Eckpunkte. In der Mitte der Seiten springen rechteckige Bauten vor. Besonders reich ist der Vorbau des Haupteinganges gestaltet. Der hohe Mittelteil trägt eine große Kuppel, die seitlichen Teile werden von durchlichteten überkuppelten Pavillons gekrönt. Pilaster gliedern die Fassade; ihre hochstrebenden Spitzen bilden, zusammen mit einer Zierleiste in Form von Pflanzenmotiven, den Schmuck des Dachansatzes. Eine goldfarbene Riesenkuppel krönt den heiligsten Teil der Anlage, den Mihrab in der Qibla-Wand. Die Moschee ist zweistöckig. Der gegenüber der Qibla-Wand liegende Teil des oberen Stockwerks ist den Frauen vorbehalten und mit hochgespannten Tüchern sorgsam gegen Blicke von außen abgeschirmt. Das untere Geschoß gliedert sich in Vorhalle, Gebetsraum und dreiseitigen Umgang, fünfschiffig auf die Qibla-Wand hin ausgerichtet. Die größte Breite besitzt das Mittelschiff. Die kantigen Pfeiler sind durch langgezogene Kielbögen untereinander verbunden. Die Fenster, eins pro Joch, enden mit einem harmonisch geschwungenen Kielbogen, die des oberen Stockwerks, je drei pro Joch, sind abgewandelte Dreipaßbögen, und ihre Mittelstütze hat die Form eines Pflanzenornaments.

Die Qibla-Wand wird durch drei Blendarkaden gegliedert, von denen die größte und höchste, durch mehrere Bögen untergliedert, den Mihrab umgibt. Er ist architektonisch wie auch ornamental eindrucksvoll gestaltet mit Bögen, die Vorhängen gleichen, und goldbelegten Schmuckbändern. Koranverse und heilige Namen bedecken die Flächen, und Digitaluhren zeigen die Zeit in Singapur und Mekka an.

Den Minbar ziert ein schmiedeeisernes Geländer. Verschiedene Grün- und Gelbtöne unterstützen die optische Wirkung der einzelnen Bauelemente. Der Vorraum ist in ganzer Breite durch ein mit Symbolen des Islam geschmücktes Gitter vom Gebetsraum abgetrennt.

Hajjah Fatimah Mosque (Beach Road); diese reizvolle Moschee steht verschwindend klein vor hochragenden Appartmenthäusern am Ende einer baumbestandenen Wiese. Die wohlhabende malaiische Hajjah Fatimah aus Malakka stiftete den Bau um 1845 als Zeichen der Liebe zu ihrem Ehemann, einem adligen Handelsherrn aus dem Stamm der Bugis. Baumeister war vermutlich der britische Architekt J. T. Thomson. Das Minarett geriet ihm eher zu einem Kirchturm und hat Ähnlichkeit mit dem der früheren, von ihm gebauten St. Andrew's-Kathedrale. Es ist – sich im zweiten Abschnitt verjüngend – oktogonal und erhebt sich auf einem hohen viereckigen Unterbau. Die Pilaster und Halbsäulen an den Ecken sind abendländische Architekturelemente, die Durchbruchsmuster in der Brüstung der Umgänge dem Formenschatz der islamischen Architektur entnommen. Auch die halbrunden Blendbögen des Unterbaus sind ganz abendländisch empfunden, ungewöhnlich nur die Rundfenster. Den Gebetsraum krönt eine bauchige Kuppel, der deutlich abgesetzte Hals wird von in Dreiergruppen zusammengefaßten Spitzbogenmustern durchbrochen. Die Achtkantpfeiler, die die Außenflächen gliedern, zieren minarettartige Türmchen. Das Innere der Moschee ist sehr schlicht, aber stimmungsvoll. Die Stifterin sowie ihre Tochter Raja Siti und deren arabischer Mann sind in dem kleinen Mausoleum hinter der Moschee beigesetzt.

Südlich des Singapore River

Der Business District

Die historischen Brücken über den Singapore River gibt es noch, und sie werden wohl auch bleiben, seitdem eine von gigantischen Betonpfeilern gestützte breite Straße, der East Coast Parkway – geführt über Landaufschüttungen im Meer – den innerstädtischen Verkehr entlastet. Die älteste Brücke der Stadt, die Cavenagh Bridge, wurde 1869 erbaut. Sie machte die *Sampan*-Fähren überflüssig. Die Anderson Bridge ist eine elegante Konstruktion aus Eisenträgern, zu Beginn dieses Jahrhunderts errichtet, während die Elgin Bridge ihr Eisenskelett unter einer weißen Betonschale verbirgt. Der Singapore River, einst internationaler Umschlagplatz für Waren aller Art (Hist. Abb. 25 u. 26), die Sampans von den auf Reede liegenden Schiffen herbeiholten, ist heute ein ›Schau-Fluß‹ mit Uferpromenaden und einem kleinen Rest alter Lager- und Wohnhäuser im Vordergrund. Dahinter ragen die Hochhäuser des Business District auf, dicht gedrängt am Fullerton Square, der Battery Road und weiter südwärts parallel zur Küste. Sie vor allem bestimmen die Skyline von Singapur, die sich mehr und mehr nach Norden zu verlängern beginnt.

Kubische Formen herrschen vor, und es ist noch immer das **Hong Leong Building** (Raffles Quay), das wegen seiner feinen, wohlproportionierten Rippengliederung, der Verteilung von Waagerechten und Senkrechten, von lastenden und hochstrebenden Elementen, und dem Kontrast von Weiß und Braungrau den Blick auf sich zieht. Zwischen all den kubischen Formen fallen um so mehr die andersgeformten Bauten auf, zum Beispiel das Oktogon des United Overseas Bank Building (Boat Quay), einst ein Blickfang am Singapore River, oder das Gebäude der Overseas Chinese Banking Corporation (OCBC Centre, South Canal Road), dessen markantes Profil lange Zeit die Silhouette der Stadt prägte. Inzwischen ist aber eine weitere Generation der Wolkenkratzer herangewachsen, – noch höher, noch kühner. Am Raffles Place One wurde Ende 1986 der Turm des OUB Centre fertiggestellt: zwei gegeneinander gestellte dreiseitige Prismen, mit schneidigen, auf einen spitzen Winkel zulaufenden Kanten. Ein weiteres neues Bauwerk (1986) ist das Telecom Centre (Pickering Street/Synagogue Street), dessen Haut silbermetallen schimmert. Ein langgestrecktes Rechteck bildet den Grundriß, die Ecken sind jedoch zu Rundtürmen ausgeformt – wohl Symbole für den Empfang der Ätherwellen aus allen vier Himmelsrichtungen.

In der Umgebung von hochaufragenden Wolkenkratzern wirkt der wahrhaft monströse Bau des **General Post Office** wie ein Fossil. Es steht auf dem Platz, den früher Fort Fullerton einnahm, das 1873 abgerissen wurde. Kurz danach entstand der auch Fullerton Building genannte Bau. Sein Inneres wurde kürzlich elegant restauriert.

Aus der Zeit, als Chinatown noch Anteil am Singapore River mit seinen Bootsanlegestellen und kleinen Märkten hatte, stammt der **Wak Hai Cheng Bio** in der Philip Street. Er gehört zu den ältesten und interessantesten chinesischen Tempeln Singapurs. Der Name bedeutet ›Tempel *(Bio* oder *Miao)* der ruhigen See *(Hai Cheng)*‹. Eine kleine Gruppe Teochew-Chinesen, die sich im Februar 1819 hier ansiedelte, errichtete im Jahr darauf eine kleine mit Palmstroh gedeckte Hütte; dieser einfache Schrein diente zur Verehrung der Geister, die die zwischen Singapur und China auf dem Meer hin- und herfahrenden Händler und Kaufleute beschützen sollten. Als sich dann später weitere Teochew, zumeist aus Thailand und Kambodscha, hier niederließen, entstand der erste feste Tempelbau, der zwischen 1852 und 1855 durch das jetzige Bauwerk ersetzt wurde. Er diente zugleich als Versammlungsort der 1845 gegründeten Ngee Ann Association, der die Teochew angehörten. Aber auch Cantonesen, Hakka und Hainanesen, mit denen die Teochews eng verbunden waren, baten hier die Gottheiten um Glück und Segen bei der Seefahrt und beim Fischfang. Früher fand im elften Monat nach dem Mondkalender ein großes Tempelfest statt. In einer Prozession wurden die Statuen der Gottheiten umhergetragen, Wayang-Spiele und Chinesische Opern aufgeführt. Heute steht der Tempel verloren zwischen hohen modernen Bauten und ist, vor allem sein Äußeres, in einem beklagenswerten Zustand (Restaurierung ist geplant).

Der Tempel besteht aus einem Doppelhaus mit zwei Flügeln. Aus China importierte Granitsäulen stützen das mit Schnitzereien und Malereien üppig geschmückte Hartholzgebälk, das nach dem Dou Gong-System konstruiert ist. Mythische Vögel und andere Tiere, Pflanzen und Blüten bilden die Symbole für Langlebigkeit, Aufrichtigkeit, Frieden und Schönheit.

Der rechte Tempelflügel ist dem daoistischen Gott Yu Huang Shangdi, dem himmlischen Jadekaiser, geweiht. Die Farben Rot und Gold dominieren in diesem Raum. Der Altartisch

Chinesische Händler im Hafen von Singapur (Darstellung aus dem letzten Jahrhundert)

wurde 1852 aus China hierher gebracht. Die dreidimensionalen Freskoskulpturen an den Wänden erzählen Mythen und Legenden, die auch in der Chinesischen Oper dargestellt werden. Rundfenster mit kunstvollen Drachen- und Phönixfiguren durchbrechen die Wände, welche die beiden Altarräume voneinander trennen. Auf die – allmählich verfallenden – Eingangstüren sind mit Goldfarbe die Wächtergottheiten gemalt.

Im linken Schrein der Altar für Tian Hou (Ma Zu Po), die Königin des Himmels und Patronin der Fischer und Seefahrer. In der Dachornamentik unterscheiden sich beide Schreine voneinander: rechts flankieren tanzende Drachen das ungewöhnlich hoch stehende Himmelsjuwel, auf dem linken Dach bewachen Drachen ein pagodenähnliches Miniaturbauwerk. Jedoch sind beide Dächer mit Heiligenfiguren sowie komplizierten ein- oder zweistöckigen Aufbauten geschmückt, die wohl Gebäudeensembles in einer chinesischen Stadt darstellen sollen. Die Kantenziegel des Daches sind gut erhalten und wirken ornamental. An den Keramikbändern lassen sich Gestaltung und Ausführung des chinesischen Kunsthandwerks studieren. Die Figuren und Tiere an der Frontfassade beziehen sich auf Legenden des alten China.

Telok Ayer Market (Raffles Quay); 1822 ließ Stamford Raffles die erste Markthalle am Ende der Market Street nahe dem Singapore River errichten. Sie genügte schon bald nicht mehr den Anforderungen. 1894 entstand dann die heutige Anlage des Telok Ayer Market auf einem dem Meer durch Aufschüttungen abgerungenen Stück Land. Seit 1973 findet hier kein

Markt mehr statt; sie beherbergt heute eine Fülle von Hawker Stalls (Kleinrestaurants). Die Halle hat eine oktogonale Form. Die Eingänge, übergiebelt und mit radikalem Streben in den rundbogigen Füllungen, liegen in der Mitte der Seiten. Bemerkenswert ist die feine Eisenkonstruktion im Innern sowie das Spitzenwerk aus Schmiedeeisen, das die Dachkanten außen schmückt und die Spitze des im Zentrum aufgesetzten Uhrturms bildet. Malaiische und koloniale Zierelemente, die einst in Holz geschnitzt wurden, dekorierten hier erstmals die Eisenträger. Der Telok Ayer Market, 1986 gründlich restauriert, zählt zu den am meisten geschätzten National Monuments in Singapur.

Chinatown

Das urtümliche chinesische Stadtviertel ist bis auf wenige Straßen zwischen New Bridge Road und South Bridge Road zusammengeschrumpft. Statt dessen entstanden Banken- und Büropaläste, Superkaufhäuser und sterile Wohnblocks, in die die einstigen Bewohner der alten, zum großen Teil allerdings elend verfallenen Häuser umziehen mußten – was immer noch besser war, als in den Wohnblocks am Stadtrand zu leben. So konnten wenigstens die angestammten und gewachsenen Gemeinschaften, auf denen das System chinesischen Lebens beruht, zusammenbleiben, wenngleich nicht mehr als ›extended family‹, sondern wegen der oft winzigen Wohnungen in Kleinfamilien zersplittert. Unter den Arkaden und auf den freien Plätzen zwischen den Appartmenthäusern wird nun versucht, das gewohnte Leben weiterzuführen; Zeitplanen schaffen Räume für die Totenfeste, und auf provisorischen Bühnen nimmt die Chinesische Oper ihren Lauf.

Exotisches Treiben wie einst spielt sich eigentlich nur noch auf den Abendmärkten im verbliebenen Rest vom alten Chinatown ab. Vor der Kulisse restaurierter zwei- oder dreistöckiger Häuser mit dem Charme ziervoller Kolonialarchitektur sind Kalligraphen, Elfenbein- und Holzschnitzer, Maskenhersteller und Wahrsager am Werk. In der Sago Street werden Autos, Häuser und Möbel aus Glanzpapier angefertigt, die den Toten bei der Kremation mitgegeben werden, und in den chinesischen Apotheken findet man die absonderlichsten Arzneien. Aus den Fenstern hängt an Bambusstangen die Wäsche zum Trocknen, dazwischen finden sich immer wieder lange rote Reklametafeln mit vertikal angeordneten Schriftzeichen. In der New Bridge Road, wo vom exotischen Charme auch schon viel geschwunden ist, stehen noch einige repräsentative Kongsi, Versammlungs- und Festtagshäuser eines Clans, und die chinesischen Tempel sind erfüllt von Rauch und dem Klappern der schicksalverheißenden Stäbchen.

Tempel Thian Hock Keng (Telok Ayer Street); schon 1819 bauten seefahrende Hakka-Chinesen in der Telok Ayer Street, die damals noch eine Küstenstraße war, einen Schrein, in dem sie Räucherstäbchen zu Ehren der Göttin Tian Hou (auch Ma Zu Po, s. S. 201) abbrannten. Diese Wassergottheit ist die Patronin der Seeleute, jede chinesische Dschunke führte früher ihr zu Ehren einen kleinen Schrein mit sich. 1840 wurde die jetzige Tempelstatue aus China nach Singapur gebracht und in einer feierlichen Prozession zum Tempel geleitet. Zwischen 1830 und 1842 entstanden der Vorraum, der erste Innenhof und die Haupthalle. Fast alle Baumaterialien kamen aus China. Anlage, Struktur und Ornamentik folgten traditionellen Vorbildern. Stiftungen reicher chinesischer Kaufleute erlaubten eine prächtige Ausstattung. 1975 bis 1979 wurde der Tempel sorgfältig restauriert und erstrahlt seitdem in frischem Glanz.

Der Grundriß des Thian Hock Keng, des ›Tempels der himmlischen Glückseligkeit‹, bildet in etwa ein Quadrat. Alle Gebäude orientieren sich in ihrer Anlage an der zentralen Längsachse. Überdachte Galerien verbinden die Eingangs- mit der Haupthalle. Den Abschluß bildet ein weiterer Andachtsraum. An den Seiten ziehen sich die einfachen, niedrigen Mönchsquartiere entlang. Die gesamte Anlage ist von einer Mauer umgrenzt. Ein dreigeteiltes Fußwalmdach bedeckt den Eingangsbereich, über der Haupthalle erhebt sich ein kunstvolles Doppeldach. Die leicht geschwungenen Dachkanten und Firste sind mit tanzenden Drachen besetzt, dazwischen in der Dachmitte die Himmelsperle, das Wunschjuwel. Besonders schön sind die Bänder aus farbigen Porzellanblüten und -blättern, die sich unterhalb der Dachkanten hinziehen. Die Heiligenfiguren auf den Mauerkappen sollen den Seeleuten Glück und Segen bringen.

Außerhalb der Mauerumgrenzung stehen zwei dreistöckige Pagoden, die größere hat eine oktogonale, die kleinere eine rechteckige Form. Die Spitze bildet ein Flaschenkürbis (Hu Lu) zur Abwehr böser Geister.

Von schwarzem Lack und Reliefskulpturen umkleidete Pfeiler gliedern die Haupthalle in fünf Schiffe. Reliefs schmücken auch die Pfeilerbasen. Der Dachstuhl ist offen, so daß die kunstvolle Konstruktion des Gebälks – bis zur Höhe von 13 m – deutlich sichtbar wird. Hier wie auch in der Eingangshalle sind die Balken überreich mit goldüberzogenem Schnitzwerk und Schwarzlack geschmückt. Die Motive stellen Göttergestalten, Drachen und andere mythische Tiere dar, weiterhin Szenen aus der chinesischen Mythologie, Blüten- und Blattwerk. Beachtenswert sind schließlich auch die Wächtergottheiten auf den Eingangstüren.

Die zentrale Figur des Hauptaltars ist Ma Zu Po, die Mutter der himmlischen Weisen, gekleidet in ein gelbes perlenbesticktes Gewand und mit einem prächtigen Kopfschmuck aus Jadeplättchen, Perlenschnüren, bunten Blumen und Bändern; ihr zur Seite rechts Guan Di, der Gott des Krieges, links Bao Sheng Da Di, Seine Majestät der Schützer des Lebens. Hinter Schranken vor dem Altar stehen die beiden Generäle Qian Li Yan und Shun Feng Er, farbig bemalte Holzfiguren. Shun Feng Er, erkennbar an den beiden langen gekurvten ›Hörnern‹, die seinem Haupt entwachsen, hat die Fähigkeit, über weite Strecken hin zu hören und auf diese Weise geheime Pläne der Feinde zu erfahren, Qian Li Yans Auge reicht tausend *Li* (1 li = ca. 500 m) weit. Die zwei Brüder mit Namen Gao Ming und Gao Yue, lebten zur Zeit der Zhou-Dynastie (ca. 1030–256 v. Chr.) und führten die Armee des Kaisers eine Zeitlang stets zum Sieg. Eines Tages jedoch erfanden die Feinde Abwehrmaßnahmen: Ein Schirm aus Fahnen versperrte Gao Ming die Sicht, Trommelwirbel und Gongklänge verwirrten Gao Yues Gehör. Ein Altar im hinteren Innenhof ist der Göttin Guan Yin geweiht.

In der Telok Ayer Street steht noch ein weiterer chinesischer Tempel, der kleine **Fuk Tak Chi**. Die Cantonesen und Hakka, die ihn 1820 erbauten, gehörten nicht zu den wohlhabenden chinesischen Clans in Singapur. Im Fuk Tak Chi wird der Gott des Wohlstands verehrt Er ist in ein Trauergewand aus Sackleinen gekleidet.

Nagore Durgha Shrine (Telok Ayer Street, Abb. 32); tamilische Muslime aus Süd-Indien errichteten die Gebetsstätte zwischen 1828 und 1830; seit dieser Zeit ist sie baulich nicht verändert worden und zählt damit zu den ältesten im ursprünglichen Zustand erhalten gebliebenen Moscheen in Singapur. Abendländische Züge besitzt nur der untere Teil: gekehlte Pilaster mit korinthischen Kapitellen, radial unterteilte Halbrundbögen, am Haupteingang jedoch mit einem islamischen Vielpaßbogen. Der obere Teil ist rein indo-islamisch. Rechteckige Minarette, mehrfach durch Simse und kleine Fenster gegliedert, markieren die vier Eckpunkte des langgestreckten Baus. Höchst ornamental wirken die Reihen von kreuzförmigen, runden, viereckigen und mit Kielbögen endenden Öffnungen in den sie verbindenden Mauern.

Chinatown birgt noch zwei weitere alte Moscheen für die gläubigen Muslime Singapurs. Die **Masjid Al-Abrar**, ebenfalls in der Telok Ayer Street, wurde 1850–1855 erbaut und ersetzte ein einfacheres Gebäude aus dem Jahr 1827. Die Front ist schmal und zwischen zwei in den unteren Abschnitten oktogonale, oben konische Minarette gespannt. Sie werden bekrönt von einem kleinen flachrunden Körper anstelle einer islamischen Kuppel. Diese Form wiederholt sich oben auf beiden Rundsäulen zwischen den Minaretten. Halbsäulen gliedern die Brüstung, deren weiterer Schmuck ein Rautengitter und Aufsätze in Form von Pflanzenmotiven sind.

Noch schmaler ist die Front der **Jamae Masjid**, dem Nagore Durgha Shrine in der archi-tektonischen Idee sehr ähnlich, nur sind die beiden sich verjüngenden Minarette rechteckig und haben an jeder Seite paarige Bogenöffnungen als Schmuckmotive, und die Brüstung zwischen ihnen ist reicher mit durchbrochenen Mustern ornamentiert; in der Mitte die Imitation eines Moscheeportals zwischen Halbsäulen mit Kugelaufsatz. 1826 begannen die Chulias, südindische Muslime, mit dem Bau dieser Freitagsmoschee (Jamae Masjid), die 1835 fertiggestellt war; im Innern das Grab des Syed Muhammad Salis.

Sri Mariamman-Tempel (South Bridge Road, Abb. 31); der älteste Hindu-Tempel der Stadt steht mitten im alten Chinatown. 1827 errichtete hier der indische Kaufmann Narayana Pillay, der 1819 mit Stamford Raffles auf der ›Indiana‹ von Penang nach Singapur gesegelt war, eine einfache palmstrohgedeckte Holzhütte. Um 1843 war dann das steinerne Götterhaus fertig. Handwerker aus Indien schufen eine Vielzahl der Götterbildnisse, weitere kamen im Lauf der Zeit hinzu. 1984 wurde der Tempel gründlich restauriert und erstrahlt nun wieder in frischen bunten Farben.

Der Tempel ist der Regen- und Pockengöttin Sri Mariamman geweiht und steht zugleich für verschiedene, das Leben durchwaltende weibliche Kräfte, die als Shivas Shaktis oder als selbständige Gottheiten (Mariamman = Durga, Kali) dargestellt sind; so z. B. auf der hohen fünfterrassigen Turmpyramide des Eingangsbaus, den Umfassungsmauern, den Sikhara-Terrassen und den Malereien im Innern. Hinzu treten Vahanas in Begleitung der betreffen-den Gottheit oder als dessen Stellvertreter und Symbol: Nandi, der Stier (Shiva), Löwe (mütterlicher Aspekt von Parvati), Pfau (Subramanyan), Gazelle (Shiva).

Am Gopuram ist Mariamman als Parvati, als lieblich schöne Frau mit kunstvoller Frisur und Krone die am häufigsten dargestellte Figur; auf den Mauern beiderseits des Gopuram unter einem Kala-Kopf Shiva (mit roter Körperfarbe) und Vishnu (mit blauer Körperfarbe), der den südindischen Shivaiten als Bruder Parvatis gilt. Shiva, erkennbar an seinem wichtigsten Emblem, dem Dreizack, und Subramanyan, erkennbar an Speer oder Meißel, kehren auch als Sikhara-Figuren häufig wieder. Das Mandapa ist dreischiffig. Die breitgezogenen Dreipaßbögen, die manche der Pfeiler miteinander verbinden, sind der islamischen Baukunst entlehnt. Jeder Fleck der meist flachen, vor dem Hauptsanktuarium jedoch gewölbten Decke ist mit statisch wirkenden szenischen Bildern, Götterbildnissen oder großen stilisierten Lotosblüten bemalt. Die Deckenbilder vor dem Sanktuarium zeigen Göttinnen, die zum Kreis der Sieben oder Acht Mütter gehören und mit dem Symboltier ihres männlichen Partners abgebildet sind: Sri Samundi (Eule, Shiva), Sri Mahendiri (auch Indrani oder Aindri; Elefant, Indra), Sri Vainavi (Garuda, Vishnu), Sri Gowmari (auch Kaumari; Pfau, Subramanyan), Sri Maheswari (Stier, Shiva) und Sri Brahmi (auch Brahamani oder Sarasvati; Gans, Brahma). Sri Kamatchi ist Durga, die Liebesäugige und Unergründliche, und Sri Meenatchi die Fischäugige, eine Verschmelzung von Parvati mit der alten tamilischen Fischergöttin. Eine Plastik an der Stirnwand zeigt Shiva als Träger der Stabzither (Patron der Musik und Kunst) und eine Malerei an der gegenüberliegenden Wand Stri Mahishasuramartani: Durga als Besiegerin des Büffeldämons Mahisha (s. S. 73).

Das Heiligtum links außen ist Rama, der siebten Inkarnation Vishnus, und seiner Gemahlin Sita gewidmet. Vor dem Hauptschrein stehen zwei Plastiken der Durga mit einem Löwen – Durga als Herrin des Waldes und der Tiere. Paarweise staffeln sich verschiedene Altäre bis hin zum Innersten des Hauptsanktuariums mit dem hochverehrten, geschmückten Bildnis der Sri Mariamman. Der erste rechte Seitenschrein ist Sri Subramaniar Vallitalvana – Shivas Sohn, dem Kriegsgott Subramanyan und Begleiter einer der Sieben oder Acht Muttergöttinnen – gewidmet; an der rechten Wand die Figur Shivas als kosmischer Tänzer. Der zweite Schrein rechts gehört der Muttergottheit Sri Dropadadai Amman; im Vorraum links: Durga Aramesvari, rechts Krishna mit seinem Hauptattribut, der Flöte, sowie Sri Panja Pandavar, Prinz der Pandavas (Heldenepos ›Mahabharata‹, s. S. 47) mit Gemahlin. Nur einige der wichtigsten Gottheiten sind hier aufgeführt, die Zahl der Bildnisse ist noch weitaus größer.

Im hinteren Hof stehen zwei weitere sikharagekrönte Schreine; der linke beherbergt Ganesha (Farbabb. 4), davor und auch als Sikhara-Schmuck sein Vahana, die Ratte; der rechte gilt Sri Aravan, der sich den Göttern opferte (Mahabharata-Epos), und enthält als Heiligstes sein überlebensgroßes, grellbunt bemaltes Haupt.

In das links im Hof stehende Gebäude sind ebenfalls drei Schreine eingelassen. Im ersten: Sri Maduvaiveeran; im zweiten Sri Periachi Amman – Kali, die große Mutter, in ihrer lebenvernichtenden Form; im dritten: Sri Veerama-Kaliamman, Kali als große Göttin und Mutter, als schöne Frau mit Flammenkranz (zu den hinduistischen Bildwerken s. S. 68).

Thong Chai Medical Institution Building (Wayang Street, Chinatown); das 1892 vollendete Gebäude, das Gan Eng Seng, Philanthrop und Begründer einer Schule, errichten ließ, gilt als Singapurs Nationalmonument Nr. 1 und als ein Zeugnis für den Geist der Zusammenarbeit und die Sorge um die Gesundheit der chinesischen Einwohner. Die Spenden und Gaben reicher Kaufleute ermöglichten den Bau und die Einrichtung des Hospitals, in dem auch Nichtchinesen behandelt wurden. Heute ist die Anlage ein Zentrum chinesischen Kunsthandwerks; ausgestellt sind vor allem Rosenholzmöbel, Porzellane, Jadearbeiten und bestickte Gewänder. Auch ein aus China herübergebrachter Thron aus der Zeit der Ming-Dynastie (1368–1644) ist hier zu sehen. Die Zierde des Gebäudes sind die mehrfach geschwungenen Dachgiebel, die Bänder aus bunter Keramik am Dach, die Rollziegel des Daches und die Gesundheit verheißenden Kalligraphien, die die Türen umranden.

Westlich von Chinatown
Giok Hong Tian (Havelock Road). dieser Tempel ist dem Jadekaiser Yu Huang Shangdi gewidmet. Aber auch buddhistische und konfuzianische Gottheiten haben hier ihren Platz. Ein erster Bau wurde 1887 von einem wohlhabenden Kaufmann aus der Provinz Fujian errichtet. Auf einer in die Wand eingelassenen Marmortafel steht in chinesischen Schriftzeichen zu lesen, daß der Geomant den Platz sorgfältig ausgesucht habe. Der Tempel stehe in einer friedlichen, angenehmen Straße mit dem Hügel im Rücken und dem Singapore River im Vordergrund, und er sei von Grün umgeben.

Dreimal ist das Heiligtum inzwischen neu errichtet worden, zuletzt 1972. Die Anlage ist einfach, drei Gebäude staffeln sich hintereinander: Eingangshalle, Haupthalle, hintere Halle. Die beiden ersten der drei sanft konkav geschwungenen Dächer sind reich mit grellbunt bemalten, qualitätvollen Skulpturen besetzt: über der Eingangshalle Fischdrachen, Symbol für Erfolg und das Erreichen eines gewünschten Zieles, dann als kleine Statuen der Gott des Windes, des Donners, des Regens und der Sonne, die den Tempel vor allen Gefahren und bösen Einflüssen schützen; auf dem Dach über der Haupthalle außerdem Götterfiguren, tanzende Drachen, das Himmelsjuwel und Friese aus Blumen, Pflanzen und Vögeln. Wächtergottheiten und Drachen auf den Eingangstüren halten böse Einflüsse fern; das gleiche gilt für die furchterregenden Weltenwächter in der Glasvitrine der Haupthalle. In ihr findet sich übrigens auch, dem Tempelinnern zugewandt, eine kleine Konfuzius-Statue aus dunkelgrün schimmernder Bronze. Täfelchen für die (vergöttlichten) Ahnen, zumindest während der Andachten Sitz ihrer Seelen, sind weitere Heiligenbilder des Konfuzianismus.

Auf dem Hauptaltar thront, in ein kostbares besticktes Seidengewand gehüllt, der Jadekaiser. Ihn umgeben die sieben Gestirnsgottheiten und andere daoistische Heilige. In einem Seitenaltar zu seiner Rechten steht eine anmutige Statue der Mondgöttin und zu seiner Linken der Sonnengott. In den Glasvitrinen entlang der Seitenwände sind weitere 22 Statuen sekundärer daoistischer Heiliger aufgereiht. Der Hauptaltar in der rückwärtigen Halle ist buddhistischen Gottheiten gewidmet: ein großer goldbelegter Alabasterbuddha, der Bodhisattva Avalokitesvara in seiner chinesischen Ausprägung als Guan Yin, sowohl allmächtig mit 18 Armen als auch in anmutiger weiblicher Gestalt, und der Bodhisattva Kshitigarbha, der Seelenbegleiter Verstorbener.

Das zumeist goldüberzogene Gebälk – besonders kunstvoll in der Vorhalle – zählt zu den besten Schnitzarbeiten, die in den Tempeln der Stadt zu finden sind.

Weitere chinesische Tempel: **Tan Si Chong Su** (Magazine Road); sehr sehenswerter, reich dekorierter Tempel und Versammlungsstätte des Tan-Clans mit Ahnenhalle; 1876 im chinesischen Palaststil am Ufer des Singapore River erbaut.

White Cloud-Tempel (Ganges Avenue); hier wird Kong Teck Choon Ong, der Heilige der Armen, verehrt. Sein Geburtstag ist Anlaß für ein prunkvolles Fest.

Außerhalb der Stadt – Im Westen

Haw Par Villa – Tiger Balm Garden

Der dem amerikanischen Disneyland nachempfundene Figurenpark liegt an der Pasir Panjong Road. Die Brüder Aw Boon Haw (der Tiger) und Aw Boon Par (der Leopard), reich geworden durch Pfeffer- und Opiumhandel und nicht zuletzt durch den Tiger Balm, eine Salbe aus ätherischen Ölen, schufen die Anlage auf einem Hügel inmitten von Palmen, Mangobäumen und Pfeffersträuchern. Es ist eine groteske Welt aus zerklüftetem Gestein, Gips und Pappmachée, alles grellbunt bemalt (Farbabb. 37). Der Besucher erhält Anschauungsunterricht in den Grundzügen chinesischer Mythologie. Auch Charakteristika anderer Länder sind plakativ dargestellt. Einige Attraktionen seien hier aufgeführt:

Indonesische Ecke: Garuda, halbmenschlicher Vogel mit Kopf Schwingen und Klauen eines Adlers; Begleit- und Symboltier des hinduistischen Gottes Vishnu und Symbol Indonesiens.

Thailändische Ecke: Kinnaris, vogelartige Tänzer und Sänger in der Umgebung der Götter; an eine Felswand ist der Wasserpalast von Bang Pa In gemalt, der eines der anmutigsten Bauwerke Thailands ist.

Weiter dem rechten Weg folgend: Mile Fo, der Buddha des Frohsinns, in einem viereckigen chinesischen Pavillon; ihm gegenüber die Königin des Himmels als Bekrönung eines Pavillons; im Innern eine Musikantengruppe.

Japanische Ecke: Zwei feiste Sumi-Ringer, die um Tiger Balm kämpfen.

Es folgen Shivas Lingam, die amerikanische Freiheitsstatue, Buddha auf Lotosthron als Bekrönung einer mehrstöckigen Pagode, chinesische Ehrenpforten, weiterhin Statuen wichtiger chinesischer Gottheiten wie dem Gott des Reichtums, dem Gott der Langlebigkeit (rechts) und dem Gott des Glücks (›Die drei Wünsche‹).

Brücken führen über eine aufgewühlte See, in der sich Ungeheuer, Schildkröten, Riesenfische und Nixen tummeln.

In einer Höhle sind die zehn Höfe der buddhistischen Hölle höchst drastisch dargestellt, ebenso die Torturen, die die Übeltäter erdulden müssen, ehe sie geläutert ins Paradies des Westens eingehen oder je nach Verdienst als Tier oder Mensch wiedergeboren werden können. In jedem Hof führt ein infernalischer Richter den Vorsitz.

Statue des Lee Sze Tzen, eines berühmten Heilkundlers (1518–1593). Auf den Spitzen der Felsgebilde thront der Glück und Wohlstand verheißende Phönix mit langen Schwanzfedern.

Gedenksäule für Mrs. Aw mit dem Flaschenkürbis (Hulu) sowie ein Denkmal für Mr. Aw Boon Haw in Form eines Shiva-Lingam.

Illustrationen zu dem berühmten chinesischen Roman ›Die Reise nach dem Westen‹ (ersch. 1570). Die Geschichte spielt zur Zeit der Tang-Dynastie (7. Jh.): Der Kaiser schickt einen buddhistischen Priester gen Indien, um nach den heiligen Stätten und Schriften zu forschen. Auf dieser gefahrvollen Pilgerreise begleitet ihn der aus Stein geborene Affe Sun Wukong und errettet ihn aus mancher Notlage. Der Affe wurde daraufhin vom Kaiser in den Rang einer Gottheit erhoben (s. S. 102).

›The Eight Immortals crossing the Sea‹ (Die Acht Unsterblichen durchqueren das Meer): Alle tausend Jahre, wenn im Garten der Königinmutter des Westens die Pfirsiche des ewigen Lebens reifen, verlassen die

Shivas Lingam im Tiger Balm Garden

Acht Unsterblichen ihre Inseln im östlichen Meer und machen sich auf den Weg zum Paradies des Westens, um dort zusammen mit anderen Gottheiten ein Fest zu feiern.

Auch Belehrendes für junge Leute im Sinne der konfuzianischen Ethik und im Stil altchinesischer Malerei ist zu sehen: Lernen, keine Arbeit gering achten, hilfsbereit und kooperativ sein, Wein und Frauen meiden (sie bringen Verderben, und man endet als Bettler); zwischen den Bildern taucht als leuchtendes Vorbild häufig Buddha als Asket auf.

Pagoden im burmesischen und laotischen Stil; Drachenwand zur Abwehr des Bösen; chinesische Flußlandschaften mit Brücken, Pagoden und Pavillons.

Italienische Ecke: der griechische (!) Diskuswerfer des Myron als Nachbildung.

Malaysische Ecke: die Lederschildkröte, die als Symbol für Malaysia gilt; Statue des Konfuzius.

Australische Ecke: Känguruhs, Emus und Koalas.

Spanische Ecke: Flamenco-Tanzpaar.

1990 wurde Haw Par Villa um mehrere Theater und eine Puppenspielbühne erweitert, wo chinesische Mythen und Fabeln aufgeführt werden.

In der Umgebung
One thousand Buddha Temple (Telok Blangah Road, zwischen Keppel Harbour und Tiger Balm Garden) mit einer 15 m hohen Buddha-Statue.

Guan Yin Tong (Telok Blangah Drive): Kleiner Tempel, von der nicht sehr wohlhabenden Gemeinde der Hainanesen 1880 erbaut. Außer Guan Yin, in Begleitung ihrer Schüler Jin Tong und Yu Nu, werden hier der Affengott, der Gott des Krieges, der Gott der Literatur, der Sonnengott, die Göttin des Mondes und der Shakyamuni-Buddha verehrt.

Der japanische Garten Seiwaen

Auf einer der Inseln im künstlich zu einem See erweiterten Jurong-Fluß wurde zwischen 1968 und 1973 ein japanischer Park geschaffen, der keinen Vergleich mit den großen traditionsreichen Anlagen im Heimatland dieser Art von Gartenkunst zu scheuen braucht. Er bedeckt eine Fläche von 13 Hektar; ein Garten dieser Größe ist in jüngerer Zeit nicht einmal in Japan entstanden. Der Entwurf von Professor Kinsaku Nakane aus Kyoto hat viele wesentliche Elemente der Gartenkunst des Mittelalters aufgenommen. Als Vorbilder dienten die Parkanlagen der Muromachi-Epoche (1392–1481), der Momoyama-Periode (1576–1615) und der Edo-Zeit (1605–1867), in der die geistreichsten und elegantesten japanischen Gärten entwickelt wurden. In diesen glanzvollen Teichgartenanlagen mit Inseln, Halbinseln und Brücken, werden immer wieder neue Landschaftsaspekte vermittelt; die bescheidenen, vom Geist des Zen-Buddhismus durchdrungenen Stein- und Teegärten mit ihren Laternen und Wasserschöpfbecken dagegen, zeigen die Bedeutung der Gesamtanlage für die geheiligte Teezeremonie auf. Die Architektur tritt hinter der von Menschenhand verwandelten und gestalteten Natur zurück; in ihr soll der Besucher Ruhe, Frieden und Glückseligkeit finden. Dies ist die Idee eines japanischen Gartens.

Im Seiwaen gibt es einen großen und einen kleinen Teich mit mehreren Eilanden, die die ›Inseln der Seligen‹ symbolisieren, auf denen die Götter ein paradiesisches Leben führen. Seit frühester Zeit nannte man sie in Japan *Shinsen-jima*, in China Hsien-(Xian-)Inseln. Sieben Brücken (Abb. 35) in sechs verschiedenen Stilen beleben mit ihren zumeist geschwungenen roten Geländern und Planken das stille Landschaftsbild. Sogar die Spiegelung im Wasser ist wohlberechnet. Zehn Steinlaternen, darunter neun unterschiedlichen Typs, stehen am Wegesrand. Sie gehen vermutlich auf den großen Teemeister Sen No Rikyu zurück, der solche Laternen aus alten Tempeln und Schreinen in die von ihm entworfenen Gärten hinübertrug. Inzwischen gibt es über hundert verschiedene Typen. Etwa ein Drittel der großen Steine des Gartens stammen aus Japan, die übrigen aus Singapur und die Kiesel in den Karpfenteichen aus Brunei. Die Steinsetzungen sind neben den Teichen das wichtigste Element des japanischen Gartens. Form, Größe und Arrangement symbolisieren die Götter und dienen als Ersatz für eine figürliche Darstellung; dem frühen Shintoismus galten sie gar als Sitz göttlicher Wesen. Dreiergruppen sind ein Sinnbild der buddhistischen Trinität (Amitabha, Shakyamuni und Maitreya, aufgefaßt jeweils als Buddha der Vergangenheit, der

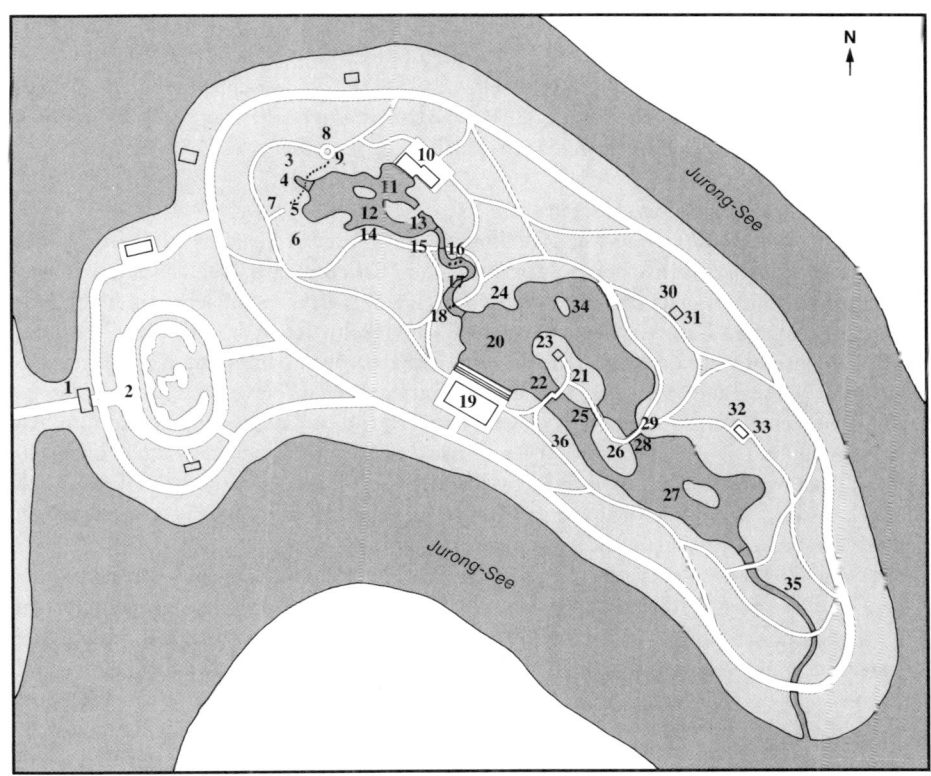

N

Japanischer Garten Seiwaen 1 *Kenshunmon: Eingangspforte* 2 *Keiseien: Trockenlandschaftsgarten*
3 *Shiunrei: Berg, verschlungen von Purpurwolken* 4 *Ryumonbaku: Wasserfall* 5 *Gaunkyo: Brücke
wie ein Bett in den Wolken* 6 *Hiraihō: Berggipfel, auf dem sich gern Vögel versammeln* 7 *Kakumeidai:
Plateau, wo Kraniche krächzend umherfliegen* 8 *Shukuentei: Die Laube* 9 *Hakuryokyu: Der Hügel
als Symbol für das Fortbestehen des Wohlstands* 10 *Tenkyokaku: Reflektion des gnadenvollen Lichts
des Buddha* 11 *Kyoyōchi: Ein spiegelgleicher See* 12 *Koryotō: Eine Insel, die die Insel von Shinsen
repräsentiert* 13 *Engetsukyo: Eine Bogenbrücke, deren Form dem Halbmond gleicht* 14 *Kinzyaku-
dai: Ein Platz zum Rasten* 15 *Sengankutsu: Höhle, in der übernatürliche Wesen leben* 16 *Ryuhaikyo:
Die Brücke, auf der wir meinen, den Rücken eines Drachen zu überqueren* 17 *Zesshokei: Der wundervolle Fluß mit niemals endendem Rauschen* 18 *Hientaku: Gebirgsfluß* 19 *Fumeikaku: Das Haus, in
dem die Weisen lehren* 20 *Garyuchi: Teich, in dem der Drachengott lebt* 21 *Hōraitō: Peng Lai, eine
Insel der »Shinsen«, wo die übernatürlichen menschlichen Wesen leben* 22 *Yōgetsukyo: Brücke, die den
Mond anruft* 23 *Shōnantei* 24 *Ginrinsu: Ein Strand, an dem silberschuppige Fische springen* 25 *Hashinkyo: Brücke zum Palast des Drachenkönigs* 26 *Hojōtō: Fang Chan, eine Insel der »Shinsen«
27 *Eishutō: Ying Chou, eine Insel der »Shinsen«* 28 *Jugetsukyo: Brücke, von der aus man zum Mond
um Frieden betet* 29 *Kanchosaki: Kap, von dem aus man die Gezeiten beobachten kann* 30 *Suiranhō:
Der frischgrüne Berg* 31 *Ryokudōken: Wohnstätte übermenschlicher Wesen* 32 *Fuyōhō: Die wundervollen glänzenden Berge* 33 *Choseiken: Laube voller Reinheit* 34 *Sotetsuzima: Zikadeninsel* 35 *Senseirin: Wald, in dem viele Weise leben* 36 *Senjōiwa: Breiter Fels*

Gegenwart und der Zukunft); Fünfergruppen mit dem höchsten Stein in der Mitte versinnbildlichen den Weltenberg Meru und die vier Himmelsrichtungen; in bestimmten Steinfor-
men werden Kranich oder Schildkröte gesehen, beides alte chinesische Symbole für langes
Leben. An die 2000 große und mittelgroße Bäume beherbergt der Seiwaen und an die 20 000
Büsche, die sich in Art und Form dem traditionellen Gefüge anzupassen haben.

Gang durch den japanischen Garten

Das Eingangstor *Kenshunmon* (›ein frühlingsgleiches Paradies schaffen‹) ist ein schönes
Beispiel traditioneller japanischer Holzarchitektur im Kirizuma-Stil. Der Seiwaen ist in drei
Teile gegliedert. Wenn man das Tor durchschritten hat, trifft man zunächst auf den Land-
schaftstrockengarten *Keiseien*. Dieser Gartenstil entwickelte sich in der Mitte der Muroma-
chi-Periode in Japan und repräsentiert die vom Zen geforderte Sammlung des Geistes und
die mentale Versenkung. Von allen japanischen Gartentypen ist dieser am schwierigsten zu
bauen. Die Steine sind so arrangiert, daß sie eine Gegend mit steilen Felsen und dunklen
Tälern andeuten. Die weißen Kiesel stellen Flüsse dar. Dieser Parkteil besitzt den höchsten
Grad an Abstraktion und Symbolkraft. Hier herrscht tiefe Ruhe. Nichts scheint unnatürlich
oder gekünstelt, denn die Anordnung ist sehr geschickt getroffen, und die Pflanzen vereinen
sich mit den Steinen zu einem Bild vollendeter Harmonie.

Der Weg führt weiter links mit einem Blick auf das Flußufer und auf schöne alte Bäume ins
Zentrum des Gartens; zunächst zum *Shiunrei*, dem von ›Purpurwolken verschlungenen
Berg‹, in Form und Sinngehalt ein Abbild des heiligen Fujiyama; in seiner Umgebung drei
weitere Glück und Wohlstand verheißende Hügel. Die Inseln im *Kyoyochi*, dem ›klaren und
ruhigen spiegelglatten Wasser‹, und im *Garyuchi*, dem großen See, ›in dem der Drachengott
lebt‹, gelten als Wohnsitze verschiedener Götter und sind Symbole der Hoffnung, daß es
Singapur und seinen Bürgern stets wohl ergehen möge. Am Shiunrei stürzt der Wasserfall
Ryumonbaku in einer breiten Kaskade, ›den Weg eines Drachen zum Himmel symbolisierend‹, auf Felsen herab und schickt das Wasser zum kleinen Teich. Die Brücke *Gaunkyo* aus
gelegten Steinen führt ›wie ein Bett in den Wolken‹ über die Wogen. Am See liegen das runde
Sommerhaus *Shukuentei*, von dem aus man einen umfassenden Blick über den Garten hat,
sowie das Gästehaus *Tenkyokaru* im traditionellen japanischen Teehausstil, dem einige
abendländische Züge beigegeben sind. Wie der Name Tenkyo besagt, ist das Haus die
›Reflektion von Buddhas gnadenvollem Licht, das auf die gesamte Welt strahlt‹. Von hier aus
hat man einen wundervollen Blick auf den Wasserfall. Wasserpflanzen und japanische Zierkarpfen, *Nishiko-goi*, beleben den Teich beim Haus.

Auf die größere der beiden Inseln im kleinen See führt die Bogenbrücke *Engetsukyo*,
›deren Form dem Halbmond gleicht‹. ›Der wundervolle Fluß mit niemals endendem Rauschen‹, *Zesshokei*, windet sich zwischen Steinen und Uferpflanzen vom kleinen zum großen
Teich. In der Nähe der Brücke *Ryuhaikyo* ist eine Anzahl seltsam geformter Steine gruppiert; sie bilden die Höhle *Sengankutsu* nach, in der übernatürliche menschliche Wesen
leben. *Ginrinsu*, ›ein Strand, an dem silberschuppige Fische springen‹, wird das schöngе-
schwungene, mit kleinen Felsen, Trittsteinen und einer hohen Steinlaterne besetzte Kiesel-

Formen japanischer Steinlaternen

ufer genannt. Zwei Hügel wölben sich im Norden des großen Teichs auf, beide sind mit Pavillons besetzt und mit blühenden Pflanzen bewachsen. Auch von hier aus bietet sich ein schöner Blick über den Garten und auf die kleine ›Zikadeninsel‹, *Sotetsuzima,* deren Steingruppen eine geheimnisvolle Atmosphäre schaffen.

Die Brücke, ›von der aus man zum Mond um Frieden betet‹, *Jugetsukyo,* führt auf eine der beiden größeren Inseln, und man kann von hier aus über die ›Brücke zum Palast des Drachenkönigs‹, *Hashinkyo,* auf das nächste Eiland wandern.

Verläßt man die Insel auf der ›Brücke, die den Mond anruft‹, *Yogetsukyo,* so gelangt man zu dem schönen Rasthaus *Fumeikaku,* das ›Haus, in dem die Weisen lehren‹; im kristallklaren Wasser des Teiches tummeln sich japanische Zierkarpfen.

Auf dem Weg in den südlichen Zipfel des Gartens kommt man an dem ›breiten Fels‹, *Senjoiwa,* vorbei. Mehrere Pfade führen durch den dichten Wald *Senseirin,* ›in dem viele Weise leben‹. Der Fluß, der ihn durchfließt, leitet das überschüssige Wasser aus den Teichen in den Jurong.

Der chinesische Garten You Hwa Yuan

Während im japanischen Garten eine Fülle von verschiedenen Grüntönen vorherrscht, die zu einer gesteigerten Innerlichkeit führen sollen, bestimmen in der chinesischen Parkanlage weitgehend kräftige Farben das Bild: blühende Pflanzen und rotleuchtende Architektur. Im japanischen Garten treten die Bauten dezent in den Hintergrund, wohingegen sie hier einen

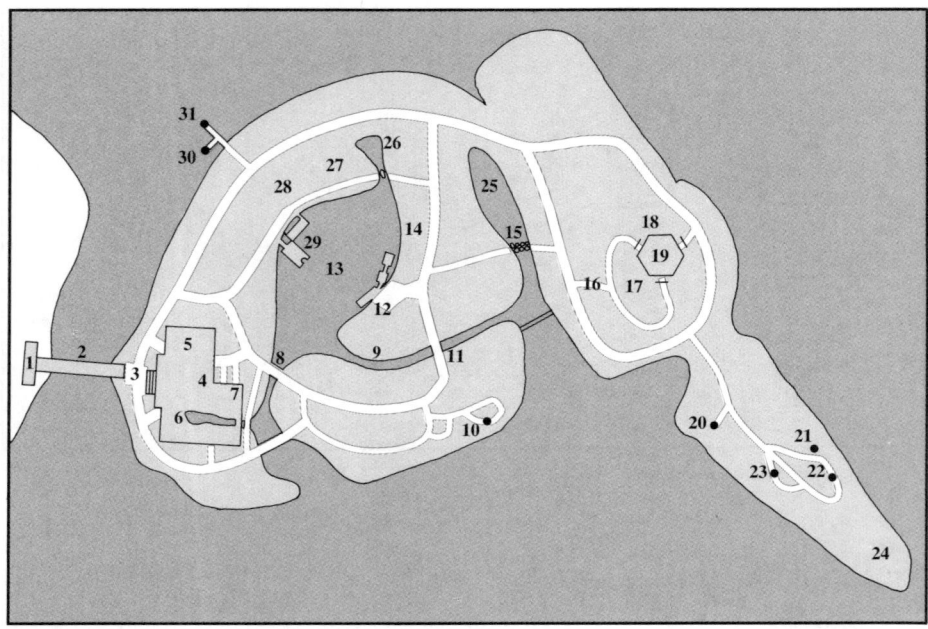

Der chinesische Garten You Hwa Yuan *1 Haupttor* *2 Weiße Regenbogenbrücke, Bai Hong Qiao*
3 Torbau *4 Gebäude* *5/6 Binnengärten in verschiedenen Stilen* *7 Gebäude* *8 Jadeversprühende*
Brücke, Qian Yo Qiao *9 Flüßchen* *10 Pavillon* *11 Brücke* *12 Teehaus, Ming Xiang Xie*
13 See *14 Bambushain* *15 Brücke aus großen gesetzten Steinen* *16 Fußweg* *17 Kiefern und Feigen-*
bäume *18 Hügel, Yun Tai* *19 Pagode, Ru Yun Ta* *20–23 Pavillons* *24 Wald* *25 Lotosteich*
26 Tiger-Wasserfall *27 Schlanksäuliger Fels* *28 Tiger-Hügel* *29 Boot aus Stein, Yao Youe Fang*
30/31 Zwillingspagode, Pi Yun Ge und Yan Youe Luo

wesentlichen Anteil an der Gesamtkonzeption haben. Dies ist auch ein Ergebnis der
geschichtlichen Entwicklung.

Die chinesische Gartenkunst hat eine lange Tradition, sie soll bis in mythische Zeiten
(etwa 2600–2100 v. Chr.) zurückreichen. Ehrfurchterweckende Objekte der Natur als sicht-
barer Ausdruck göttlichen Wesens wie Berge, Bäume, Steine, Teiche mit Inseln standen am
Anfang. Steine in bestimmten Gruppierungen galten als Sinnbild des Paradieses im Westen,
Sitz daoistischer Gottheiten in den Kunlun-Bergen, Teiche mit Inseln als Symbol für die
Eilande der daoistischen Unsterblichen im Osten. Als der Buddhismus in China Eingang
fand, kamen die verschiedenen Erscheinungsformen des Buddha hinzu, und die Felsgrup-
pen symbolisierten den hinduistisch-buddhistischen Weltenberg Meru. Auch Brücken, die
zu den Bergen führen und die Entfernung zu den Abgeschiedenen aufheben, gehören seit
frühester Zeit zu den festen ikonographischen Grundzügen. Kranich und Schildkröte sind

alte chinesische Symbole für langes Leben, und man sucht Steine aus, die den Formen dieser Tiere nahekommen. Steinsetzungen erfolgen oftmals nach dem 7-5-3-System, ein Auszug aus dem kosmologischen Diagramm, eine Art vereinfachter, aber umfassender Weltformel:

4	9	2
3	5	7
8	1	6

Im Zentrum des Quadrates liegt das ›Reich der Mitte‹, rundum die acht Himmelsrichtungen; alle Ziffern von 1 bis 9 haben darin ihren Platz und sind so angeordnet, daß die Summe jeder Reihung 15 ergibt.

Grundproblem chinesischer Gartenkunst ist nicht das Schaffen einer perspektivischen Illusion, sondern die Gestaltung des Raums; die Verteilung von leeren und materiellen Sphären und ihr Verhältnis zueinander versinnbildlichen die Harmonie von Yang und Yin, der beiden entgegengesetzten, jedoch einander bedingenden Kräfte, die den Kosmos im Gleichgewicht halten.

Gärten, und das heißt vor allem Palastgärten, wurden aber auch schon bald Ausdruck ästhetischer Verfeinerung der aristokratischen Gesellschaft, ohne daß die religiösen und kosmischen Bezüge aufgegeben wurden. Bronzedrachen, Türme, Statuen, Tempel und vor allem prunkvolle Palastbauten kamen hinzu. Die Gärten dienten mehr und mehr auch zum Lustwandeln und nicht nur zur meditativen Naturbetrachtung. Auf den Teichen fuhr man mit lampiongeschmückten Booten, und in den Palästen feierte man rauschende Feste. Eines der ältesten chinesischen Gartenfeste ist die ›Feier des Wasserlaufs‹. Zur Zeit der Pfirsichblüte, die den Frühling ankündigt und daher in China mit Freuden begrüßt wird, schickt man Schälchen mit Reiswein auf die Wasserreise. Bevor sie am Ziel ankommen, muß der Absender ein Gedicht verfaßt haben.

Diese von Bauten durchsetzten Gärten erlebten in China zur Zeit der Qing-Dynastie (1644–1912) ihre deutlichste Ausprägung, so z. B. im Neuen Sommerpalast nordwestlich von Beijing (Peking). Von ihm hat der chinesische Garten in Singapur viele Einzelelemente übernommen, während die Gesamtanlage den Entwürfen aus der Zeit der Song-Dynastie (960–1279) folgt.

Charakteristisch ist die Formenvielfalt der kleinen und größeren Bauten. Von den allseitig sich öffnenden Pavillons und Pagoden gewahrt man umfassende Ausblicke über die Gartenlandschaft; durch die kreis-, kleeblatt-, vierpaßförmigen und sechseckigen Öffnungen in den Fassadenwänden ergeben sich Ausschnitte, die wie gerahmte Bilder erscheinen. Die

Bauten tragen viele Merkmale typisch chinesischer Architektur: schwingende Dächer, deren Grate mit Skulpturen mythischer Tiere besetzt sind, die Dachfläche strukturierende Röhrenziegel, deren runde Stirnseite Blatt- und Blütenreliefs zieren, kunstvolles Konsolengebälk und reichbemalte Paneele. Daß es in diesem Garten heutzutage oft laut zugeht, Jazzbands und Sänger ihr Können vorführen, ist wohl als ein folgerichtiges Weiterführen der Lustbarkeiten einer einst höfischen Gesellschaft bis in unsere Ära mit ihrem bürgerlichen Geist zu betrachten.

Gang durch den chinesischen Garten You Hwa Yuan

Wie der japanische liegt auch der benachbarte, 1975 eröffnete chinesische Garten auf einer Insel im Jurong-Fluß und nimmt eine Fläche von 13 Hektar ein. Einen schönen Blick auf das Ensemble von Pagoden, die mit glasierten Ziegeln gedeckten Dächer und die Dreizehn-Bogen-Brücke (Regenbogenbrücke), die in sanftem Schwung über den Fluß setzt und deren Balustrade wie eine Kante aus Spitze wirkt, gewinnt man von der rechten Seite des Parkplatzes aus.

Die kleine Torhalle am Eingang – auch sie mit Skulpturenschmuck auf den Dachgraten – wird von zwei stilisierten Löwen in modernen klaren Formen bewacht. Die Tiere symbolisieren Macht und Treue. Der männliche Löwe hält eine große Perle im Maul und einen Ball in seiner Pfote, die Löwin trägt ihr Junges. Die weiße Regenbogenbrücke ist eine Nachbildung der anmutigen Siebzehnbogenbrücke des Neuen Sommerpalastes in Peking. Drei Treppen führen auf die von einer balustradengeschmückten Mauer eingefaßten Terrasse und zu dem monumentalen Torbau, ›Reiner Anblick des Universums‹, mit drei rundbogigen Durchgängen, deren Einfassung, ebenso wie Pilaster und Stürze, mit Bändern regelmäßig fortlaufender Ornamente geschmückt ist.

Der Weg führt in dem von einer ziegelgedeckten Mauer umgebenen Bezirk zu verschiedenen Bauten, einem sehr idyllischen, in die Architektur einbezogenen Lotosteich und zu zwei Binnengärten unterschiedlichen Charakters: der eine wirkt mit einem kleinen Teich und den Brücken still und beruhigend, der andere ist lebhafter und erfüllt von Jasminduft und der Leuchtkraft der scharlachroten Granatapfelblüten. Die runde Maueröffnung, das Mondtor, gilt als Ausdruck höchster Konzentration.

Von der kleinen weißen ›jadeversprühenden Brücke‹ bieten sich rundum schöne Bilder auf die landschaftliche Szenerie. Der Hauptweg führt parallel zu einem rauschenden schilfgesäumten Wasserlauf auf einen Pavillon zu. Über eine Brücke gelangt man zum Teehaus, eine allseits bis zum Boden offene winklig verlaufende Galerie, die inmitten von Lotos auf dem See zu schwimmen scheint. Goldfarbene Drachen schmücken die Paneele des Gebälks. Der zentrale See eines chinesischen Gartens wird wie das menschliche Herz als Sitz der Gefühle und des Lebens betrachtet, daher entspricht seine Form häufig dem chinesischen Zeichen für Herz. Der Blick geht über das Gewässer, auf dem ein schmales, buntbemaltes Drachenboot schaukelt, zum ›Schiff aus Stein‹, eine vereinfachte und in den Proportionen stark veränderte Nachbildung des Marmorboots im Neuen Sommerpalast in Beijing, den sich die verschwenderische Kaiserinwitwe Cixi um 1900 als Lustschloß erbauen ließ.

Eine poetische und ein wenig melancholische Stimmung umfängt den Besucher im Bambushain; die hohen dünnen Stämme mit ihren schmalen, stets nach unten weisenden Blättern gelten in China als Symbol für Festigkeit, Beständigkeit, Elastizität, Bescheidenheit und Eleganz, Eigenschaften, die ein Mann für erstrebenswert halten sollte. Klotzige, unbearbeitete Schrittsteine in unregelmäßigen Formen bilden eine Brücke über den breiten Fluß. Sie leitet über zu Wegpavimenten aus rechteckigen Steinen, die sich zu einem geometrischen Muster mit verschiedenen Farbnuancen fügen. In zwei ausgreifenden Bögen, gesäumt von Kiefern und buschigen Feigenbäumen, enden die Wege an einem Hügel, auf dem sich eine siebenstöckige Pagode erhebt. Sie ist achteckig und folgt im Stil der 1929 erbauten Revolutionsgedenkpagode beim Ling Gu-Tempel nahe Nanking. Im Innern führt eine Wendeltreppe nach oben. Von den Galerien der einzelnen Stockwerke aus hat man weite Ausblicke.

Durch den Südostzipfel des Gartens, der eine weite, zum Flußufer hin leicht abschüssige Wiese bildet, ziehen sich in schönen Bögen Wegpavimente aus sorgfältig bearbeiteten rechteckigen Steinen hin. Sie führen zu vier kleinen Pavillons. Bäume, Büsche und Steine, deren verschiedenartige Formen zu Gedankenspielen anregen sollen, sind in der Landschaft verstreut. Den hohen Steinen werden männliche, den gedrungenen und flachen weibliche Eigenschaften zugesprochen. Das ganze Ensemble ist von hohem ästhetischen Reiz. Ein geheimnisvoller dichter Wald schließt sich an.

Der nördliche Weg führt zum Ausgang zurück. Weitere Abstecher sollten dem Wasserfall, der mit dem ›Gebrüll eines Tigers‹ über die Steinwand des Tiger-Hügels stürzt, dem schlanksäuligen Fels, der sich aus einer offenen Wiesenlandschaft erhebt, und den anmutigen beiden Pagoden (Abb. 34) gelten.

Außerhalb der Stadt – Im Norden

In der Kim Keat Road, nahe der Jalan Toa Payoh, etwa 12 km nördlich des Stadtzentrums, steht das **Siong Lim-Kloster,** mit vollständigem Namen Lin Shan Siong Lim Chan Si, was soviel heißt wie ›Zwillingshain des Lotosberg-Buddhisten-Tempels‹. Dieser chinesisch-buddhistische Tempel, einer der größten in Malaysia und Singapur, wurde 1898 von zwei wohlhabenden, aus Fujian (Südost-China) stammenden Kaufleuten gegründet. 1908 war der Bau vollendet. Die Materialien stammen zumeist aus China, und ihre Verarbeitung ist ein Zeugnis bester chinesischer Handwerkskunst. Hervorzuheben sind die reich mit Schnitzwerk verzierten Decken, die den Raum illusionär erhöhen. Leuchtendes Rot, die Farbe des Lebens, dominiert. Auch manche der Buddha-Statuen, so etwa drei aus Thailand stammende Marmorskulpturen, sind von bemerkenswerter künstlerischer Qualität.

Eine gleichermaßen monumental wie schwerelos wirkende Zierpforte gewährt Einlaß in den Tempelbezirk. Jeder der fünf in der Höhe gestaffelten Teile wird von einem aufwärts geschwungenen Dach gekrönt. Der Blick nach oben läßt die durch farbige Bemalung noch unterstrichene Konstruktion des Konsolgebälks mit den Trägerarmen nach dem Dou Gong-Prinzip erkennen, und aus einiger Entfernung nimmt man am besten die auf dem Dachfirst in den Lüften tanzenden Drachen wahr; in der Mitte des obersten Daches das Cintamani-Wunschjuwel, die Himmelsperle.

Die drei großen Hallen auf der Längsachse gliedern den Tempelbezirk, zwischen ihnen Höfe und stimmungsvolle Gärten. In der ersten, der Tianwang-Halle wird der Maitreya-Buddha verehrt. Die Statue zeigt ihn als dickbäuchigen heiteren Gott. Ihm zur Seite an den Wänden beschützen die vier Weltenwächter (Lokapala oder Tianwang) den Himmel und die Tempelhallen vor bösen Einflüssen. Diese 5 m hohen, lebensvoll wirkenden kriegerischen Gestalten zertreten Dämonen unter ihren Füßen. Im hinteren Teil der Halle erhebt Wei Tuo, der Wächter der Lehre, sein Schwert gegen alle bösen Geister und die Zerstörer des Glaubens.

Die Haupthalle ist dem Buddha Shakyamuni geweiht, der, im Meditationsgestus sitzend, Ruhe und Gelassenheit ausstrahlt. Ihm zur Linken Bhaishajya-guru, der ›Meister der Heilkunst‹, in China Yaoshi Fo genannt. Er hat die Macht, zu heilen und böse Einflüsse abzuwehren. In der Hand hält er ein Ambrosiafläschchen. Er gilt als Herr des östlichen Paradieses, während der Buddha Amitabha, auf der anderen Seite des Altars, im Westen residiert. Zwischen den drei Figuren stehen Kasyapa und Ananda, die Lieblingsjünger Buddhas. An den beiden Seitenwänden sind in Glasvitrinen 18 Luohan aufgereiht; Guan Yin, die Göttin der Barmherzigkeit, blickt hinaus in den sich dieser Halle anschließenden kleinen Garten. Glocken- und Trommelturm flankieren dieses Gebäude; mit 108 Schlägen, die Buddhas Vergebung aller 108 Sünden symbolisieren, verkünden die beiden Instrumente Beginn und Ende des Tages für die Priester und Mönche.

Malereien schmücken die Außenwände der dritten mehrstöckigen Halle. Von den Veranden im ersten Stock gewahrt man den Formenreichtum der Tempeldächer und ihren farbenfrohen Schmuck wie Blütenranken, Rosetten, fliegende Phönixe und phantasievolle Drachen mit schuppigen Leibern. Der zweistöckige Schrein in der Halle gilt der Guan Yin und den beiden daoistischen Gottheiten Yu Huang (Jadekaiser) und Guan Di (Gott des Krieges). Das Erdgeschoß bewohnt der Abt des Klosters. An den Seiten der Anlage ziehen sich die Quartiere der Mönche, Gästezimmer, Predigthalle und Devotionalienladen hin.

Stärker von Gläubigen besucht wird die alte (jüngst restaurierte), mit beeindruckenden Dachaufbauten versehene Tempelhalle neben dem Siong Lim Si. In den riesigen Öfen vor dem Eingang schicken die Menschen ihre Wünsche auf bedrucktem Papier zu den Göttern und Ahnen.

In der Umgebung
Kong Meng San Phor Kark See (Bright Hill Drive): Eine jüngst geschaffene riesige Tempelfriedhofsanlage mit Krematorium, einem Urnenhaus für rund 300 000 Urnen, zwei großen, reich dekorierten chinesischen Hallen und Meditationszentren u. a.

West-Malaysia

Entlang der Westküste

Johor Bahru

Als Gründer von Johor Bahru gilt der Temenggong Daing Ibrahim, der um 1855 von den Briten zum Regenten von Johor erhoben wurde. Seine städtebaulichen Vorstellungen verwirklichte sein Sohn Abu Bakar (1862–1895), der Johor Bahru, die ›Neue Stadt‹ 1866 zu seinem Regierungssitz machte. Trotz der riesigen Verwaltungshochhäuser, Supermärkte und Geschäftszentren hat sich im wesentlichen das Bild einer Residenzstadt erhalten. Seit 1924, nach fünfjähriger Bauzeit, verbindet ein 1038 m langer Causeway (Damm) Singapur mit Johor Bahru. Mit ungeheuren Mengen an Granit wurde die zwischen 14 und 21 m tiefe

»Ein weiterer Schock für Neptun«. Karikatur zur Fertigstellung des Causeway

Wasserstraße aufgeschüttet. Dem Damm angeschlossen ist eine Pipeline, über die der Inselstaat Singapur sein Trinkwasser erhält. Die vor einigen Jahren von acht auf 21 m verbreiterte Straßen- und Eisenbahnstrecke ist für das heutige Verkehrsaufkommen schon wieder viel zu eng.

Daing Ibrahim hatte den Bukit Timbalan als Mittelpunkt des Regierungs- und Verwaltungsviertels bestimmt. Dort erhebt sich seit 1941 das massige **Regierungsgebäude,** dessen 64,20 m hoher turmartiger Mittelbau immer noch die Skyline der Stadt prägt. Der hohe rundbogige Eingang wird von mehrgeschossigen Erkern flankiert, die durch Gesimse und ein Ornamentband voneinander abgesetzt sind. Ein regelmäßiges Durchbruchmuster ziert die Fensteröffnungen, ein breites Reliefband zieht sich auch oberhalb des Portals hin. Zwei kurze Viereckstürmchen und ein hoher kräftiger Mittelturm, dessen Wände von Dreibogenöffnungen mit Doppelsäulen durchbrochen werden, sitzen der oberen Terrasse auf. Feine Mosaike schmücken die Große Halle im Innern.

Am Fuß des Hügels breitet sich die Altstadt aus. An ihrem südlichen Ende, nahe der Küste, stehen der Dewan Jibli Intan, die zum 60jährigen Thronjubiläum der englischen Königin Victoria erbaute Jubilee-Halle, und, der Küste zugewandt, der ehemalige Gerichtshof (jetzt Sultan Ismail Library) in klassizistischem Kolonialstil. Denkmäler erinnern an den

Johor Bahru 1 Tourist Development Corporation (Fremdenverkehrsamt) 2 Bus-Terminal 3 State Government Building (Regierungsgebäude) 4 Dewan Jubli Intan 5 Sultan Ismail Library (ehem. Gerichtshof) 6 Vista Tower (Denkmal für Sultan Abu Bakar) 7 Istana Besar 8 Dewan (alte Versammlungshalle) 9 Istana Gardens (Palastgarten) 10 Zoo 11 Moschee Sultan Abu Bakar 12 Sultansmausoleum und Friedhof 13 Istana Bukit Serene 14 Taman Tasek (Lake Gardens)

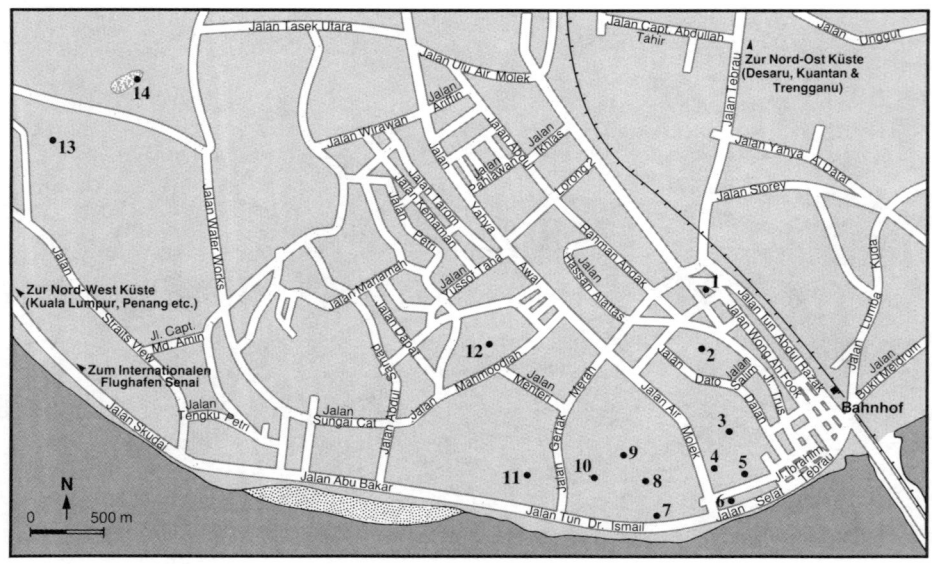

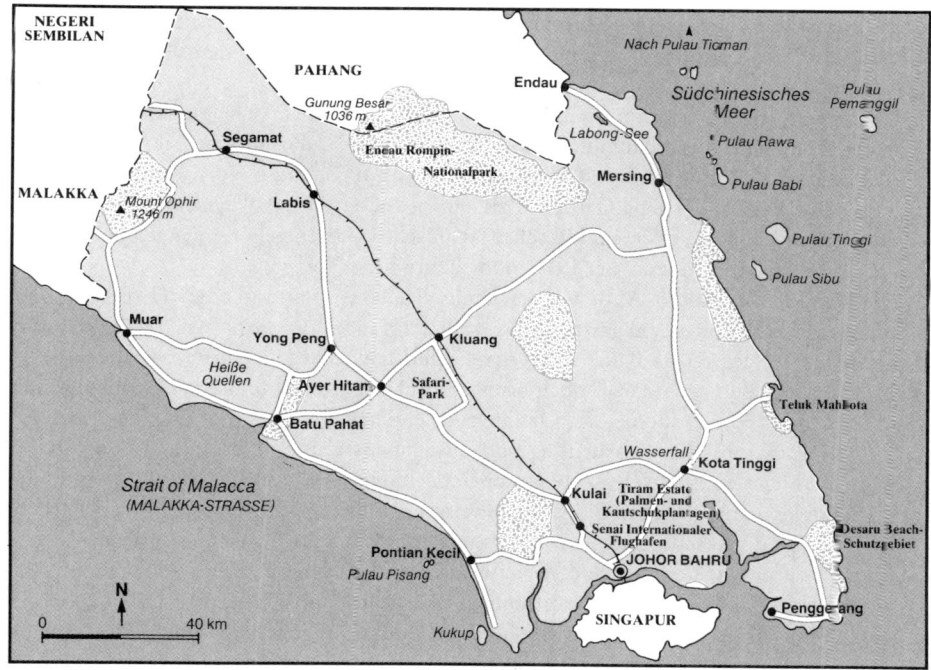

Die Umgebung von Johor Bahru

Gründer von Johor Bahru, Temenggong Daing Ibrahim, und – der mit der Nachbildung der Sultanskrone gekrönte Aussichtsturm (Vista Tower) – an den Stadtplaner Sultan Abu Bakar.

Das Hügelland jenseits der schönen Strandpromenade, von der aus der Blick über die Straits hinweg bis zur Insel Singapur mit der großen Satellitenstadt Woodlands reicht ist zu einem weiten Park mit alten Bäumen und gärtnerischen Anlagen umgestaltet worden. Eine schattige Allee führt auf den **Istana Besar** zu, den sich Abu Bakar 1866 als erste Residenz erbauen ließ (später erweitert). Die lange Hauptfront wendet sich den Johor Straits zu. Pilaster und feinprofilierte Simse gliedern die Fassaden. Den Rundbogenöffnungen des unteren entsprechen die Fenstertüren des zweiten Geschosses. Reicher gestaltet ist der im Halbrund abschließende Ostflügel. Die Pilaster und paarigen Halbsäulen tragen schmuckvolle Kapitelle. Das Dach greift malaiische Formen auf. Das Bauwerk ist zwar architektonisch nicht bedeutend und die Verarbeitung abendländischer Formenelemente und ihre Vermischung mit traditionellen Bauformen recht ungelenk, dennoch sind die Großzügigkeit und die Anordnung der Einzelteile nicht ohne Reiz. Der Istana Besar wird heute nur noch bei öffentlichen Anlässen wie Staatsempfängen, Krönungen und anderen königlichen Zeremonien benutzt, dient also nicht mehr dem Sultan als private Residenz. Der Nordflügel birgt den Thronsaal und ein kleines Museum mit den Staatsregalien, einer Sammlung höfischer Kleidung, Waffen, Jagdtrophäen und wertvollen Gegenständen aus dem Besitz der Herrscherfamilie.

Der Dewan etwas weiter nördlich, eine architektonisch sehr einfache Versammlungshalle, wurde 1857 als **Rathaus** erbaut und ist wohl das älteste Gebäude in Johor Bahru. Das Innere blieb seit jener Zeit unverändert. Geht man von hier aus Richtung Nordwesten, so gelangt man in den Palastpark (Istana Gardens), zu dem eine Orchideenanlage, ein Farngarten mit schönen alten Bäumen sowie ein hübscher japanischer Garten gehören, angelegt zu Ehren des japanischen Kronprinzen, der 1936 Johor Bahru besuchte.

Die **Masjid Abu Bakar** (Abb. 36), Staatsmoschee von Johor und eine der schönsten im Lande, überblickt von einem gärtnerisch gestalteten Hügel aus die Straits. 1892, drei Jahre vor seinem Tod, legte Abu Bakar selbst den Grundstein, acht Jahre später war sie fertiggestellt. Zu dieser Zeit suchte man noch nach einer neuen architektonischen Formensprache für Steinbauten. Die moderne, am Okzident orientierte Gesinnung des Sultans fand hier ihren Ausdruck, und die Verarbeitung und Zusammensetzung vieler der abendländischen Baukunst entlehnten Einzelelemente ist äußerst gelungen. Die Anlage ist rechteckig. In der Mitte aller vier Seiten springen Eingangshallen mit Rundbogenarkaden vor. Darüber erhebt sich jeweils ein dreigeschossiger Turm, der zunächst den rechteckigen Grundriß des Untergeschosses aufnimmt und mit einer Galerie aus drei Arkaden an jeder Seite, dann in zwei oktogonale Geschosse mit Fensteröffnungen übergeht. Eine achtrippige Dachhaube mit aufgesetztem Türmchen bildet den Abschluß. Ihr dunkles Schiefergrau kontrastiert reizvoll zu dem die Struktur des Bauwerks betonenden Weiß und Gelb. Vielfältig sind die Gliederungs- und Zierformen: Scheitelsteine an vielen Rundbögen, Balustraden mit Aufsatzzier, schmuckvolle Gesimse und Fensterverdachungen, Rundfenster und in den Ecken zwischen Vorhallen und Baukörper dreistöckige Türmchen mit außerordentlich plastisch wirkenden Pilasterkapitellen. Der Innenraum wirkt mit seinen kannelierten Säulen und Pilastern, den Rundbögen über mit Pflanzenreliefs geschmückten Kapitellen wie ein Saal der historisierenden Renaissance. Der äußerst reich verzierte Minbar, doppelstöckig und von einem Baldachin überdacht, ist ein Meisterwerk traditioneller Schnitzkunst.

Folgt man der Küstenstraße weiter westwärts und biegt dann rechts in die Jalan Straits View ein, so gelangt man zum **Istana Bukit Serene**, der 1938 erbauten neuen Sultansresidenz. Ein weitläufiger Park umgibt das ›Palais‹, so daß man außer dem 32 m hohen Turm fast nichts von dem Bauwerk sieht. Im Osten grenzt der Palastgarten – hier kann man auch einen Blick hineinwerfen – an den Taman Tasek (Lake Gardens, Recreational Park). Eine weitgehend naturbelassene Landschaft umschließt den stillen, malerischen See; nahe dem Ufer eine Reihe typisch malaiischer Holzhäuser (zum Übernachten).

An der südwärts führenden Jalan Kolamair steht ein kleiner sehenswerter vishnuitischer Hindu-Tempel. Den halbkugeligen Sikhara schmücken grellbunte Figuren und Kala-Köpfe.

Mittelpunkt des islamischen Friedhofs (nahe Jalan Petri und Jalan Mahmoodiah) ist das **königliche Mausoleum** (geöffnet tägl. 8–11.45, 14–16 Uhr); in dem achteckigen überkuppelten Raum ruhen der Temenggong Daing Ibrahim, die Sultane Abu Bakar und Ibrahim sowie enge Angehörige. Ein Anbau hat die Marmorsärge mit den Leichnamen von Sultan Ismail (gest. 1981), seiner Gemahlin und seiner Mutter aufgenommen.

In der Umgebung von Johor Bahru

Die **Wasserfälle** in einer recht ursprünglich gebliebenen Landschaft am Fuß des 624 m hohen Gunong Muntahak (56 km); das Wasser sammelt sich in Felsbecken, die zum Schwimmen tief genug sind; der Weg dorthin führt durch endlose Kautschuk- und Ölpalmenplantagen und durch die kleine lebhafte Stadt Kota Tinggi (42 km).

Kampong Makam (etwa 2 km südlich von Kota Tinggi) war von 1685–1699 und das nahe Batu Sawar von 1660–1685 die Hauptstadt des Sultanats Johor-Riau; etwa zu dieser Zeit wurde in Kampong Makam die Grablege eingerichtet, in der rund 15 Sultane beigesetzt sind; das einfache Mausoleum inmitten zahlreicher alter Gräber stammt aus jüngerer Zeit.

Johor Lama, das ›Alte Johor‹, war zwischen 1528 und 1564 und nach 1570 bis 1597 die Hauptstadt von Johor-Riau; hier entfaltete sich in der zweiten Periode ein bescheidenes Hofleben; vor einigen Jahren hat man das 1587 von den Portugiesen zerstörte Fort Kota Batu in seinen Grundzügen rekonstruiert; nahebei, idyllisch am breiten Sungai Johor gelegen, Kampong Lama. Auf dem Landweg erreicht man Johor Lama schlecht, im letzten Abschnitt nur über enge Plantagenwege; mit einem Boot den Sungai Johor abwärts geht es einfacher und schneller.

Das Feriendorf **Desaru** (›Dorf der Casuarinas‹), ein beliebter Badeort der Singapurer, liegt nahe dem Fischerdorf Penawar am gleichnamigen Kap; mehrere Hotels und ein Dorf mit Bungalows im modernen Minangkabau-Stil.

Melaka (Malakka)

Malakka, von den Malaien heute wieder Melaka genannt, ist die älteste Stadt Malaysias und auch die erste, deren Geschichte sich seit ihrem Entstehen nachzeichnen läßt (s. S. 75).

Das alte Zentrum mit seinen schönen Geschäftshäusern im Kolonialstil, dieser manchmal so bezaubernden Mischung aus chinesischen und abendländischen Architekturelementen, das noch weitgehend stilreine chinesische Viertel jenseits des Sungai Melaka, die langsam verfallenden Häuser nahe der Flußmündung, einst von wohlhabenden Händlern und Kaufleuten bewohnt, und die Kampongs an der Peripherie gewähren einen Blick in die Vergangenheit der Stadt. Die frühere politische und wirtschaftliche Bedeutung Melakas ist längst geschwunden, der Hafen verlandet, doch Betriebsamkeit herrscht hier immer noch – dafür sorgen schon die geschäftigen Chinesen, die rund 75 % der mehr als 100 000 Einwohner ausmachen.

Im 14. Jahrhundert lag hier eine Siedlung der *Orang Laut*, der ›Seemenschen‹, die vom Fischfang und von der Piraterie lebten. Paramesvara, der Begründer des Malakka-Reiches, erkannte die überragende strategische Bedeutung dieses Küstenpunktes am Ausgang der verkehrsreichen Seestraße zwischen der Halbinsel und Sumatra. Der Hindu-Prinz aus

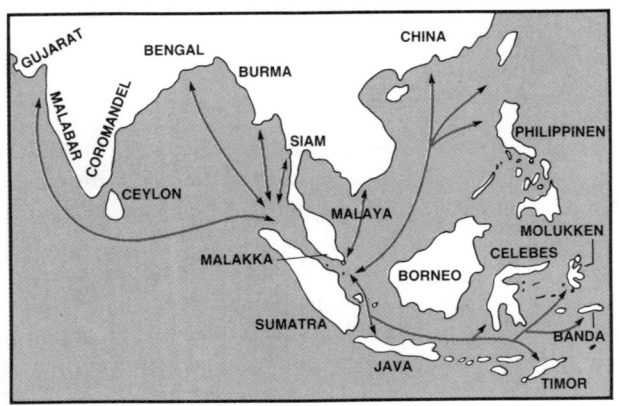

Malakkas Handelsverbindun-
gen im 15. Jahrhundert

Palembang (Sumatra), der Hauptstadt des Majapahit-Reiches, kam nach Tumasek (Singapur), da er versucht hatte, die Herrschaft an sich zu reißen. Hier ermordete er den Fürsten
und rief sich zum Herrscher der Insel aus. Mehrere Jahre lang widmete sich Paramesvara
dem einträglichen Geschäft der Piraterie, bis ihn die Thai vertrieben. Um 1400 gründete er
an exponierter Stelle die Stadt ›Melaka‹, benannt nach dem dort häufig anzutreffenden
gelbblühenden Baum, und baute sie zu einem prosperierenden Handelszentrum aus. Er
führte den Anbau von Gambir, Gewürzen, Bananen ein und entdeckte auch die Zinnvorkommen in der Gegend. Da er gute Handelskonzessionen gewährte und gegen Entgelt
Schutz vor Überfällen bot, ließen sich bald ausländische Kaufleute in Melaka nieder. Um
den malaiischen Siedlungskern entstanden ausgedehnte Niederlassungen tamilischer, burmesischer, javanischer, arabischer und chinesischer Händler. Durch geschicktes politisches
Taktieren – zunächst stellte er sich unter den Schutz der Thai, danach unter den der Großmacht China – behauptete sich Paramesvara gegenüber seinen malaiischen Nachbarn. Um
1414 trat er zum Islam über und nannte sich fortan Sultan Iskandar Shah. So schuf sich der
Usurpator – nun im Besitz des ›wahren‹ Glaubens – eine neue grundlegende Legitimation für
seine Herrschaft. Zu dem blühenden Handelsknotenpunkt Melaka, in dessen geschütztem
Hafen Schiffe aus aller Welt anlegten, gehörte ein weites Hinterland. Iskandar Shahs Nachfolger festigten die Herrschaft, drangen bis nach Pahang und Johor vor und verbreiteten dort
den Islam. Um 1480 hatte das Malakka-Reich seine größte Ausdehnung erreicht (s. S. 76).
Von der Pracht und dem Wohlstand der Sultane und der reichen Familien zu dieser Zeit
künden keine baulichen Zeugen mehr. Die Burg und die Paläste gingen im Sturm der
europäischen Mächte unter, in deren handelspolitischen Sog Melaka Anfang des 16. Jahrhunderts geriet. Im Museum (Muzium Melaka, im Stadhuys) ist ein nach literarischen
Beschreibungen angefertigtes Modell des Mahaligai, des Palastes von Sultan Mansur Shah
(1458–1477), zu besichtigen. Auffallendste Merkmale sind die mehrfach übereinander
gestaffelten, tief ausgeschweiften und mit zierlichen, weit aufwärts strebenden Spitzen ausgestatteten Satteldächer im Minangkabau-Stil. Wie die literarische Quelle berichtet, zierte

bemaltes Schnitzwerk die lange Vorderfront und die Giebel, waren die Dächer mit Türmchen aus rotem Glas besetzt, die Fensteröffnungen von vergoldeten Leisten umrandet und die Dachkanten ebenfalls mit Gold belegt. Der Palast brannte noch zu Lebzeiten Mansur Shahs nieder.

Von Goa, ihrer Niederlassung an der indischen Malabarküste, bemühten sich die Portugiesen um Handelskonzessionen in Melaka. Der erste Versuch 1509 mißlang, 20 Portugiesen blieben als Gefangene in der Stadt zurück. Am 1. Juli 1511 erschien Afonso d'Albuquerque, Vizekönig von Indien, mit 18 Schiffen, 800 portugiesischen Soldaten und 300 Sepoys vor Melaka. Als die Verhandlungen scheiterten, eröffnete die Armada das Feuer. Nach drei Tagen war die Stadt, deren 20 000 Mann starke, von Elefanten unterstützte Truppe gegen die Kanonade wenig ausrichten konnte, in der Hand der Portugiesen. Sultan Mahmud floh nach Johor.

Das kleine, in wenigen Monaten errichtete **Fort A Famosa** (›das Ruhmreiche‹) zu Füßen des heutigen St. Paul's Hill, erweiterten und verstärkten die Portugiesen wenige Jahre später. Es bestand aus schwerem Mauerwerk und besaß eine Reihe mächtiger, kanonenbesetzter Bastionen: die Santiago-Bastion, dem Meer zugewandt, die St. Peter's-Bastion (hier steht heute die Hongkong und Shanghai Bank), die St. Dominic-Bastion (zwischen Presbyterium, der Kirche St. Franciscus Xavier und Public Bank), Bastiao da Madre de Deus (etwa zwischen dem Telecom-Gebäude und dem holländischen Friedhof) und die kleine Bastion der ›Elftausend Jungfrauen‹. Die Namensgebung zeugt davon, daß die Portugiesen ihre Befestigungsanlage, die etwa 1586 vollendet war, auch als Bollwerk des Christentums auffaßten. In der südwestlichen Ecke stand der eckige Wachturm aus massivem Mauerwerk, der höchste der vier Festungstürme.

Die Mauern hielten mehr als 20 Angriffen der Streikräfte des nach Johor geflüchteten Sultans stand. Ab 1606 versuchten auch die Holländer das Fort einzunehmen, blieben jedoch lange Zeit erfolglos. Erst 1641 gelang es ihnen nach sieben Monaten Belagerung und heftigen Gefechten, den Wall an seiner schwächsten Stelle, der Bastion St. Dominic, zu durchbrechen. Der Sultan von Johor hatte 40 Schiffe und 1500 Mann zur Unterstützung der Holländer bereitgestellt.

Rekonstruktion des Palastes von Mansur Shah aus dem 15. Jahrhundert

Die portugiesische Festung A Famosa

1807 ließen die Briten, seit 1797 die Herren von Melaka, unter großen Mühen und Kosten das Fort schleifen: Es sollte – Widersinn der Kolonialgeschichte – keiner anderen europäischen Macht mehr als Bollwerk dienen. Einziges Relikt der Festung A Famosa ist heute die **Porta de Santiago** (St. James' Gate), ein mächtiger steinerner Portalbau, der zur gleichnamigen Bastion führte. Sir Stamford Raffles hatte 1808 den Abbruch verhindert. Die Pilaster und das reichgegliederte Gesims treten kräftig aus der Wandung hervor. ›Anno 1676‹ ist über dem Torbogen zu lesen; in diesem Jahr restaurierten die Holländer das Portal und brachten oben auf beiden Seiten das Wappen der Vereenigden Oostindischen Compagnie (1602 gegründet) an.

Eine bröcklige Steintreppe führt an Grabstätten vorbei auf den Hügel, den die eindrucksvolle Ruine der **St. Paul's Kirche** krönt (diese Namensgebung stammt von den Holländern). Das Dach fehlt, und durch die leeren Fensterhöhlen der Westwand blickt man auf das Meer. Eine kleine, 1521 erbaute Kapelle, angeblich das erste christliche Gotteshaus in der fernöstlichen Welt, ging dem Bau voraus. 1548 übergab der Erzbischof von Goa die Kirche den Jesuiten, deren Klostergebäude ebenfalls auf dem Residenzhügel standen. Die Mönche errichteten zwischen 1566 und 1580 den jetzigen schlichten Bau und fügten drei Jahre später den Turm hinzu. Im gewölbten Chor, durch einen hohen Rundbogen vom Schiff getrennt, befindet sich ein leeres Grab; es war für den einflußreichen portugiesischen Missionar Franciscus Xavier, der oft in der St. Paul's-Kirche gepredigt hatte, als letzte Ruhestätte bestimmt. Neun Monate nach seinem Tod (1552) wurde er dann aber in Goa beigesetzt.

236

Nahe der Begräbnisstätte, im rechten Teil des Chors, finden sich einige interessante Grabsteine: so des zweiten Bischofs von Japan, der 1558 in der Nähe von Singapur starb, und des Festungskommandanten Dom Miguel de Castro. Im Schiff lehnen 28 weitere Grabsteine mit gut lesbarer holländischer und lateinischer Schrift, zum Teil mit Reliefs verziert, an der von Schlingpflanzen überwucherten Kirchenwand. Von 1641 bis 1753 diente St. Paul's den Holländern als protestantisches Gotteshaus, danach als Grabstätte.

An der Küste am östlichen Stadtrand befindet sich das **Kampong Portugis** (Portuguese Settlement), eine Ansammlung von kleinen, einstöckigen Häusern, in denen rund 1500 katholische Eurasier wohnen. 1931 stellte die britische Kolonialregierung den nie zu Wohlstand gekommenen Nachfahren der Kinder aus portugiesisch-malaiischen Ehen das Land zur Verfügung. Die Bewohner nennen ihre Siedlung *Padre Sa Chao* (Land des Priesters). Ihr *Christao* genannter Dialekt, der im 16./17. Jahrhundert im Südosten Portugals gesprochen wurde und dort inzwischen längst ausgestorben ist, findet das besondere Interesse der Linguisten. Sonntags versammelt sich die Gemeinde in der schlichten weißen Kapelle im Fátima-Stil, und in den Bodegas am Strand erklingen abends die *Fados* (portugiesische Lieder, die die Kinder für Touristen auch gegen Entgelt singen). Die Menschen leben vom Fischfang oder verdingen sich in der Stadt als einfache Arbeiter.

Die Holländer, die Melaka puritanisch streng mit harter Hand verwalteten und keine Beziehungen zu der Bevölkerung pflegten, haben kräftige Spuren hinterlassen. Das prächtige **Stadthuys,** die Residenz des holländischen Gouverneurs, wurde 1641–60 erbaut und ist das älteste erhaltene holländische Gebäude in Südostasien; dreistöckig die Hauptgebäude, zweistöckig der Anbau, der Remisen, Lagerräume und im Oberstock die Wohnungen der Bediensteten enthielt. Seine Zierde sind der über eine massive Treppe von der Straße her zugängliche Söller, überdachte Terrassen, Gänge und Vorbauten. Einer der großen Räume im Innern besitzt eine Holzdecke mit kunstvollen Schnitzereien, darunter menschliche Figuren, vermutlich Porträts der Gouverneure (Malacca Historical Museum).

Die behäbige **Christ Church** (Abb. 38), deren Eingangsfassade mit der dreibogigen Vorhalle (Mitte 19./18. Jh. angefügt) nur sparsam durch Pilaster und Simse gegliedert ist, erbaute sich die holländische reformierte Gemeinde 1741–1753. Dieses Gotteshaus löste St. Paul's als Hauptkirche ab. Typisch holländisch sind die Halbkreisformen des Giebels und der aufgesetzte offene Glockenstuhl (Glocke von 1698). Holzpfeiler teilen das Innere in drei Schiffe. Kirchengestühl, Kanzel, Westempore und das Taufbecken aus Messing stammen noch aus der Entstehungszeit, den Marmoraltar mit einer Darstellung des Letzten Abendmahls, ließen die Briten anfertigen. Noch heute werden in der Kirche anglikanische Gottesdienste abgehalten. Die Holländer kleideten die Kirche in kräftiges Rot, das heute ebenfalls rot gestrichene Stadthuys dagegen war früher weiß.

Für Chinesen ist wiederum Rot eine glückverheißende Farbe – Vater und Sohn Tan Koon Cheng gaben sie dem **Uhrturm,** den sie gegen Endes des 19. Jahrhunderts der Stadt stifteten. Ihn deckt ein typisch chinesisches Pyramidendach. Sonst aber gleicht dieser schlanke Bau kaum den wuchtigen, lastenden Glockentürmen in Chinas Städten. Das koloniale Ensemble vervollständigen der im Jugendstil erbaute Victoria-Brunnen, den die Stadt Melaka 1901 der

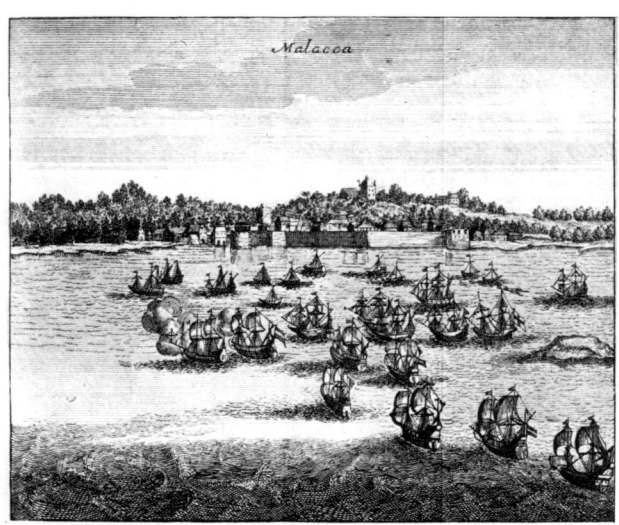

*Die portugiesisch-holländische
Seeschlacht von 1606*

englischen Königin Victoria zum ›Diamantenen Jubiläum‹ (60 Jahre Regentschaft: 1837–1897) stiftete, und das 1931 von den Briten erbaute General Post Office. Unter den schattenspendenden Bäumen des ›Roten Platzes‹ verträumen Männer und Frauen den Tag, und bei den Freiluft-Schreibbüros lassen Analphabeten Formulare an Behörden oder Liebesbriefe aufsetzen.

Auf der Mauer neben dem Stadthuys findet sich noch ein Relikt aus der Zeit vor dem ersten Sultanat: ein aus einem großen Stein gemeißeltes mythisches Seeungeheuer des Hinduismus, ein Makara, teils Krokodil, teils Delphin, aber mit einem Elefantenrüssel.

Das neu eingerichtete **Muzium Budaya** (Kulturmuseum) besitzt u. a. Dokumentationen zur Geschichte des Islam und des frühen Sultanats (u. a. die Rekonstruktion des Palastes von Mansur Shah, s. S. 235) mit interessanten Exponaten sowie ein Archiv und das Archäologische Institut.

Über die Brücke Tan Koon Cheng, der fünften an dieser Stelle seit 1511, erreicht man das vorwiegend von Chinesen bewohnte Stadtviertel. Die schmalen Straßen säumen kleine, zumeist zweigeschossige Häuser, verziert mit bunten Keramikblumen, farbigen Kacheln und glasierten Rollziegeln auf den Dächern. Einige der Häuser mögen noch aus dem 18. Jahrhundert stammen. Auch manche wohlgepflegte chinesische Residenz findet sich hier, so zum Beispiel in der Jalan Hang Jebat, deren Antiquitätenläden übrigens Schatztruhen chinesischen und malaiischen Kunsthandwerks sind. Die Jalan Tun Tan Cheng Lock und ihre Fortsetzung, die Jalan Tengkera – nahe dem früher bedeutenden Hafen – gehören den Chinesen. Durch die weitgeöffneten hohen Doppeltüren der safrangelb und grün bemalten Häuser fällt der Blick auf die ›Stellwand‹, deren aufgemalter goldfarbener Drachen bösen Kräften den Zugang verwehrt. In kleinen sandgefüllten Behältern am Boden oder an der Hauswand qualmen Räucherstäbchen. Man entzündet sie, um den Schutz der Ahnen zu erflehen.

Einen Eindruck von der Wohnkultur der Straits-born Chinese (s. S. 108) erhält man in dem **Baba Nyonya Heritage Centre**, das in zwei prächtigen Villen eingerichtet wurde (Jalan Tun Tan Cheng Lock Nr. 48 u. 50). Zu sehen sind reich mit Schnitzereien und Perlmutt-intarsien verzierte Möbel, Porzellane, vor allem solche mit Schmelzfarbendekor der Art famille rose und famille verte, kostbare Lackarbeiten und eine Treppe aus Teakholz, die wegen ihres kunstvollen, goldbelegten Schnitzwerks an Geländerstäben und Wangen als einzigartig für ganz Malaysia gilt.

In der Jalan Tokong (früher Temple Street) stehen buddhistische, konfuzianische, daoisti-sche und hinduistische Tempel sowie Moscheen einträchtig beieinander, dazwischen die Werkstätten chinesischer Sargmacher, Steinmetzen und der Hersteller von Papierhäusern, dem wichtigsten Inventar, das dem Leichnam bei der Kremation ins Jenseits mitgegeben wird; heutzutage fehlen dabei auch Auto und Fernsehapparat nicht.

Der prächtigste chinesische Tempel vielleicht ganz Malaysias, gewiß aber der älteste ist der **Cheng Hoon Teng** (Abb. 39, 40) am Ende der Jalan Tokong. Seine beiden Zeremonialma-sten überragen die jahrhundertealten Häuser ringsum. Li Wei King, der nach dem Sturz der

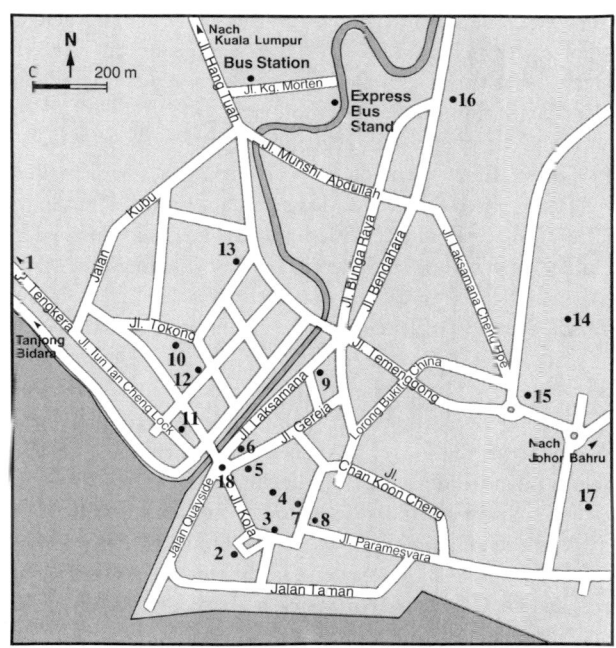

Ming-Dynastie durch die Manju 1644 sein Heimatland verließ, gründete zwei Jahre darauf dieses Heiligtum. Den jetzigen Hauptbau errichtete 1704 Cheng Ki Lock, der es als ›Captian China‹ zu großem Wohlstand gebracht hatte. Tan Kap, einer seiner Nachfolger, restaurierte und erweiterte den Bau hundert Jahre später.

Die Anlage ist einfach und übersichtlich. Drei Portale gewähren Eingang in den mauerumgebenen rechteckigen Tempelbezirk. Eine überdachte pfeilergestützte Vorhalle leitet über zur Haupthalle. Die Portale in der symmetrisch gestuften Front werden von jeweils einem Löwenpaar aus vergoldeter Bronze bewacht. Um das Gebäude zieht sich ein großer Hof. An den Mauerwänden lehnen mehrere Schreine, einer von ihnen enthält die Seelentafeln aller chinesischer Capitans, dazu ein Porträt des Tempelgründers, gekleidet in einer blauen Robe der Ming-Zeit. Der Cheng Hoon Teng ist ein buddhistischer Tempel (angegliedert die Mönchsquartiere), dem Bodhisattva Avalokiteshvara in seiner weiblichen Variation Guan Yin geweiht; die 76 cm hohe Bronzeplastik des Hauptschreins schuf vermutlich ein indischer Bildhauer. Von der überaus kostbaren Innenausstattung seien die geschnitzten Paneele, Friese mit Darstellungen aus Buddhas Leben, zum Teil als Goldmalerei auf schwarzem Lackgrund, reichverziertes Gebälk und formschönes Mobiliar hervorgehoben; an den Wänden finden sich Malereien, darunter schwungvolle Darstellungen der Acht Unsterblichen, und nur selten sieht man die Darstellung eines kindlichen Buddha auf einer Lotosblüte. Äußerst schmuckvoll ist auch die Dekoration der Tempeldächer und des äußeren Eingangsportals. Vollplastische mythische Tiere besetzen die Grate und kehren, zusammen mit Vögeln und Blumen in bunter Keramik oder farbigem Glas, auf dem breiten Reliefband wieder, das sich an dem sanft geschwungenen, in aufwärts gerichteten Spitzen endenden Dachfirst entlangzieht. Den Giebel zieren außer Porzellanblumen feine Malereien mit Szenen aus der chinesischen Mythologie.

Das Gebäude an der gegenüberliegenden Straßenseite, ein Ziegelsteinbau des späten 19. Jahrhunderts, dient Theatervorführungen, vor allem der Peking-Oper.

Melaka besitzt mehrere Moscheen, die zu den ältesten Malaysias zählen. Im Westen der Jalan Tengkera, schon außerhalb des eigentlichen Stadtgebiets und ziemlich weit vom Hafen, dem Haupthandelsplatz, entfernt, fanden die Malaien noch ein Siedlungsgebiet in Küstennähe. Die 1728 auf quadratischem Grundriß erbaute **Masjid Tranquerah** folgt in ihrer Gestalt javanischen Vorbildern: breites, vierfach gestuftes, weit herabgeneigtes Dach, dessen oberer Teil eine geschlossene Pyramide bildet. Die Dachgrate sind leicht konkav geschwungen, nur im oberen Teil wölben sie sich nach innen. Die unteren Dächer trennt ein Fries aus bunten glasierten Kacheln. Mit Blütenreliefs besetzte Fliesen bekleiden auch die Wände sowie die Sockel, auf denen die dünnen Eisenpfeiler des Umgangs stehen. Durchbrochene Pflanzenmotive füllen die Bogenfelder der Türen, dekorativ gestaltete Koranverse ziehen sich auf den Türstürzen und dem Balken vor der Qibla-Wand hin. Schönes Schnitzwerk und eine aufgesetzte Kuppel schmücken den Minbar. Das nebenstehende Minarett, später erbaut als die Moschee, gleicht einer bestimmten Form chinesischer Pagoden. Simse grenzen die Geschosse voneinander ab, Blendarkaden zieren die Flächen. Das erst in jüngerer Zeit errichtete Eingangstor verarbeitet chinesische und europäische Einflüsse.

Auf dem kleinen Friedhof neben der Moschee findet sich das einfache und wenig beachtete Mausoleum von Sultan Hussein, der 1819 die Insel Tumasek (Singapur) an Sir Stamford Raffles abtrat und 1835 in Melaka starb. Architektonisch weitaus eindrucksvoller gestaltet sind die Mausoleen, mit denen die Malaien zwei ihrer hervorragenden Krieger ehren: Hang Jebat und Hang Kasturi (im chinesischen Viertel).

Ebenfalls aus dem Jahr 1728 stammt die **Masjid Hulu** (oder Ulu) im ehemaligen gleichnamigen Kampong. In den betonten Dachgraten, ihren aufwärts gebogenen und mit Reliefschmuck besetzten Enden spiegeln sich siamesische Einflüsse wider, und das scharfkantige, sich bis zum durchlichteten Obergeschoß stark verjüngende Minarett nimmt Bauformen Sumatras auf. Eines der schönsten islamischen Heiligtümer in traditionell malaiischem Stil ist die **Masjid Kampong Kling** (auch Keling) aus dem Jahr 1748. Blütenkacheln und Skulpturenschmuck an den Wangen der geschwungenen Dachgrate und das Filigran der geschnitzten Girlanden an den Traufen verleihen dem dreifach gestuften Dach Anmut. Arkaden mit Volutenkapitellen, ein holzgeschnitzter reichornamentierter Minbar, ein Porzellanblütenfries unterhalb der Decke, ein prachtvoller Kandelaber und Schnitzwerk aus stilisierten Pflanzenornamenten in den Bogenfeldern über den Türen schmücken das Innere der Moschee.

Im **Kampong Gajah Berang** legten indische Einwanderer ihre erste Siedlung an, ein kleiner Hindu-Schrein bezeichnet den Zugang von der gleichnamigen Straße aus. Es besitzt noch heute einen stark ländlichen Charakter. In einem modernen, mit weißen Fliesen ausgekleideten Hindu-Tempel werden bizarre, mit grellbunten Stoffen drapierte Götterfiguren verehrt. Die Götternischen sind keine finsteren geheimnisvollen Höhlen, sondern erstrahlen im Schein von roten, gelben und blauen Glühbirnen. Massige Torbögen führen in einen Nebenraum, der eine Figur des Gottes Shiva unter kuppelgekröntem Baldachin und einige grellbemalte Holzfiguren mit persischen Gesichtszügen birgt. Der traditionellere, mit farbenprächtigen Götterbildnissen ausgestattete **Sri Muthu Mariamman-Tempel** nahebei ist Mittelpunkt des Thimithi-Festes (s. S. 376) im September, bei dem gläubige Hindus in Trance barfuß über glühende Kohlen laufen und andere Körpertorturen vollziehen.

Die 1989 fertiggestellte **Masjid Al' Azim,** die Moschee des Staates Melaka, wirkt durch ihr gestuftes Pyramidendach, das sich an alten Traditionen orientiert, und das 57 m hohe Minarett. Das Innere der von sechzehneckigen Pfeilern getragenen, im Grundriß quadratischen Gebetshalle ist wegen des hochgezogenen Dachs ein Raumerlebnis. Der weiße und schwarze Marmor verbreitet im Innenraum kühle Eleganz.

Zwei stattliche christliche Kirchen sind beachtenswert. Die Kirche **St. Franciscus Xavier** ließ der französische Pater und spätere Professor für malaiische Sprachen in Paris, P. Fabre, 1849 im Stil französischer Neogotik erbauen. Zwei stumpfe Vierkanttürme flankieren die Portalwand; über dem Portal findet sich eine kleine Fensterrose und als oberer Abschluß Zinnen. Auch die Türme ziert ein Zinnenkranz, an den Ecken erheben sich nadelfeine pyramidale Türmchen. Eine weiße, mit geschnitzten blauen Ranken abgesetzte Holzdecke überwölbt das Mittelschiff. Spitzbogige Pfeilerarkaden teilen die Schiffe voneinander wie auch im Chor den Altarraum vom Umgang. Die frei vor den Pfeilern stehenden, farbig bemalten Statuen sind glatt und ohne künstlerischen Anspruch, ebenso die Reliefs der Kreuzwegstationen an den Wänden; sehr schön dagegen leuchten die bunten Glasfenster des Chors, die aus dem Leben des Franciscus Xavier erzählen, und von großer Zartheit ist das ikonenhafte Tafelgemälde ›Maria mit dem Kind‹ auf einem Seitenaltar.

St. Peter, die Kirche der katholischen Eurasier, die ihre Tradition stolz bis auf den ersten portugiesischen Priester (1511) zurückführen, hat sich längst auch anderen Christen geöffnet. Die Baugestalt folgt zeitgenössischen portugiesischen Formen, wie man sie auch in Goa, Macao und Brasilien antrifft. St. Peter wurde 1710 erbaut, 70 Jahre nach dem Abzug der Portugiesen aus Melaka; erst in diesem Jahr gewährten die Holländer den Katholiken freie Religionsausübung. Das Land stiftete ein wohlhabender Holländer – ein Akt der Teilwiedergutmachung zuvor geschehenen Unrechts.

Charakteristisch sind die lebhaften Schwünge des geschweiften Knickgiebels – als Krönung das griechische Kreuz in Form einer Monstranz –, der seitlich angefügte, nur wenig höhere Turmbau mit einer Mariengrotte im unteren Geschoß und das separat auf einem Postament stehende große lateinische Kreuz. Von der reichen Ausstattung sind die Schnitzereien an Altären, Kanzeln und den figurentragenden Konsolen hervorzuheben. Die Nebenkapelle ›Senhor Morte‹ birgt drei lebensgroße Christusfiguren von ganz erstaunlichem Realismus, angetan mit echtem Haar. Zwei von ihnen werden bei den eindrucksvollen Prozessionen zu Palmsonntag und Karfreitag mitgeführt. In dieser ältesten noch benutzten Kirche des Ostens findet zur Osterzeit das größte Fest der asiatischen Christen statt.

Eine geschichtsträchtige Stätte ist auch der Bukit China genannte Hügel im Nordosten der Stadt, der etwa 12 500 Gräber birgt. Die ältesten gehören den Familien Tan und Tay und stammen aus dem frühen 17. Jahrhundert. Zusammen mit den beiden Nachbarhügeln, Bukit Gedung und Bukit Tempurang, umfaßt dieser größte chinesische Friedhof außerhalb des Mutterlandes 43 Hektar. Einige der alten Gräber sind noch wohlerhalten, so das des ›Capitan China‹ Li Wei King (†1688), Begründer des Cheng Hoon Teng-Tempels, am Bukit Tempurang und des Tay Kup (†1677) am Südhang des Bukit China. Viele Gräber hat der Wind im Laufe der Jahre mit Erde bedeckt. Die Steine sind von hohem Gras überwuchert, durch das zuweilen eine Schlange vor den Schritten des Besuchers davonzischt und auf das sich riesengroße Libellen mit lautem Gebrumm niederlassen.

Im 16. Jahrhundert stand auf dem Bukit China, der damals Berg des hl. Franziskus hieß, ein Franziskanerkloster, gegründet von dem italienischen Pater Franciscus Pisaro. Einige Fundamente wurden kürzlich freigelegt, ebenso die Grundmauern eines kleinen Palastes, den Sultan Mansur Shah für die Prinzessin Han Li Poh erbauen ließ. Sie war eine Tochter des Kaisers von China, dem an einer verwandtschaftlichen Verbindung mit dem Sultan von Melaka gelegen war. So gab er dem malaiischen Gesandten die Prinzessin und 500 Hofdamen, alle selbstverständlich von großer Schönheit, als ›Geschenk‹ für den Sultan mit, der diesen Gunstbeweis wohl oder übel akzeptieren mußte. Für die Damen wurde auch der – von Legenden umrankte – Brunnen *Periji Raja* (›Sultansquelle‹) ausgehoben. Die Holländer umgaben ihn mit einer Mauer zum Schutz vor Vergiftern. Der Aufforderung, vom Wasser zu trinken, auf daß man nach Melaka wiederkehre, sollte man nicht Folge leisten.

Sam Po Kong (»Drei-Juwelen-Gottheit«) ist der religiöse Name des chinesischen Admirals Zheng He (s. S. 89), der in Melaka als Heiliger verehrt wird und dem ein **Tempel** am Fuß des Bukit China geweiht ist. Auf dem Altar steht er neben Pua Pek Kong, dem Gott des Wohlstands.

Seremban

Nachdem schon 1773 erste lockere Zusammenschlüsse erfolgt waren, vereinigten sich kurz vor Ende des 19. Jahrhunderts neun kleine Minangkabau-Dynastien zu der Föderation Negeri Sembilan (›Neun Staaten‹) und wählten Seremban zu ihrer Hauptstadt. 1895 nahm hier auch der britische Resident seinen Sitz. Während der Kolonialzeit entstanden das sehr schön auf einem Hügel oberhalb der Lake Gardens *(Taman Bunga)* gelegene ehemalige Rest House (Tasek) und auf der anderen Seite des von Grünanlagen umgebenen Sees die wuchtigen Verwaltungsbauten in neoklassizistischem Stil.

Die **Masjid Negeri** ist ein beeindruckendes Beispiel moderner Moscheen-Architektur, nach außen geöffnet, ganz transparent, mit zwei um den Kern, die Gebetshalle, herumführenden offenen Terrassen, die von geböschten Betonklötzen gestützt werden. Darüber neun

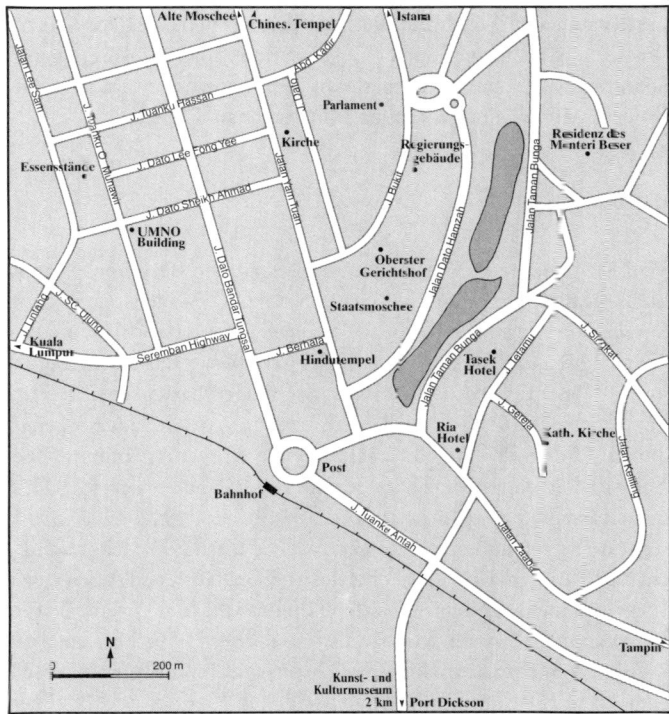

Seremban

einzelne Hängedächer, die zu schweben scheinen; neun schlanke Vierkantpfeiler, die Einzelstaaten Negeri Sembilans symbolisierend, gliedern diese Hängekonstruktionen. Den Halbrundbögen der Gebetshalle entspricht die das Zentrum überwölbende halbkugelförmige Kuppel. Der Bau entstand Ende 1967. Das abseitsstehende Minarett wurde erst 1984 errichtet und wiederholt mit seinen Bauformen die Symbolik der Gebetshalle.

Es gibt in Seremban und Umgebung nur noch wenige ältere Häuser im Minangkabau-Stil (s. S. 112), während der Kolonialzeit hat man die traditionelle Bauweise stark vernachlässigt. Schöne Beispiele aus jüngerer Zeit sind das Hotel Ria, das State UMNO Building und das Handicraft House mit einer Fülle von neben- und hintereinander gestaffelten spitzwinkligen Dächern, geschweiften Firstlinien und feinen hochgezogenen Giebelspitzen.

Zum Kunst- und Kulturmuseum (Taman Seni Budaya Negara, 2,5 km südlich des Zentrums) gehört ein ehemaliger Palast. Der anmutige, ohne einen Nagel gezimmerte Holzbau stammt aus den 60er Jahren des vorigen Jahrhunderts und stand ursprünglich in Ampang Tinggi (in der Umgebung von Kuala Pilah). Der damalige Yang di-Pertuan Besar hatte ihn seiner Tochter zur Hochzeit geschenkt. Deren Mann ließ den Bau vollenden und die wundervollen Schnitzereien anfertigen, die die Paneele und Treppenwangen zieren. Das langgestreckte, mit einem Satteldach gedeckte Haus steht auf schlanken Holzpfählen. Dem mittleren Teil sitzt ein zweites Minangkabau-Satteldach auf, jedoch mit einer nur ganz leicht geschwungenen Firstlinie; die Büffelhörnergiebel fehlen. Das Museum enthält malaiische Waffen, Metallornamente, Gegenstände aus Messing, Kleidung, Musikinstrumente, Schnitzarbeiten, einige Statuen von Hindugottheiten, Holzstatuen der Orang Asli und das silberne Modell eines stilvollen Minangkabau-Palastes.

Sri Menanti

Von Seremban windet sich die Straße steil den Berg hoch, passiert Regenwaldgebiete und kleine Kampongs. Zwischen dem 15. und 20. Meilenstein trifft man auf größere Ansammlungen von Megalithen (s. S. 20) in verschiedenen Formen, bis zu 40 je Gruppe.

Seit 1773 residiert der Yang di-Pertuan Besar, das Staatsoberhaupt von Negeri Sembilan, in Sri Menanti, das in einem von dschungelbewachsenen Bergen umschlossenen Hochtal liegt. Der erste Palast wurde während der Auseinandersetzungen um die Zinnfelder von Sungai Ujong 1874 von britischen Soldaten niedergebrannt. Die zweite Residenz ließ der Yang di-Pertuan niederreißen, da sie zu klein geworden war. Das dritte ›Palais‹ schließlich, der Istana Lama (›Alter Palast‹, Farbabb. 36), 1902–1908 im Minangkabau-Stil errichtet, steht noch, wenngleich ohne geschweifte Firstlinien, jedoch mit gekreuzten Büffelhörnern am nach vorn gewandten Giebel des kleinen häuschenartigen vierten Stockwerks. Die untere Etage ist eine langgestreckte offene Pfeilerhalle, deren zentrale Hauptpfeiler 20 m hoch sind. Im zweiten Stockwerk wohnte die Familie des Herrschers, im dritten, einem etwas kleineren aufgesetzten Haus, er selbst. Ein Thronsessel mit luftigen Holzschnitzereien und das Schlafgemach mit verziertem Bett, gelbseidenen Volants und Bezügen ist noch zu besichtigen.

Bestechend ist die vollendete Harmonie dieses Bauwerks, die sich größtenteils aus der ganz auf Symmetrie angelegten Konzeption ergibt. So entsprechen dem Vorsprung in der Mitte – eine offene Halle mit aufgesetztem Pavillon – ähnliche Bauten zu beiden Seiten, nach hinten versetzt. Sie und auch mehrere Pfeiler der langen Halle sind mit wundervollen, zum Teil vergoldeten Schnitzereien verziert.

1931 konnte der neue, in abendländischen Formen erbaute Palast bezogen werden. Er steht inmitten eines weiten Parks und ist nur durch das schmiedeeiserne Torgitter zu betrachten; nahebei der Friedhof der königlichen Familie mit einigen prächtigen Mausoleen und einer stattlichen Moschee.

Keramat Sungai Udang bei Pengkalan Kempas

An dieser heiligen, von Geistern umschwebten Stätte bitten Malaien, Chinesen und Inder gleichermaßen um eine gute Ernte und Verschonung von Seuchen. Begraben liegt hier Sheikh Ahmad Majnun, der 1467 im Kampf gegen Sultan Mansur Shah von Melaka fiel. Die Inschriften auf den Steinen berichten aus seinem Leben. Dieses älteste in Malaysia noch erhaltene Grab ist zugleich ein Beispiel für den früheren Stil von Begräbnisbauten berühmter Persönlichkeiten.

Die hohen Megalithe rundum stammen aus vorislamischer Zeit, das Wort ›Allah‹ auf einem von ihnen wurde später hinzugefügt. Wahrscheinlich setzten Ureinwohner diese Steine. Die größten drei sind mit Reliefs verziert – die einzigen dieser Art in ganz Malaysia und Indonesien. Die Bedeutung der Muster blieb bis heute wie vieles andere auch ein Rätsel (s. S. 20). (Pengkalan Kempas liegt 35 km südlich von Port Dickson und ist vor dort aus stündlich mit dem Bus zu erreichen.)

Kuala Lumpur

Kuala Lumpur ist eine noch junge Stadt, gerade 130 Jahre alt. 1857 zogen 87 Männer, bis auf den malaiischen Beauftragten des Distrikthäuptlings alle Chinesen, in mehreren mit Lebensmitteln, Werkzeugen und Waffen beladenen Booten vom heutigen Ort Klang den gleichnamigen Fluß hinauf. Sie waren auf der Suche nach neuen Zinnfeldern. Mehrere Tage dauerte die Fahrt auf dem von Dschungel und Mangroven gesäumten Fluß bis hinter die Mündung des Sungai Gombak in den Sungai Klang; dort wurde das Wasser zu seicht. Auf einem Dschungelpfad erreichte die Gruppe das heute Ampang genannte Gebiet am östlichen Stadtrand von Kuala Lumpur. Der malaiische, in ein schwarzes tunikaähnliches Gewand gekleidete *Pawang* (Magier, Zauberer) ließ die Leute einen Altar bauen. Nachdem er unter Schwenken eines weißen Tuchs gebetet und alle Geister beim Namen gerufen hatte, ging er mit seiner ausgestreckten Wünschelrute umher. Dort, wo sie ausschlug, begannen die Männer einen 2–3 m tiefen Schacht auszuheben und wurden fündig. Wie sich herausstellte, lagerte hier Zinnerz in einem ausgedehnten Feld. Man brachte es in Körben zu der Bootsanlegestelle, nach Kuala Lumpur, der ›sumpfigen Flußmündung‹.

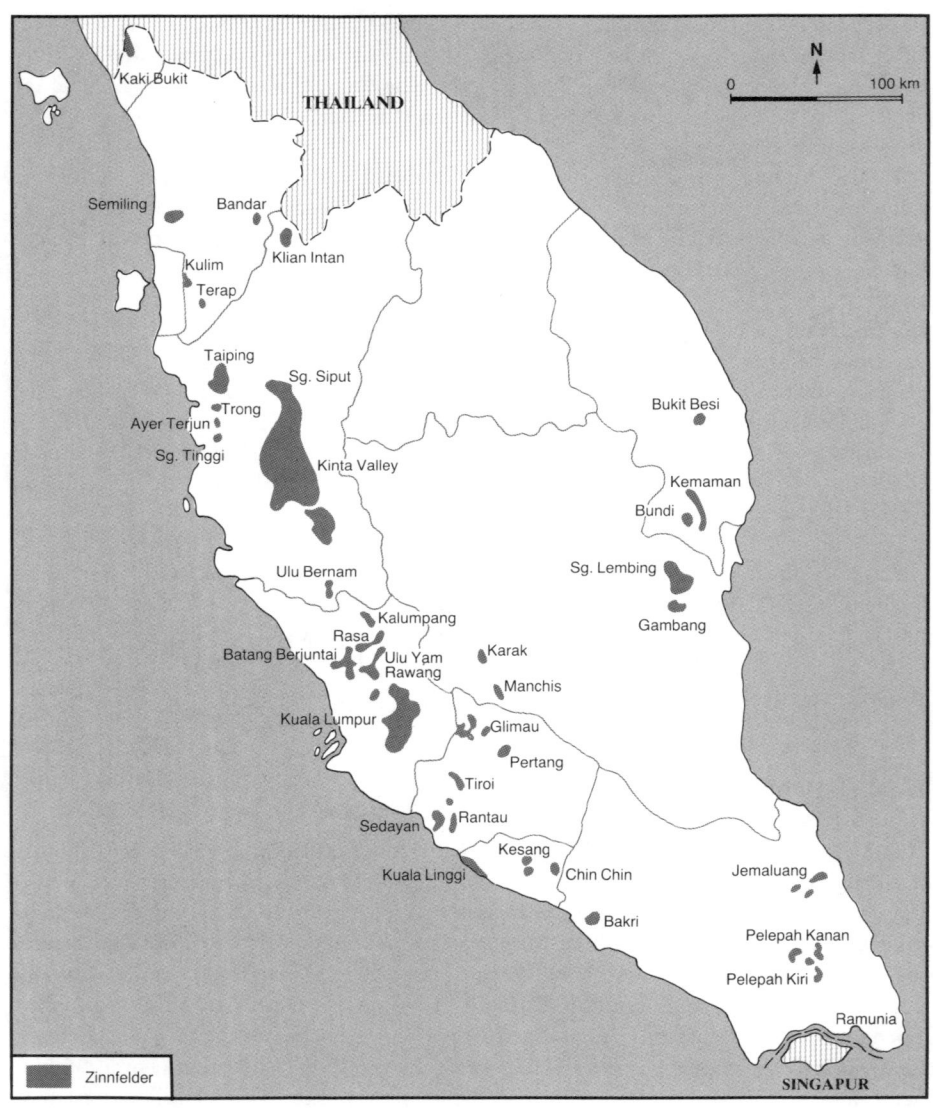

THAILAND

Kaki Bukit

Semiling
Bandar
Kulim
Klian Intan
Terap

Taiping
Sg. Siput
Trong
Ayer Terjun
Sg. Tinggi
Kinta Valley

Bukit Besi

Kemaman
Bundi

Ulu Bernam

Sg. Lembing

Kalumpang
Rasa
Karak
Batang Berjuntai
Ulu Yam
Rawang
Manchis

Gambang

Kuala Lumpur

Glimau
Pertang
Tiroi
Rantau
Sedayan
Kesang
Chin Chin
Jemaluang
Kuala Linggi
Bakri
Pelepah Kanan
Pelepah Kiri
Ramunia

SINGAPUR

N
0   100 km

Zinnfelder

246

Die Siedlung wuchs schnell. Minenarbeiter, Händler und Ladeninhaber, vorwiegend Chinesen, bauten hier ihre Hütten. Von den 87 Pionieren waren nach einem Monat bereits 69 an Malaria gestorben, die auch in der Folgezeit viele Opfer forderte. Man wußte damals noch nicht, daß das Wasser, das sich in den Erdschächten sammelt, eine ideale Brutstätte für die Eier der Anopheles-Mücke ist.

Der erste Stadtplaner war Yap Ah Loy, ehemals Minenarbeiter in Melaka, von 1868 bis zu seinem Tod 1885 ›Capitan China‹ und bis zum Einzug des ersten britischen Residenten 1880 der unumschränkte Herrscher über Kuala Lumpur. Sein Reichtum muß für damalige Zeiten in Malaya geradezu unermeßlich gewesen sein. Er besaß nicht nur mehrere Zinnminen, sondern auch eine mit einer Motormühle ausgestattete Tapioka-Plantage, einen Kalkstein-bruch und ein Drittel aller Häuser der Siedlung. Viel Geld brachten ihm auch sein Handels-monopol für Opium und Alkohol sowie ein Glücksspiellokal und ein Bordell ein.

Der heutige Straßenverlauf läßt die damalige Anlage noch erkennen, das Gesicht der Stadt aber hat sich inzwischen gründlich gewandelt. Die Hauptstadt Malaysias, deren Einwohner-zahl 1984 die Millionengrenze überschritten hat, ist – nach dem Vorbild Singapurs – auf dem Weg ins moderne Zeitalter. Beispiele neuester Architektur findet man in der Jalan Raja Laut. In einigen Stadtvierteln spürt man immer noch die Atmosphäre der Pionierzeit.

Im Zentrum

Dort, wo die 87 chinesischen Zinnsucher an Land gingen, am Zusammenfluß von Gombak und Klang, steht auf dem Gelände eines alten muslimischen Friedhofs im Schatten hoher Bank- und Bürohochhäuser, die **Masjid Jami** (›Freitagsmoschee‹, Abb. 42, Farbabb. 35). Bei Sonnenuntergang, wenn rötliches Licht die weißen Kuppeln, Türmchen und Zierkanten umspielt, bietet sie ein malerisches Bild. Die Gebetsstätte wurde 1909 errichtet, die Baulei-tung hatte der an indo-islamischer Architektur geschulte britische Architekt A. B Hubbock (s. u.). In Anlage und Ausgestaltung folgt das Bauwerk Vorbildern der Mogul-Zeit in Indien, ähnliche Züge trägt zum Beispiel die Moti Masjid (›Perlenmoschee‹) in Delhi. Um die Konzeption und die Symmetrie zu erfassen, muß man die Moschee von Osten betrach-ten. Dem Hauptbau ist ein rechteckiger, von Arkaden umschlossener Hof vorgelagert. Zwei 25 m hohe Minarette mit jeweils zwei Umläufen und einem kuppelgekrönten offenen Pavil-lon markieren die äußeren Eckpunkte. Als breites Rechteck schließt sich der Hauptbau an, von drei gerippten Zwiebelkuppeln gekrönt. Die Zierformen, die den Abschluß bilden, ähneln Lotosblättern, wie sie häufig in der indo-islamischen Kunst zu finden sind (Motiv der Hindu-Tradition), und die Spitzen einem glockenförmigen Stupa (buddhistisches Motiv). Die Kuppeln liegen einem achteckigen, mit Bogengalerien und Spitztürmchen verzierten Unterbau auf. Die Raumgliederung im Innern läßt sich am Außenbau nicht ablesen. Verwir-rend sind die Arkadengänge, die sich wieder und wieder zu verzweigen scheinen. Sie umge-ben den schlichten, in dämmriges Dunkel getauchten Gebetsraum. Der Kontrast von rotem Backstein und weißen Einfassungen und Zierkanten verleiht dem Bauwerk außerordentliche Lebendigkeit, die zahlreichen Türmchen und aufgesetzten Pavillons geben ihm Anmut.

Der im Tudor-Landhausstil erbaute **Selangor Club,** wegen seines von schwarzen Holz-
balken durchsetzten weißen Mauerwerks ›Spotted Dog‹ (›Gefleckter Hund‹) genannt, war
das gesellschaftliche Zentrum der Europäer. Aber auch einige chinesische Towkays (einfluß-
reiche Unternehmer) und reiche Inder zählten zu den aktiven Mitgliedern. Heute vergnügt
sich hier die malaiische Oberschicht. Architekt war der Engländer A. C. Norman. Der Kern
des Gebäudes entstand 1890 und ersetzte einen einfachen Holzbau. 1910 wurde es zu einer
dreiflügeligen Anlage erweitert und das zweite Stockwerk abgetragen. Ein weiterer ähnlich
gemusterter Bau entstand 1922 nebenan (nach einem Brand 1970 neu erbaut).

Die beiden Clubhäuser blicken auf den Padang, den Parade- und Cricketplatz, und auf die
lange eindrucksvolle Flucht öffentlicher Gebäude an der Jalan Raja. Auch diese sind alle von
A. C. Norman gestaltet und dazu auf höchst dekorative Weise mit zahlreichen Formen der
islamischen Baukunst wie Kuppel und maurische Hufeisenbögen über dünnen Säulchen verziert. Das längste Bauwerk, das ehemalige **Staatssekretariat** (Hist. Abb. 23, Abb. 47) von
Selangor (heute *Bangunan Sultan Abdul Samad* genannt), mit seiner vielfach symmetrisch
untergliederten Front entstand 1894–1897. Die Mitte bildet ein einstöckiger Portikus mit
drei Arkaden an der Vorderseite, die von kuppelbesetzten Mehrkantpfeilern begrenzt werden, und ein 41 m hoher viereckiger Uhrturm mit islamischen Zierformen, bekrönt von
einer kupferbelegten Kuppel mit aufgesetztem Pavillon. Ein dreistöckiger Rundturm, auch
er mit einer kupferglänzenden Kuppel als Abschluß, wölbt sich zu beiden Seiten aus der
Front hervor. Die Ecken besetzt ein zweistöckiger Gebäudeabschnitt mit einem Scheingiebel in Form eines breitgezogenen Kielbogens. Den großen Arkaden des Erdgeschosses
entsprechen im allgemeinen zwei Bogenstellungen im Obergeschoß. Hinter den Arkaden
verläuft ein Gang.

Am Ufer des Sungai Gombak erstreckt sich die lange Seitenfront des **Obersten Gerichtshofs** *(Mahkamah Tinggi)* von 1909, ein im Grunde rechteckiger Bau mit kräftigen, von einer
Halbkuppel gekrönten Vierecktürmen an den Ecken und nach außen gewölbten Schmalsei-
ten. Wirkungsvoll ist die unaufhörliche Reihung von regelmäßigen Arkaden an allen Fronten; im Erdgeschoß Kielbögen, im Obergeschoß Hufeisenbögen über Doppelsäulen.

Nordwärts an der Jalan Raja schließt sich die **City Hall** *(Dewan Bandaraya)* an, 1896 als
Gesundheitsamt erbaut. Nicht Strenge wie beim Gerichtshof, sondern Verspieltheit charak-
terisiert diesen Bau: verschiedenartige Bogenformen, darunter auch Zackenbogen und einfacher Spitzbogen, gerundeter und kielförmiger Scheingiebel, ein anmutiger rundlicher Erker
und Balustraden als oberer Abschluß. Mehrere Vorhallen mit offenen Arkaden zwischen
mächtigen Pfeilern geben dem Bauwerk Gewichtigkeit.

Nur mit einem ziervollen überkuppelten Achteckturm hat das Gebäude des **Staatlichen
Informationsamtes** *(Jebatan Penerangan)* noch Anteil an der Jalan Raja; die Hauptfront
zieht sich in einer unendlichen Folge von Arkaden mit Vielzackenbögen in zwei Stockwerken an der Jalan Tun Perak hin, unterbrochen nur von zwei die Dachkantenbrüstung
überragenden Portiken.

Zwei weitere, 1896 von A. C. Norman errichtete Gebäude vervollständigen die Einheitlichkeit der Straßenfront: das **Hauptpostamt** *(Pejabat Pos Besar)* mit einem die Mitte beto-

Kuala Lumpur, Zentrum 1 Masjid Jami 2 Se-langor Club 3 Padang 4 ehem. Staatssekretariat von Selangor 5 Oberster Gerichtshof (Mahkamah Tinggi) 6 City Hall (Dewan Bandaraya) 7 Staatl. Informationsamt (Jebatan Penerangan) 8 ehem. Hauptpostamt (Pejabat Pos Besar) 9 Amt für öffentliche Arbeiten und Landwirtschaftsbank (Jebatan Kerja Raya dan Bank Pertanian) 10 jetziges Hauptpostamt (Pejabat Pos Besar) 11 Kirche St. Mary the Virgin 12 Masjid India 13 Chinatown 14 Sze Yeoh- (Sze Ya-) Tempel 15 Hindu-Tempel Sri Maha Mariamman 16 Kongsi Persatuan Kwong Siew 17 Klang Busstation 18 Kongsi Chan See Shu Yuen 19 Khoon Yam-Tempel 20 Brunnenanlage 21 Stadium Merdeka 22 Pudu Raya Bus-Terminal (für Überlandbusse) und Taxi-Stand 23 St. John's Cathedral 24 Bukit Nanas 25 St. John's Institution 26 Convent of the Holy Infant Jesus 27 Wesley Methodist Church and Institution 28 Masjid Negara (Nationalmoschee) 29 Bahnhof 30 Bahnverwaltung 31 Nationalmuseum für moderne Kunst, ehem. Hotel Majestic 32 Dewan Binaan PAM (ehem. Villa von Chow Kit) – TDC s. S. 253

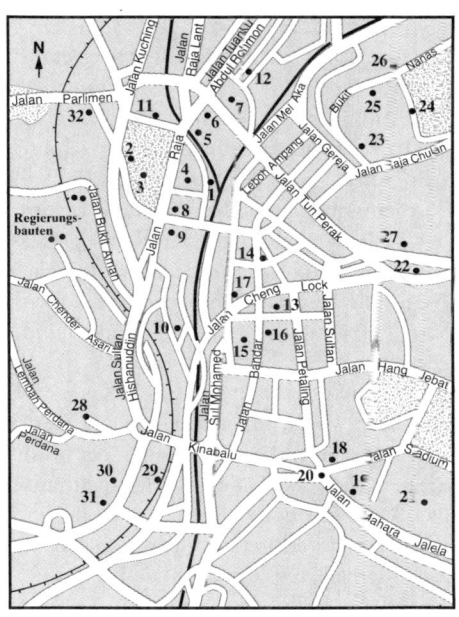

nenden Scheingiebel über einem Risalit, Arkadenreihen in klarer Gliederung und fein durch-gestalteten bollwerkartigen Eckbauten sowie das Amt für öffentliche Arbeiten und **Land-wirtschaftsbank** *(Jebatan Kerja Raya Dan Bank Pertanian)*. Höchst dekorativ wirken auch hier die Reihung der Arkaden in den beiden Stockwerken und die Mehrfarbigkeit sowie die turmartigen Eckbauten, deren große Kuppel von mehreren Miniaturkuppeln umgeben ist. Es folgt ein Hochhaus, **Menara Dayabumi,** das zu den gelungensten Schöpfungen der modernen Architektur Malaysias zählt. Der aus einem Viereck entwickelte mehreckige Grundriß mit Vor- und Rücksprüngen bestimmt die kristallähnliche Form. Alle Flächen, nach islamischer Art mit einem regelmäßigen, kleinteiligen, geometrischen Durchbruchmuster gefüllt, sind in gerader Linie ohne Unterbrechungen hochgeführt und schließen mit einem Spitzbogen ab. Das untere Stockwerk öffnet sich in einer doppelten Reihe von Spitzbogenarkaden. Von den Gängen aus hat man einen Blick auf die Nationalmoschee.

Nördlich des Padang steht, zwischen den Hochhäusern kaum noch wahrnehmbar, die turmlose Kirche **St. Mary the Virgin,** die erste anglikanische Backsteinkirche in Malaysia. 1894, ebenfalls von Norman erbaut, ersetzte sie einen einfachen Holzbau. Das Äußere ist schlicht. Dem basilikalen, aus fünf Jochen bestehenden Langschiff schließt sich ein etwas niedrigerer Chor mit dreiseitiger Apsis an. Ihn flankieren zwei Seitenkapellen (anstelle eines Querschiffs). Die kleine vorgebaute Eingangshalle sollte die Basis des Turms bilden, der dann nicht mehr zustande kam. Die langen schmalen Fenster schließen mit Lanzettbögen ab.

Der Bau greift auf Formen der englischen Frühgotik zurück. Im Innern finden sich zahlreiche formschöne und gutgearbeitete Details: ein offener wohlproportionierter Dachstuhl aus Merbau- und Seriah-Holz, eine schmiedeeiserne Kanzel – an der Basis in Kupfer getriebene Darstellungen der Jungfrau Maria und der vier Evangelisten –, ein kunstvoller schmiedeeiserner Lettner in stilisierten vegetabilischen Formen, klassizistisch schlichtes hölzernes Chorgestühl und ein Bischofsstuhl mit feinen Flachreliefs. Viele der Ausstattungsstücke wurden von Gemeindemitgliedern gestiftet, so auch das kleine interessante Glasfenster in der Nebenkapelle nahe der Kanzel. Messing- und Marmortafeln im Schiff erinnern an englische Kolonialbeamte und Ärzte. Die Glasfenster im Chor, deren kühne Farbigkeit ins Auge fällt, wurden nach dem Zweiten Weltkrieg geschaffen, die Bodenfliesen mit jugendstilhaften, mannigfach variierten Ranken und Vogelpaaren stammen noch aus der Erbauungszeit der Kirche, die damals übrigens nur 180 Menschen fassen konnte. Nach zwei Erweiterungen bietet sie nun rund 500 Personen Platz. Man beachte auch die liebevoll gestickten Betkissen, viele chinesische Namen sind darunter.

Die **Masjid India,** die Moschee der muslimischen Inder (Jalan M. India), ist ein stattliches dreistöckiges Gebäude auf etwa quadratischem Grundriß mit aufgesetzten überkuppelten Pavillons. Ein hoher Portikus betont die Vorderfront. Das Kastenförmige des Bauwerks wird gemildert durch regelmäßig angeordnete Fensterreihen und durch die teils strukturbetonende, teils rein ornamentale Farbigkeit. Das durch alle drei Stockwerke reichende Fenster in den leicht vorspringenden Eckbauten bildet einen vertikalen Kontrapunkt zu den vorherrschenden horizontalen Linien. Eine Zierkante bildet den oberen Abschluß.

Chinatown

Jenseits des Sungai Klang, zwischen Jalan Sultan, Petaling, Cecil und Sultan Muhammad, erstreckt sich das alte, inzwischen arg geschrumpfte Chinatown. Besonders am Abend, wenn sich in der Jalan Petaling (Hist. Abb. 22) ein Basar (*Pasar Malam,* ›Nachtmarkt‹) ausbreitet und in den angrenzenden Straßen Garküchen aufgebaut sind, Heilkünstler ihre seltsamen Arzneien anpreisen und Gaukler ihre Kunststückchen vorführen, wird das Viertel bunt und geschäftig. Der Central Market (Jalan Hang Kasturi) ist ein Treffpunkt malaiischer, indischer und chinesischer Händler. Die Jalan Cheng Lock und Jalan Bandar (Hist. Abb. 24) säumen noch einige Reihen schöner Häuser im Kolonialstil.

Der **Sze Yeoh-** (Sze Ya-)**Tempel,** einer der ältesten der Stadt, steht, völlig abgeschnitten von der Außenwelt und von der Straße aus nicht sichtbar, nahe der Leboh Pudu (Nr. 14 A). An der Jalan Bandar weist zwischen hohen Geschäftshäusern ein mit grünen Drachen, Löwenskulpturen und chinesischem Dach verziertes Tor auf das Heiligtum hin. Zwei große Öfen zum Verbrennen der Wunschzettel an die Ahnen und Löwenstatuen als Tempelwächter besetzen den idyllischen Innenhof. Die Statue der Gottheit Sen Sze Ya (Seng Mang Lee), Schutzgeist der Pioniere, dem der Tempel geweiht ist, kam bereits 1864 von China nach Kuala Lumpur; Capitan China Yap Ah Loy hieß sie persönlich willkommen. Er stiftete auch das Grundstück für den ersten Tempel und 1883 einen großen Teil des Kapitals für den Neubau: ein Foto auf dem Altar hinten links erinnert an ihn. Die Räume sind verschwenderisch mit goldbelegtem Schnitzwerk und Malereien geschmückt. Auch Guan Yin, hoheitsvoll und mit vielen Armen dargestellt, und einige andere Gottheiten werden hier verehrt.

Der **Maha Sri Mariamman-Tempel** (Jalan Bandar, Abb. 41) ging 1873 aus dem Privatschrein des wohlhabenden Inders K. Pillai hervor und entstand in seiner jetzigen Form 1965–1972. Kunsthandwerker aus Süd-Indien schufen die zahlreichen bunten Figuren, die den sechsterrassigen Gopuram, die Altäre und Nischen im Innern besetzen. Maha Mariamman, die Große Regen- und Pockengöttin, ist hier als ein Aspekt der Parvati, der mütterlichen, gütigen und lieblichen Shakti Shivas, aufgefaßt. In den Händen hält sie Shivas Attribute wie Dreizack, Gazelle, Sanduhrtrommel, Elefantenstachelstock. Dem shivaitischen Götterkreis entstammen die weiteren Gestalten: Shiva selbst, der auch tanzend erscheint (rechts in der Vorhalle), Ganesha, Subramanyan und Nandi, der Buckelstier, als Manifestation Shivas. Ein kleiner Schrein rechts im Tempelhof gehört den neun Planetengottheiten.

In dem leider stark verfallenen Kongsi *(Persatuan Kwong Siew)* schräg gegenüber dem Mariamman-Tempel wird man zuweilen Zeuge von innigen, beschwörenden Zeremonien bei der Anrufung der Götter und Ahnen.

Zu den schönsten chinesischen Bauten Malaysias zählt der **Kongsi Chan See Shu Yuen** (Abb. 45, 46), Tempel und Clan-Haus der Familien Chan, Chin und Tan, deren Mitglieder in der ganzen Welt verstreut leben und sich hier alle ein bis zwei Jahre zur Regelung ihrer Angelegenheiten und zur Verehrung der Ahnen treffen. Am Außenbau fallen zunächst die je zweimal hintereinander gestaffelten, dreifach tiefgeschwungenen Scheingiebel auf. Schönster Schmuck sind aber die zahllosen farbig glasierten Keramikfiguren, die sich auf Friesen an den Mauern und auf Bändern an allen Dachkanten drängen, sehr lebendig und dicht gestaltete Szenen aus der chinesischen Mythologie, umrankt von Ornamenten. Die Anlage des Kongsi ist streng symmetrisch. Der Eingangshalle folgt der viereckige Innenhof, diesem die Halle mit dem Bildnis der Schutzgottheit, von üppigem vergoldeten Schnitzwerk umrahmt. Galerien, niedriger als die Hauptgebäude, ziehen sich an den Seiten entlang. Die Möbel in den Räumen sind reich mit Schnitzwerk und Perlmuttintarsien verziert.

Südlich des Zentrums

Die **Masjid Negara,** die Nationalmoschee, ist das islamische Zentrum Malaysias und eine der größten Moscheen Südostasiens. Der gesamte Komplex umfaßt 5,2 Hektar. 3000 Menschen haben in der Gebetshalle, weitere 5000 in der Vorhalle und auf den Wandelgängen Platz. Der Bau wurde 1956 fertiggestellt und ist ein gutes Beispiel dafür, wie man traditionelle islamische Formen in die Moderne übersetzen kann. Das Äußere ist schlicht, um so stärker treten die drei wesentlichen Akzente hervor: das große Zeltdach über der Gebetshalle, gleichsam als Symbol für den schutzbietenden Glauben – 18fach gefaltet, Sinnbild für die 13 Bundesstaaten Malaysias und die fünf Grundpfeiler des Islam; das 75 m hohe pfeilgleiche Minarett, das den Blick auf die höhere Welt und den alleinigen Gott lenkt; die 48 Kuppeln, dem Vorbild der Moschee in Mekka folgend. Die Konzeption der Anlage wird deutlich, wenn man den nach Osten gerichteten Haupteingang (für Männer) benutzt (nicht-muslimische Besucher werden im allgemeinen über eine Seitentreppe geführt). In der

Hauptachse liegen die weite Vorhalle, der Gebetsraum und ein Wasserbecken, in den Nebenachsen nichtüberdachte Brunnen mit Fontänen und Wandelgänge. Das gesamte Innere ist von zurückhaltender Pracht; ein Fußboden aus spiegelblankem dunklen und weißen Marmor, auf den das Durchbruchmuster der Außenwände dekorative Muster wirft, ein Wald von schlanken, sich nach unten verjüngenden Vierkantpfeilern – deren Schäfte von kleinen weißen, in den Wandelgängen anthrazitfarbenen viereckigen Steinchen umkleidet sind –, violette Lichtbänder an der Decke, die je nach Lichteinfall auf dem Marmorboden widerscheinen. Stämmige Rundpfeiler tragen das auch von innen sichtbare Faltdach der polygonalen Gebetshalle, an deren Wand sich – wie in Mekka – ein dekoratives Schriftband mit Koranversen hinzieht. Minbar und Mihrab sind in strengen modernen Formen gehalten.

Das in den Moscheekomplex einbezogene Minarett erhebt sich aus einem offenen Wasserbecken, das im Süden von einem Wandelgang flankiert wird, von dem aus zwei Arme zu Bibliothek, Räumen für Zeremonien und Büros führen. Folgt man dem Wandelgang geradeaus weiter, so gelangt man zu einem von Wasser umgebenen Mausoleum, das wie die Gebetshalle von einem gefalteten ›Stern‹ überdacht wird; die Seiten sind offen. Die schlichten Grabdenkmäler aus Marmor bezeichnen u. a. die letzte Ruhestätte des Premierministers (1970–1976) Haji Abdul Razal bin (Sohn von) Datuk Hussein und des stellvertretenden Premier- und Innenministers (1970–1973) Dr. Ismail Al-Haj bin Datuk Abdul Rahman.

Ein Ensemble von großem exotischen Reiz sind die einander gegenüberstehenden Gebäude von Bahnhof (*Setesyen Keretap Kuala Lumpur*, Abb. 43) und Bahnverwaltung (*Bangunan Ibu Pejabat Keretapi*). Der englische Architekt A. B. Hubbock errichtete die Bauwerke zwischen 1911 und 1917. Vorsprünge, Pilaster und polygonale Ecktürme gliedern lebhaft die Front des Bahnhofsgebäudes, dekorativ wirken die Türmchen und Arkadenreihen. Das Gebäude der Bahnverwaltung ist im Halbrund angelegt. In drei Stockwerken ziehen sich Arkadenreihen an der klar gegliederten Front entlang, und zwischen den mächtigen Stützen der sich nach außen öffnenden Eckbauten wird eine Fülle von dekorativen Einzelzügen sichtbar, zu denen auch die Kuppelzier gehört.

Das 1932 erbaute, äußerlich nur wenig veränderte Hotel Majestic (1984 restauriert) zählte einst zu den führenden Nobelherbergen in der britisch-kolonialen Welt. Heute beherbergt der Bau das Nationalmuseum für moderne malaiische und internationale Kunst (*Balai Seni Lukis Negara;* fester Bestand und Wechselausstellungen).

Kuala Lumpur   1 TDC – Information Centre (Touristeninformation), Hauptbahnhof   2 TDC – Tourist Development Corporation (Touristeninformation, Hauptstelle), Menara Dato 'Onn, Putra World Trade Centre   3 Kryaneka Handicraft Centre (Holzhäuser im Stil der einzelnen Bundesstaaten Malaysias)   4 Khoon Yam-Tempel   5 Kampong Bharu Night Market (Pasar Malam; samstagsabends)   6 Le Coq d'Or (ehem. chines. Villa; Restaurant)   7 Dewan Tunku Abdul Rahman   8 Wisma Loke   9 Pekeliling Terminal (Richtung Jerantut, Termerloh, Raub)   10 Ampang Bus-Station   11 Tasek Perdana (Lake Gardens)   12 Nationalmonument   13 Parlamentsgebäude   14 Villa Carcosa   15 Istana Tetamu   16 Nationalmuseum   17 Kirche The Holy Rosary   18 Vivekananda Ashrama   19 Singhales.-buddhistischer Tempel der Sasana Abhiwurdhi Wardhana Society   20 Istana Negera   21 Wat Buddha Jayanti   22 Masjid Alam Shah   23 Stadium Negara   24 St Anthony's Church   25 Selangor Chinese Recreation Club

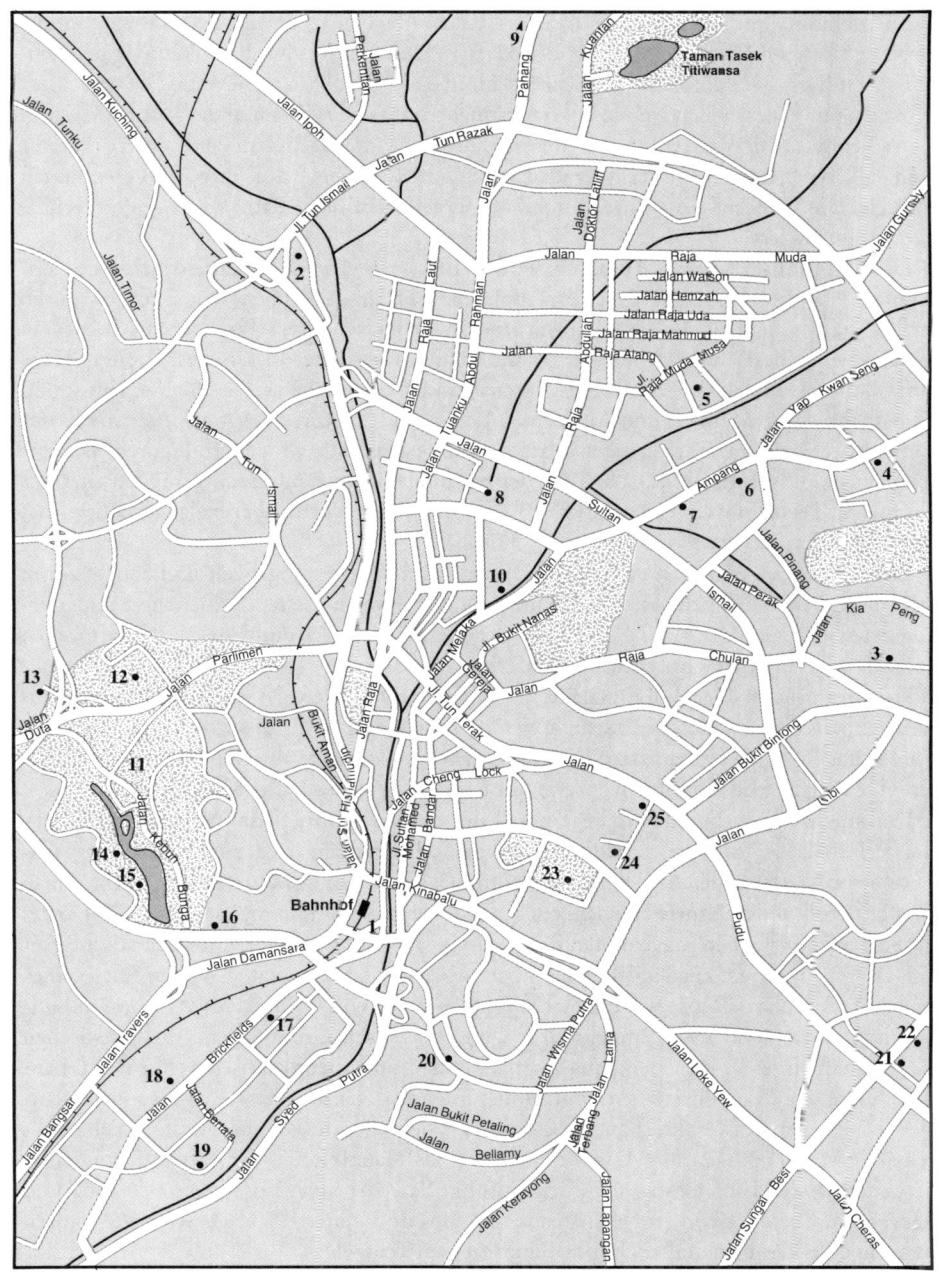

Taman Tasek
Titiwangsa

Jalan Tunku

Jalan Kuching

Jalan Timur

Jalan Ipoh

Jalan Perkemian

Jalan

Jl. Tun Ismail

9

Pahang

Kuantan

Jalan Genney

Tun Razak

Jalan

2

Jalan Tun Ismail

Jalan

Laut

Raja

Rahman

Abdul

Tuanku

Jalan

Jalan

Doktor Latiff

Jalan

Raja

Muda

Jalan Watson

Jalan Hemzah

Jalan Raja Uda

Jalan Raja Mahmud

Raja Alang

Raja Abdullah

Jalan

Raja

Jl. Raja Muda Musa

5

Jalan Yap Kwan Seng

4

Kia

Peng

Ampang

6

7

Jalan Pinang

8

Sultan

Jalan

10

Jalan

Jl. Bukit Nanas

Jalan Perak

Ismail

Raja

Chulan

Jalan

Bukit

3

Parlimen

Jalan Majaka

Jalan

Gereja

Jalan

Jl. Tun Perak

Raja

Jalan

13

12

Jalan

Jalan Duta

Parlimen

Bukit Aman

Jalan

Jalan Bukit Bintong

Jalan

25

Jalan

24

Jalan

Pudu

11

Jalan Kebun

Jalan Bunga

Cheng

Lock

J. Sultan

Mohammed

Jalan Bandar

14

15

16

Bahnhof

1

Jalan Kinabalu

23

Jalan Damansara

Jalan Travers

Brickfields

17

Jalan

Putra

Jalan Berhala

Jalan Syed

20

Jalan Wisma Putra

Jalan Loke Yew

Jalan Bangsar

18

19

Jalan Bukit Petaling

Jalan

Bellamy

22

21

Jalan Kerayong

Jalan

Petaling

Jalan Lama

Jalan Sungai Besi

Jalan Cheras

Dem Nationalmusem *(Muzium Negara)*, einem Neubau von 1963, ging das 1906 einge-
richtete Selangor-Museum voraus, das japanische Bomben im Zweiten Weltkrieg größten-
teils zerstörten. Der chinesische Architekt Ho Kok Hoe gab dem Gebäude einfache, klare
Formen, nur Einzelheiten weisen auf traditionelle malaiische Züge hin: das Doppeldach mit
Zwischenraum zur Ventilation über der Eingangshalle, die Dachform der Flügel, die an die
Minangkabau-Architektur erinnernden gekreuzten Giebel und die holzgeschnitzten
Paneele. Die Wandmosaike halten im Stil moderner malaiischer Batik wichtige geschichtli-
che Ereignisse fest.

Die Sammlungen des Nationalmuseums: Erstes Stockwerk: Schattenspielfiguren der
Khmer, Thai, Inder, Javaner, Malaien, Chinesen, auch einige Bühnen; lebensgroße Figuren
stellen malaiische Bräuche zu Hochzeit und Beschneidung eines Prinzen dar, außerdem
malaiische, chinesische und indische Tänze sowie chinesisches klassisches Theater; Haus
eines Baba aus Malakka; Thron eines Sultans von Perak. Stücke zu Geschichte, Kunst und
Kunsthandwerk; Münzen und Medaillen; Leben und Kultur der Orang Asli sowie der
Einwohner von Sarawak, darunter holzgeschnitzte Masken und weitere Figuren: Blüten-
baum aus Gold (Bunga Mas, s. S. 303), der berühmte Trengganu-Stein, gefunden am Ufer
des Sungai Tersat, dessen Inschrift von 1303 in arabischer Schrift, aber malaiischer Sprache,
den frühen Einfluß des Islam belegt (s. S. 313).

Zweites Stockwerk: Naturwissenschaftliche Sammlungen; Vogelwelt und Säugetiere in
ihrer natürlichen Umgebung; Insekten, darunter zahlreiche seltene exotische Schmetter-
lingsarten. Abteilungen über Zinnabbau, Kautschukindustrie und Forstwirtschaft geben
über die wirtschaftliche Entwicklung Malaysias Auskunft.

Freiluftmuseum: Megalithe; malaiisches Holzhaus aus Trengganu, Holzskulpturen aus
Sarawak; aus dem Bereich der Technik werden Zinnbagger und Rolls Royce (den verschiedene Sultane und die beiden ersten Premierminister fuhren), eine alte Dampflokomotive und
die erste Penang Hill-Eisenbahn gezeigt (die Sammlung wird ständig erweitert).

Der singhalesisch-buddhistische **Tempel der Sasana Abhiwurdhi Wardhana Society**
(Jalan Berhala, off Jalan Brickfield, Abb. 44) dient den Anhängern des strengen Theravada-
Buddhismus (›Lehre der Alten‹) als Heiligtum. Das dem Tor des Großen Stupa von Sanchi
(Indien) grob in den Umrissen nachgebildete Eingangsportal und die Dagoba (1971) in der
für Sri Lanka typischen sogenannten Reishaufenform weisen auf die frühbuddhistische Zeit
hin. Diese Dagoba ist zugänglich und enthält neben der großen qualitätsvollen Statue eines
sitzenden Buddha zahllose weitere Statuen, Opfergaben von Gläubigen aus mehreren buddhistischen Ländern. Der Tempel wurde 1895, kurz nach Gründung der buddhistischen
Gesellschaft, in einer Mischung aus singhalesischen und abendländischen Formen erbaut
(1926 erweitert). Die Pilaster sind mit Miniaturdagobas gekrönt. Das Eingangsportal flankieren zwei gemalte Wächterfiguren. Oben zieht sich über die gesamte Breite ein ebenfalls
gemalter Makara-Bogen hin. Der Tempel birgt als Hauptbildnis die farbige Statue eines
sitzenden Buddha im Gestus der Erdanrufung, flankiert von den Jüngern Ananda und
Kasyapa, außerdem einen großen liegenden Buddha und weitere Figuren. Seit 1926 gehören
auch ein Glockenturm und ein Bodhi-Baum zu dem Tempel.

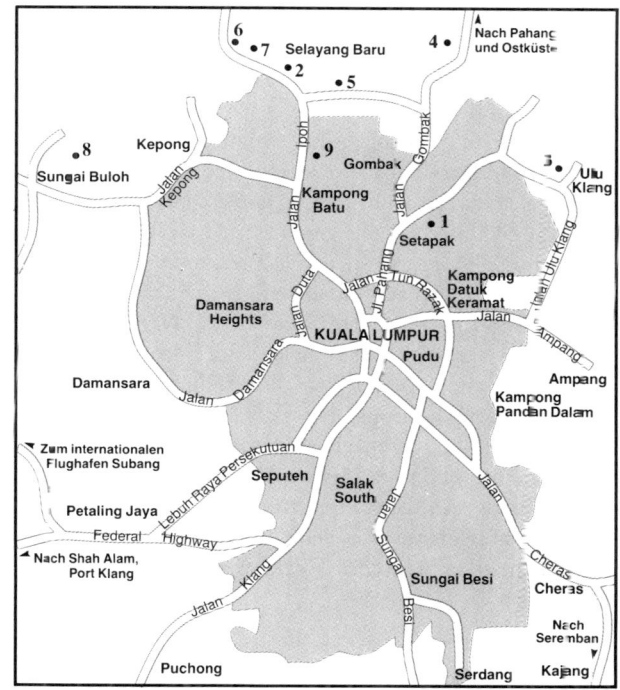

In der Umgebung von Kuala Lumpur

1. Selangor Pewter Factory – größte Zinnmanufaktur der Welt
2. Batikmanufaktur Selayang
3. National-Zoo and Aquarium
4. Mimaland
5. Batu Caves
6. Templer Park
7. Kalksteinfelsen Bukit Takun
8. Kautschukplantage
9. Zinnabbau

Der – unzugängliche – Istana Negara, seit 1957 Sitz des Yang di-Pertuan Agong, des gewählten Königs von Malaysia, steht auf einer Anhöhe inmitten von schönen Gartenanlagen und ist bis auf die gelbleuchtenden Rippenkuppeln hinter den hohen Bäumen kaum sichtbar. Der Kern des 1928 errichteten Gebäudes diente zunächst einem chinesischen Millionär und von 1945–1957 dem Sultan von Selangor als Residenz.

Westlich des Zentrums

Lake Gardens *(Tasek Perdana)*, der herrliche Park, der hinter dem Nationalmuseum beginnt, ging aus einem zwischen 1888–1898 von Engländern angelegten botanischen Garten hervor. Zwei prächtige Kolonialvillen besetzen die westlichen Hügel oberhalb des Sees: der 1900 erbaute Istana Tetamu, einst Residenz britischer Gouverneure und Hochkommissare, und die Villa Carcosa, die sich Sir Frank Swettenham, der erste General-Resident der Föderierten Malaiischen Staaten, 1896 erbauen ließ. Bis vor kurzem war der Palast noch Wohnsitz des britischen Hochkommissars als diplomatischer Vertreter seines Landes. Er wohnt nun im Diplomatenviertel Ampang-Pekeliling. Die Villa übernahm die malaysische Regierung; ein wichtiges Symbol der Kolonialzeit verlor damit seine Bedeutung.

Auf einer Anhöhe am Nordrand der Lake Gardens wurden 1963 in modern-islamischen Formen die **Parlamentsgebäude** errichtet; ein 18 Stockwerke hoher rechteckiger Büroturm und ein am Außenrand drei-, im Innern zweistöckiges Gebäude auf weitem rechteckigen Grundriß, das Senat *(Dewan Negara)* und Repräsentantenhaus *(Dewan Rakyat)* beherbergt. Nach innen gezogene Stützen machen es möglich, daß sich die Fassaden vom Boden abheben und dem Bau alles Lastende nehmen. Dazu trägt auch die von umgekehrten Arkaden abgeleitete Durchgliederung der Fronten bei, durch die alle Flächigkeit aufgelöst wird, sowie die elf hintereinander gestaffelten dreieckigen spitzwinkligen Betonplatten als eine Art Zierdächer, die einen vertikalen Kontrapunkt zu den langen horizontalen Linien bilden (die Zahl elf bezieht sich vermutlich auf die elf Staaten der Föderation Malaya).

Das Nationalmonument *(Tugu Peringat Negara)* nahebei, eine 1966 geschaffene großzügige Parkanlage mit Wasserspielen und einem halbrunden kuppelverzierten Wandelgang, erinnert mit einem Kenotaph an die Gefallenen der beiden Weltkriege sowie an die Kämpfer gegen den Kommunismus. Die riesige Bronzegruppe entwarf der amerikanische Bildhauer Felix de Weldon. Die sieben überlebensgroßen Figuren symbolisieren in pathetischen Gesten Führung, Einheit, Stärke, Wachsamkeit und Tapferkeit.

Das jetzige PAM Building, Institut malaysischer Architekten *(Dewan Binaan Pam;* Jalan Tangsi), war früher die Residenz von Chow Kit und ist ein gutes Beispiel für den aufwendigen Lebensstil chinesischer Towkays. Das Gebäude entstand 1900 in Formen der Neorenaissance.

Nördlich des Zentrums
Wisma Loke (›Lokes Haus‹; Jalan Medan Tuanku) war die ähnlich prachtvolle Villa eines chinesischen Unternehmers. Das Haus gehörte Loke Yew, der 1917 starb und testamentarisch verfügte, daß das Gebäude bis 25 Jahre nach dem Tod seiner letzten Frau erhalten bleiben müsse; sie starb 1978. Als historisches und bauliches Monument wird es wohl auch in fernerer Zukunft vor dem Verfall bewahrt werden (heute Kunstgalerie und Antiquitätengeschäft). Das stattliche Palais entstand 1904 in ziervollen Formen der Neorenaissance mit chinesischen Details (z. B. Mondtor und Aufteilung des Haupteingangs).

Östlich des Zentrums
Mitten im Stadtgebiet wölbt sich der Bukit Nanas, der ›Ananashügel‹. Im Gestrüpp der urtümlichen Dschungellandschaft finden sich noch einige Relikte der im Selangor-Krieg (1867–1873) zerstörten Festung. Am Fuß des Hügels reihen sich mehrere historische Bauten aneinander: die geräumige katholische **St. John's Cathedral**, 1955 erbaut (bemerkenswert im Innern die modernen Glasfenster in leuchtendem Rot und Grün, ein Ikonenmosaik und der moderne, von geometrischen Mosaiken umkleidete Altartisch), die bescheidene alte **St. John's Church** von 1886, die **St. John's Institution,** 1904 von den Christlichen Schulbrüdern des Jean Baptiste de La Salle (1651–1719) gegründet und immer noch eine der renommiertesten Schulen der Stadt, mit einem Kernbau in eindrucksvollen neoromanischen For-

men (1907) und der **Convent of The Holy Infant Jesus**, als Waisenhaus und Schule 1899 begründet, mit einem langen dreistöckigen Gebäude in neogotischen Formen.

Zu den ältesten Schulgründungen der Stadt zählt auch die **Methodist Institution.** Schulgebäude und Kirche von 1916 stehen – baulich seit jener Zeit nahezu unverändert – auf einer Anhöhe oberhalb von Puduraya Bus Station, ein beschaulicher Ort abseits vom Großstadtgetriebe.

Das gesellschaftliche Zentrum der Chinesen war seit Beginn dieses Jahrhunderts der **Selangor Recreation Club**, der 1929 in ein neues Gebäude im Tudor-Stil umzog (Jalan Pudu/Jalan Robertson). Schöner noch als beim Selangor Club der Engländer ist die Zeichnung der schwarzen Balken, vor allem an der zur Jalan Robertson weisenden Front, einfallsreicher auch die Gliederung des Baus.

Die zweite Generation chinesischer Millionäre bevorzugte seit den 20er Jahren dieses Jahrhunderts die Jalan Ampang als Wohngebiet. Die prächtigste dieser Villen entlang der Straße ist das 1920 erbaute **Bok House**, Residenz der Familie Chua Cheng Bok, die hier immer noch wohnt (im vorderen Teil das renommierte Restaurant Le Coq d'Or): gestaffelte Vorsprünge an drei Seiten – der vordere als repräsentativer Portikus mit Säulen in ionischer Form ausgebildet –, umziehende Balustraden und große offene Veranden, geschmückt mit Malereien, Kopien von englischen Jagdszenen aus dem 18. Jahrhundert. Die Halle zieren italienische Marmorskulpturen.

Ausflüge in die Umgebung von Kuala Lumpur

Zwei von tropischem Regenwald umgebene Erholungszentren in der Nähe von Kuala Lumpur sind **Mimaland** (18 km) und **Templer Park** (22 km), dessen Kalksteinfelsen lange unterirdische Korridore durchziehen.

In einer herrlichen, von tiefen Schluchten zerschnittenen Berglandschaft entstanden die Hill Resorts **Genting Highlands** (1711 m; 55 km) – hier auch ein sehenswerter chinesischer Höhlentempel in 1460 m Höhe – und **Fraser's Hill** (1542 m; 101 km) mit dem im Tudor-Landhausstil erbauten Government Resthouse.

In den **Batu Caves** genannten Höhlen (13 km) eines Kalksteinfelsens wurden seit 1892 zahlreiche Hindu-Schreine eingerichtet. Das Heiligtum in der etwa 180 m langen Haupthöhle gehört Subramanyan, Shivas zweitem Sohn. Dieser bedeutendste Hindu-Tempel Malaysias ist das Ziel eines Pilgerzugs und Mittelpunkt des Thaipusam-Festes, zu dem sich mehr als 100000 Gläubige, darunter Büßer mit schweren *Kadavis* und in Trance gefallene ekstatische Tänzer, versammeln (s. S. 372).

Die größte Höhle der Batu Caves ist 400 m lang und 120 m hoch, eine breite Treppe mit 250 Stufen und ein Lift führen hinauf. Die Museumshöhle am Fuß des Felsens enthält neben bizarren Tropfsteingebilden zahlreiche farbige Götterstatuen.

Die wenige Kilometer südlich von Kuala Lumpur auf dem Gelände ehemaliger Zinnfelder entstandene Stadt **Petaling Jaya** birgt den sehenswerten Thai Buddhist Chetawan-Tempel mit der großen Statue eines liegenden Buddha. Nahebei liegt die Universität von Malaya *(Iniversiti Kebangsan)*, zu der eine Moschee gehört.

Der auf dem Reißbrett entworfene und bis jetzt noch steril wirkende Industrie- und Verwaltungsort **Shah Alam** (ca. 20 km westlich) ist die neue Hauptstadt des Bundesstaates Selangor und Sultansresidenz; der Istana auf einer Anhöhe entzieht sich weitgehend den Blicken. Ein Bauwerk der Superlative ist die **Staatsmoschee** von Selangor. Die größte Moschee Südostasiens wurde 1988 fertig gestellt. Sie faßt 16 000 Gläubige, besitzt die größte Tambourkuppel und hat mit 137,40 m die höchsten (vier) Minarette der Welt.

Klang (ca. 30 km westlich) war früher die Hauptstadt von Selangor; den um 1920 erbauten Palast bewohnen nun die Eltern des jetzigen Herrschers. Die Moschee ist ein ehrgeiziges, recht monströses, dennoch sehenswertes Bauwerk; nahebei das Mausoleum, in dem unter klassizistisch anmutenden Grabaufbauten zwei Sultane ruhen; in einem weiteren Mausoleum sind die vier Frauen eines der Sultane beigesetzt.

Port Klang ist der wichtigste Tiefseehafen der Halbinsel; man kann kilometerweit an den vor Anker liegenden Schiffen aus aller Welt vorbeifahren (Erlaubnis im Schiffahrtsamt) und in den Restaurants des Fischerhafens fangfrischen Fisch essen.

Taman Negara (Nationalpark)

West-Malaysias Regenwald ist einer der ältesten der Welt. Seit 130–150 Millionen Jahren vollzieht sich hier, ungestört durch Eiszeiten, Klimaveränderungen und Überflutungen, der stetige Kreislauf von Verjüngung, Reifung und Zerfall, aus dem durch Vermittlung zahlloser Mikroorganismen wieder neues Leben entsteht – ein empfindlicher ökologischer Zyklus, den Eingriffe des Menschen leicht zum Erliegen bringen können. Der Taman Negara ist ein rund 4350 qkm großes Stück dieser urtümlichen Welt. Im Süden begrenzt ihn über eine Länge von etwa 65 km der Sungai Tembeling, ein streckenweise wilder Fluß mit gefährlichen Stromschnellen (Der Nationalpark ist vom 15. 11.–14. 1. geschlossen).

Eingangstor zum Taman Negara (s. S. 385) ist Kampong Tahan mit dem Parkhauptquartier (Headquarter) und zum Übernachten Chalet, Rest House und Hostel. Von hier aus läßt sich leicht die nähere Umgebung erkunden. Bei längeren Dschungeltrecks wird man im Zelt schlafen müssen. Kampong Tahan ist von Kuala Tembeling aus, wo die Straße endet, nur mit dem Boot zu erreichen. Mit dieser 4–5stündigen Fahrt zwischen dichtbewachsenen Ufern und hohen Bäumen beginnt das Dschungelabenteuer. Mit etwas Glück bekommt man badende Wasserbüffel, Affen, Otter, einen Waran oder einen wilden Eber zu Gesicht. Nach etwa zwei Stunden ist der Südzipfel des Taman Negara erreicht.

Der Taman Negara ist einer der wenigen Naturparks der Erde ohne jegliche Straße. Nur auf Booten und Trails, schmalen Dschungelpfaden, kann man sich fortbewegen. Die Wege zu interessanten Zielen in der Umgebung des Headquarters sind gut markiert, so zu den Hides, den mit Betten versehenen Beobachtungsständen, dem botanischen Lehrpfad am 355 m hohen Bukit Teresek, zur Gua Telinga, der Fledermaushöhle. Andere lassen sich mit dem Boot erreichen. An den Ufern des Sungai Tembeling und des Sungai Tahan trifft man auf vereinzelte Siedlungen der Orang Asli. (Informationsmaterial im Headquarter Office.)

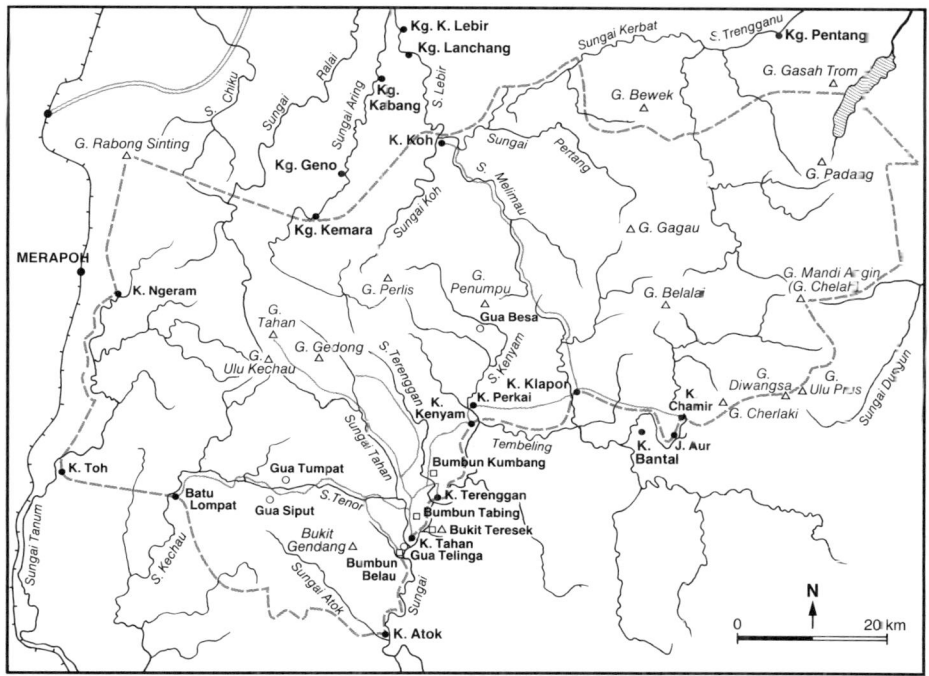

Taman Negara (Nationalpark)

Der Taman Negara erstreckt sich rund 120 km weit von West nach Ost und – an der breitesten Stelle – rund 60 km von Nord nach Süd. Nur 10 % ist Tiefland, das übrige Gelände hügelig, bergig, und von Kampong Tahan aus zieht sich ein breiter Bergrücken hinauf bis zu West-Malaysias höchstem Gipfel, dem 2187 m hohen Gunong Tahan. Für einen Ausflug dorthin muß man 7–10 Tage einplanen, den Rückweg nach Kampong Tahan miteingerechnet.

Dipterocarpaceen bestimmen mit ihren häufig blumenkohlartig wirkenden Kronen weithin das Landschaftsbild im Taman Negara. Die Bäume können rund 60 m hoch und mehr als 350 Jahre alt werden. An feuchten, schattigen Standorten sind einige Palmenarten, darunter die Kletterpalme – Lieferant des Malakkarohrs (Rattan) – anzutreffen. Groß ist die Zahl der Epiphythen, die auf ihren Wirtspflanzen ein Eigenleben führen und bis hinauf in die Spitzen streben. Dazu zählen Orchideen, Farne, Feigen und Rhododendren. Kein anderes Biotop der Erde hat so viele Pflanzenarten aufzuweisen wie der tropische Regenwald, insbesondere der südostasiatische.

Reichhaltig, mit rund 250 Arten, ist auch die Vogelwelt. Die meisten Vögel – so mehrere Nashornvogelarten (s. S. 317) – werden eher zu hören als zu sehen sein. An größeren Tieren wird man mit ziemlicher Sicherheit verschiedene Affenarten, darunter Makaken, Weiß-hand-Gibbon oder Lar und Hulock, Wildschweine und Wasserbüffel zu Gesicht bekommen, um aber einen Tapir, Sambarhirsch, Elefant, Tiger oder gar das vom Aussterben bedrohte Sumatranashorn beobachten zu können, bedarf es viel Geduld und Glück.

Wer den Sungai Tembeling weiter hinauffahren will, braucht dazu einen geschickten Bootsmann, der Stromschnellen zu meistern und Sandbänken auszuweichen versteht. Außer Senoi leben in diesem Gebiet auch vereinzelte Semang-Gruppen.

In Ulu Tembeling hat das Bootebauen Tradition. Seit mehr als 100 Jahren haben die Boote, *Lunas* oder *Jalor* genannt, ihre Form nicht verändert. Sie hat sich bewährt: lang, schmal und mit flachem Boden, eine Mischung aus Sampan und Kanu. In etwa acht Tagen ist ein Jalor fertiggestellt, das Schlagen des Meranti-Baums im Regenwald eingerechnet. Der Verkaufspreis: 3000 M$. Mit einem Außenbordmotor ist ein Jalor das ideale Verkehrsmittel auf den Flüssen.

Kampong Bantal, wo es eine private Unterkunft gibt, liegt am Rand einer Talniederung knapp außerhalb des Taman Negara. Archäologen des Muzium Negara in Kuala Lumpur konnten nachweisen, daß die Geschichte dieses Ortes, wie auch anderer Teile des Tembeling-Tals, bis ins Neolithikum zurückreicht. Sie fanden eine Fülle von Artefakten, darunter Bruchstücke eines der berühmten, für Malayas Frühzeit typischen sogenannten Tembeling->Messer‹, ein Steinwerkzeug, das vermutlich sowohl zum Enthäuten von Tieren als auch zum Schneiden im Wald verwendet wurde, dazu aus jüngerer Zeit Stücke von Bronze- und Eisengegenständen, Perlen und aus der Ming-Zeit (1368–1644) chinesische Keramik. Gebäudereste hat man leider nicht finden können, Holz ist ein allzu vergänglicher Werk-stoff.

Ipoh

Das breite Tal des Kinta-Flusses und die es begrenzenden Bergstaffeln bergen die reichhal-tigste Zinnerz-Lagerstätte Malaysias mit einer Konzentration bis zu 80 % im Erdreich (s. S. 246). Die Landschaft zeigt die Narben, die die Bodenausbeutung seit Jahrhunderten hinter-lassen hat: Erdschächte von etwa 2,50 m Durchmesser, die bis zum Grundwasserspiegel in 7–10 m Tiefe reichen, vor allem aber weite kahle Sandflächen, deren Relief einer Mondland-schaft gleicht. Im 18./19. Jahrhundert begann die Ausbeutung in großem Stil durch chinesi-sche Unternehmer, denen malaiische Fürsten das Land und die Schürfrechte gegen Zahlung einer Pacht überlassen hatten. Noch 1912 waren 80 % der Zinnförderung unter chinesischer Kontrolle, dann erst schalteten sich in verstärktem Maße die Briten ein. Das Geologische Museum informiert u. a. über Geschichte und Methoden des Zinnabbaus.

Aus vielen kleinen Siedlungsparzellen chinesischer Minenarbeiter erwuchs die Stadt Ipoh, das Zentrum des Kinta-Zinnfeldes und womöglich heute noch das Zinnzentrum der Welt. Zusammen mit Taiping, Georgetown und Kuala Lumpur gehört Ipoh seit den letzten beiden Jahrzehnten des vorigen Jahrhunderts zu den am schnellsten wachsenden und fort-schrittlichsten Städten der Halbinsel. Heute zählt sie etwa 350000 Einwohner und ist damit

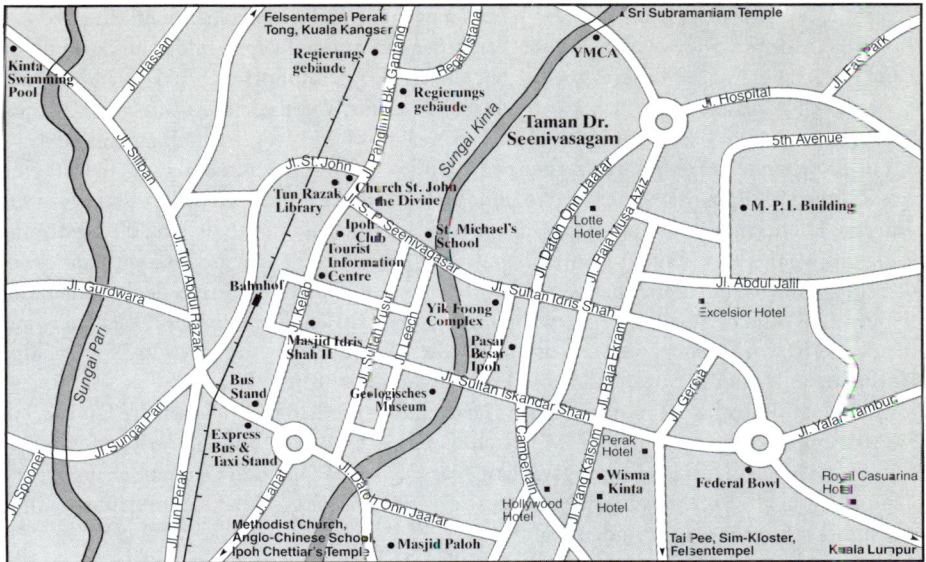

Ipoh

die drittgrößte Stadt Malaysias. Ca. 72 % sind Chinesen, darunter nicht wenige, die ihren Reichtum als Unternehmer im Erzabbau, aber auch als Besitzer von Kautschuk- und Ölpalmenplantagen erwirtschafteten. Der Name Ipoh leitet sich ab von dem Upas-Baum *(Antiaris toxicaria)*, der hier früher in Mengen wuchs und dessen Milchsaft den Eingeborenen das Pfeilgift Upas lieferte. Ein Exemplar kann man noch im Coronation Park (Taman Dr. Seenivasagam oder Ipoh Garden) finden. Die Stadt ist längst hinausgewachsen über ihren alten Kern, der sich einst zwischen den Armen des Sungai Kinta und des Sungai Pari erstreckte.

Das zentrale Bahnhofsgebäude mit dem Hotel Stesen (oder Railway Hotel), ein prachtvoller Kolonialbau mit Kolonnaden und Turmaufsätzen, begrenzt einen großzügig angelegten Platz. Das daran anschließende Geschäftsviertel zeigt wuchtige Bauten im bombastischen Stil des verspäteten Neoklassizismus. Sockel aus Quadersteinen mit Säulen und Doppelsäulen, Arkaden, überdachte Terrassen, Portiken, Balustraden, die sich auch an der Dachkante entlangziehen, steinerner Girlandenschmuck, Löwen und Wappen kündeten von der Wirtschaftskraft der Stadt und von der Überlegenheit der britischen Herren, die im Sultanat Perak die Geschicke lenkten. Dieser Stil beeindruckte die Chinesen so sehr, daß sie den Briten im Bauen von repräsentativen Bank- und Geschäftsbauten kaum nachstanden. Die meisten entstammen den 30er Jahren unseres Jahrhunderts, nachdem Ipoh Landeshauptstadt von Perak geworden war.

Zu den legendären Aufenthaltsorten der Kolonialherren gehörte der **Ipoh Club,** ein weiträumiger niederer Bau im englischen Landhausstil. Lange Fensterstreifen gliedern die Mauerwände, an den kleinen Firsten oberhalb der weiten, sanftgeneigten Dachflächen zeigen sich Relikte des schwarz-weißen Tudorstils. Einen Kontrapunkt dazu bildet auf der anderen Seite des Straßenkreisels die erst vor einigen Jahren erbaute **Bibliothek.** Ein Mosaikband mit malaiischen Motiven zieht sich an der Dachkante hin, Zierdächer im Minangkabau-Stil springen aus der Gebäudefront hervor und krönen die offene vorgebaute Eingangshalle.

Die **St. Michael's School** ist eine der bedeutenden Institutionen in Malaysia, die auf eine Missionsgründung zurückgehen und dann durch staatliche Gelder gefördert und erweitert wurden. Die strenge Symmetrie der Gebäudefassade bewirkt Harmonie, und die Beschränkung auf wenige sich ständig wiederholende Formen gibt dem langgestreckten Baukörper Geschlossenheit und Einheitlichkeit. Unaufhörlich reihen sich die Bogen der Arkaden (im Erdgeschoß) und der Galerien (im zweiten und dritten Geschoß) aneinander. Vier leicht aus der Wand hervortretende, durch Pilaster und Giebel betonte Risalite sowie zwei viereckige Vorbauten mit offener Bogenhalle unterbrechen die Gleichförmigkeit.

Auf einem Hügel steht inmitten einer Gartenanlage die Kirche **St. John the Divine,** ein basilikaähnlicher Bau mit hohem Mittelschiff. Gotische Bögen und eine betonte Giebelspitze zieren den niedrigen Eingangsvorbau. Das stattliche Pfarr- und Gemeindehaus gegenüber ist ein hervorragendes Beispiel dafür, wie sich englische Architekturvorstellungen mit malaiischen Elementen verbinden konnten.

Die **Masjid India** ganz in der Nähe der St. Michael's School ist das Gebetshaus der muslimischen Inder. Kräftige, durch dekorative Vielpaßbögen miteinander verbundene Pfeiler stützen den niederen, im Grundriß rechteckigen Baukörper. Eine Zinnenkante bildet den oberen Abschluß; dahinter Rundgiebel mit arabischen Schriftzeichen. Zwei polygonale, sich nach oben verjüngende und in Abschnitte gegliederte Minarette wirken als vertikale Akzente.

Dem Sungai Kinta zu wie auch jenseits des Flusses findet man abseits der Hauptstraßen noch manche stimmungsvolle Winkel, so in der Jalan Masjid (Nebenstraße der Jalan Dato Onn Jaafar). Hier prägt vor allem eine ein wenig verwitterte Moschee (Abb. 72) mit ihren beiden turmartigen Minaretten und der Rundkuppel über dem Gebetsraum das Bild. Die wohl traditionsreichste und älteste Moschee Ipohs ist die **Masjid Paloh** in der Jalan Datoh, kurz hinter der Brücke über den Kinta-Fluß. Sie stammt aus dem Jahr 1912. Ein überdachter Gang führt zur Brunnenanlage und dem Hauptbau, der von einem ziegelgedeckten Doppeldach javanischen Stils gekrönt wird. Das Minarett in Form eines viereckigen Turms mit flachem, überstehendem Pyramidendach und rundbogigen Fensteröffnungen steht abseits. Eine Kostbarkeit dieser Moschee ist der mit reichem Schnitzwerk versehene Minbar. Verschlungene Blattranken und aus Vasen aufsteigende Blütenpflanzen, zum Teil vergoldet, sind die Motive der Seitenflächen, der Treppenbrüstung und des Oberbaus, den ein hoher rundlicher Aufbau krönt.

Vom politischen und religiösen Geist einer neuen Zeit kündet die State Mosque, die Moschee des Staates Perak, die nach ihrem Erbauer auch den Namen **Masjid Idris Shah II** trägt. Verschiedene Elemente islamischen Baustils fügen sich hier zu einer neuen überzeugenden Architektursprache zusammen. Das mächtige, rechteckige, in Weiß gehaltene

Gebäude scheint zu schweben, die dunklen Säulen des völlig durchlichteten Erdgeschosses sind kaum sichtbar und verschwinden optisch hinter den girlandenähnlichen überhängenden Rundbögen. Spiegelbildlich dazu öffnen sich nach oben langausgezogene, gleichsam auf den Kopf gestellte Rundbögen. Die oben überstehenden Rahmenglieder wirken wie Pfosten im Verlauf der Brüstung, die den Umgang begrenzen. Ein streng geometrisches Durchbruchmuster füllt die Mauerflächen. Diesem Baukörper ist ein kleinerer rechteckiger Körper aufgesetzt. Keine Flächen sind zu sehen, nur kleine Bögen in endloser Reihung. Auch die zahllosen kleinen gelben Kuppeln mit der Silhouette eines gedrückten Spitzbogens scheinen in der Luft zu schweben. Eine große Kuppel überwölbt den Gebetsraum. Das Minarett ist ein sich verjüngender Turm mit betonten Kanten und einer Kuppel, die wie eine Blüte auf einem Kelch ruht.

Ipoh liegt am Fuß der Main Range, der Zentralkette, die die Halbinsel in eine westliche und eine östliche Wetterzone teilt. Im Laufe von Jahrtausenden hat der Monsunregen in den steil aufragenden Kalkfelsen zahlreiche Höhlen geschaffen, in denen Chinesen Heiligtümer eingerichtet haben. Ein sol-

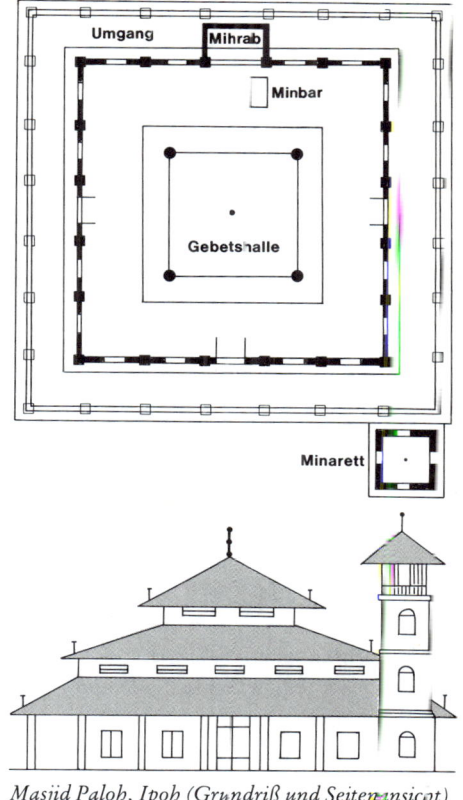

Masjid Paloh, Ipoh (Grundriß und Seitenansicht)

cher Tempelkomplex findet sich etwa 6 km südlich von Ipoh östlich der Jalan Gopeng (Straße von Kuala Lumpur – Kampar). Von weitem schon sieht man gelb-rot vorgeblendete Torfassaden, aufgemalte chinesische Symbole und Galerien, die Felsspalten überbrücken und Höhlen miteinander verbinden.

Der **Ling Sen Tong** (Farbabb. 15), vor einen Felsen gebaut und vor einem Garten mit Pavillons und einer Pagode gesäumt, gehört einem chinesischen Clan (Besucher sind willkommen und erhalten Speisen und Getränke). Die zweite Anlage, der **Nam Tien Tong**, ist ein echter Felsentempel mit zahlreichen natürlichen und künstlich erweiterten Höhlen. In den Grotten sowie in vielen Nischen und auf Felsvorsprüngen stehen Plastiken daoistischer Gottheiten. Steinerne, buntbemalte Löwen bewachen den Eingang zur unteren großen Halle, die mit fliegenden Drachen und Phönixen geschmückt ist; die Figuren sind teils flächig aufgemalt, teils wurden Gesteinsformen dazu benutzt, ihnen plastische Gestalt zu

E 64865 HELL BANK NOTE

1000000

地府通用鈔票

Papiergeld, das den Ahnen gespendet wird

geben. Jadekaiser, Dao Jun, der Beherrscher der Kräfte Yang und Yin, und Laozi, der legendäre Begründer des Daoismus, sind die wichtigsten Gestalten des Hauptaltars an der hinteren Felswand. Man kann in dem Gesteinslabyrinth hoch und höher steigen und gelangt schließlich zu einer steilen, etwas wackligen Treppe, die zwar nicht zu weiteren Altären, aber zu einer Aussichtsplattform und zu Höhlen mit bizarren Felsgebilden führt.

Der letzte Felsentempel ist der **Sam Poh Tong**, ein Heiligtum buddhistischer Chinesen. Um die Jahrhundertwende entdeckte ein Wandermönch die Höhlen, wählte sie als Meditationsort und als Behausung. Heute leben einige Mönche und Nonnen in dem zweistöckigen gelb-roten Haus links neben dem Eingang, dessen Schmuck die ins Moderne gewandelten überstehenden chinesischen Dächer sind. Die große Eingangshöhle bevölkern rund 30 Buddha- und Bodhisattva-Figuren in verschiedener Größe, sitzend und stehend und in unterschiedlichen Hand- und Körperhaltungen. Ein mattes gelbrötliches Licht gibt dem ganzen Raum etwas Mystisches. Eine erhöhte Felsnische birgt das Hauptbildnis, einen großen meditierenden Buddha. Zwei stehende Bodhisattvas flankieren ihn; rechts Padmapani, ›der mit dem Lotos in der Hand‹, eine Form des Avalokiteshvara. In einer Nische links von dieser qualitätvollen Gruppe sitzt ein goldengewandeter Marmor-Buddha, umgeben von einem Strahlenkranz; auf dem Altartisch vor ihm drei sitzende Bodhisattva-Gestalten und zwei hochragende Bronzepagoden, die ein Buddha-Figürchen krönt. Die Wände schmücken Malereien mit Szenen aus der chinesischen buddhistischen Hölle.

In der Eingangshalle vorne rechts führen Stufen und ein schmaler Gang durch eine hohe Felsspalte zu einem von steilen Kalksteinwänden gerahmten Wiesenstück. An diesem verschwiegenen Ort haben Mönche einen Teich angelegt, in dem sich mehrere hundert heilige Schildkröten tummeln. Über steinerne Treppen gelangt man von der Eingangshöhle aufwärts in den Felsen zu einer Plattform und schließlich zu einer Figurengruppe aus bemaltem Ton: sitzend der Bodhisattva Avalokiteshvara in der weiblichen Ausprägung Guan Yin mit sieben radförmig um den Körper gelegten Armpaaren. Steigt man weiter, so ist bald eine riesige Felsenhalle erreicht, auf deren rückwärtiger Wand fünf große, auf Wolken stehende Figuren gemalt sind: in der Mitte Buddha im Meditationsgestus, ihm zur Seite je eine Mönchsgestalt und eine Schutzgottheit. Aus den Höhlenöffnungen bieten sich immer wieder weite Blicke über das Land.

In der Halle links neben dem Klostergebäude werden in kleinen Fächern hinter Glasscheiben die Urnen mit der Asche Verstorbener aufbewahrt und beim nahen Schildkrötenteich Opfergaben wie falsches Papiergeld und aus Papier gefertigte Gegenstände verbrannt. Im Hof hinter der Halle stehen drei alte steinerne Krematiosöfen.

Die Straße nach Kuala Kangsar führt an dem **Thai-Tempel Meh Prasit Sumaki** vorbei (3 km), der die 24 m lange Figur eines liegenden Buddha birgt. Ein kleiner Glaskasten im Kopf der Statue enthält die Reliquie, ein Knochenstückchen von Buddha. Vor dem ins Nirwana Hinübergleitenden haben sich in lebensgroßer Gestalt die »500« engsten Jünger (s. S. 108) des Meisters versammelt.

Nach weiteren 5 km erreicht man den **Perak Tong** (Farbabb. 13), schönster Felsentempel rund um Ipoh. Der chinesische buddhistische Pilger Chong Sen-yee begründete ihn 1926. Die malerische Lage der Stadt Ipoh, umgeben von hochragenden Kalksteinfelsen, erinnerte ihn an seine Heimat Jiaoling in der Provinz Guangdong (Süd-China). Großzügige finanzielle Spenden erlaubten ihm, seiner Frau und den fünf Söhnen die Ausgestaltung der Höhlen. Chong Sen-yee starb 1980 im Alter von 80 Jahren, Chong Yin-chat, einer seiner Söhne, setzt heute das Werk fort.

Die gesamte Anlage ist von großem Reiz. Durch zwei Vierecktore, rechts und links mit weißen Marmorpfeilern, bemalten Querbalken und Rollziegeldächern ausgestattet, gelangt man auf die Wege, die im Halbrund auf den Eingang zuführen; dazwischen Lotosteiche und Wiesenstücke, eingefaßt von weißen mit Durchbruchmustern verzierten Balustraden. Pavillons und Galerien. Dem Tempeleingang vorgeblendet ist ein Torbau in Form eines mehrstöckigen luftigen Pavillons mit Galerien und ziervoll durchbrochenem Geländer; auf den Dächern tanzende Drachen. Gänge verbinden ihn mit ähnlichen Bauten zu beiden Seiten (u. a. Schrein und Kloster). Große und kleine chinesische Schriftzeichen, glückverheißende Worte, zieren Mauerwände und Pfeiler. Dahinter ragt steil die teils mit üppigem Grün bewachsene, teils kahle Felswand empor.

Die Ausstattung der Höhlen ist durchweg qualitätvoll. Das gilt vor allem für die figürlichen Malereien und Kalligraphien an Wänden und Decken – hier waren bekannte chinesische Künstler am Werk. Die Schöpfer der starkfarbigen, im Ausdruck allzu glatten Altarfiguren sind anonym geblieben, wie es sich für religiöse Kunstwerke geziemt.

Die gewaltige Eingangshöhle beherrscht die fast 13 m hohe Bronzeskulptur eines auf dem Lotosthron sitzenden Buddha im Gestus der Erdanrufung (Abb. 50). Ein Strahlenkranz mit aufgesteckten Lichtern umgibt sein Haupt. Die Wandmalerei darüber zeigt zwei auf Wolken reitende Drachen, Symbol der ewig zeugenden Naturkraft; zwischen beiden eine rote Flammenperle, das buddhistische Wunschjuwel. Ihnen zur Seite zwei sehr schwungvoll gemalte daoistische Gottheiten mit sich bauschenden, ornamentreichen Gewändern und flatternden Stoffbändern. Chen Liu-lin, der Maler der Gestalten, schuf auch die anmutigen, in Wolken schwebenden Himmelsmädchen in der rechten Felsnische. Die Vier Weltenwächter oder Himmelskönige (Lokapala), riesige grimmige Gestalten mit furchterregend rollenden Augen, bewachen das Heiligtum (rechts in der Eingangshöhle).

Die übrigen, durchweg neueren Buddha-Plastiken, farbig bemalt und ohne künstlerischen Anspruch, besetzen zumeist fliesenverkleidete Altäre; in verschiedenen Blau- und Rosétönen Guan Yin mit sieben ausgestreckten und zwei vor dem Körper zusammengelegten Armpaaren (Abb. 48); der Bodhisattva Kshitigarbha, der Seelengeleiter, auf einem Löwen sitzend und umgeben von einem großen Strahlenkranz mit Wolkensymbolen und Drachen; der Bodhisattva Manjushri, der traditionsgemäß ein blaues Gewand und ein rotes Halsband trägt und in den Händen Schwert und Buch als Symbole der Weisheit hält; der Buddha Maitreya als dickbauchiger glückverbreitender Mile Fo (Abb. 49), mit 11 m Höhe die zweitgrößte Statue im Perak Tong. Die meisten der farbigen und schwarzweißen Wandbilder sind alten Stilen nachempfunden und behandeln traditionelle Themen chinesischer Malerei: ›Meditation in einer Höhle‹, ›Päonien‹, ›Kiefern und zwei Kraniche‹, ›Bambus‹, ›Fliegende Pferde‹, ›Blühender Pflaumenzweig‹, ›Lotos‹ und der ›Luohan Pindola mit seinem Tiger‹. Die Steintreppe hoch zum Gipfel ist wegen Einsturzgefahr nicht begehbar.

In der Umgebung

Cameron Highlands – das bedeutet Aufenthalt in mäßig warmer, frischer Bergluft, lange Wanderungen durch tropischen Regenwald mit einer großartigen Pflanzenwelt zu Wasserfällen und Teeplantagen, faszinierende Ausblicke von Gunong Brinchang (2200 m) und einen Besuch im schönen Sam Poh-Tempel (Farbabb. 13). In der Gegend leben Orang Asli (Senoi) in kleinen Siedlungen. William Cameron, ein Landvermesser der Kolonialregierung, entdeckte 1885 das 1829 m hoch gelegene Plateau. Das behagliche Old Smokehouse im Tudor-Stil stammt aus dieser Zeit. (Von Süden ist Tapah der beste Ausgangspunkt.)

Pankor, die 12 km lange und 4 km breite, von Fischern bewohnte Insel, bietet einige feine Sandstrände, dichten Regenwald, beträchtliche Ruinen eines stark befestigten und mit Kanonen bestückten Forts (1680 erbaut), von dem aus die Holländer ihre Zinnhändler vor Piratenüberfällen schützten. (Busverbindung von Ipoh zur Hafenstadt Lumut, wo es ebenfalls einige Strände gibt, von dort aus mit der Fähre nach Pankor.)

Kuala Kangsar

Die große Nord-Süd-Straße verläuft von Ipoh aus durch schattige Alleen, kleine Siedlungen und Kampongs, passiert bei Sungai Siput einen Höhenzug und senkt sich dann hinunter zur Ebene des Sungai Perak nach Kuala Kangsar.

Nur eine einzige lange Geschäftsstraße, in der sich Läden, kleine Restaurants und Hotels aneinander reihen, durchzieht die gemütliche Kleinstadt. Manche Häuser aus der Kolonialzeit tragen runde reliefverzierte Scheingiebel. Das neue Verwaltungszentrum der Distrikt-hauptstadt liegt etwa 1 km außerhalb

Seit 1876, als sich der von den Engländern bestellte Regent Raja Yusuf (ab 1886 Sultan) hier niederließ, ist Kuala Kangsar Residenzstadt, und auch Hugh Low, der britische Statt-halter (1877–1889), verlegte seinen Sitz hierher. Low war Botaniker und hatte als Kolonial-beamter 30 Jahre lang auf der Insel Labuan und in Nord-Borneo gelebt (s. S. 346). 1879 erhielt er aus den Kew Gardens in London etwa zwölf Setzlinge des Kautschukbaums *Hevea brasiliensis*, dessen Heimatland das Amazonasgebiet Südamerikas ist. (1876 hatte der Engländer Sir Henry Wickham Samen und einige Ableger nach England geschmuggelt.) Im Garten der britischen Residenz in Kuala Kangsar gediehen die Pflanzen prächtig, und nach sechs Jahren konnte zum erstenmal Latex gezapft werden. Low bot den Pflanzern Samen an, und jeder der sich der permanenten Kultivierung von Kautschukbäumen widmen wollte, bekam 40 Hektar Land zur Verfügung. Das war der Anfang des malaiischen Naturgummi-Booms. Heute ziehen sich über weite Flächen des Landes Kautschukplantagen hin. Der Anteil Malaysias an der Weltproduktion beträgt derzeit rund 34 %, und mit 17 % ist Kaut-schuk Malaysias zweitwichtigstes Ausfuhrprodukt. Von den alten Bäumen steht je einer im Bereich des District Office und nahe dem Agricultural Department im Stadtzentrum.

Von einer Anhöhe vor der Stadt, auf der das prächtige Resthouse im Kolonialstil (ehemals Sitz des britischen Residenten) steht, bietet sich ein herrlicher Blick auf das Flußpanorama und die umliegenden grünen Berge. Man sieht Schleppkähne ihre Bahn ziehen, die Fähre, ein schwankendes überdachtes Boot, von Ufer zu Ufer wechseln und kann sich vorstellen, ›wie Dutzende Elefanten mit Männern in Festtracht auf ihren Rücken den Fluß durchqueren‹ (Sir Frank Swettenham in seinem Erinnerungsbuch ›British Malaya‹). Am Fluß entlang und durch ein malerisches Kampong gelangt man zu einer der schönsten Moscheen des Landes: der **Masjid Ubudiah** (Abb. 52 u. Umschlag). Von weitem sieht man unter meist tiefblauem Himmel ihre goldene Kuppel im Sonnenlicht leuchten. Erbauen ließ sie 1913 Sultan Idris Mursyidul Azam Shah, der Baumeister war Timur Tengah, ein indischer Muslim. Der Stil ist maurisch. Schneidig sind die Hufeisenbögen der dreiteiligen Eingänge und des Umgangs, ornamental wirken die von Streifen dunklen italienischen Marmors durchsetzten Türme und die große Anzahl der auf kantigen Pfeilern sitzenden zierlichen Säulchen, die jeweils eine kleine Kuppel tragen. Die Leichtigkeit dieses Arrangements bildet einen reizvollen Kontrast zu der bauchigen, gerippten, bedeutungsschweren Kuppel, die ein fensterloser Tambour vom Unterbau abhebt. Schmuckvoll schließen die hohen Minarette ab mit einer durchbro-chenen Brüstung, Zackenbogenarkaden, die sich beim Dachgesims fortsetzen, flachem Falt-dach und Kuppel. Das Bauwerk ist von großartiger Geschlossenheit und Einheitlichkeit, die zahlreichen, auf den ersten Blick verwirrenden Einzelelemente überspielen die Klarheit der Konzeption, verwischen die Ansatzpunkte der gliedernden Teile. Das Bauwerk wächst von innen nach außen, von dem hohen oktogonalen Kern, dem Gebetsraum, zu dem äußeren niedrigeren Bogenumgang, der den unteren Teil der vier hohen Minarette verdeckt. Acht kleinere, schlanke Türme umstehen direkt die große Kuppel, und viermal je zwei wechseln außen am Bogengang mit vier überkuppelten massiven Eckbauten. Daneben der Brunnenpavillon, dessen schwere goldene Kuppel von zierlichen Säulchen getragen wird. Vom palmenbestandenen Hof aus überblickt man die wundervolle Hügellandschaft und den Istana Iskandariah, den Sultanspalast.

Das Innere dieser Sultans- und Staatsmoschee von Perak ist sehr schlicht. Ein skulptiertes Gesims trennt Wand- und Fensterzone. Blickfang sind die zu einem kleinteiligen regelmäßigen geometrischen Muster zusammengesetzten Scheiben der Fensteröffnungen, die ein dämmriges Licht in den Raum fallen lassen. An der Qibla-Wand gibt ein weiter Bogen den Blick auf die Gebetsnische und den feinen holzgeschnitzten Minbar frei.

In dem Mausoleum nahebei, einem in Rot und Weiß gehaltenen rechteckigen Bau mit minarettartigen Türmchen an den Ecken und einer großen durchfensterten Kuppel über dem Zentrum, ruhen die Sultane von Perak und unter den zumeist einfachen Grabsteinen des Friedhofs nebenan Angehörige der Sultansfamilie.

Die asphaltierte Straße führt weiter zum Eingang des Palastgartens und weiträumig um den Hügel herum, den der **Istana Iskandariah** besetzt. Dieses sehr große, massige Gebäude entstand um 1920. Der Grundriß ist rechteckig, vorstehende hohe Viereckbauten, alle kuppelgekrönt, betonen die Ecken und die Mitte der Seiten. Nur die von feinen leuchtenden Mosaiken überzogenen Kuppeln, einige Fenster mit Bogenabschluß und die offenen Arkaden im Erdgeschoß – schlanke Doppelsäulen mit Lanzettbogen – sind eindeutig Elemente islamischer Bauformen, das übrige ist zumeist indifferent und gesichtslos.

Ganz in der Nähe steht der zauberhafte alte Sultanspalast, der **Istana Kenangan** (Abb. 51). Traditionell malaiisch wie der Baustil sind auch die Materialien: Holz und Flechtwerk. Aus der Flucht des langgestreckten, auf hohen Holzpfeilern errichteten Bauwerks springen fünf kantige Erker hervor. Durch sie wird auch die Dachfläche aufgelockert, zudem tragen die mittleren drei ein doppeltes Satteldach, und lange spitze Holznadeln besetzen die Firstenden. Große und kleine Rhombenmuster lösen die Wandfläche auf, und holzgeschnitzte Blüten- und Rankenornamente in Durchbrucharbeit füllen die Bogenfelder der Fenster. Besonders kunstvoll sind die geschnitzten Leisten entlang der Dachtraufen und unterhalb des Geschoßansatzes. Farbigkeit – Gelb und Schwarzbraun – unterstützt die ornamentale Wirkung des Baus. Der Istana Kenangan ist einer der ganz wenigen noch erhaltenen traditionell malaiischen Palastbauten. Zeitweise bewohnte ihn eine Schwester des Sultans, heute beherbergt er ein kleines königliches Museum (Muzium Di-Raja Perak).

Taiping

Durch Taiping fließt der kleine Sungai Lurut, nach dem der gesamte Distrikt benannt wurde. In den 40er Jahren des vorigen Jahrhunderts entdeckte der *Menteri,* einer der vier obersten Beamten des Sultans von Perak, größere Zinnvorkommen, als er zum Einziehen der Steuer durch die Lande zog. In dieses sumpfige, äußerst spärlich und nur an den Flußufern besiedelte Gebiet zu Füßen der mit dichtem Regenwald besetzten Bintang Range strömten nun chinesische Minenarbeiter, Kaufleute und Kleinhändler. Immer überwog die Zahl der Zuströmenden die der Zurückwandernden, und viele blieben für immer.

Zwei große chinesische Gruppen lebten und arbeiteten hier nebeneinander: die der Geheimgesellschaft *Ghee Hin* angehörenden Cantonesen in Kamunting sowie die Hakka und Hokkien im Nachbarort Kelian Pauh (das heutige Taiping), eingeschworen auf die Geheimgesellschaft *Hai San*. Diese beiden wichtigsten chinesischen ›Logen‹ in Malaya und Singapur wurden, wie die übrigen, Zweige der Triade (Triad Society) genannten Geheimgesellschaft, in der zweiten Hälfte des 17. Jahrhunderts von Mönchen des Shaolin-Klosters in Fujian gegründet. Diese wandten sich damals gegen die Herrschaft der Manju (Qing-Dynastie, 1644–1912) und forderten die Rückkehr der einheimischen Ming (1368–1644). Über dieses politische Ziel hinaus erweiterte die Triad Society im Laufe der Zeit ihre Interessen. Sie kümmerte sich um das Wohlergehen der Siedler in Malaya, Singapur und Sarawak, half den Neuankömmlingen, sich in das bestehende politische und soziale System einzufügen, und vergab Darlehen. Da die Migranten verschiedenen Volksgruppen mit jeweils eigener Sprache und eigenen Bräuchen angehörten, bildeten sich schon bald mehrere Geheimgesellschaften. Jede war bestrebt, mehr Einfluß, Macht und Profit zu gewinnen. Der Kontrolle der Briten konnten sie sich weitgehend entziehen, und als sie 1889 für illegal erklärt wurden, entfalteten sie ihre Aktivitäten im Untergrund. Mehr und mehr fanden nun auch kriminelle Elemente Zugang. Manche ihrer Mitglieder betätigten sich in Malaya politisch und setzten bei der Revolution 1912 in China und in der Folgezeit ihren Einfluß zugunsten der nationalistischen oder der kommunistischen Partei ein. Die Wirksamkeit der Geheimgesellschaften ist außerhalb Chinas auch heute noch nicht erloschen.

Zwischen der Ghee Hin und der Hai San bei Taiping waren Mitte des letzten Jahrhunderts Rivalitäten um Schürfrechte, bessere Standorte sowie die Benutzung des Larut-Flusses zum offenen Meer bei Sapetang (dem späteren Port Weld) entstanden; von dort aus wurden die Zinnerze zur Verhüttung nach Penang gebracht. Unter den Malaien gab es zu dieser Zeit heftige Streitigkeiten um die in Perak recht komplizierte Sultannachfolge. Die malaiischen Rivalen versprachen jeweils einer der beiden chinesischen Gruppen die Gewährung von Vorteilen, wenn sie mit ihrer Hilfe in den Besitz von Zinnminen gelangen würden oder die eigenen behaupten könnten. Das Recht zur Ausbeutung vergab der malaiische Landesherr.

Etwa 25 Jahre dauerten die Kämpfe, die sich bald auf alle von Chinesen bewohnten Gebiete in Perak und sogar auf Penang ausdehnten und Tausende von Menschen das Leben kosteten. Mit dem Abkommen auf der Insel Pangkor 1874 regelten die Briten die Sultannachfolge und sicherten sich selbst weitgehende politische Rechte (Beginn des Residentensystems). Durch ihre Vermittlung beendeten auch die chinesischen Gruppen die sogenannten Larut-Kriege. Die Siedlung Kelian Pauh (= chines.: Pfuhl, Loch) wurde in Taiping, ›Stadt des Immerwährenden Friedens‹, umbenannt. Tatsächlich begann nun auch eine relativ friedvolle und blühende Zeit. Von dem früheren Wohlstand der Stadt künden zahlreiche schöne, von chinesischen Unternehmern und Kaufleuten erbaute Villen und Stadthäuser.

1890 siedelte der britische Resident von Kuala Kangsar nach Taiping über. Von den Bauten im Kolonialstil ist vor allem das großzügige, hinter einer weiten Rasenfläche angelegte **Verwaltungsgebäude** (heute Rathaus, *Pejabat Kerajaan*) bemerkenswert. Die drei Flügel fassen eine Art Ehrenhof ein. Obwohl die architektonischen Einzelformen verschiedenen europäischen Kunstepochen, vor allem der Renaissance und dem Barock, entstammen, gelang nach mehreren Umbauten und Erweiterungen 1906 ein in Proportionen und Zierwerk einheitlich und harmonisch wirkendes Bauwerk.

1902 wurde die **King Edward-Schule** erbaut, ein zweistöckiges Gebäude mit Galerien hinter offenen Arkaden. Zwei leicht vorspringende Eckflügel gliedern es in drei Teile. Die dekorativen, schwarzweißgestreiften Zwerggiebel erinnern an den britischen Tudor-Stil.

Reich mit geometrischen, den Verlauf der Pilaster und Simse nachzeichnenden, stilisierten Pflanzenmustern dekoriert ist die Fassade der 1902 erbauten katholischen Kirche, dreieckig die Grundform mit renaissancehaft geschwungenen Abstufungen.

Ein Uhrturm markiert den Mittelpunkt der Geschäftsstadt. Entlang der Jalan Kota und ihrer Verlängerung, der Jalan Simpang, trifft man auf mehrere Heiligtümer: rechts (Nr. 230) ein Hindu-Devale, der **Sri Nagamuthu Mariamman** geweiht, der Pocken- und Regengöttin Mariamman (Farbabb. 6). Die Terrassen des Gopuram und des Sikhara tragen zahlreiche bunte Götterfiguren. Etwas weiter, ebenfalls rechts, ein kleiner chinesischer Tempel, gefolgt von der **Masjid India,** der Moschee der indischen Muslime; unterschiedlich weite Kielbögen, ziervolle Balustraden, die die beiden oberen Terrassen begrenzen, Kuppeln und eine dezente Farbigkeit geben dem Bauwerk ein dekoratives Aussehen.

Hohe Palmwipfel beschatten an der Jalan Simpang den **Hindu-Schrein,** dessen Idylle sich am besten von den oberen Fenstern des gegenüberliegenden Hotels Meridien aus erfassen läßt. Den Torbogen zieren nur wenige Figuren, am Dach zieht sich eine mit weißen Tierfiguren besetzte Balustrade entlang. Durch die in grellen Farben bemalte Vorhalle mit offenem Dachstuhl gelangt man in den Hauptbau, eine nur mit wenigen Malereien geschmückte dreischiffige, an den Seiten offene Säulenhalle.

Hugh Low (s. S. 346), der britische Resident, richtete 1886 in Taiping das erste **Museum** Malayas ein. Das Gebäude selbst, um 1900 erweitert, ist eine seltsame, keineswegs harmonische Mischung aus Architekturstilen vergangener europäischer Kunstepochen. Dennoch bleibt die Fassade mit den je zwei durch einen Ziergiebel verbundenen kurzen Viereicktürmen nicht ohne Wirkung auf den Betrachter.

Die Sammlungen des Museums: Informationen über Flora und Fauna des Landes, Kultur und Lebensweise der Malaien und der nicht weit entfernt lebenden Orang Asli (Semang-Stämme).

Verschiedene Arten von Waffen, darunter kunstvoll verzierte Krise, Schmuck, Kleidung, Gebrauchsgegenstände des Alltags, Musikinstrumente, Symbole und Requisiten, die bei religiösen sowie bei Hochzeits- und Begräbniszeremonien verwendet werden, sowie eine Fotodokumentation über die Geschichte von Perak.

Ein Thronsessel der Sultane von Perak, den Iskandar Shah 1934 dem Museum schenkte, verziert mit Holzschnitzereien (chinesische Arbeiten), Inschriften in Arabisch und dekorativen Pflanzenmotiven in Silber (malaiische Arbeiten).

In der angegliederten kleinen Bibliothek finden historisch Interessierte u. a. die Annual Reports (jährliche Rechenschaftsberichte) des britischen Residenten Frank A. Swettenham, die über die Entwicklung Peraks Aufschluß geben.

Der **Ling Nam-Tempel** nahebei, der älteste chinesische Tempel in Perak, birgt qualitätvolle Statuen, die aus Süd-China stammen und später mit Blattgold überzogen wurden.

Der indische Mineninspekteur Captain Akwhi schuf auf dem Gelände einer ausgebeuteten Zinnmine eine der reizvollsten Parkanlagen Malaysias (*Taman Tasek*) mit zahlreichen künstlichen Seen und tropischen Gärten. Am Horizont zeichnen sich die Wellenlinien der Berge ab.

Abstecher zum Maxwell Hill

Eine schmale, steile und kurvenreiche Straße führt auf den Maxwell Hill, auch Bukit Larut genannt. Diesen schönen Ort in 1035 m Höhe inmitten einer dichtbewaldeten, lieblich romantischen Berglandschaft entdeckte der Assistant Resident Sir William Maxwell Ende der 70er Jahre des vorigen Jahrhunderts auf seinen Erkundungsausflügen. Nach dem Vorbild des kolonialen Indien ließ er hier eine Hill Station, einen Höhenluftkurort, mit mehreren Bungalows anlegen. Im Gegensatz zu anderen Bergstationen in Malaysia ist Maxwell Hill eine Oase der Ruhe und des ungestörten Naturgenusses geblieben.

Zwischen Taiping und Butterworth

Kurz vor Bagan Serai trifft man auf ein historisch bedeutsames Bauwerk: die 1877 ganz aus Holz gebaute Dorfmoschee des Kampong Tinggi (rechts der Straße, vom Autobus aus gut zu sehen). Drei übereinander gestaffelte Halbdächer – auf dem obersten ein Turmhelm – überfangen das viereckige Gebetshaus und die seitlich offene, von Balustraden umgrenzte Vorhalle. Die Form des einzelstehenden Minaretts, ein von dünnen Holzpfeilern getragener, fragil wirkender Holzturm, ist wohl einmalig in Malaysia. Drei Arkaden an der Vorderseite und je eine an den Seiten gliedern das erste Geschoß des Unterbaus, Reihen großer Fensteröffnungen mit vierteiligen Sprossen und Klappläden das zweite Geschoß. Unter den Traufen der Pultdächer verläuft, einer Spitzenkante gleich, malaiisches Schnitzwerk. Dem Mittelteil des Unterbaus entwächst der zweistöckige luftige Turm. Hier wiederholt sich allseitig der flache Arkadenbogen. Zierliche Balustraden begrenzen den Umgang. Das kurze, leicht abfallende Dach krönt eine kleine zwiebelförmige Faltkuppel.

Wie sehr diese Bauform eigenständigem malaiischen Empfinden entspricht, wird deutlich, wenn man die nebenstehende, 1930 erbaute neue Moschee betrachtet, die in Konzeption und Einzelformen wesentliche Züge indo-islamischer Bauten trägt: Ein quadratischer Unterbau mit in der Mitte der Seiten vorspringenden kleinen rechteckigen Hallen. Auf der Dachterrasse erhebt sich ein kleineres rechteckiges Geschoß und auf diesem wiederum ein polygonaler Tambour, der die bauchige Kuppel trägt. Die unaufhörliche Reihung der Bogenfenster, kleeblattförmig mit stark geschwungenem oberen Bogen, bestimmen das Bild des Bauwerks.

Die Insel Penang und Georgetown

Seit 1985 verbindet der mit 8,5 km drittlängste Straßendamm der Welt die Insel Penang mit dem Festland. Aber man kann die Brücke auch ignorieren und wie vorher üblich mit einer Fähre übersetzen. Die Schiffe der 1890 vorwiegend mit chinesischem Kapital gegründeten Straits Steamship Company tragen die Namen bekannter und weniger bekannter Inseln Malaysias. Unaufhörlich und rund um die Uhr pendeln sie zwischen den Anlegestellen hin und her; nachts allerdings in größeren Zeitabständen.

Nähert man sich dem Fährhafen am Weld Quai von Georgetown (Abb. 74), so fällt der Blick auf die ins Meer hinausgebauten Pfahlbaudörfer zweier chinesischer Clans, der Lim und der Chew. Mit ihren Sampans holen die Männer Säcke mit Frachtgut von den großen Schiffen und den Fähren. Andere fahren in größeren Booten zum Fischen aufs Meer hinaus. Die Landungsstege bestehen nur aus einigen in den Boden gerammten Holzpfählen und darübergelegten Quer- und Längsplanken; bei Ebbe liegen die Boote auf dem schlammigen Grund. Zwischen beiden Clans herrscht eine erbitterte Rivalität, kein Lim läßt sich auf dem Territorium der Chew blicken und umgekehrt; Clans Pier heißt dieser Abschnitt des Weld Quais.

Als Piratennest war Pulau Pinang, die 285 qkm große, nur von einigen Fischern bewohnte ›Insel der Betelnuß-(Areka-)Palme‹, früher bekannt, bevor Francis Light, Handelskapitän der East India Company, sie am 11. August 1786 für die britische Krone in Besitz nahm.

Penang (Darstellung von 1830)

272

Fünf Jahre später mußte ihr Eigentümer, der Sultan von Kedah, in einen Vertrag einwilligen, der für ihn eine Zahlung von 6000 Dollar pro Jahr vorsah. Die erwartete Gegenleistung, Schutz vor den Übergriffen der Thai und Bugis, blieb jedoch aus. Light nannte die erste britische Kolonie in Malaya Prince of Wales Island nach dem Titel des Thronfolgers, der am 11. August Geburtstag hatte, und die Siedlung am weit ostwärts vorstoßenden Zipfel Georgetown nach König George III.

Seit Gründung der Stadt nahmen die im Zinngeschäft tätigen chinesischen Unternehmer, Plantagenbesitzer, Handelsleute und Eigner von Schiffahrtsgesellschaften hier ihren Wohnsitz. Ihre ansehnlichen, häufig eleganten Villen und Paläste wie auch die der ehemaligen Kolonialbeamten säumen die grünen Alleen in den Außenbezirken der Stadt. Bis heute nehmen von Georgetowns geschäftigem Hafen Zinn, Kautschuk und andere Produkte West-Malaysias den Weg zu den Weltmärkten. Zur heutigen wirtschaftlichen Bedeutung Penangs tragen auch wesentlich das moderne Industriezentrum und die Freihandelszone von Bayan Lepas bei. Auch westliche Firmen siedelten sich hier an, um ihre Waren möglichst billig herstellen zu können.

Im übrigen Teil der Insel jedoch – mit Ausnahme des stets belebten Strandes von Batu Ferringhi und den zugehörigen Hotelkästen – scheint die Zeit stehengeblieben zu sein; in den stillen Fischerdörfern und Kampongs mit ihren luftigen, schnitzereiverzierten Stelzenhäusern unter hohen Palmen, umgeben von blühenden Bougainvilleen, in den Reisfeldern, Pfeffer-, Nelken- und Muskatnußplantagen nimmt das Alltagsleben seinen jahrhundertelang gewohnten Gang. Die Straßen landeinwärts enden zumeist irgendwo an dschungelüberzogenen Bergen oder an Meeresbuchten, die häufig feinsandige Strände rahmen.

In Georgetown, mit mehr als 500 000 Einwohnern die zweitgrößte Stadt Malaysias, dominiert die chinesische Bevölkerung; ganze Straßenzüge sind von einheitlich gestalteten, zumeist zweistöckigen, kolonialen Häusern gesäumt, und chinesische Schriftzeichen beherrschen die Fassaden. Der Charme dieser Stadt hat viel mit der räumlicher Enge mancher Viertel zu tun, in denen sich für westliche Augen eine soziale Idylle zu offenbaren scheint. Man wandere nur durch die schmalen Gassen der Handwerker und Händler oder fahre mit einer Trishaw durch die Stadtquartiere, nichts bleibt den neugierigen Blicken der Besucher verborgen – was manchmal für die Bewohner bei all ihrer Toleranz eher ein Ärgernis darstellt. Häufig stößt man auf private Feste, die aus Platzmangel vor der Haustür gefeiert werden. Überhaupt ist Georgetown für seine farbenprächtigen Feierlichkeiten berühmt, die das ganze Jahr hindurch stattfinden.

Um 1803 bildete die Penang Road die nordwestliche Grenze der Stadt, und im Süden reichte die parallel zur Küste verlaufende Beach Street (Leboh Pantai) bis zur Mündung des Prangin-Flusses (heute Jalan Prangin). Ihre Nebengassen endeten in Mangrovensümpfen. Fünf Jahre später durchzogen bereits lange, parallel zur Nordküste verlaufende Straßen das Land; die Northam Road, Burmah Road, Macalister's Road, Waterfall Road (Jalan Western) stießen im Westen auf die heutige Jalan Gottlieb/Jalan Bagan Jermal in der Nähe des Nattukottai Chettiar Temple. In der Ost-West-Ausdehnung erreichte die Stadt schon damals ihre heutige Länge, wenngleich weite Gebiete noch lange unbesiedelt blieben.

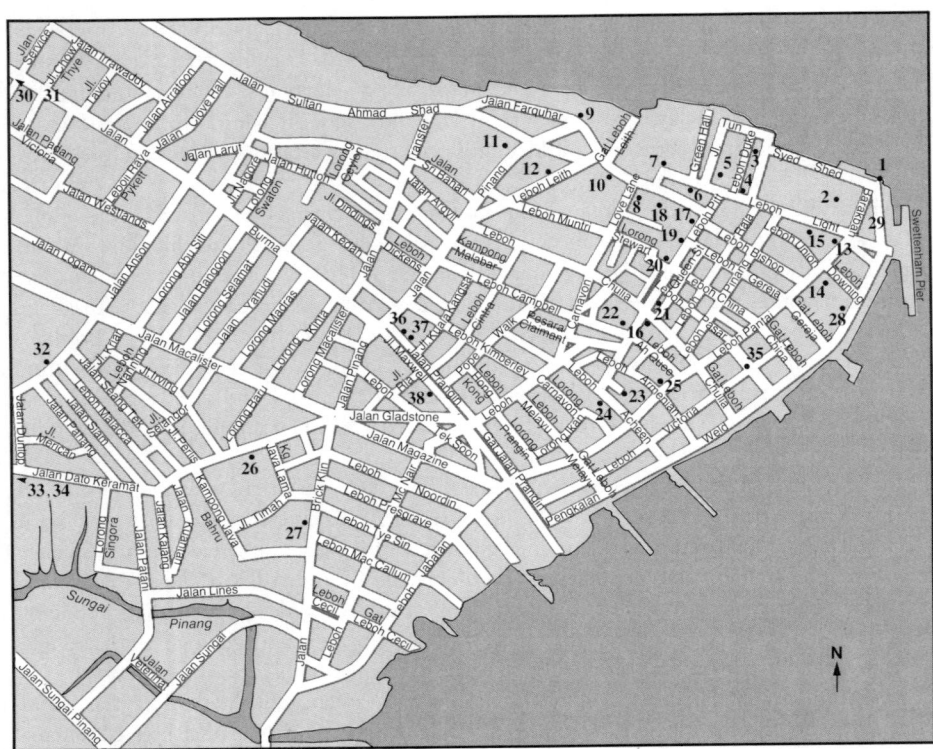

Georgetown *1 Kedah Pier 2 Fort Cornwallis 3 City Hall 4 Townhall 5 Dewan Sri Pinang (Kongreßhaus und Bibliothek) 6 Supreme Court 7 The Convent 8 Cathedral of Assumption 9 E & O Hotel 10 St. Xavier's Institution 11 protestantischer und römisch-katholischer Friedhof 12 chinesisches Hofhaus 13 Immigration Office (Kolonialbau) 14 Government Building 15 Legislative Assembly Hall 16 Peochiu-Kongsi 17 Kirche St. George the Martyr 18 Museum und Kunstgalerie 19 Chinese Townhall 20 Tempel Guan Yin 21 Hindu-Tempel Sri Mariamman 22 Moschee Capitan Kling 23 Khoo Kongsi 24 Malaiische Moschee 25 Lim-Kongsi 26 Sri Kamatchi Amman Kovil 27 Sikh-Tempel 28 General Post Office 29 Tourist Information Office 30 Wat Chaya Mangkalaram 31 burmes. Tempel Dhammika Rama 32 Penang Buddhist Association 33 Masjid Negara 34 Ayer Itam, Tempel Kek Lok Si* **Bus-Terminals** *35 Victoria-Stadtbus-Terminal 36 Blaue Busse (nach Tanjong Bungan und Batu Ferringhi) 37 Grüne Busse (zum Penang Hill und Tempel Kek Lok Si, Ayer Itam) 38 Gelbe Busse (zum Schlangentempel und Flughafen)*

Dicht bewohnt war von Anfang an der Stadtkern im östlichen Zipfel, darin lag das großzügig mit weiten Plätzen und breiten Straßen angelegte koloniale Viertel. In der nordöstlichen Ecke, am Kedah Pier, stieg 1786 Francis Light an Land. Er kam mit drei Segelschiffen, 100 Sepoys, 30 Lascars, 15 Artilleristen und fünf britischen Offizieren. Die Gegend wurde vom Dschungel befreit und ein hölzernes Fort erbaut, das Light auch als Wohnsitz diente. Nach dem derzeitigen Governor-General in Indien nannte Light es **Fort Cornwal-**

lis. Zwischen 1804 und 1810 ersetzte man es durch einen Steinbau. Ein Großteil der mächtigen Mauern steht noch immer, und die Anlage der Räume ist gut zu erkennen (heute eine Art historischer Park). Der Grundriß bildet ein weites Quadrat, an den Ecken springen im spitzen Winkel Bastionen vor. Auf den grasbewachsenen Wällen kann man entlang spazieren, und die historischen Kanonen in den Schießscharten – sie gehörten einst tatsächlich zu Light's Artillerie – erinnern an die ersten Tage der Insel und der Stadt.

Die prächtige **City Hall**, quergestellt zur Esplanade, der Uferstraße, vereinigt verschiedenartige Formenelemente zu einer harmonischen Einheit: Doppelsäulen und Pilaster mit ziervollen Kapitellen, Rundbogenfenster – im Obergeschoß doppelreihig –, durch Balustraden betonte Gesimszonen, ein gesprengter Hauptgiebel und anmutige Türmchen am Giebel der beiden Querhäuser. Ein kuppelgekröntes Türmchen markiert die Dachmitte. Anmutig und repräsentativ zugleich ist der offene Portikus, ein typisches Merkmal britischer Kolonialarchitektur: Hier fuhren früher die Pferdedroschken ein. Etwas einfacher gestaltet ist die alte Townhall nebenan.

Im Rücken des Rathauskomplexes entstand 1972 ein mit modernen technischen Einrichtungen und großer Bibliothek ausgestattetes Kongreß- und Bildungszentrum *(Dewan Sri Pinang)*. Der gegenüberliegende **Supreme Court**, der Oberste Gerichtshof (Abb. 53), war um 1880 noch ein einfaches Gebäude mit einer weit vorragenden säulengestützten Eingangshalle. Um die Jahrhundertwende geschah der An- und Umbau. Nun säumen Arkaden das Erdgeschoß, der Portikus ist zweigeschossig, und der von einem flachen Pyramidendach gedeckte erhöhte Mittelteil wird an den Ecken von viereckigen Türmchen gerahmt.

Die **Cathedral of the Assumption**, die katholische Maria-Himmelfahrt-Kirche, prägt mit ihren beiden stumpfen Viereckturmen wesentlich das Bild des kolonialen Viertels. Das Langschiff ist breit, weit ausladend das Querschiff. Der Apsisvorbau weist einige schöne Glasfenster mit Jugendstilmotiven auf. Aus jüngerer Zeit stammen die Fenster an der von einer gerippten Halbkuppel überwölbten Apsis wie auch der Hauptaltar, der sich aus Marmorwürfeln verschiedener Größe zusammensetzt. Der Kirche angeschlossen ist The Convent, Kloster und Schule zugleich, ein weitläufiges imposantes Bauwerk im Kolonialstil.

Das **Eastern & Orient**, immer nur E & O genannt, gehört wie das ›Oriental‹ in Bangkok und das ›Raffles‹ in Singapur zu den berühmten alten Hotels im Fernen Osten. Die armenischen Brüder Sarkies, die auch die Besitzer des ›Raffles‹ sowie des ›Strand‹ in Rangun waren, ließen es 1885 erbauen. Die äußere Fassade ist wenig beeindruckend, aber das Haus konnte sich einmal rühmen, die längste Seefront aller Hotels in der Welt zu haben: 280 Meter. Im Innern mag sich dem Besucher noch etwas von der Atmosphäre mitteilen, als hier alles, was Rang und Namen in der Kolonialwelt hatte, aus- und einging; ›Einheimische‹ hatten natürlich keinen Zutritt. Auf der von einem tropischen Garten umgebenen Terrasse mit dem unvergleichlich schönen Meeresblick hat sich seit damals kaum etwas verändert.

Die lange Penang Road, in der Frühzeit die Stadtgrenze, ist heute die Haupteinkaufsstraße; viele alte Häuser mußten neuen Hotelbauten weichen. Am Stadtrand wurde gegen Ende des 18. Jahrhunderts der **christliche Friedhof** (Northam Road Cemetery) angelegt, getrennt nach Protestanten und Katholiken. Die Inschriften auf den zum Teil monumentalen Grabbauten erzählen Kolonialgeschichte. Zahlreiche Gouverneure wie Francis Light und bekannte Beamte sind hier beigesetzt, und aus den Lebensdaten läßt sich schließen, daß viele von ihnen Tropenkrankheiten, vor allem der Malaria, zum Opfer fielen. Die Allee dichtbelaubter alter Frangipani-Bäume, deren Blüten einen betörenden Duft verströmen, macht den Friedhof zu einem stimmungsvollen Ort.

Ein **Uhrturm,** sonst Wahrzeichen aller britischen Kolonialstädte, fehlte Georgetown bis 1902. Und nicht ein Engländer, sondern der reiche chinesische Mr. Cheah Chen Eok stiftete einen solchen 1897 zum 60. Regierungsjubiläum der britischen Königin Victoria. Als er fertiggestellt war, lebte die Königin schon nicht mehr († 1901). Der Turm trägt Züge islamischer Architektur: maurische Fensterbögen und Einfassungen im hohen Mittelteil und eine gerippte Zwiebelkuppel über einem von Pfeilern getragenen Achteckdach. Besonders ziervoll sind die Gesimszonen und die Balustraden der Scheinbalkone ausgearbeitet.

Die Verwaltungsbüros waren zunächst in der Townhall untergebracht, die eigentlich nur für Zeremonien und Bälle gedacht war; um 1900 erhielt die Administration eine neue Bleibe am Anfang der Beach Street (heute Leboh Pantai). Die beiden Gebäude rechts (heute Immigration & Passport Office) und links wie auch manche der nachfolgenden Banken sind schöne Beispiele monumentalen Kolonialstils. Zu Beginn der Leboh Light erstreckt sich hinter hohen schattigen Bäumen die eingeschossige **State Legislative Assembly Hall,** um 1902 errichtet, ein klassizistisch einfaches Gebäude mit einer Reihe dorischer Doppelsäulen. In der Mitte und an beiden Enden gliedern Portiken die lange Front.

Von der Geschäftigkeit der Großstadt spürt man nichts in dem kleinen Park um die Kirche **St. George the Martyr.** Im Schatten der beiden stattlichen, mehr als hundert Jahre alten Mahagoni-Bäume machen gewöhnlich Trishaw-Fahrer Rast und liegen schlafend auf ihren Sitzen. St. Georges war die erste anglikanische Kirche in Malaya. Reverend Robert Sparke Hutchings erlangte nach langjähriger Korrespondenz mit den zuständigen Stellen in London 1817 die Erlaubnis zum Bau eines Gotteshauses. Ein Jahr später hatte es der Architekt Captain Smith fertiggestellt, und im Mai 1819 reiste der anglikanische Bischof aus Calcutta an, um die Kirche – wie auch den christlichen Friedhof an der Penang (Northam) Road – einzuweihen. Nun gehörte Penang zu einer Diözese, die von Indien bis Australien reichte.

Das Bauwerk ist ein Kleinod klassizistischer Kolonialarchitektur. Vier schlichte Doppelsäulen und ein Giebel mit strengen Gesimsformen bilden den Portikus. Die Zierformen setzen sich am Dachgesims des Langhauses fort. Eine Balustrade verdeckt das – ursprünglich flache – Dach. Der Eingangshalle entwächst der Turm, zunächst rechteckig und von einer Balustrade umsäumt, dann als schlanker, spitzer, im Vergleich zu dem monumentalen Bau recht kurzer Helm. Eine Reihe von langen Rundbogenfenstern durchbricht die Langhauswände. Den beiden Nebenausgängen ist ein auf Säulen ruhender Architrav mit Giebelabschluß vorgeblendet. Zwei Reihen einfacher glatter Säulen auf hohen Postamenten teilen das saalartige Innere in drei Schiffe. Der Altarraum ist klein und wirkt durch den niedrigen weitgezogenen Triumphbogen etwas gedrückt. Von der alten Ausstattung überstanden nur Taufstein und Bischofsstuhl den japanischen Luftangriff von 1941, Lesepult, Kirchengestühl und die elektronische Orgel wurden erst nach dem Krieg angefertigt. Auch von den

Epitaphen sind nur noch wenige erhalten; so z. B. das für den Govenor-General Cornwallis in Indien (†1805) und den Gouverneur der Straits Settlements John Bannerman (†1819), der nach zweijährigem Aufenthalt auf Penang einer Cholera-Epedemie zum Opfer fiel. Aber auch diese sind nur Bruchstücke der ehemals imposanten Monumente. Beigesetzt ist in der Kirche nur Harriet Fullerton (†1830), Gattin des Gouverneurs Robert Fullerton. Ihre Grabplatte aus schwarzem Marmor findet sich im Chor.

Der anmutige Monopteros im Garten gilt dem Gedenken an Francis Light; als das einzige von insgesamt 24 Gedächtnismalen für Gouverneure und andere bedeutende Persönlichkeiten hat es den Zweiten Weltkrieg heil überstanden.

Reverend R. S. Hutchings sorgte nicht nur für den Bau der anglikanischen Kirche, sondern gründete auch die erste Schule (Penang Free School) für malaiische Kinder; bis 1817 hatte nur der Nachwuchs der europäischen Kolonialbeamten eine schulische Ausbildung erhalten. Der Geistliche gab auch die erste malaiische Grammatik sowie ein englisch-malaiisches Wörterbuch heraus, übersetzte das Neue Testament ins Malaiische und stellte Schulbücher für die Elementarstufe zusammen. Das zwischen 1897 und 1907 neuentstandene Schulgebäude (seit 1965 **Museum;** *Muzium Pulau Pinang,* Leboh Farquhar) zählt mit seinen Rundbogenarkaden, Doppelsäulen, ziervollen Giebelaufbauten und der strukturbezogenden dezenten Farbigkeit zu den gelungensten Kolonialbauten Georgetowns. Hinzudenken muß man sich den Ostflügel mit einem weiteren repräsentativen Querbau, er wurde 1945 durch Bomben zerstört.

Die Sammlungen des Museums: Gegenstände chinesischer Kultur wie Mobiliar, ein Hochzeitszimmer des 19. Jahrhunderts, leuchtend rote, mit Goldfäden bestickte Geburtstagsgobelins; Zeichnungen, Stiche und Photos vom alten Georgetown; malaiische Krise, zum Teil mit Edelsteinen besetzt; Masken und Barong-Kostüme; eine alte Rikscha; Büste von Kaiser Wilhelm II.; ein 51er Modell von Rolls Royce mit den Ausmaßen eines kleinen Lastwagens. Außen, nahe dem Museumseingang, fand die Bronzestatue von Francis Light ihren Platz (sie stand ehemals auf dem Padang beim Fort), geschaffen 1936 zum 150. Jahrestag der Koloniegründung.

In keiner anderen Straße wird der kosmopolitische Charakter Georgetowns so deutlich wie in der Pitt Street (Leboh Pitt). Hier stehen auf engem Raum die Heiligtümer der Christen, Hindus, Muslime und der chinesischen Buddhisten und Daoisten beieinander. Hinzu kommt noch die chinesische Townhall von 1900.

Der **Guan Yin Tong** ist der traditionsreichste und meistbesuchte chinesische Tempel Penangs, um 1830 von Hokkien und Cantonesen erbaut. Ständig quillt Rauch aus den beiden großen rötlichen Eisenöfen im Vorhof, wo falsches Papiergeld und Wunschzettel verbrannt werden, drängen sich die Menschen im Innern, um ihre Räucherstäbchen zu entzünden. Dichte Schwaden erfüllen den Raum und schaffen eine unwirkliche Atmosphäre. Überreich ist der farbige Fayenceschmuck auf den sanft gewellten Dächern: Blumen, Pagoden, Tempelbauten, Buddha-Figuren, buddhistische Symbole wie der endlose Knoten als Sinnbild für ununterbrochenes langes Leben und das aufgeschlagene Buch sowie die Swastika, das altchinesische Symbol für Donner, Feuer und Leben; den Buddhisten gilt sie als eine der 65 Kostbarkeiten auf Buddhas heiligem Fußabdruck und als Symbol für das Herz des großen Meisters. Ein Löwenpaar aus bemaltem Stein bewacht den Eingang. Die feinen goldüberzogenen Holzschnitzereien und Malereien im Innern sind von einer Rußschicht bedeckt. Farbenfrohe Götterbilder besetzen die Altäre: Guan Yin, der dieser Tempel geweiht ist, Mile Fo, der lachende Buddha, Weituo, der Hüter der Lehre, und der Bodhisattva Kshitigarbha, der Retter der Seelen, sowie die daoistischen Gottheiten Guan Di, der Gott des Krieges, und Tua Pek Gong, der Gott des Glücks und des Gedeihens.

Klings, so nannte man die indischen Einwanderer aus dem ehemaligen Reich Kalinga an der Malabarküste. Einer ihrer Führer, Cauder Mohudeen, ließ um 1918 die große Moschee, die **Capitan Kling-Moschee** (Abb. 60), erbauen, die mit ihrem hochaufragenden einzelstehenden Minarett und der mächtigen Kuppel über dem Gebetsraum als ein Wahrzeichen Georgetowns gilt. Das Bauwerk ist ein schönes Beispiel islamischer, von indischem Geist beeinflußter Architektur. Das schlanke achteckige, durch Balkone klar gegliederte Minarett, bekrönt von einer Kuppel, entwächst einem hohen quadratischen Unterbau, dessen Eckpfeiler durchlichtete, kuppelbesetzte Türmchen tragen. Vier mächtige polygonale Pfeiler markieren die Mitte des Gebetsraums vor dem Mihrab und dem holzgeschnitzten Minbar. Die Arkadenbögen in der zweischiffigen Vorhalle und dem Gebetsraum sind mehrfach variiert: Halbkreis-, Hufeisen-, Kiel- und Zackenbögen. Hübsche gärtnerische Anlagen umgeben die in Hellbeige und Weiß gehaltene Moschee, zu der auch eine Koranschule (Madrasa) gehört.

Im **Sri Mariamman-Tempel** (Abb. 64–66, Farbabb. 7), dessen (meist verschlossener) rückwärtiger Eingang an der Leboh Pitt liegt, rufen Gongschläge und Trompetenklänge die Hindus zur Pooja. Der kleine Gopuram ist reich gegliedert, vorwiegend in den Farben Grün und Violett gehalten und mit einigen Figuren besetzt. Ein Chaitya-Tonnendach mit bunten Kala-Köpfen bildet den Abschluß. Auf der Mauer sitzt Kubera, Weltenhüter des Nordens und Reichtumsgott, zwischen zwei Pferden. Ihre Statue ist reich mit Gold, Silber und Edelsteinen besetzt. Die Konzeption des Baus folgt südindischen Vorbildern; charakteristisch der hohe, reich mit Götterfiguren, ihren Vahanas und Architekturelementen besetzte Gopuram über dem Haupteingang (Leboh Queen), ungewöhnlich jedoch der relativ hohe, vielstufige Vimana, den ein halbkugelförmiger Schlußstein mit vergoldeter Nektarvase krönt. In und an der Cella sind die shivaitischen Gottheiten versammelt: über dem Türsturz Parvati mit Elefanten, im Innern Ganesha und – juwelengeschmückt – Subramanyan, an der rückwärtigen Außenwand Sri Mariamman, die südindische Regen- und Krankheitsgöttin, an der rechten Wand die kriegerische Durga (Abb. 65, 66).

Von der Lehboh Armenian und der Leboh Pitt führen schmale Gassen zum prächtigsten Kongsi (Abb. 62 u. 70) Malaysias. Wie auf einer Informationstafel zu lesen ist, setzten sich 1835 die 102 Mitglieder des reichen chinesischen Khoo-Clans zusammen, um über die Errichtung eines Tempels und einer Versammlungsstätte zu beraten. Ein erstes Gebäude entstand 1850 auf einem neuerworbenen Stück Land und wurde Tua Sai Yeah, dem Schutzgeist des Clans, geweiht. 44 Jahre später ersetzte ein neuer Kongsi diesen ursprünglichen Bau. Daß die Dachformen des Heiligtums denen des Kaiserpalastes in Beijing glichen und damit den ›Himmelssohn‹ beleidigten, betrachteten manche als Herausforderung des Schicksals. Tatsächlich vernichtete bald ein Feuer das Gebäude.

1902 entstand das etwas kleinere, aber verschwenderisch geschmückte **Leong San Tong Khoo** (in den 50er Jahren sorgsam restauriert). Überaus vielfältig sind die Motive des farbenfrohen Fayenceschmucks auf dem geschwungenen Doppeldach. Von weitem betrachtet, gleichen die vorgeschobenen Aufbauten des Oberdachs sich lebhaft bewegenden Drachenköpfen in Vorderansicht, die auf dem Unterdach Drachenköpfen im Profil. Das 25 Tonnen

Die Insel Penang

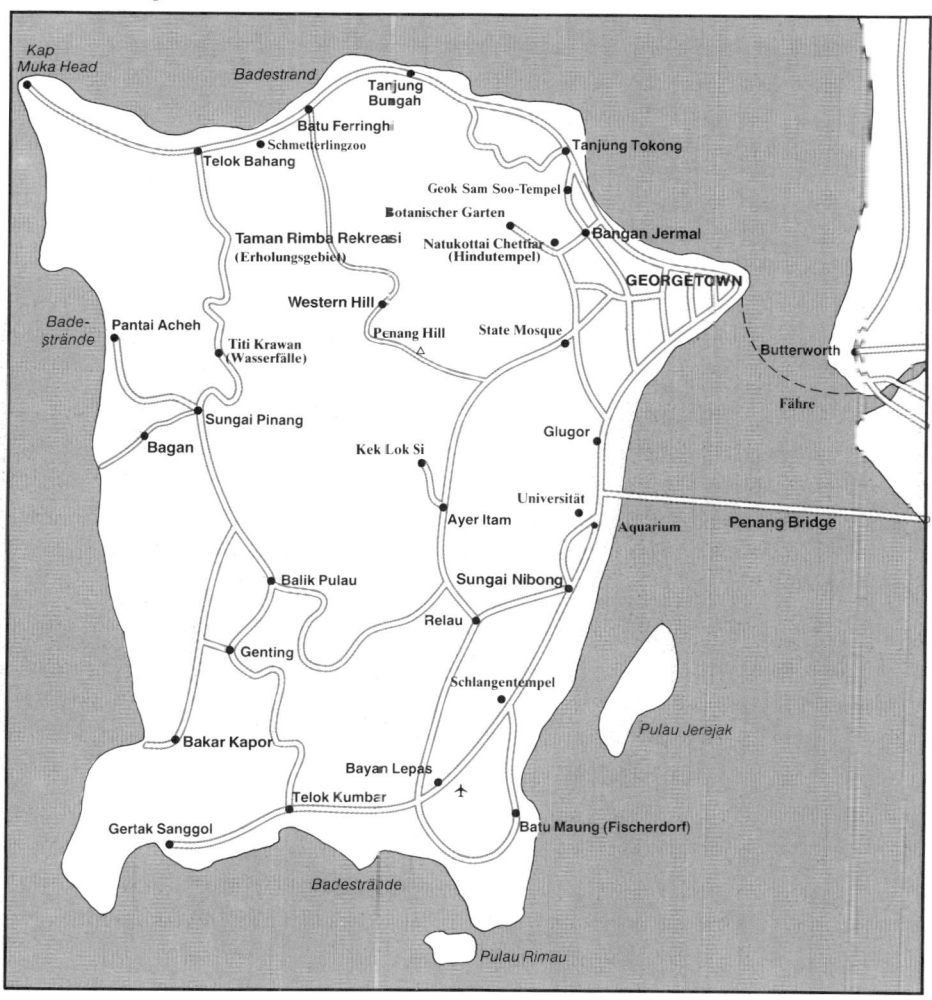

schwere, mit glasierten Rollziegeln gedeckte Dach wird von einem Gebälk im Dou Gong-System getragen, das sich mit seinem vergoldeten Schnitzwerk unter hochgezogenen Dachkanten frei den Blicken präsentiert. Vergoldetes Schnitzwerk, das vor allem Szenen aus der chinesischen Mythologie nachbildet, schmückt auch die Balkenpaneele der langen offenen Vorhalle, gefelderter Reliefschmuck, zum Teil durchbrochen, die Wandflächen, und skulptierte, phantasievoll miteinander verbundene Tier- und Pflanzenornamente umziehen die Pfeiler. Die mittlere Halle ist das Heiligtum des Schutzgeistes der Khoo, Tua Sai Yeah, und das linke dem Gott des Glücks und Gedeihens, Tua Pek Kong, geweiht; an den Wänden, schwungvoll gezeichnet, die 36 daostischen Heiligen auf ihren Reittieren. Die rechte Halle bewahrt die Ahnentafeln, die Schriftzeichen und Verzierungen sind vergoldet.

Die große Halle gegenüber dem Tempel dient den Zusammenkünften des Clans. Viele seiner Mitglieder sind längst in alle Welt zerstreut, haben hohe Positionen inne (z. B. auch in der Regierung von Penang) oder studieren an renommierten Universitäten. Das allen Chinesen heilige Gebot der Ahnenverehrung hält den Clan zusammen. Aber zuweilen lassen sich auch kritische Stimmen vernehmen. So beklagte sich jüngst ein gewisser Mr. Khoo öffentlich (in ›The Star‹, einer Zeitung von Penang) darüber, daß der Clan, der über ein riesiges Budget verfüge, seine im Ausland studierenden Söhne zu wenig unterstütze.

Die **Masjid Malay,** die Moschee der Malaien, in der Leboh Acheh, hat nun, da sie in kräftigen braunen Farben gestrichen worden ist, viel von ihrer schlichten Schönheit verloren. Die Farbe verwischt die markanten, klar gegliederten Formen des hochstrebenden oktogonalen Minaretts, das ohne maurische Türmchen auskommt. Ein Balkon mit durchbrochener Brüstung, ein lichtdurchflutetes Obergeschoß und ein kleiner halbkugeliger Aufsatz sind die einzige Zier. Einfach gestaltet ist auch die Gebetshalle unter dem Walmdach, um so mehr wirkt die Reihung der Arkaden mit langgezogenen Hufeisen- und Zackenbögen. Den Pfeilern sitzen kleine kuppelförmige Gebilde auf. Der arabische Kaufmann Tengku Sayid Hussain ließ die Moschee erbauen (dahinter sein Grab). Sie steht inmitten dichtgedrängter Häuser, wo man Zeuge des Alltagslebens wird, das sich in den engen Gassen abspielt.

In der Lorong Burmah (Seitenstraße der Jalan Burmah) findet man den 1840 gegründeten **Wat Chaya Mangkalaram** (Farbabb. 1). Das Land schenkte die britische Königin Victoria der Thai Buddhist Association. Ein schwungvoller, farbigbemalter Torbogen führt in den Tempelbezirk. Die Gebäude tragen viele Züge der von Indien und Burma beeinflußten, aber doch eigenständigen thailändischen Kunst. Die Außenwand des Bot, des heiligsten Gebäudes, schmückt in der oberen Zone zierliches schnörkeliges Rankenwerk in Blau und Gold; es umgibt die Buddha-Reliefs in den drei Giebeln. Typisch sind die lanzettförmigen Türbekrönungen, die das Motiv von Buddhas Flammenaureole aufnehmen. Auf zwei hohen, mit Blatt- und Rankenwerk verzierten Podesten winden sich die Schuppenleiber von siebenköpfigen heiligen Nagas (Schlangen). Zwei grimmige Tempelwächter (Yak) schützen die Eingänge. Hinter ihnen stehen zwei anmutige Vogelmenschen (Kinnari), mythologische Figu-

60   Minarett der Capitan Kling-Moschee in Georgetown ▷

61 Masjid Negara, Staatsmoschee von Pinang, in Georgetown

62 Leong San Tong Khoo (Tempel des Khoo-Clans) in Georgetown

64   Kali (= Mariamman) auf einem Pfau am Gopuram des Sri Mariamman-Tempels in Georgetown ▷

63 Sultan Omar Ali Saifuddin-Moschee in Bandar Seri Begawan (Brunei)

65/66 Parvati (li.) und Durga im Sri Mariamman-Tempel von Georgetown

67 Buddha, umgeben von Luohans, im Kek Lok Si-Tempel bei Ayer Itam (Penang)

68 Gebäude der Penang Buddhist Association in Georgetown

69 Ehemalige Abdullah-Moschee von Pekan (jetzt islamischer Gerichtshof)

70   Detail des Dachschmucks mit Drachen am Leong San Tong Khoo in Georgetown

71   Tor des Loong San-Tempels in Tuaran

72 Moschee in der Jalan Masjid, Ipoh   73 Zeremonialpfahl der Iban mit stilisiertem Nashornvogel

74 Im Pfahlbaudorf vor dem Weld Quay (Clans Pier) in Georgetown

75 Iban-Langhaus in Sarawak

76 Guano-Station und Anlegestelle in Pengkalan Lobang (Sarawak)

77 Einzelstehende Wohnhütte in Sabah

78 Plankenweg durch den Regenwald zum Lang-
    haus Rumah Chang

79 Salong – Beinhaus der Kayan

81   Eingang zur Großen Niah-Höhle ▷

80 Inspektionsturm für den Tamu-Master in Kota Belud

82 Brandrodung in Sabah

83 Kadazan-Frau beim Korbflechten im Langhaus

84/85 Geschäftsstraße in Kuching (o.) und Tuaran (u.)

86   Neuere Holzskulptur der Kayan ▷

ren, die als Tänzer und Sänger zu deuten sind; zwischen ihnen Pflanzen und Rasenstücke. Acht blockförmige Grenzsteine (*Bai Sema*) trennen diesen heiligen Platz vom übrigen ungeweihten Terrain. Die Farben sind überall zart und heiter, und in den harmonischen Gesamteindruck fügen sich die orangefarbenen Roben der Mönche.

Die weite, recht nüchterne Halle des Bot beherbergt die drittgrößte Statue eines liegenden Buddha. Wie immer man auch die künstlerische Ausführung dieser 35 m langen Skulptur bewerten mag – in der buddhistischen Kunst ist jede Buddha-Darstellung von hohem Symbolwert. Die zahlreichen kleineren Statuen auf den Altären wurden von Gläubigen gestiftet. Bodhisattva-Figuren sucht man hier vergebens: Der thailändische Buddhismus bekennt sich zum Theravada (›Lehre der Alten‹), der strengen, ursprünglichen Lehre. An den Wänden ziehen sich Malereien mit Szenen aus dem Leben des Erleuchteten hin. Der Stupa eines thailändischen Wat wird Chedi genannt. Doch im Unterschied zu der Halbkugelform in Indien und Sri Lanka ist sein Mittelteil häufig schlank und glockenförmig. Er endet in einer lang ausgezogenen beringten Spitze. Die Ringe, zumeist neun, symbolisieren Buddhas neunstufigen Ehrenschirm. Der kleinere Chedi des Wat Chaya Mangkalaram stammt noch aus der Frühzeit der Tempelanlage, er beherbergt die feine Bronzestatue eines sitzenden Buddha. Der neuere, 50 m hohe Chedi ist reich gegliedert, von Balkonen und Ornamentbändern umzogen, die Knospen- und Rankenwerk, Fabelwesen, ein Kranz von Lotosblütenblättern und oben am glockenförmigen Abschnitt das Rad der Lehre zeigen.

Weiße Elefanten, die dem Buddhismus heilig sind, bewachen auf hohen Torpfosten den Eingang zu dem burmesischen **Dhammika Rama-Tempel** von 1803 (1965 erweitert; gegenüber von Wat Chaya Mangkalaram). Ein kleiner Schrein gleich rechts bewahrt in einem Glaskasten die große schlichte Statue eines Buddha mit burmesischen Gesichtszügen; in der Nähe der heilige Bodhi-Baum. Schattige Alleen und Steinwege zwischen Rasenstücken und Blumenbeeten, vorbei an Brunnen und Teichen, führen zu mehreren kleinen Tempelbauten. Mittelpunkt ist ein graziles, luftiges, mit einer Fülle wuchernder und dennoch geordneter Ornamente geschmücktes Bauwerk, einem Heiligen namens Arahand Upagutta geweiht, nach burmesischer Art Tempel und Stupa zugleich. Zwei kleine Türme flankieren den hohen Hauptturm; alle haben einen rechteckigen Grundriß und bilden eine gestufte Pyramide, die ein konischer, sehr spitzer Ehrenschirm krönt. Tempelglöckchen und Windspiele hängen herab und erfüllen bei jedem Windhauch die Luft mit leisem Klingen. Der Andachts- und Versammlungsraum befindet sich im zweiten Stockwerk eines schönen malaiischen Hauses gegenüber. Starkfarbige, sehr statisch wirkende Bilder – Szenen aus Buddhas Leben – schmücken die Wände. Bemerkenswert sind die ikonographisch strengen, künstlerisch gestalteten großen und kleinen Buddha-Statuen sowie verschiedene Kultgegenstände, viele reich mit eingelegten Edelsteinen verziert.

Grüne Hügelketten bilden die reizvolle Kulisse für die weiß-goldene **Masjid Negara** (Abb. 61), die Moschee des Staates Penang, die zu den gelungensten Bauten moderner islamischer Architektur zählt (1977 fertiggestellt). Das in freischwebenden Bögen endende Dach trägt schöngeschwungene Rippen, die dem Mittelpunkt zustreben und, einer Juwelenfassung gleich, die leuchtende Goldkuppel umringen und betonen. Der weite Innenraum ist schlicht, Mihrab und Minbar sind in modernen gradlinigen Formen gestaltet; einziges Prunkstück ist der Kandelaber mit den Maßen 6 × 4,80 m. Das 52 m hohe Minarett nimmt die Kreisform des Gebetshauses auf: Ein Ring umschließt die einzelnen hochstrebenden Glieder, und viele kleine Ringe verbinden sie innen. Eine Goldkuppel über kreisrunden Absätzen bildet den Abschluß.

Beow Lean, Abt des Tempels und Klosters Guan Yin in der Leboh Pitt, sah bei einer Reise durch das Land in der Form der Hügel oberhalb von Ayer Itam, einem Dorf südwestlich von Georgetown, die Umrisse eines fliegenden Kranichs, der den Chinesen als Symbol für langes Leben gilt, und beschloß, hier einen Tempel, den **Kek Lok Si** (»Tempel des Paradieses«; Abb. 67), zu bauen. 1890 begannen die ersten Bauarbeiten für das Heiligtum. Seitdem sind zahlreiche überreich geschmückte Hallen, Schreine und Tore entstanden, die sich in mehreren Stufen den Hügel hochziehen. Durch eine lange Ladenstraße gelangt man, vorbei an Schildkröten- und Lotosteichen, Steinsetzungen und Pavillons, auf drei von behauenen Steinen abgestützte und von Balustraden umgrenzte Terrassen.

Die Anlage besteht im wesentlichen aus fünf großen Gebäudekomplexen. In der ersten Halle umgeben Statuen von Bodhisattvas eine Guan Yin-Figur. Die zentrale Gestalt der zweiten Halle ist Mile Fo, der lachende dickbauchige Buddha des Frohsinns (Buddha Maitreya); ihn flankieren Weituo, der Beschützer der buddhistischen Lehre, mit dem Vajra, der Diamantkeule, quer über den erhobenen Armen, und die vier Himmelskönige oder Weltenwächter. Die dritte Halle gehört Buddha Shakyamuni und seinen Lieblingsjüngern sowie zahlreichen Luohans (Abb. 67). Der Bibliotheksturm enthält u. a. ein Dekret des Kaisers von China aus dem Jahr 1904, und im Obergeschoß finden sich heilige Schriften sowie Statuen und Bilder der wichtigsten Spender für den Tempelbau. In der Halle des Großen Gelübdes wird der Bodhisattva Kshitigarbha, der Seelenretter, verehrt.

Das Bild der überaus reizvollen Tempelanlage wird wesentlich geprägt von der 50 m hohen **Pagode der Zehntausend Buddhas,** die Aw Boon Haw, der ›Tiger Balm-König‹ (s. S. 218), stiftete. Sie birgt nicht etwa eine derart gigantische Anzahl an Statuen, es sind vielmehr die Buddha-Bildnisse auf den Wandfliesen, die diese Summe ausmachen. Man kann das Bauwerk auf einer Wendeltreppe ersteigen, die durch viele Kammern mit Buddha-Statuen und Wandmalereien führt; aus den Bogenöffnungen des Umgangs schweift der Blick weit über Land und Stadt bis hin zum Meer. Der oberste, für Besucher unzugängliche Bereich birgt das Heiligste, u. a. eine Buddha-Figur aus purem Gold und die Reliquie des Erleuchteten. 1915 legte der thailändische König Vajiravudh (Rama VI.) den Grundstein zum Bau der Pagode, deren Architektur Formenelemente dreier buddhistischer Länder erkennen läßt: Thailands, Burmas und Chinas. Der Gesamteindruck, der wesentlich von der Achteckform bestimmt wird, ist chinesisch wie auch die schwingenden, an den Spitzen mit Drachen besetzten Halbdächer. Die aufeinandergetürmten kleinen Vorbauten des mittleren Teils mit ihren waagerecht ausgezogenen Spitzen weisen auf thailändische, der reichgegliederte obere Teil auf burmesische Formen hin. 1930 war die Pagode fertiggestellt. Den ganzen Komplex überblickt Guan Yin als Riesenstatue.

Weitere Sehenswürdigkeiten in Georgetown sowie im übrigen Teil der Insel

Sri Kamatchi Amman Kovil (Jalan Dato Kramat): ein Heiligtum, das Shiva und der liebesäugigen Amba, der Muttergottheit als ein Aspekt der Parvati, geweiht ist; anmutige Figuren des shivaitischen Götterkreises und Musikantinnen in exquisiten Farben besetzen Mauern und Nischen.

Haus der **Penang Buddhist Association** (Jalan Anson, Abb. 68): 1929 errichteter, moderner, villenähnlicher Bau; in der weiten, lichten Halle ein hoher viereckiger Altar aus Schwarzholz, dessen Seitenflächen Perlmuttintarsien schmücken. Die Statuen – Buddha, umgeben von fünf Jüngern und Adoranten – sind aus Carrara-Marmor gearbeitet. Die Penang Buddhist Association setzt sich für die reine Lehre ein und wendet sich gegen daoistische Anschauungen und Rituale wie Vergöttlichung der Ahnen, Ahnenverehrung, Wahrsagerei und Aberglauben.

Sikh-Tempel (Jalan Brickkiln): zweistöckiges Gebäude auf rechteckigem Grundriß mit offenen Arkaden und farbiger Stuckzier; das Heiligtum befindet sich im Obergeschoß.

Chinesische Clan-Häuser: Es gibt zahlreiche Kongsi in Georgetown, hier einige in der Nähe des Khoo Kongsi: Teochiu-Kongsi (Leboh Chulia), Yeoh-Kongsi (Gat Lebuh Chulia) und Lim-Kongsi (Lebuh An Qee).

Nattukottai Chettiar Temple (Waterfall Road, Jalan Western): großer, Subramanyan geweihter Tempel der südindischen Geldverleiher (Chettiar) und Kaufleute; Mittelpunkt des Thaipusam-Festes (s. S. 372).

Penang Hill (780 m): phantastischer Blick über Georgetown bis zum Meer in erfrischender Luft; Auffahrt mit der 1924 eingeweihten Zahnradbahn. Schmuckvolle kleine Moschee.

Tempel Tua Pek Kong bei Batu Ferringhi: Der kleine, dem Gott des Glücks und Gedeihens geweihte Tempel enthält sehr feine Darstellungen der buddhistischen Hölle.

Tengku Abdul Rahman-Aquarium in Glugor: ausgezeichnete Sammlungen der Meeres- und Süßwasserfauna.

Tempel Chor Soo Kong, besser bekannt als Snake Temple (Schlangentempel), in Bayan Lepas (1 Meile nördlich des Flughafens): Die Statue des Chor Soo Kong, die ein chinesischer Mönch aus seiner Heimat mitbrachte, verfügt angeblich über heilende Kräfte. Die Attraktion des Tempels sind die grüngelben Schlangen, eine Varietät der Wagler's Viper, die sich in Gehölzen auf dem Altartisch, auf Bildleisten, Gefäßen und Balken ringeln. Die hochgiftigen Tiere gelten als Diener des Gottes Chor Soo Kong und sind heilig. Tagsüber verhalten sie sich träge und fiedlich, wohl betäubt von den Schwaden des Räucherwerks, nachts saugen sie die Hühnereier, ihre Lieblingsspeise, aus, die ihnen die Gläubigen als Opfer darbringen. Nebenan im Serpentinarium werden die Schlangen gezüchtet.

Telok Bahang Forest Reserve und Erholungsgebiet **Taman Rimba Rekreasi** südlich des Fischerdorfes gleichen Namens: ein etwa 100 Hektar großes Naturschutzgebiet mit alten Bäumen, einer Orchideenzucht, Pools (zum Baden), die von dem Wasser aus den Bergen gespeist werden, und einem Museum *(Muzium Perhutanan).*

Ruinenstätte Bujang Valley

Links der Straße von Butterworth nach Alor Setar taucht kurz hinter Sungai Patani die Silhouette des 1310 m hohen Gunong Jerai (Kedah Peak) auf. Einer der zahlreichen Wasserläufe, die das Kalksteinmassiv durchziehen, ist der Sungai Bujang. In diesem Flußtal finden sich die dem Dschungel entrissenen Ruinen mehrerer buddhistisch-hinduistischer Tempel und Grabstätten (*Candi*) von Königen oder Fürsten. Es sind die Reste des im 1. Jahrhundert n. Chr. von Süd-Indien aus gegründeten Reiches oder Stadtstaates Kalah; Kedah, der heutige Name des Bundesstaates, ist davon abgeleitet. Kalah war etwa ab 300 n. Chr. die vermutlich wichtigste Zwischenstation im arabisch-chinesischen Handel (s. S. 43). Im 6. Jahrhundert stand es unter dem Schutz der chinesischen Liang-Dynastie (502–557) und war ihr tributpflichtig. Von Kalah aus gab es eine Landverbindung zur malaiischen Ostküste, wo die chinesischen Dschunken eintrafen, um Waren zu tauschen, und in Kalah fand man auch arabische Münzen aus dem 9. Jahrhundert. Der arabische Kaufmann Sulaiman hat in seinen 851 erschienenen ›Nachrichten über China und Indien‹ (Akhbar al-Sin wa'l Hind) das kleine Reich beschrieben: »Kalah ist gewaltig und von hohen Mauern umgeben und von zahllosen Gärten durchzogen, in denen viele Quellen sprudeln. Es gibt dort eine Zinnmine, wie ich sie nirgendwo anders gesehen habe.« Ähnliches wußte auch Ibn Battuta im 14. Jahrhundert zu berichten. Von dem aggressiven südindischen Chola-Reich (850–1173) wurde Kalah vermutlich mehrmals zerstört. In den Seefahrerberichten des 15. Jahrhunderts taucht es noch zuweilen auf, doch zu dieser Zeit blühte bereits ein anderes Handelszentrum: Malakka.

Entdeckt hatte die Ruinenstätte der englische Kolonialoffizier James Low im frühen 19. Jahrhundert, und I. H. N. Evans berichtete über sie in den 20er Jahren dieses Jahrhunderts. Bei ersten Ausgrabungen kurz vor Ausbruch des Zweiten Weltkriegs fanden der englische Archäologe H. G. Quaritch Wales und seine Frau phönizisches Glas, chinesisches Porzellan und entdeckten Reste von rund 30 Gebäuden. Systematische Arbeit leistete dann ab 1956 ein Team der Archäologischen Gesellschaft der Universität Malaya. Heute gibt es in dem Gebiet zwischen dem Sungai Merbok und dem Sungai Muda mehr als 50 Ausgrabungs-

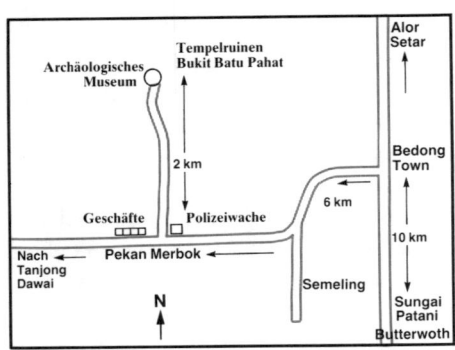

Bujang Valley

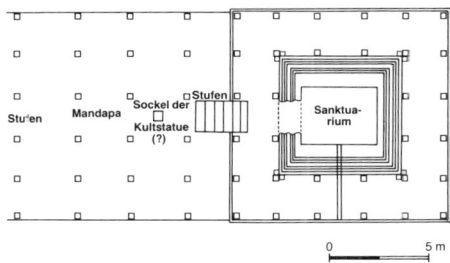

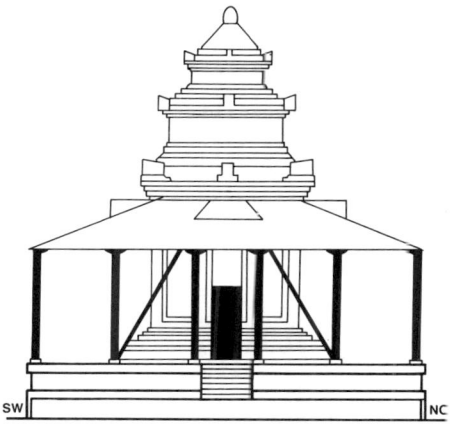

Grundriß-Rekonstruktion des Tempels Candi Bukit Batu Pahat

Rekonstruktion des Tempels Candi Bukit Batu Pahat im Bujang Valley

stellen. Sieben Bauten – in Pengkalan Bujang, Sungai Batu Estate und Bukit Batu Pahat – sind inzwischen in ihren Grundzügen rekonstruiert worden, soweit es die Funde zuließen. Der interessanteste von ihnen ist der Candi Bukit Batu Pahat, der vermutlich im 8 oder frühen 9. Jahrhundert entstand.

Der Candi steht auf einem steinernen Hügel ganz in der Nähe eines Wasserfalls, der als ritueller Badeplatz gedient haben könnte. Funde in der Umgebung lassen darauf schließen, daß er nur einer von vielen Bauten eines großen Tempel- oder Candi-Komplexes war. Vermutlich säumte er zusammen mit vielen anderen heiligen Stätten einen Pilgerweg, der auf den Gipfel des Gunong Jerai führte zu einem kleinen, etwa seit dem 8. Jahrhundert errichteten Heiligtum, dessen Ruinen noch vorhanden sind.

Der Hauptaufgang des Candi Bukit Batu Pahat liegt im Südosten, Steintreppen führten auf zwei oder drei Terrassen hinauf zur oberen Plattform. Terrassen zogen sich auch an den anderen Seiten entlang. Ein doppelter Wall aus Steinblöcken umgab den Bezirk, im Nordosten durchbrochen von einer weiteren Treppe, die vom Wasserfall bis zur oberen Terrasse verlief. Auch sie war von einer Mauer aus regelmäßig gesetzten, rohbehauenen Granitsteinen mit Findlingsblöcken darüber umschlossen, wie man aus Mauerresten an der Nord- und Ostecke schließen kann; die Maße dieser Plattform sind 44 m × 38 m.

Das Mandapa ist etwa 1,24 m über der oberen Terrasse erhoben und erstreckt sich mit einer Länge von 13 m vor dem Sanktuarium. Auf dem mit Granitplatten belegten Boden stehen noch 19 der steinernen Sockel, in denen einst hölzerne Pfeiler steckten, sechs Reihen zu je fünf. Sie trugen das Dach. Der rohbehauene Steinblock vor dem Aufgang zum Sanktuarium war vermutlich die Basis einer Statue oder eines anderen Kultgegenstandes.

Sieben Steinstufen führen vom Mandapa auf die Plattform mit dem Vimana. Die Reste von steinernen Pfeilerbasen, die ihn in einer inneren und einer äußeren Reihe umgeben, gehörten zu einem überdachten Wandelgang. Der Grundriß des Heiligtums ist quadratisch mit einer Seitenlänge von etwa 6 m am untersten Teil der mehrfach gestuften, 1,22 m hohen Basis. Der ganz aus behauenem Stein gebaute Vimana steht noch bis zu einer Höhe von 76 cm. Vieles deutet darauf hin, daß der Turmaufbau schon bald nach seiner Errichtung in sich zusammenfiel, weil der Untergrund nachgab. Die Stücke, die man in der Umgebung fand, erlaubten den Archäologen eine ungefähre Rekonstruktion. Er hatte die Form einer hohen Pyramide mit klar profilierten getreppten Absätzen und weit vorspringenden, ungewöhnlich geformten Steinen an den Ecken. Ungewöhnlich ist auch der Schlußstein, würfelförmig angelegt, jedoch mit gebogenen Kanten, die einen stumpfen Winkel bilden. An südindischen Tempeln ist ein solcher Stil nicht zu finden; ähnliche Formen gibt es aber in verschiedenen indisierten Gebieten Südostasiens, so an Schreinen der Khmer in Kambodscha und am Shiva-Schrein in Panataran (Ostjava), die alle wesentlich später entstanden sind. Von der Bronzestatue, die einst im Sanktuarium stand, fand man nur den Dreizack, Shivas Attribut. Außer beim unteren Teil eines Wasserspeiers, der grob dem Maul eines Tieres – möglicherweise eines Makara – nachgebildet ist, hat man nirgends die geringste Spur von Skulpturenschmuck entdecken können. Einzige Zierde sind die – am Sanktuarium besonders sorgfältig – behauenen profilbildenden kleinen Steine, die, wie auch an den Mauern der Plattformen, ohne Mörtel zusammengefügt sind.

Als man zur Rekonstruktion des Candi alle Steine abräumte, stieß man in der Wand des Sanktuariums, knapp oberhalb des Bodenniveaus, auf sechs Reliquiare, undekorierte, rohbehauene Granitwürfel von ca. 18 cm Seitenlänge. Alle enthielten einen bauchigen Kupfertopf, und die Gefäße waren mit verschiedenen Materialien gefüllt: Perlen, kleine Goldklumpen, rote Rubine, blaue Saphire, Bergkristall- und Chrysoberyllstücke, organische Substanzen, vermutlich unverbrannte Teile tierischen oder menschlichen Fleisches, sowie eine zu einer flachen Pyramide gefaltete Blattgoldscheibe mit einem Schriftzeichen, das noch nicht entschlüsselt werden konnte (vermutlich mystisch-magische Silben, die das Böse bannen sollten). Neun Vertiefungen im Boden eines jeden Steinreliquiars waren teilweise mit Edel-

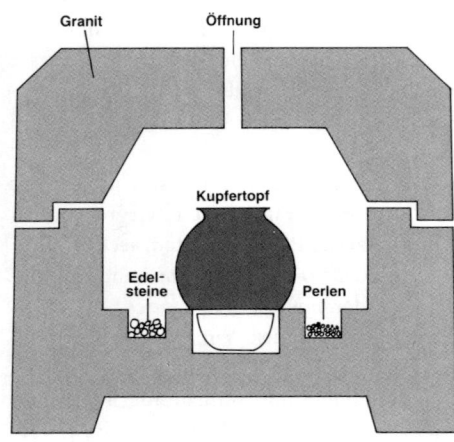

Steinreliquiar

steinen gefüllt, die zentrale Mulde zudem noch mit einigen anderen Objekten: Tierfiguren wie silberbelegte Stiere (Shivas Vahana) und Schildkröten sowie Lotosblüten aus Kupfer, Shiva-Lingam, sitzende weibliche Figuren aus Gold und eine kleine quadratische Silberplatte mit eingeritzten Zeichen, die Sternenstrahlen gleichen.

Die Grabbeigaben wie auch ihre Anordnung scheinen einem Ritual zu entsprechen, dessen Ursprung noch unbekannt ist. In Indien fand sich dazu bisher keine Parallele, wohl aber in Java und Bali (sogar noch heute), wie auch im indisierten Cham-(Champa-)Reich an der Ostküste Vietnams (ca. 600–800 n. Chr.). Folgt man den Ausführungen W. F. Stutterheims über den königlichen Begräbniskult in Alt-Java (›An Ancient Javanese Bhima Cult‹), so kann man annehmen, daß die Überreste des Leichnams nach der Kremation zusammen mit bedeutungsvollen Beigaben auf die je neun Vertiefungen der Reliquiare verteilt wurden. Die Zahl acht (beim Candi Bukit Batu Pahat konnten zwei Reliquiare nicht mehr aufgefunden werden) läßt an die acht Aspekte Shivas denken, von denen man annahm, daß sie die Teile des menschlichen Körpers repräsentierten. Um den vergöttlichten Seelen das Herabsteigen zu ermöglichen, war es notwendig, die zu diesen acht Aspekten des Gottes gehörenden Elemente bereitzuhalten. Zusammen mit den Überresten des Leichnams war nun die vorläufige übernatürliche Rekonstruktion des Körpers möglich. Die dicke Mauer, mit der man die Beisetzungsstelle umgab, diente zur Abwehr ganz bestimmter böser Kräfte, und der Turm symbolisierte wie immer bei indischen Tempeln den Götterberg Meru, zu dem die Seele des Verstorbenen wanderte. Die Turmspitze galt als der Platz, an dem sich die herabsteigende Gottheit niederlassen konnte.

Dem Candi Bukit Batu Pahat in Anlage und Gestalt sehr ähnlich sind die Grabstätten auf dem Gunong Jerai und dem Bukit Gajah Mati. Sie stehen ebenfalls auf steinernen Hügelplattformen und wurden vermutlich zur gleichen Zeit erbaut. Alle anderen Candis sind Ziegelbauten, einige, wie zum Beispiel Nr. 10, bestanden aus einer Mischung von Ziegeln und Geröll. Nr. 21, ebenfalls ein Ziegelbau, vermutlich aus dem 11./12. Jahrhundert, stand ehemals im Kampong Pengkalan Bujang, Merbok, und wurde 1976 in der Nähe des Candi Bukit Batu Pahat wiedererrichtet.

Das kleine, 1977 eingerichtete Museum (*Muzium Arkioloji Lembah Bujang, Merbok*) am Fuße des Hügels informiert eingehend und enthält zahlreiche Funde aus dem Gebiet des Bujang Valley, unter anderem Steinreliquiare mit Inhalt, Pfeilerbasen, Segmente der Wasserleitung, Steinskulpturen buddhistischer und hinduistischer Gottheiten.

Wer die Herrscher von Kalah waren und für welche Persönlichkeiten die Candis errichtet wurden, diese Fragen bleiben vorerst noch unbeantwortet.

Alor Setar

Bunga Mas, die ›goldene Blume‹, ein etwa 1,50 m hohes Bäumchen mit Blättern und Blüten, ganz aus Gold, und ein weiteres aus Silber mußte der Sultan von Kedah von Zeit zu Zeit seinem mächtigen Nachbarn im Norden, dem König von Siam, als Zeichen der Unterwerfung senden (im Museum von Alor Setar und im Nationalmuseum von Kuala Lumpur sind Exemplare dieser feinen Handwerkskunst zu sehen). Jahrhundertelang behaupteten die Siamesen ihre Dominanz über das Sultanat Kedah (wie auch über Kelantan und Trengganu) und übten zeitweise sogar eine direkte Kontrolle im Land aus. Mit Hilfe der Briten versuchte der Sultan von Kedah die siamesische Herrschaft abzuschütteln und verpachtete 1786 die Insel Penang und 1800 einen Küstenstreifen, die später so genannte Provinz Wellesley, an die East India Company (s. S. 273). Die Engländer dachten jedoch gar nicht daran, in diesen regionalen Konflikt einzugreifen. 1841 hatten die Thai nicht nur wiederum die Oberhoheit übernommen, sondern Kedah auch um das neugeschaffene Sultanat Perlis beschnitten.

Aus der Zeit, als sich Kedah in verstärktem Maße der Siamesen, aber auch der zudringlichen Bugis zu erwehren hatte, stammt das zwischen 1771 und 1780 erbaute Fort in Kuala Kedah an der Mündung des gleichnamigen Flusses, 12 km von Alor Setar entfernt. Nur Reste sind noch erhalten: das rundbogige, aus Keilsteinen gefügte Eingangsportal und einige dicke Mauerwände.

Die Sehenswürdigkeiten von Alor Setar, Hauptstadt des Bundesstaates Kedah und Sultansresidenz, liegen nahe beieinander im Zentrum. Die 1912 erbaute **Masjid Zahir**, Staats- und Sultansmoschee, ist eine der ziervollsten muslimischen Gebetsstätten Malaysias. Der Grundriß hat die Form eines griechischen Kreuzes, jedoch füllen große offene Räume die Winkel. Hinter der nördlichen Halle erhebt sich ein schlankes, zunächst vier-, dann achteckiges Minarett mit einer Helmspitze; als Pendants stehen dazu in den übrigen drei Ecken hohe, offene, kuppeltragende Türmchen. Über dem Zentrum des Bauwerks wölbt sich, durch einen hohen, reichgegliederten Hals emporgehoben, eine mächtige bauchige Kuppel im indo-islamischen Stil, umringt von Kuppeltürmchen. Gerippte Kuppeln und Türmchen, die den Eckpfeilern entwachsen, zieren auch die vorspringenden Portalbauten. Der schönste Schmuck sind jedoch die maurischen Arkaden, schlanke Säulen mit vielfach gezackten Bögen, die das gesamte Bauwerk umziehen. Nur die hohen Portalbauten mit Doppelsäulen, ebenfalls mit Zackenbögen, unterbrechen die Reihung. Das Motiv der Doppelsäulen wird in den langen Wandelgängen – Anbauten von 1975 – wiederaufgenommen. Weitere Schmuckelemente der Fassade sind Zickzackbänder, geometrische Muster, Blüten und Rankenmotive sowie kleine durchbrochene Brüstungen. Ein holzgeschnitzter, mit vergoldetem Rankenwerk verzierter Baldachin sowie eine ebenfalls geschnitzte Holzbrüstung bezeichnen den Gebetsplatz des Sultans.

Abseits der Zahir-Moschee steht ein weiteres Minarett mit einem viereckigen kuppelgekrönten Turm, in dessen Untergeschoß mihrabähnliche Nischen eingelassen sind: Doppelsäulen, ein rundlicher, leicht zugespitzter Vielzackenbogen und als aufgesetzter Schmuck Blüten- und Rautenornamente. Die Öffnungen unterhalb der Gebetsuhr erinnern an ein arabisches Fenster.

Balai Besar, die Große Halle, ein zweistöckiges Gebäude aus Stein, Holz und Eisen, ließ sich die Sultansfamilie 1898 für Familienfeiern und Audienzen des Sultans bauen (Hauptbau 1904 vollendet). Auch heute dient es zuweilen noch diesem Zweck, vor allem am Geburtstag des Sultans und an hohen Feiertagen. Hohe, schlanke Säulen tragen das Doppeldach der weiten offenen Vorhalle und des langen Haupttrakts, hier unterstützt durch einen steinernen Unterbau. Arkaden – Pfeiler mit trapezförmigem Kapitell, ein großer und zwei kleine Rundbögen – machen auch das Untergeschoß zu einer offenen Halle. Eine doppelläufige geschwungene Treppe führt hinauf in die Thronhalle. Bemerkenswert sind hier die kunstvollen Schnitzereien an den Sesseln des Herrschers und seiner (Haupt-)Gemahlin und den Brüstungen sowie die Ornamentbänder aus Rankenwerk, geometrischen Mustern und farbigem Glas unterhalb der Dachkante.

Hinter dem Balai Besar steht der alte **Sultanspalast,** den sich Sultan Abdul Hamid Halim Shah (1882–1943), ein Freund der Engländer, erbauen ließ (heute kleines lokalgeschichtliches Museum; der Wohnsitz der jetzigen Sultansfamilie liegt etwa 2,5 km nördlich des Stadtzentrums). Hier wurde 1903 Tunku Abdul Rahman, der hochverehrte ›Vater der Unabhängigkeit‹ und erste Premierminister des Landes, geboren.

Balai Nobat heißt ›Halle des Königlichen Orchesters‹, ein turmähnlicher Bau – oktogonal, dreistöckig, sich nach oben verjüngend und mit einer Ballonkuppel als Abschluß. Ganz regelmäßig ist die Gliederung: Pilaster an den Ecken, dazwischen Rundbogenarkaden im unteren Geschoß, Fensterumrandungen in ähnlicher Form. Die zweifachen Gesimse oberhalb der Pilaster sind besonders stark profiliert. Das Königliche Orchester, bestehend aus Trommeln, Gongs und einer Trompete, spielt im allgemeinen nur bei nationalen und regionalen Festen, an denen auch der Sultan teilnimmt. (Das Gebäude ist nicht zugänglich.)

Das Gebäude des **Obersten Gerichtshofs,** zu Anfang dieses Jahrhunderts erbaut, entspricht mit seiner Säulenfront und dem von Säulen und Pfeilern gestützten Portikus ganz dem Geist englischer neoklassizistischer Kolonialarchitektur. Das stattliche Kolonialgebäude an der Südseite des Platzes beherbergt die Kunstsammlung des Staates Perak *(Balai Seni Negeri).*

Der Balai Besar diente dem neuen **Museum** (1959–1961) als Vorbild (Muzium Kedah; Jalan Bakor Bata, etwa 1,8 km nördlich des Stadtzentrums). Sammlungen: Dokumente zur Staatsgeschichte, archäologische Funde (auch aus dem Bujang Valley), die ›goldene Blume‹ (Bunga Mas), chinesische Keramik, Prozessionsbarke des Sultans.

Sehenswert ist der **Thai-Tempel Nigrodharam** (Jalan Stadium), typisch die ineinander geschobenen Dächer mit züngelnden Nagas, im Innern die Statue eines sitzenden Buddhas.

In der Umgebung von Alor Setar
Arau (39 km), Sitz des Raja von Perlis: Palast mit vorwiegend abendländischen Stilelementen und dunkelgefärbten Kuppeln über hohen Vierkanttürmen sowie Staatsmoschee (1972 fertiggestellt), bei der sich moderne mit traditionellen islamischen Formen verbinden.

Kangar (52 km), Hauptstadt des Bundesstaates Perlis: Sehenswert die Masjid Sayid Alwi (um 1930 erbaut).

Von Kuala Perlis aus setzen die Fähren zur Insel **Langkawi** über. Sandstrände, tropische Wälder, Kautschukplantagen, Fischerdörfer und der fast 1000 m hohe Gunong Raya bestimmen das Landschaftsbild. Mit gemieteten Booten kann man auch zahlreiche kleinere, größtenteils unbewohnte Inseln rundum erkunden.

Entlang der Ostküste

Seit Ende 1984 das letzte Teilstück fertiggestellt wurde, verbindet der Trans Malaysia Highway im Norden des Landes die West- mit der Ostküste und verkürzt die Strecke von Penang nach Kota Bharu um mehr als 700 km; bis dahin ging die Fahrt immer erst über Kuala Lumpur. Die Trassenführung war eine technische Meisterleistung: Es mußten Berge überwunden, sogar abgetragen und Schneisen durch den Dschungel geschlagen werden. Zehn Jahre währte die Bauzeit, immer wieder wurde die Arbeit durch Überfälle und Sprengungen der Guerilla gestört. In dem unwegsamen, von dichtem Regenwald besetzten und daher kaum durchforschbaren Bergland – zudem ein Grenzgebiet, in dem das Überwechseln nach Thailand leicht möglich ist – hielten sich mehrere Gruppen radikaler Oppositioneller auf. Die vorwiegend aus Chinesen bestehenden Partisanen wandten sich ursprünglich gegen die Bildung der Federation of Malaya im Jahre 1948. Die Satzungen sahen damals eine Einschränkung des Bürgerrechts für Chinesen vor, die nun auch eine Bedrohung ihrer wirtschaftlichen Position in Malaya befürchten mußten. Gelenkt und unterstützt von internationalen kommunistischen Parteien, vor allem der Volksrepublik China, planten sie die Lahmlegung der Zinn- und Kautschukindustrie, Eckpfeiler der malaiischen Wirtschaft, um dadurch die Übernahme der Macht und die Gestaltung der Wirtschaft nach ihren Maßstäben zu erreichen. Noch im Jahr 1948 rief die malaiische Regierung den nationalen Notstand (The Emergency) aus, der erst im Juli 1960 aufgehoben wurde, als klar war, daß sich die Regimegegner von ihren militärischen Niederlagen nicht mehr erholen würden. Die versprengten Resteinheiten zogen sich immer weiter nordwärts in den Dschungel zurück. Die einzelnen Gruppen hielten untereinander einen losen Kontakt und bedienten sich dazu häufig Angehöriger der dort lebenden ›Stämme‹ als Mittelsmänner. Anfang 1990 haben sich die Aufständischen vertraglich verpflichtet, die Waffen niederzulegen. Das Gebiet war lange Zeit für westliche Besucher gesperrt. Ob es nun wieder zugänglich ist, erfrage man beim TDC in Kuala Lumpur oder Alor Setar, denn die malaysische Regierung ist bemüht, die hier lebenden Orang Asli vor neugierigen Blicken zu schützen.

Der Highway durchquert eine atemberaubende, wilde und einsame Landschaft mit bis zu 2000 m hohen dschungelbesetzten Bergen. Wegen der plötzlich aus dem Regenwald auftauchenden kommunistischen Partisanen patrouillieren hier ständig gepanzerte Militärwagen, streckenweise steht alle paar Meilen ein Armeecamp. Am späten Nachmittag wird die Zufahrt von Westen geschlossen.

In den unwegsamen Bergwäldern leben einzelne Lokalgruppen der Semang, der kleine Marktflecken Grik (Gerik) ist der Mittelpunkt ihres Gebiets. Steuert man den Ort von Kuala Kangsar aus an, passiert man den stillen buchtenreichen See Tasek Chenderoh, den dichtbewaldete Hänge rahmen. Im Osten, in der Ebene des Sungai Kelantan, wechselt das Landschaftsbild, Reisfelder und Kautschukplantagen tauchen auf.

Kota Bharu, nur etwa 18 km von der thailändischen Grenze entfernt, sowie Trengganu und Kuantan sind die Zentren an der Ostküste. Von Kota Bharu aus führt die Ostküstenstraße über ca. 700 km nach Mersing, von dort aus weiter südwärts durch das Landesinnere nach Johor Bahru und dann als kombinierter Eisenbahn-Straßendamm über die Johor Straits nach Singapur. Alle Flußmündungen, die früher einen zeitraubenden Fährbetrieb erforderlich machten, sind inzwischen durch Brücken überwunden.

Über weite Strecken reihen sich endlos lange, feinsandige und zumeist einsame Strände aneinander, unterbrochen nur manchmal durch kleine felsige Buchten, Mangrovensäume und Kampongs. Die Dörfer wurden bevorzugt an Flußmündungen, Lagunen oder den Uferbänken der Flüsse etwas weiter landeinwärts angelegt. Die Holzhäuser, deren Dächer häufig noch mit Palmstroh und nicht mit Wellblech bedeckt sind, stehen auf hohen Stelzen im oder nahe am Wasser. Die meisten der Bewohner sind Fischer. Manche fahren mit buntbemalten und – zur Abwehr böser Mächte – an Bug und Mast mit Tierköpfen verzierten Booten, *Bangau* genannt, aufs Meer hinaus. Die Netze mit der Beute müssen mit vereinten Kräften an Land gezogen werden. Die größeren Fische jedoch stecken junge Männer schon im Boot in Körbe, die sie an Bambusstangen hängen und so auf den Schultern an Land tragen. Die Ausbeute ist nicht immer reichlich, die Fangmethoden sind veraltet, und der Absatz erweist sich vielerorts als schwierig. So bessert der Fischfang zumeist nur den Speisezettel der Familien auf. Um die Fische ohne Kühlung haltbar zu machen, trocknet man sie am Strand auf großen Bambusrosten oder Holzböden. Dann werden die zum Versand bestimmten von den Kindern in Körbe gepackt. Nach der Rückkehr beginnt das Flicken der Netze, eine reine Männerarbeit.

In den Kampongs Kuala Besut, Penarek, Merang, Batu Rakit, Marang und Kuala Dungun kann der Besucher das malaiische Dorfleben besonders gut beobachten, den Menschen beim Matten- und Körbeflechten, Batikdrucken und Holzschnitzen, bei Spiel und Tanz zusehen.

In vielen kleinen Manufakturen Kelantans werden große Flugdrachen *(Waus)* gefertigt, ein Handwerk, das hier seinen Mann ernährt. Schon vor 500 Jahren haben die Malaien das Drachensteigen von den Chinesen im damaligen Sultanat Malakka übernommen. Bei guten Wetterkonditionen und bei Vollmond bleiben die Waus auch über Nacht in der Luft, festgebunden an einer Kokospalme. Beim Wettbewerb siegt derjenige, dessen Drachen am höchsten steigt. Die Waus sind kunstvolle Schöpfungen aus dünnem, farbigem Transparentpapier, übersät mit typisch malaiischen Ornamenten. Der Form nach unterscheidet man vor allem Mond-, Vogel- und Katzendrachen; manche haben eine Spannweite von 2,50 m, eine Länge von 3 m und sind mit einem violinbogenartigen Instrument, einer ›Windharfe‹, ausgestattet, die in der Luft einen Summton erzeugt.

Das Weben feingemusterter Brokatstoffe *(Kain Songket* = ›Stoff aus Gold‹), das Flechten von Bambusstreifen und der Batikdruck haben in Kelantan und Pahang eine lange Tradition. Silberschmiede und Holzschnitzer sind in Kota Bharu zu Hause. Auch die fünf Kilogramm schweren Hartholzkreisel für das malaiische Kreiselspiel, *Main Gasing*, ein Mannschaftswettbewerb, werden hier und in den umliegenden Kampongs angefertigt. Und schließlich liebt man in den Dörfern auch das *Silat (Bersilat)*, die typisch malaiische, eher tänzerische Art der Selbstverteidigung, weiterhin Schattenspiele *(Wayang Kulit)*, Wettbewerbe im Trommeln und Vorführungen des Makyong, der alten malaiischen Tanzdramen.

Nicht Sehenswürdigkeiten im üblichen Sinn machen die Städte und Dörfer der Ostküste so anziehend; neben den landschaftlichen Schönheiten sind es vor allem die gelebte malaiische Alltagskultur wie auch die Möglichkeit zu Vorstößen in die einsame Bergwelt und zu Eingeborenensiedlungen, die den Besucher reizen. Doch hat die Industrialisierung auch an der Ostküste längst ihren Einzug gehalten. Vor der Küste von Trengganu, wo Erdöl in weiten Feldern lagert, ragen Bohrtürme empor. Das Gebiet zwischen Kerteh und Chukai wird sich in ein großes Industrierevier verwandeln mit auf dem Reißbrett entworfenen Städten. Ein internationaler Flughafen ist geplant, und bei Tanjong Gelang entsteht ein moderner Tiefseehafen, der Schiffe bis zu 35000 Bruttoregistertonnen aufnehmen soll.

Kota Bharu

Als Kota Bharu vor etwa 200 Jahren gegründet wurde, lag es noch direkt am Meer. Versandungen setzten den Ort inzwischen 12 km weit ins Landesinnere zurück, und nur kleine Boote können noch über die Mündung des Kelantan-Flusses ins Zentrum vordringen. Kota Bharu ist die Hauptstadt des dünnbesiedelten Bundesstaates Kelantan – ›Land des blitzenden Lichts‹. Die Historie, bisher kaum erforscht, reicht weit zurück bis in jene Zeit, als die Orang Melayu, vermutlich aus Yünnan kommend, auf die Malakka-Halbinsel einwanderten. Hier irgendwo muß auch vor 1500 Jahren das Königreich Langkasuka gelegen haben, von dem die Legenden der Orang Asli berichten, und das – dies ist gewiß – dem Sri Vijaya-Reich tributpflichtig war.

Die Sehenswürdigkeiten der Stadt finden sich auf engem Raum rund um den weiten Merdeka-Platz. Die **Masjid Al-Muhammadi,** die Moschee des Sultans und des Bundesstaates Kelantan, wurde während der britischen Protektoratszeit erbaut, und der abendländische Einfluß ist so offensichtlich wie bei kaum einer anderen großen Moschee Malaysias.

Malaiischer Papierdrachen

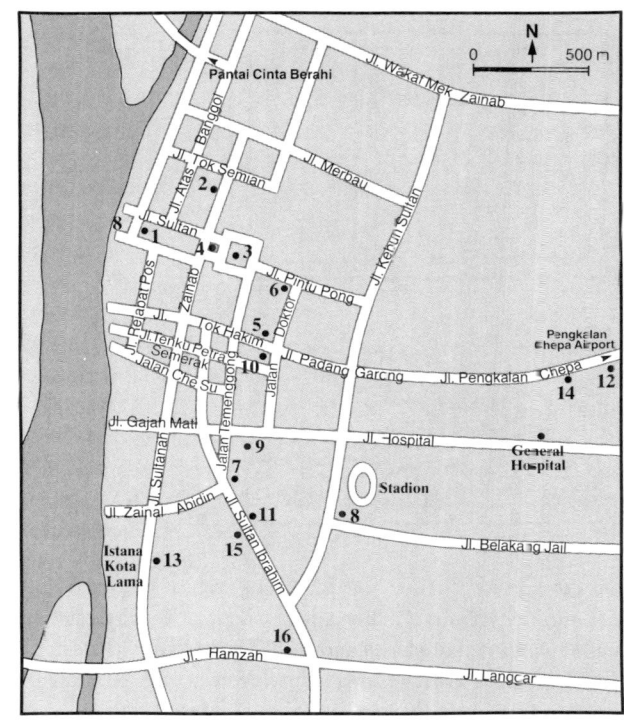

Kota Bharu

1 Merdeka-Platz
2 Masjid Muhammadi
3 Istana Balai Besar
4 Istana Jahar (Muzium Negeri Kelantan)
5 Pasar Malam (Abend-markt)
6 Pasar Besar (Zentral-markt)
7 Tourist Information Centre
8 Essensstände
9 Muzium Negeri Kelantan (in Planung)
10 Bus- und Taxistand
11 Hauptpost
12 Thailändisches Konsulat
13 Silberläden
14 Holzschnitzerwerk-stätten
15 Läden mit Kunsthand-werk
16 Fernbusse

Vier massige viereckige Türme, die mit einem Minarett nicht die geringste Ähnlichkeit haben, umstehen die große, mit einem einfachen Walmdach überdeckte Gebetshalle. Die Laternentürmchen, Balustraden und der Fensterschmuck entstammen der historisierenden Renaissance, die Spitzbögen der Neogotik. Im Innern wird die Moscheetrommel aus der alten Masjid Kampong Laut (s. u.) aufbewahrt.

Ein Beispiel anmutiger Holzarchitektur ist der **Istana Jahar** (jetzt Museum) östlich des Merdeka-Platzes, den sich Sultan Muhammad IV. 1889 erbauen ließ. Schnitzwerk schmückt Säulen und Paneele, umzieht die Kanten der geschachtelten Dächer und des Zierdaches oberhalb des ersten Geschosses. Wie eine breite Spitzenbordüre wirken die Brüstungen an der zweigeschossigen luftigen Vorhalle. Der Bestand des Museums *(Muzium Negeri Kelantan)* soll demnächst in einen Kolonialbau nahe dem Tourist Office verlegt werden.

Die Sammlungen des Museums: Trommeln, an holzgeschnitzten Gerüsten hängende Gongs, schöne Silberarbeiten aus früherer Zeit, kunstvoll geschnitzte Möbel, Schattenspielfiguren, Drachen und einige archäologische Funde.

Den **Istana Besar** gleich nebenan ließ sich Sultan Muhammad II. 1844 erbauen und mit einem hohen Holzzaun umgeben. Kota Bharu, ›Neue Festung‹, nannte er die Anlage – daher rührt der Name der Stadt. Der Istana birgt den Thronsaal, die Audienzhalle und die Halle

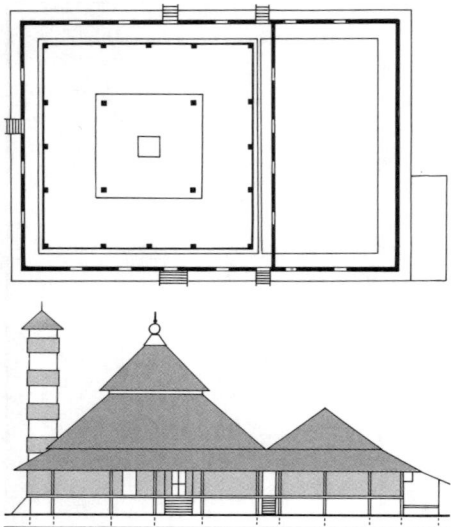

Masjid Kampong Laut bei Kota Bharu (Grundriß und Seitenansicht)

für die Gesetzgebende Versammlung; heute wird das Gebäude nur noch für königliche Zeremonien genutzt. Über einem einzigen Stockwerk türmt sich in drei unterschiedlich steilen Absätzen das hohe und lange Dach; in der Mitte der Front steht unter dem Querdach die an den Seiten offene, vorne durch eine holzgeschnitzte Brüstung begrenzte Vorhalle. Die Thronsessel für den Sultan und seine Hauptgemahlin sowie der Baldachin sind Werke bester Handwerkskunst und reich mit vergoldeter Schnitzerei verziert.

In der Umgebung von Kota Bharu

In den Dörfern rund um **Tumpat** (ca. 10 km nördlich) leben malaysische Thais. Ihre kleinen buddhistischen Tempel werden *Ketek* genannt; eines der sehenswertesten Heiligtümer steht in Batu Tiga. Zu den Opfergaben *(Repek)* gehören auch Manohra-(Menora-) und Wayang Gedenk-Aufführungen. Berühmt ist der 1980 erbaute Wat Phothivihan in Kampong Jambu, der einen der größten liegenden Buddhas in Südostasien beherbergt (40 m lang, 9 m breit und 11 m hoch).

Im **Kampong Nilam Puri** (10 km südlich von Kota Bharu) steht die Masjid Kampong Laut; diese älteste Moschee Malaysias wurde aus dem gleichnamigen Dorf am Ufer des Kelantan-Flusses nach Nilam Puri versetzt, da regelmäßiges Hochwasser das Bauwerk zu vernichten drohte. Die vor rund 300 Jahren ganz aus Holz und ohne Metallnägel errichtete Gebetsstätte ähnelt, wenngleich etwas kleiner, einfacher und in leicht veränderten Proportionen, der um 200 Jahre älteren Masjid Agung Demak in Demak (Mitteljava). Diese altjavanische Haus- und Moscheeform, die man in Java auch heute noch pflegt, bestimmte bis ins 20. Jahrhundert hinein die Gestalt der malaiischen Moschee in den Kampongs. Charakteristisch ist der quadratische Grundriß, der eine vollkommene Symmetrie, jenseits beider

Achsen, ermöglicht. Das Zentrum und zugleich die optische Mitte aller Seiten wird durch die Spitze über dem obersten Pyramidendach betont. Die Kanten der Pyramidenfläche bilden fast ein gleichseitiges Dreieck. Darunter, jeweils mit einigem Abstand für Ventilationsöffnungen, staffeln sich zwei unterschiedlich große Halbdächer. Vier zentrale Pfeiler tragen den Gebälkaufbau des obersten Daches, 16 Pfeiler das mittlere Dach und 24 Pfeiler das Dach über dem Umgang. Dem Hauptbau schließt sich harmonisch eine rechteckige, von einem Doppelwalmdach gedeckte Halle mit den Maßen 15 × 8 m an. Die untersten Dächer beider Bauten gehen ineinander über. Das Minarett, ein 14 m hoher Holzturm mit offenen Veranden, steht abseits.

Weitere Ausflugsziele: Mehrere Strände nördlich und südlich der Stadt. Durch dichten Regenwald erreicht man den **Wasserfall Jeram Pasu** im Distrikt Pasir Puteh (35 km). Über die neue Straße Nr. 8 von Kota Bharu über Kuala Lipis und Raub nach Kuala Lumpur gelangt man bequemer ins Bergland und in die entlegenen Dschungeldörfer Dabong und Kuala Balah (Straße Nr. 66). Auch durch Flußfahrten ist die Region zu erkunden.

Kuala Besut (ca. 80 km südlich von Kota Bharu) ist der beste Ausgangspunkt zu den von Korallenriffen umgebenen Inseln Pulau Perhentian Besar, Pulau Perhentian Kechil und Pulau Redang. Auf den Inseln leben einige Fischer. Die Übernachtungsmöglichkeiten für Besucher sind recht bescheiden (Vorausbuchung beim Tourist Centre, Kota Bharu).

Trengganu

Trengganu oder, da die Stadt an der inselreichen Mündung des gleichnamigen Flusses liegt, Kuala Trengganu wirkt trotz mancher moderner Verwaltungsbauten, Geschäftsanlagen und Hotels altertümlich und verträumt. In der Jalan Bandar stehen noch einige mehr als hundert Jahre alte Häuser mit inzwischen verwitterten Holzschnitzereien; sie entgingen dem verheerenden Feuer von 1882.

Trengganu ist die Hauptstadt des gleichnamigen Staates und Sultansresidenz. Der **Istana Maziah,** der ›Verzierte Palast‹, im Stadtzentrum wurde 1894 erbaut. Er ersetzte einen Komplex ganz aus Holz gebauter Häuser, der zusammen mit mehr als 1500 Gebäuden 1882 im Feuer unterging. Ein großes schönes Holzhaus außerhalb des Palastbezirks hatte jedoch den Brand überstanden und steht heute im Hof des Nationalmuseums in Kuala Lumpur.

Das Äußere der Anfang des 19. Jahrhunderts erbauten **Masjid Abidin** (im Stadtzentrum) hat sich seit der Restaurierung von 1972 stark verändert. Die alten Minarette, kurze Vierkanttürme mit aufgesetzter Laternenkuppel, erhielten einen höheren Gebetsturm an die Seite gestellt, das Minarett der Nationalmoschee von Kuala Lumpur diente als Vorbild. Unverfälscht erhalten hat sich dagegen das Innere. Pfeilerarkaden markieren die Grenze zwischen Umgang und Gebetsraum. Die Kapitelle sind mit quellenden Pflanzenmotiven aus Stuck geschmückt, und die Paneele über dem Türsturz enthalten geschnitzte Koranverse in arabischer Schrift. Sehr dekorativ wirken auch die mit filigranartigen Ornamenten verzierten Glasfenster.

Vagabund der Meere

Die Lederschildkröte *(Dermochelys coriacea),* die größte Schildkröte überhaupt, ist vorzüglich an das Leben im Wasser angepaßt. Ihre Gliedmaßen sind zu mächtigen Flossen ausgebildet, der brettartige Oberarmknochen verhilft zu einer stabilen Schwimmlage, wie auch der gesamte stromlinienförmige und von einer Lederhaut überzogene Knochenplättchenkörper den Strömungswiderstand auf ein Minimum begrenzt. Die Lederschildkröte legt weite Strecken zurück und durchquert auch kältere Meere. Zur Eiablage kehrt sie an ihre angestammten Nistplätze zurück, die sich u. a. in Sabah und Sarawak (Nord-Borneo, Ost-Malaysia) sowie in der Umgebung von Trengganu bei Rantau Abang befinden.

Zur Eiablage kriechen die Weibchen mühsam an Land, wo sie außerhalb der Flutmarken und im lockeren Sand mit Hilfe aller vier Flossen zunächst eine weite Nestmulde ausheben. Diese Grube hat nur den Zweck, das Tier während der Eiablage zu verbergen. Danach erfolgt mit den Hinterflossen der eigentliche Grabungsvorgang der Neströhre, die bis zu 0,60 m tief sein kann. Dorthinein legt die Schildkröte zwischen 90 und 120 Eier von der Größe eines Tischtennisballes. Dabei gibt das Weibchen ächzende und gurgelnde Laute von sich. Nach der Eiablage wird die Neströhre zugeschaufelt und der Sand sorgfältig angepreßt. Mit rutschenden Bewegungen des schweren Körpers verwischt das Tier abschließend alle Spuren des Nestes. Zur Täuschung von Eiräubern werden sogar noch angeschwemmte Abfälle darübergehäuft, bis sich die Brutstätte nicht mehr von der Umgebung unterscheidet; auch

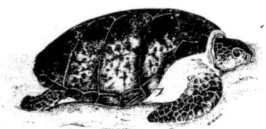

von Ablenkungsgrabungen an anderen Stellen wird berichtet. Der ganze Vorgang nimmt mehrere Stunden in Anspruch. Danach kümmert sich das Weibchen nicht mehr um die Eier; der Brutvorgang wird einzig durch die Bodenwärme besorgt. Nach 55 bis 65 Tagen schlüpfen die Jungen aus den Eiern, graben sich unter gegenseitiger Hilfe aus dem Sand und versuchen so schnell wie möglich das schützende Meer zu erreichen. Während dieser Zeit sind sie vor allem durch Seevögel bedroht. Während früher angenommen wurde, daß der charakteristische Seewassergeruch, bzw. eine Schwerkraftorientierung die Tiere den Weg zum Wasser finden ließ, zeigten neuere Forschungen, daß es einzig die Lichtintensität über dem Meer ist, die die Richtung angibt. Bietet man nämlich den Jungen eine stärkere Lichtquelle an, so wandern sie auf diese zu.

Wohl wegen ihres wüsten Paarungsverhaltens und der ständigen Begattungsbereitschaft der männlichen Schildkröten gelten die Tiere in Südostasien als Symbol der Liebeskraft und Lebensfreude. Dies hat dazu geführt, daß die Eier als Aphrodisiakum und als Delikatesse hochbegehrt sind. Um einen weiteren Rückgang der Population zu verhindern, hat die malaysische Regierung ein umfangreiches Schutzprogramm für die Lederschildkröte ins Leben gerufen. Erst wenn 40 000 geschlüpfte Jungtiere das Meer erreicht haben, dürfen die Eier zum Verzehr gesammelt werden.

Ein schönes Beispiel moderner, doch traditionellen Formen verhafteter Sakralarchitektur ist die 1986 fertiggestellte **Staatsmoschee Sultan Ismail** (Jl. Mahmud, im Osten), ein achteckiger Bau, über dessen Zentrum sich eine von vier kleineren Kuppeln umgebene Goldkuppel wölbt.

Über die frühe Geschichte des heutigen Staates Trengganu ist kaum etwas bekannt. Am Ufer des Sungai Tersat nahe Kuala Berang fand man einen Stein, dessen eingeritzte Worte auf die Existenz eines islamischen Königreichs um 1303 am oberen Trengganu-Fluß schließen lassen (s. S. 254).

In der Umgebung von Trengganu: Pulau Duyong in der Mündung des Trengganu, wo die traditionellen Prahu Payang und Kolek genannten Fischerboote in handwerklicher Arbeit hergestellt werden (Fährverbindung). **Kenyir-Stausee** (bei Kuala Berang, 40 km), der sich zu Füßen des 1415 m hohen Gunong Padang bis in den Nationalpark Taman Negara erstreckt. Westwärts von Kuala Berang liegen inmitten einer Berglandschaft die in Kaskaden herabstürzenden **Sekayu-Wasserfälle.**

Den **Inseln Pulau Redang** und **Pulau Kapas** (Fährverbindung ab Marang) sind Korallenriffe vorgelagert, in denen sich eine Vielzahl tropischer Fische tummeln.

Bei dem **Rantau Abang** genannten Strandabschnitt (56 km) kommen alljährlich von Mai bis September, vor allem Juli/August, insgesamt etwa 1000 Lederschildkröten aus dem Meer, um im heißen Sand ihre Eier abzulegen. Ein Museum informiert über das Leben der Menschen an der Ostküste wie auch über die Schildkröten.

Kuantan

Kuantan, das wirtschaftliche Zentrum der Ostküste und Verwaltungssitz des Staates Pahang, liegt nahe der Mündung des breiten Sungai Kuantan. Auf den lebhaften Märkten der Stadt versammeln sich regelmäßig die Obst- und Gemüsebauern sowie die Händler und Kunsthandwerker des Hinterlandes.

Einige der großzügig angelegten ›Boulevards‹ parallel zum Flußufer bieten noch das geschlossene Bild kolonialer Architektur; manche Häuser sind inzwischen etwas verwittert, andere dagegen schön herausgeputzt. Entlang der Straßenfront ziehen sich im ersten Stock Arkadengänge, hinter denen die Geschäftsräume liegen; im Obergeschoß verbirgt sich hinter großen Fenstertüren der Wohnbereich. Bei einigen Häusern wurden diese Fenstertüren, die einen großen Teil des Charmes dieser Architektur ausmachen, durch normale rechteckige Sprossenfenster ersetzt, nur die Keilsteine der Halbrundbögen in den zugemauerten Flächen und die seitlichen, mehrfach untergliederten Pilaster erinnern noch an die ursprüngliche Form. Erhalten geblieben ist jedoch die anmutige Dachbalustrade, die über weite Strecken die Häuser miteinander verbindet und nur von rechteckigen Mauerteilen m t einem geschwungenen, blütenähnlichen Aufsatz unterbrochen wird. Die Mitte eines jeden Hauses wird durch einen solchen Scheingiebel markiert.

Von den modernen Bauten der Stadt verdient die 1962–1964 erbaute **Masjid Sultan Ahmad I.** Beachtung. Über einem quadratischen Unterbau mit vorspringendem Dach wölbt sich eine gewaltige Hängekuppel. Unterhalb der Kuppelhaube zieht sich ein Lichtband mit feinem Gitterwerk hin, das zusammen mit den Viertelkreisfenstern am Kuppelrand den Innenraum der Moschee erhellt. Das nicht in den Baukörper integrierte Minarett ist nur durch einen Umgang mit Gitterwerkbrüstung aufgelockert und endet in einem langausgezogenen Kegel.

Seit kurzem besitzt Kuantan – eine Seltenheit an der Ostküste – einen großen, mit einem figurenbesetzten Gopuram und farbkräftig gemalten Götterbildern geschmückten **Hindu-Tempel,** den Kovil Sri Mariamman (Jl. Besar – Jl. Kemunting, im Südwesten).

Von Kuantan aus gibt es eine gute Straßenverbindung (Bus oder Sammeltaxi) nach Jerantut, dem Ausgangspunkt zum Taman Negara-Nationalpark (s. S. 258).

In der Umgebung von Kuantan: Fast bis Kuantan reichen die östlichen Ausläufer des ›Zinngürtels‹, der sich quer durch die Halbinsel zieht. In **Sungai Lembing** (45 km) liegt eine ehemalige Zinnmine, die eine der größten Malaysias und die tiefste (bis 1000 m) der Welt war. (Man erkundige sich im Tourist Office, ob eine Besichtigung möglich ist.)

Auf dem Weg dorthin passiert man **Panching** (25 km); in einer der Höhlen (Charah Cave) in den Kalksteinfelsen, die sich jäh aus einer Ebene mit Kautschukplantagen auftürmen, ist die Statue eines 10 m langen liegenden Buddha zu besichtigen. Der thailändische Priester, der in den Höhlen lebt, hat die Skulptur angefertigt.

Eine Fahrt zu den **Berkelah-Wasserfällen** (85 km auf der Straße nach Kuala Lumpur), die in acht Kaskaden herabstürzen, führt durch Orang Asli-Dörfer und tropischen Regenwald. Etwa 18 km südöstlich davon liegt, malerisch in eine herrliche dschungelbesetzte Berglandschaft eingebettet, der legendenumwobene **Lake Chini;** an einem seiner Ufer einige ›schwimmende‹ Holzhütten.

Pekan

Pekan, nahe der breiten Mündung des Pahang-Flusses gelegen, ist einer der schönsten Orte an der Ostküste. Ende Oktober wird es in dem beschaulichen Städtchen lebendig, wenn der Geburtstag des Sultans sieben Tage lang mit zahlreichen folkloristischen Darbietungen wie Schattenspiel und Tänzen gefeiert wird. Seit altersher ist Pekan Sultanssitz – bis auf die Zeit von 1898 an, da der Sultan, dem britischen Regime entweichend, in Kuala Lipis residierte – und war früher auch Verwaltungshauptstadt von Pahang.

Nahe dem Ufer des Pahang trifft man auf zwei beachtenswerte Bauten. Den Grundriß der ehemaligen **Abdullah-Moschee** bildet ein Rechteck. Im Zentrum der Terrasse erhebt sich ein polygonaler turmartiger Bau, den eine Flachkuppel überwölbt. Zierpavillons umgeben ihn. Im Untergeschoß verwischen Portalvorbauten in der Mitte der Seiten und hallenartige Füllungen in den Ecken die Konturen des Kernbaus (Abb. 69).

Wirkt die Abdullah-Moschee ein wenig verspielt, wozu auch der Braun-Gelb-Kontrast der Mauern beiträgt, so beeindruckt die **Masjid Sultan Ahmad II.** durch ihre linearen

Ochsenkarren (Darstellung von 1910)

Formen und die klare Gliederung der Fronten, zu denen die schöngeschwungenen goldfarbenen Zwiebelkuppen mit den betonten Rippen einen reizvollen Kontrast bilden. Auch hier ist der Grundriß rechteckig, die Ecken sind durch polygonale Pfeilerminarette mit einer Kuppel als Abschluß hervorgehoben. Gleichdicke Pfeiler begrenzen auch die Vorhalle des Haupteingangs. Schlanke Vierkantpfeiler mit einer kleinen Goldkugel und dem islamischen Halbmondsymbol als Abschluß bezeichnen die Joche, dazwischen Kielbögen, die der Silhouette der Kuppeln entsprechen. Ein Zackenband ziert die Dachkanten.

In dem stattlichen Kolonialbau jenseits des Sungai Parit wurde 1976 ein **Museum** eingerichtet (Muzium Sultan Abu Bakar). Das zweistöckige Haus, dessen Erdgeschoß, einschließlich des Portikus, aus rustikalen Quadersteinen gefügt ist, ersetzte 1929 einen Holzbau, der dem Kolonialbeamten und späteren Residenten J. R. Rodger als Residenz bei seinen Aufenthalten in Pekan diente.

Die Sammlungen des Museums umfassen folgende Abteilungen: Dokumente und Informationen zur Zinngewinnung und zur Forstwirtschaft in Pahang sowie zur Geschichte des Landes; malaiische Waffen, darunter kunstvoll verzierte Krise; Gegenstände aus Messing und Kupfer; Textilien mit traditionellen Mustern; Keramiken; Schattenspielfiguren und eine Aufführungsbühne; eine naturhistorische Galerie mit Dioramen; Wechselausstellungen.

Im **Balai Rong** (erbaut 1954) ist die Royal Gallery untergebracht mit Gegenständen aus dem Besitz des königlichen Hauses.

An der Straße, die zum Poloplatz des Sultans und zu dem neuen Istana führt, stehen, umgeben von Blumengärten, eine Anzahl geräumiger Holzhäuser in traditionellem Stil. Das wohl schönste ist der ehemals von Mitgliedern der Sultansfamilie bewohnte **Istana Manggal Tunggal.** Hölzernes Gitterwerk schmückt die Vorhalle. – Ein weiterer, etwas aufwendigerer Holzpalast, der **Istana Leban Tunggal,** steht östlich des Sungai Parit.

Ein weiter, gepflegter Park mit Blumenrabatten, Büschen und Bäumen umgibt den neuen Sultanspalast, den **Istana Abu Bakar** (Farbabb. 12). Sein auffallendstes Merkmal sind die in mehreren Reihen hintereinander gestaffelten schwebenden Dächer, goldgelbe rechteckige Flachschalen mit nach innen geschwungenen Seiten. Sie liegen schlanken schwarzen Rundstützen auf, die durch zwei Stockwerke reichen und um etwa einen Meter das eigentliche Gebäudedach überragen. Die Mitte des zweistöckigen Baus, der ohne die Zierdächer einen schmucklosen und lastenden Eindruck machen würde, ist durch ein drittes durchfenstertes Geschoß und höherragende Zierdächer betont. Im ersten Geschoß zieht sich hinter den Rundsäulen ein Wandelgang hin, die Wände des zweiten Geschosses sind von einem regelmäßigen Flechtmuster durchbrochen. Natürlich fehlt in diesem Ensemble auch die Kuppel nicht, sie ziert den offenen viereckigen Pavillon vor dem Eingang. (Die offiziellen Räume können bei Abwesenheit des Sultans besichtigt werden, die Genehmigung erhält man im Wachhäuschen). Im Hintergrund steht der alte Sultanspalast, **Istana Permai,** ein einfaches Gebäude mit eingezogenen Veranden und Rundbogenfenstern.

Ein abenteuerliches Erlebnis ist eine Bootsfahrt von Pekan den Sungai Pahang aufwärts vorbei an Kampongs, Fischerdörfern auf Pfählen und Flößen im Wasser. Auf diesem Weg kann man auch den Lake Chini (s. S. 314) erreichen.

Ausflugsziele im südlichen Abschnitt der Ostküste: Die Küstenstraße führt Richtung Süden an langen einsamen Stränden vorbei und durch einige kleine Mangrovenwälder; über weite Strecken ist die Landschaft menschenleer. Erst zwischen Kampong Leban Chondong und Kampong Rompin gibt es wieder ein Resthouse. Endau ist der Ausgangspunkt zu einer Bootsfahrt den gleichnamigen Fluß aufwärts zu verschiedenen Orang Asli-Dörfern und zum Endau-Rompin-Nationalpark, der im Westen bis zum 1114 m hohen Gunong Besar reicht. In diesem Gebiet leben noch etwa 25 Exemplare des vom Aussterben bedrohten Sumatra-Nashorns *(Dicerorhinus sumatrensis lasiotis),* der altertümlichsten aller Nashornarten. (Einzelreisende brauchen eine Genehmigung, Pauschalfahrten führt das Mersing Resort Hotel durch.)

Der Küste vorgelagert sind 64 zumeist unbewohnte Inseln vulkanischen Ursprungs; das kleinste Eiland besteht nur aus einem Felsenriff. **Tioman,** die größte Insel des Archipels, ist ein Paradies unter Palmen mit langen Sandstränden. Durch das kristallklare Wasser zeichnen sich die vielfältigen Formen der Korallenriffe ab. Die Insel war bereits arabischen und chinesischen Seefahrern als guter Ankerplatz bekannt. Heute wohnen hier etwa 1400 Menschen, größtenteils Fischer. **Rawa** mit einem Bungalowdorf für Besucher, das Eigentum eines geschäftstüchtigen Neffen des Sultans von Johor, steht ihr an Schönheit kaum nach; auch sie ist von Korallenriffen umgeben.

Ost-Malaysia

Sarawak – Das Land des Nashornvogels

Acht Nashornvogelarten leben in Ost-Malaysia, die *Bucerotidae*-Familie gehört in die Ordnung der Rackenvögel. Die Größe einiger Arten, der Helmvogel hat eine Gesamtlänge von 1,60 m, und der oft seltsam geformte Hornaufsatz auf dem großen Schnabel, der bei dem *Kalao* genannten Rhinozerosvogel besonders bizarr ist, ließen die Iban diese Vögel als Naturgottheit verehren (Abb. 73). Die langen Schwanzfedern sind als Kopfschmuck begehrt (Farbabb. 17). Die scheuen Nashornvögel ernähren sich von Urwaldfrüchten, vor allem zuckerreichen Feigen, kleinen Insekten und Schnecken. Wegen der kurzen gerundeten Schwingen ist ihr Flug schwerfällig und wird von seltsamen Geräuschen begleitet, Ornithologen berichten vom ›Eisenbahnrauschen‹. Ihre Rufe ähneln Trompetenklang.

Noch 1982/83 waren 72 % Sarawaks von Regenwald bedeckt; die Region gilt als drittgrößter Holzlieferant aller Länder Südostasiens. Das ganze Jahr hindurch ziehen Trecks von Flößen die Flüsse hinab zur Küste. Mahagoni, Rosenholz, Belian, Teak, Chengal und Drachenbaum sind auf dem Weltmarkt sehr begehrt.

Die Regenwälder sind nicht nur das empfindlichste, sondern auch das älteste Ökosystem der Erde. Unberührt von den klimatischen Schwankungen der Eiszeiten, hat sich im Verlauf der letzten 60 Mio. Jahre eine ungeheure Artenvielfalt entwickelt. Fast die Hälfte aller bekannten Tier- und Pflanzenarten, etwa 1,5 Mio., leben hier. Oft findet man 150 Baumarten, manchmal 275, auf einem Hektar Urwald und ein Mehrfaches an oft unbekannten Lebewesen. Wissenschaftler rechnen mit fünf bis zehn Mio. unentdeckten Arten. Davon soll die Hälfte in den Regenwäldern leben. In Malaysia gibt es mindestens 5000 Baumarten, in Europa etwa 160.

Weiterhin halten die Regenwälder das ökologische Gleichgewicht der Erde aufrecht. Mehrere Milliarden Tonnen Wasser zirkulieren hier in Form von Verdunstung und Niederschlag und sorgen dafür, daß in weiten Teilen der Welt Überschwemmungen und Trockenperioden ausbleiben. Außerdem bindet der dichte Dschungel ca. 500 Milliarden Tonnen Kohlenstoff. Dessen Freisetzung in Form von Kohlendioxid würde nach Auskunft von Klimaforschern den Treibhauseffekt der Erdatmosphäre erheblich beschleunigen.

Die propagierten Aufforstungsprogramme haben allenfalls Alibifunktion. Denn die Böden der Regenwälder enthalten nur geringe Mengen an Humus oder Mineralien; alle Nährstoffe kreisen vielmehr in der Biomasse. Ist erst einmal abgeholzt (Abb. 82), schwemmen die tropischen Regenschauer die Bodenkrume in wenigen Monaten fort, und die Versteppung ist nicht mehr aufzuhalten. Von den einst 20 Millionen qkm Regenwald ist in den letzten hundert Jahren schon die Hälfte der Axt zum Opfer gefallen. Nach einer Studie des World Wildlife Fund (WWF) werden zur Zeit 11 bis 15 Millionen Hektar jährlich zerstört – was einer Fläche von 30 Fußballfeldern pro Minute entspricht! In Malaysia wird ganz besonders rigoros zugeschlagen, da hier die nutzbaren Baumsorten dichter als in Afrika zusammenstehen. Totaler Kahlschlag ist die Folge. Die Lebenswelt der in Langhäusern (Farbabb. 16) an Flüssen lebenden Iban (See-Dayak), Bidayuh (Land-Dayak), Kayan, Kenyah und anderer Gruppen verkleinert sich dadurch zunehmend.

Kuching

Als James Brooke 1839 in diesem damals winzigen Dorf auftauchte (s. S. 135), fand er eine Siedlung der Malaien, der Dayak sowie eine kleine chinesische Händlerkolonie vor. Er formte daraus die Hauptstadt seiner Privatkolonie Sarawak. Heute ist Kuching mit rund 250 000 Einwohnern (der Großraum) die weitaus größte Stadt Sarawaks und die einzige, die so etwas wie Urbanität besitzt. Die Metropole breitet sich malerisch zu beiden Seiten des Sungai Sarawak aus. Hinter Kuching wird der Fluß zu einem breiten Strom, der an Pending, dem neuen, 1975 angelegten Hafen, vorbeifließt und nach 30 km im Südchinesischen Meer mündet. Seine Quelle liegt in dem Bergland südwestlich von Kuching, dessen meist dunstverhangene Höhenzüge sich im Hintergrund der Stadt abzeichnen. Obwohl längst eine Brücke Kuchings beide Teile miteinander verbindet (allerdings weit im Westen), gibt es im Stadtzentrum nach wie vor einen regen Fährbetrieb. Unaufhörlich pendeln die kleinen überdachten Sampans hin und her.

Zentrum der Stadt ist das frühere Regierungs- und Verwaltungsviertel mit mächtig wirkenden Bauten aus der Kolonialzeit. Dicke ›viktorianische‹ Säulen ziehen sich an der Front des 1874 erbauten, später erweiterten **Obersten Gerichtshofs** entlang (Court House oder Supreme Court). Bis 1976 kam hier der State Legislative Council zu seinen Sitzungen zusammen. Der gedrungene Uhrturm, dessen Untergeschoß eine offene, von Säulen gestützte Halle bildet, wurde 1883 angefügt. Ein Gedenkstein erinnert an Sir Charles Brooke (1868–1917), der das Land straff, als ›aufgeklärter Despot‹, regierte. Bemerkenswert sind in die Ecken eingelassene Bronzereliefs, die jeweils einen Krieger der Iban, Malaien, Chinesen und Kayan, Vertreter der Hauptbevölkerungsgruppen, in der für sie typischen Kleidung zeigen. Das Denkmal wurde 1924 enthüllt.

An der Jalan Tun Haji Openg zieht sich die lange Front des neoklassizistischen **Postgebäudes** von 1931 hin. Die Mitte bildet ein Risalit aus hohen korinthischen Doppelsäulen, ihn flankieren Arkaden mit hochgezogenen Halbrundbögen.

Der anglikanischen **St. Thomas Cathedral** ging ein Bau aus Palmenholz und Ziegelsteinen voraus, der 1851 geweiht wurde. Rund hundert Jahre später erstand nach westlichem Basilika-Vorbild der jetzige außen schlichte Neubau. Beeindruckend ist der Innenraum, eine weite Halle, die von fast 15 m hohen, im Scheitel leicht zugespitzten Bögen überspannt

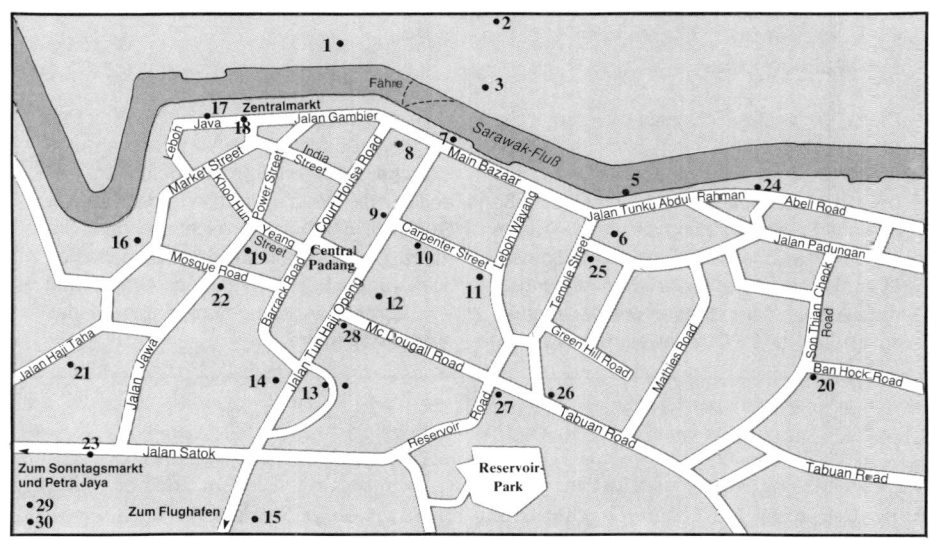

Kuching 1 Istana 2 Federal Complex (Regierungsgebäude, neue Staatsmoschee) 3 Fort Margherita (Polizeimuseum) 4 Jetty (nach Santubong u. Bako-Nationalpark) 5 Jetty (nach Sibu) 6 Tempel Tua Pek Kong 7 TDC bzw. Tourist Association 8 Court House (Gerichtshof) 9 General Post Office 10 Tempel San Ti Miau 11 Tempel Hong San Si 12 St. Thomas Cathedral 13 Sarawak-Museum (Altbau) u. Aquarium 14 Dewan Tun Abdul Razak (Museumsneubau) 15 St. Joseph's Cathedral 16 alte Staatsmoschee 17 Tempel Ang Kong See 18 Bus Stand 19 National Park and Wild Life Office 20 Sree Seenivasaya Perumal (Vishnu-)-Tempel 21 Majlis Islam (Islam. Zentrum) 22 Sikh-Tempel 23 Dayak's House Hotels 24 Holiday Inn 25 Metropole Inn 26 Borneo 27 Fata 28 Aurora 29 Palm 30 Mayfair

wird. Sie entwachsen den Wänden, biegen sich leicht nach innen und setzen mit Beginn der Wölbung zu freiem Schwung über den Raum an, oben nur abgestützt von schmalen senkrecht stehenden Pfosten, die von waagerechten Balken gehalten werden. Ein hoher Triumphbogen markiert deutlich den Übergang zum Chorraum, der mit einer kleinen marmorverkleideten Apsis abschließt.

Die römisch-katholische **St. Joseph's Cathedral** entstand 1969 neu. Dieses bemerkenswerte Bauwerk hat die Form eines riesigen Zeltes, dessen Falten von kurzen Betonstützen getragen werden. An der Vorderseite öffnet sich das ›Zelt‹ in einem hohen, fast bis zur Spitze reichenden Dreieck – ein breiter, suggestiver Eingang für die Gläubigen.

Die größte Sehenswürdigkeit Kuchings ist das **Sarawak-Museum** (Jalan Tun Haji Openg), dessen reichhaltige Sammlungen das kulturelle Erbe der einheimischen Stämme Nordwestborneos bewahren. 1889 wurde das Ausstellungsgebäude von Charles Brooke, dem zweiten Raja, in Zusammenarbeit mit dem Zoologen Alfred Russel Wallace (siehe Kasten) begründet. Wallace hielt sich zwei Jahre in Sarawak auf und arbeitete hier seine tiergeographischen Erkenntnisse aus. 1891 wurde das Museum eröffnet.

Die Wallace-Linie

Diese gedachte biologisch-geographische Grenzlinie, benannt nach dem englischen Forschungsreisenden A. R. Wallace (1823 bis 1913), verläuft durch die Meeresstraße zwischen Bali und Lombok und weiter im Norden zwischen Borneo und Sulawesi. Man hielt sie lange Zeit für die Trennungslinie zwischen der indischen und der australischen Tier- und Pflanzenwelt. Die Wallace-Linie mußte später korrigiert werden, da sich auf vielen Inseln östlich von ihr noch eine indische Flora und Fauna gefunden hat, doch für die Großtierwelt hat sie nach wie vor Gültigkeit: der Elefant erreichte nur noch Sumatra, der Tiger gelangte über Sumatra und Java nur bis Bali, für Tapir und Orang-Utan war Borneo die letzte Station und für das Nashorn Sumatra.

Der ursprüngliche Museumsbau besaß nur zwei Risalite. Eine breite doppelläufige Außentreppe mit einer Rundbogenbrüstung führte ins obere Stockwerk. Vorbild für die Gestaltung war das Rathaus im Geburtsort von Brooke's französischem Kammerdiener in der Normandie. Von diesem Bau haben sich nach Erweiterung (1911) und Umgestaltung (1964) nur noch die Giebelformen, das Quadermauerwerk an den Ecken und die Rundbogenfenster im Untergeschoß des rechten Eckrisalits erhalten. Dieser Altbau enthält die ethnologische Abteilung und im zweiten Stock eine Waffensammlung sowie Arbeiten einheimischer Stämme; der Neubau Dewan Abdul Razak jenseits der Jalan Tun Haji Openg umfaßt die archäologische Abteilung, Objekte der chinesischen Kultur, Bronzearbeiten und Gebrauchsgegenstände der Langhausbewohner.

Die wichtigsten Objekte (Freilichtausstellung im Park eingeschlossen): Ein reich mit Schnitzereien verzierter, mehrere Meter hoher Begräbnispfahl. Ein solcher Totenmast stand nur einem hochgeehrten Manne zu, der sich etwa bei der Kopfjagd oder der Verteidigung der Langhaus-Gemeinschaft große Verdienste erworben hatte. Die Schnitzmotive stellen Göttermasken, Pflanzen und abstrakte Ornamente dar. Der obere Teil enthält die Keramikurne mit den Gebeinen. Der Pfahl stammt aus der Umgebung von Kapit und ist etwa 100 Jahre alt.

Die Beisetzungskammer (*Salong*, Abb. 79) einer Kayan-Familie, ein mit Schnitzwerk und Malereien verzierter Schrein in Form eines kleinen Stelzenhauses. Ein Jahr nach dem Tod eines Familienmitgliedes nahmen die Hinterbliebenen die zweite und endgültige Bestattung vor. Die sterblichen Überreste wurden in einer großen chinesischen Keramikurne gesammelt und dann im Salong aufbewahrt.

Ein Palmstrohkranz mit in grobmaschigen Netzen hängenden Menschenschädeln, den Trophäen der Kopfjäger.

Kriegsgottheiten der Kenyah, holzgeschnitzte buntbemalte Figuren mit Nashornvogelfedern als Kopfschmuck.

Die älteste bisher aufgefundene malaiische Grabanlage, etwa aus dem 13. Jahrhundert.

Sarg in Schiffsform

Ein Nashornvogel, das Symboltier der Iban, eine buntbemalte, phantasievolle Schnitzerei; weitere Darstellungen verschiedener menschlicher Figuren sowie Götter und Geister, außerdem Perlenstickereien und gewebte Stoffe mit traditionellen Mustern.

Die Nachbildungen eines Langhausraumes und der ›Bemalten Höhle‹ von Niah (Kain Hitam s. S. 329), einer ehemaligen Begräbnisstätte, mit Überresten von sogenannten Totenschiffen, hölzernen Beisetzungsschreinen in Schiffsform, sowie Knochenreste, Glasperlen, Porzellan, Schmuck und Steinzeug. (Anmerkung: Zum Besuch der ›Bemalten Höhle‹ von Niah braucht man eine Genehmigung vom Kurator des Sarawak-Museums. Man erhält das entsprechende Schreiben ohne weiteres im Museumssekretariat während der üblichen Geschäftszeit.)

Aus dem einstigen Santubong, dem vom 10.–13. Jahrhundert bedeutenden Handelszentrum an der Mündung des Sungai Sarawak, stammen Funde wie steinerne Bildnisse buddhistischer und hinduistischer Gottheiten, ein Silberkasten mit menschlichen Überresten, Goldschmuck und Halbedelsteine, außerdem chinesische Keramiken aus der Zeit der Tang (618–907) und der Song-Dynastie (960–1279); ein Felsenrelief, dessen Bedeutung bisher noch gänzlich unklar ist, zeigt eine menschliche Figur in froschähnlicher Haltung. Chinesisches Blauweißporzellan, Sawankhalok-Keramik (aus dem gleichnamigen Fertigungszentrum in Siam), Messing- und Bronzegefäße, aber auch Werkzeuge aus der Steinzeit von verschiedenen Ausgrabungsstellen in Sarawak, vor allem aus den Niah-Höhlen.

Eine Attraktion ist der fast vollständig erhaltene Schädel eines Homo sapiens sapiens (Kopie), der zwischen 35 000 und 40 000 Jahre alt ist und 1958 bei der Großen Höhle von Niah gefunden wurde (s. S. 330).

Beiderseits des Obersten Gerichtshofs erstreckt sich **Chinatown,** das Viertel der chinesischen Händler und Ladenbesitzer. In den Geschäftsstraßen kann man Holzschnitzereien der Kayan und Kenyah, Vasen mit den für sie typischen Ornamenten sowie Perlenstickereien kaufen. Dort, wo die Main Bazaar-Straße in die Jalan Tunku Abdul Rahman übergeht, thront auf einem kleinen Hügel der 1876 erbaute und damit älteste chinesische Tempel Kuchings. Er besteht nur aus einem Haus mit Vorhalle. Die leicht geschwungenen Dächer tragen Keramikfiguren, vor allem Paare springender Drachen. Die Außenwände des Baus und die ihn umgebende, von Gitterwerk durchbrochene Mauer sind ganz in Rot gehalten. Auf die Türhälften gemalte, phantasievolle Wächtergottheiten beschützen den **Tempel,** der **Tua Pek Kong,** dem Gott des Glücks und (finanziellen) Gedeihens, gewidmet ist. Seine Statue nimmt den Hauptplatz auf dem Altar ein. Trotz der bescheidenen Ausstattung ist der Innenraum sehr stimmungsvoll. Die älteren Malereien – Gottheiten und Symboltiere – sind gute Arbeiten der Volkskunst, diejenigen aus jüngerer Zeit tragen eher märchenhafte Züge: der Tiger als Herr des Westens, der mit der kostbaren Perle spielende blaugrüne Drachen und der kahlschädelige Gott der Langlebigkeit, der den Unsterblichkeit verheißenden Pfirsich in der Hand hält. Er wird von einem Kranich, der ihn durch die Wolken führt, und einem Knaben, der auf einem Hirsch (ebenfalls Symbol der Langlebigkeit) sitzt, begleitet.

Zwei weitere, aber noch bescheidenere chinesische Tempel sind wegen ihrer intimen Atmosphäre sehenswert. Der Hong San oder Mount Phoenix-Tempel wurde 1897 erbaut und dem kindlichen Kuek Seng Ong geweiht. Kuek lebte der Legende nach vor tausend Jahren in der Provinz Hokkien. Wie es heißt, belohnt der zum Gott Erhobene jeden, der zu ihm betet. Im San Ti Miao (Guan Thian Siang) wird vor allem Yu Huang, der Jadekaiser, verehrt. Ihn begleiten der Sonnengott und die Mondgöttin in Form von geschnitzten Holzfiguren (an der Wand links).

Im Westen der Stadt liegt ein Wohnviertel der Malaien. Es füllt die ganze Flußschleife aus bis zur Brücke über den Fluß. Hier steht auf einer Anhöhe die **Masjid Negeri,** die Moschee des Staates Sarawak. Sie ersetzte 1961 eine alte Moschee aus Holz. Der Bau ist zweistöckig, der Grundriß annähernd quadratisch. Schlanke, die Dachzone hoch überragende gerippte Säulen besetzen die Ecken und tragen offene überkuppelte Pavillons. Die Fronten werden durch Vierkantpfeiler und Fensteröffnungen gegliedert, die im Obergeschoß mit Kielbögen abschließen. Über einem durchfensterten Unterbau in der Mitte des Bauwerks erhebt sich eine mächtige gerippte, goldleuchtende Kuppel mit langausgezogener Spitze. Sie wird von vier wie schwebend wirkenden kleineren Goldkuppeln gleicher Form umgeben. An drei Seiten umzieht in beiden Stockwerken ein Gang den dämmrigen Gebetsraum.

Goldkuppeln zieren auch den nahen Sikh-Tempel (Jalan Mosque), der als der größte Malaysias gilt. Auf dem Altartisch liegen, von Tüchern bedeckt, die heiligen Schriften dieser Religionsgemeinschaft.

Von der Uferpromenade aus blickt man auf zwei Hauptbauten aus der Frühzeit von Chalres Brooke: den Istana (auch: Astana) und das Fort Margherita. Den **Istana** ließ sich Charles Brooke 1870 erbauen. Weitere Gebäude wurden später hinzugefügt. Heute nutzt der Gouverneur (Yang di-Pertuan) von Sarawak das Gebäude für Empfänge. Nur einige Stunden zu *Hari Raya Puasa,* dem Festtag am Ende der Fastenzeit, wenn der Gouverneur ›offenes Haus‹ hält, ist ein Teil des Inneren zugänglich. Zu dem Istana-Komplex gehört noch ein rechteckiges zinnengekröntes Wachgebäude (1879), das zeitweise auch als Gefängnis und als Ballsaal diente, mit einem polygonalen Turm und einer Bootsanlegestelle. Am Ende des breiteren Weges gegenüber vom Istana trifft man auf eine kampongähnliche Siedlung der Iban, die es in die städtische Umgebung verschlagen hat.

Das 1879 erbaute **Fort Margherita**, ein zweistöckiger Bau mit angebautem Wachturm, gleicht eher einem englischen Landschlößchen in historisierenden Formen als einer Festung. Im letzten Jahrhundert überwachte es den hier einige Kilometer geradeaus fließenden Strom. Das Gebäude dient heute als Polizeimuseum. Zahlreiche Waffen sind zu sehen, und im Innenhof ist eine Hinrichtungsszene nachgestellt.

Ein kleines Denkmal in der Nähe des Forts bezeichnet die Grabstätten von Annie Brooke, Frau eines Neffen des ersten Raja, von ihrem Sohn Francis Basil und von Julia Brooke.

Im Hinterland breitet sich ein kampongähnliches malaiisches Wohnviertel aus; durch die luftige, von kleinen Häusern durchsetzte Parklandschaft führen schmale Pfade hindurch.

Die seit 1974 entstandenen hochmodernen Bauten in dem neuen Regierungsviertel (Federal Complex oder *Compleks Negeri)* etwas weiter nördlich künden vom Anbruch einer neuen Zeit für Kuching und das einstige Pionierland Sarawak. Dazu gehören ein 20stöckiges Bürohochhaus mit dem Staatssekretariat, das Parlamentsgebäude *(Dewan Undangan Negeri)* und die Zeremonienhalle *(Lapau).* Ein beeindruckendes Beispiel moderner Sakralarchitektur ist die nach einem Entwurf des international bekannten irakischen Architekten Sami Mousawi gestaltete neue **Staatsmoschee** (1990 vollendet), die 8000 Gläubige aufnehmen kann. Vierzig kleine Kuppeln umringen die in verschiedene Blautöne getauchte 27 m hohe Zentralkuppel. Im Innern werden die Kuppelschalen, deren größere Segmente in ein Durchbruchmuster aus Dreiecken aufgelöst sind, von grazilen, sich oben verzweigenden Pfeilersträngen getragen.

In der Umgebung von Kuching

Santubong (30 km): Das früher bedeutende Handelszentrum (10.–13. Jh.) an der Mündung des Sungai Sarawak ist heute ein beliebter Badeort der Einheimischen. Der 880 m hohe Gunong Santubong bildet eine reizvolle Kulisse.

Neben dem Hotel Holiday Inn Damai Beach ist das *Museumsdorf Kampong Budaya* (Sarawak Cultural Village) entstanden, das über Leben und Wohnen einheimischer Stämme informiert.

Sematan: Küstenort mit schönen Stränden 112 km westlich von Kuching.

Orang Utan Rehabilitationszentrum (20 km südwestlich Kuching, beim Dorf Batu): Hier werden junge verwaiste Orang Utan an ein selbständiges Leben in freier Natur gewöhnt (s. auch S. 351). Zum Besuch des Waldgebiets braucht man ein Permit vom Forest Department in Kuching (National Park and Wildlife Office, s. Stadtplan S. 319).

Langhäuser in der Umgebung von Kuching: Kampong Segu Benuk (34 km südlich) und Kampong Gayu (60 km südlich); beide werden von Bidayuh (Land-Dayak) bewohnt, letzteres von mehr als 100 Familien. Von Lundu (88 km) per Boot (16 km) zu den Siedlungen der Land-Dayak bei Munti am Kayan-Fluß (s. S. 327).

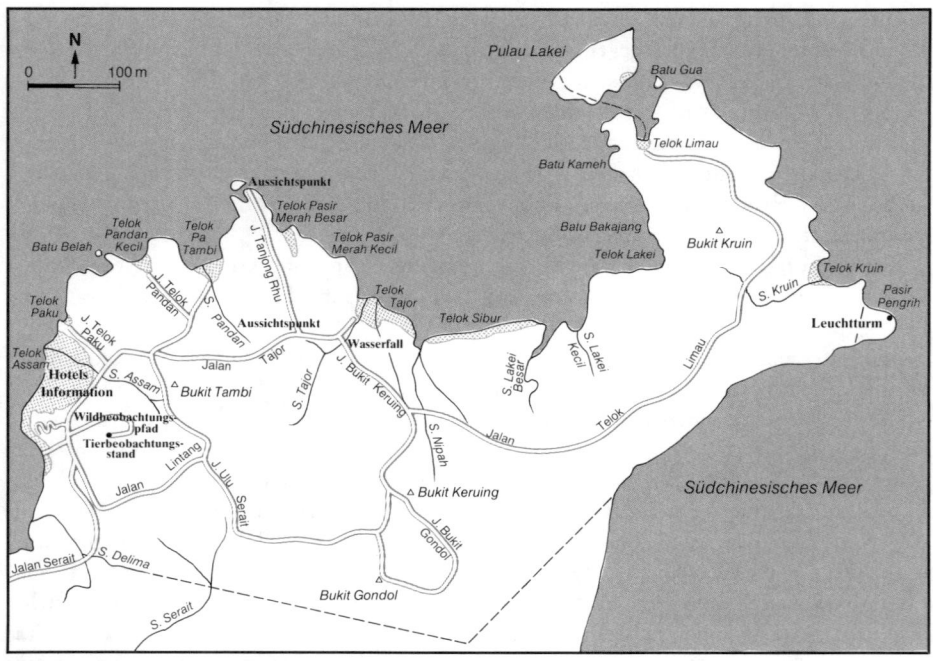

Wege durch den Bako-Nationalpark

Bako-Nationalpark

Der 26 qkm große Park nimmt den äußersten Zipfel einer buchtenreichen Halbinsel nordöstlich von Kuching ein und ist nur mit dem Boot zu erreichen. Die Landschaft ist außerordentlich vielgestaltig: Küste, teils mit steilen Felsklippen, teils mit Sandstränden besetzt, Buschsteppe, Mangroven, Sumpfwald, Primärregenwald und Dipterocarpus-Höhenwald. Dem entspricht eine umfangreiche Flora, darunter viele fleischfressende Pflanzen mit herrlichen Blüten. An Tieren trifft man Wildschwein, Waran, Nasenaffe, Sambarhirsch, verschiedene Reptilien und Amphibien. Auch zahlreiche Vogelarten wie Wandervögel, Stelzenvögel, Sonnenvögel, Königsfischer, Riffaigretten haben ihre Nistplätze im Park. Viele Wildtiere finden sich regelmäßig an einer Salzablagerung in der Umgebung von Telok Assam und zum Wassertrinken ein. Von einem Hochstand aus kann man sie beobachten.

Bandar Sri Aman (früher Simanggang)

Die Straße von Kuching nach Bandar Sri Aman verläuft am Fuß der bis zu 930 m hohen Klingklang Range, parallel zur Grenze des indonesischen Teils der Insel Borneo (Kalimantan), durch Pfeffer- und Kautschukplantagen, kleinen, nur aus ein paar Häusern bestehenden Neuansiedlungen (New Villages) und dichten Waldgebieten. Abstecher führen zu einigen Langhäusern: Kurz hinter Serian liegt Kampong Gayu (Bidayuh-Langhaus); 8 km hinter dem Marktort Pantu Emplanjau und kurz von Bandar Sri Aman das moderne, mit Elektrizität und Glasfenstern ausgestattete Langhaus Gua sowie das Selepong-Langhaus.

Bandar Sri Aman, die Hauptstadt der Zweiten Division, liegt am Beginn der langen Trichtermündung des Sungai Lupar. Sie ist eine geschäftige, vorwiegend von Chinesen bewohnte Stadt mit einem lebhaften Fischerhafen.

1973 ergaben sich hier rund 500 kommunistische Guerillakämpfer unter Führung des chinesischen Kommissars Bong Kee Chok. Zur Erinnerung an dieses Ereignis erhielt der früher Simanggang genannte Ort den Namen Bandar Sri Aman, ›Schöne friedvolle Hafenstadt‹. Zahlreiche Chinesen, die damals ihre wirtschaftliche Macht bedroht sahen, sowie die Iban, die eine malaiische Vorherrschaft und die Ausbeutung ihres Landes fürchteten, kämpften seit 1963 gegen die Einbeziehung von Sarawak in die Federation of Malaysia. Die Guerillatätigkeit im Hinterland ist auch heute noch nicht ganz erloschen.

Sehenswert ist das 1864 von den Briten auf einem Hügel erbaute **Fort Alice**, von dem aus man eine weite Strecke des Sungai Skrang überblickt. Die Befestigungsanlage schützte die Balau und Sebuyau-Dayak am unteren Lupar sowie die Küstenschiffe vor den Angriffen der räuberischen Iban. Das Fort ist ganz aus Belian-Holz gebaut, mit einem kleinen Turm an jeder Ecke und einem offenen Hof in der Mitte. Heute beherbergt es öffentliche Ämter.

Somerset Maugham hat eine Weile in der Stadt gelebt und seine Abenteuer in der Novelle ›The Yellow Streak‹ literarisch verarbeitet.

Im Hinterland von Bandar Sri Aman wohnen zahlreiche Iban-Gemeinschaften. Der Sungai Skrang und seine Nebenflüsse sind von Langhäusern geradezu gesäumt (s. S. 327). Die leicht erreichbaren Siedlungen sind allerdings stark dem Einfluß von Touristen ausgesetzt.

Dayak-Frau und Dayak-Krieger (Darstellung aus dem letzten Jahrhundert)

325

Sibu

Mit rund 110 000 Einwohnern ist Sibu die zweitgrößte Stadt Sarawaks und wichtigster Umschlagplatz für Holz, Kautschuk und Pfeffer. Im Viertel der Werften am Ufer des Rajang, im Fischerhafen, an den Anlegestellen der Expreßboote, auf dem Obst- und Gemüsemarkt sowie in der Fischhalle herrscht lebhaftes Treiben. In den schachbrettartig angelegten Straßenreihen der Altstadt sind die Geschäfte nach dem Gewerbe gruppiert, nur Gewürzhandlungen gibt es überall. Am Altstadtrand stehen moderne Verwaltungsbauten; Sibu ist die Hauptstadt der Dritten Division. Am Ufer wurde vor einigen Jahren der grellbunte Tua Pek Kong-Tempel erbaut; nahebei ein Wellblechtheater für Aufführungen der Chinesischen Oper.

Sibu liegt 130 km vom Südchinesischen Meer entfernt, besitzt aber durch das ausgedehnte Delta des Rajang einen Seezugang. Den Hafen Tanjong Mani können durch einen Tiefwasserarm des Deltas auch Ozeanriesen anlaufen. Sibu entstand gegen Ende des 19. Jahrhunderts aus einer Siedlung von Chinesen aus Fuzhou, die in der Umgebung Kautschukplantagen anlegten. Eine kleine malaiische Fischersiedlung mag schon vorher bestanden haben. Außer Malaien und Chinesen leben hier heute vor allem Iban (Farbabb. 17, 18) und Melanau.

Den Sungai Rajang aufwärts

Mit 560 km ist der Sungai Rajang der längste Fluß Malaysias. Er kommt vom Linau Balui-Plateau nahe der Grenze zum indonesischen Teil von Borneo (Balui heißt er auch in seinem Oberlauf) und bahnt sich seinen Weg durch die bis zu 2012 m hohen Hose Mountains. An seinem Unterlauf ist der Rajang eine breite Wasserstraße, die den zu Flößen zusammengebundenen Stämmen der Urwaldriesen, Lastkähnen und den zahllosen Speedboats genügend Platz bietet. Passagierboote halten den Verkehr zwischen den Marktflecken und den Langhäusern sowie nach Sibu und zurück aufrecht. Hier gibt es keine festen Straßen mehr, der Rajang und seine zahllosen Nebenflüsse sind die einzigen Verbindungswege (allerdings kann man auch nach Kapit und Belaga fliegen). An den Ufern stehen Langhäuser der Iban; einige der längsten, die es überhaupt in Sarawak gibt, finden sich am Sungai Durin.

Der wichtigste Ort ist Kapit, rund 5 Expreßbootstunden von Sibu entfernt, ein weit ins Landesinnere vorgeschobenes Handelszentrum. Hier treffen sich alle, die etwas zu verkaufen haben oder kaufen wollen; chinesische Holzhändler ebenso wie tatauierte Iban in ihren von Hand geruderten Einbäumen. Charles Brooke ließ 1880 am Flußufer das hölzerne Fort Sylvia errichten; damit sollten die Ukit und Bukit vor den Kopfjagden der Iban geschützt und der Flußpiraterie Einhalt geboten werden.

Aus dem einstigen Marktflecken im Dschungel ist inzwischen die Hauptstadt der Siebten Division geworden. Wer den Rajang weiter flußaufwärts will, muß sich beim Resident of the 7th Division ein Permit holen.

Hinter Kapit beginnt eine herrliche Berglandschaft, durch die sich der nun schmaler und seichter werdende Rajang hindurchwindet. Gefährlich wird es bei den von Felsbrocken

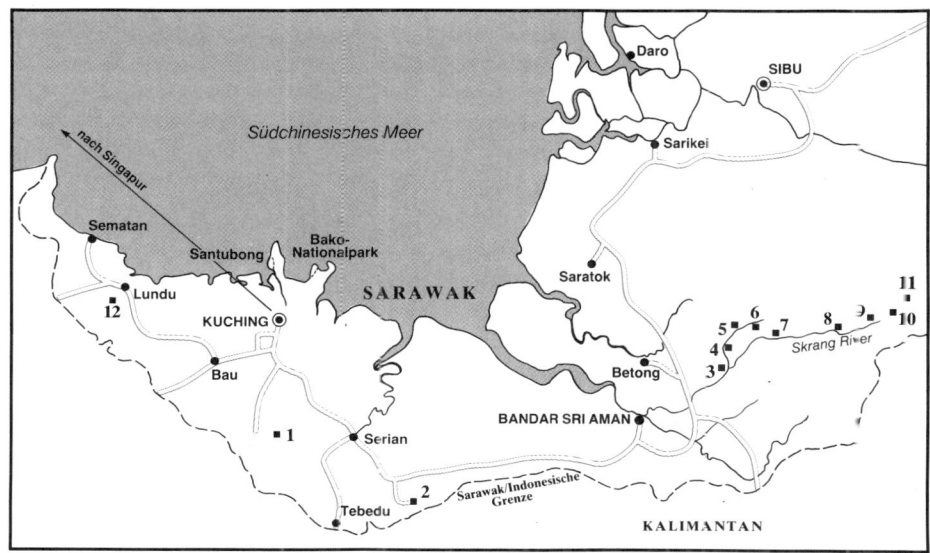

Langhäuser in West-Sarawak 1 Kampong Bunuk 2 Kampong Gayu 3 Tebat 4 Kujoh 5 Be-
lawan 6 Mujit 7 Darai 8 Sungai Pinang 9 Panchor 10 Umplant 11 Nangga Kepat 12 Sied-
lungen der Land-Dayak bei Munti

durchsetzten Pelagus-Stromschnellen. Man steigt am besten aus und läuft einen der Ufer-
wege entlang, bis das Boot von Hand durch die Klippen geschoben ist.

In Belaga, 150 km oder 7–10 Bootsstunden von Kapit entfernt, endet die ›ziv lisierte‹
Welt‹. Der Ort besteht eigentlich nur aus einem kurzen Straßenzug, besitzt aber einen
Flugplatz für kleine Maschinen. Wagemutigen sei ein Trip durch den Dschungel nach Bintulu empfohlen. Das bedeutet: Stundenlange Fußmärsche und Bootsfahrten. Nach 5–6
Tagen hat man sein Ziel erreicht. Oder aber man fährt bis Long Murum, wo die Langhäuser
der Kayan stehen. Langhäuser der Kenyah finden sich an dem kleinen, von Norden kommenden Sungai Belaga, der bei Belaga in den Rajang mündet.

Bintulu

Der einst verschlafene kleine Küstenort veränderte sich schlagartig, als man in den 70er
Jahren vor der Küste die größten Erdgasreserven Malaysias entdeckte. Die kürzlich fertig-
gestellte Erdgasverflüssigungsanlage, Malaysian Liquified Natural Gas (LNG), in Tanjong
Kidurong ist die derzeit größte der Welt. Bis zu 6 Millionen Kubiktonnen Flüssiggas können

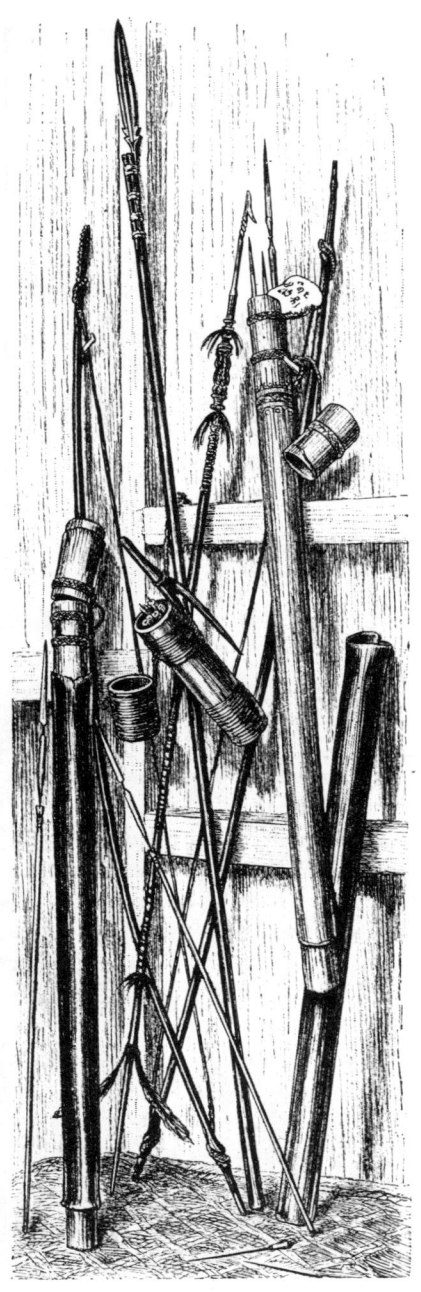

hier pro Jahr produziert werden. Das Unternehmen gehört zu je 17,5 % Sarawak Shell und Mitsubishi und zu 65 % dem staatlichen Konzern Petronas in Kuala Lumpur.

Im Hinterland von Bintulu wohnen Kayan und Kenyah, am Sungai Kemana stehen mehrere Langhäuser.

Die berühmten Niah-Höhlen liegen 112 km nordöstlich von Bintulu und sind mit dem Bus zu erreichen. Da man bei Niah Junction umsteigen und auf den Anschlußbus warten muß, ist die Verbindung nicht so günstig wie von Miri aus.

Miri

Seit man 1910 Ölfelder entdeckte, ist die Stadt schnell gewachsen. Die erste, von Shell angebohrte Quelle auf dem Canada Hill am östlichen Stadtrand kann man besichtigen, die Ölraffinerie in Lutong von der Stacheldrahtumzäunung aus betrachten. Die nach der Zerstörung im Zweiten Weltkrieg rasch hochgezogenen, in langen Reihen nebeneinanderstehenden Häuser geben dem Stadtbild etwas Provisorisches.

Am Ufer des Sungai Miri breitet sich Kampong Pagang aus, ein großes, ins Wasser hinaus gebautes Pfahlbaudorf. Wacklige Stege verbinden die kleinen Hütten.

Am Baram, der bei Kuala Baram nördlich von Miri mündet, und an seinen Nebenflüssen leben Kenyah und Kayan in Langhäusern, so in Long Na'ah, Long Selatang, Long Moh und Leo Mato. Im Hochland von Bario an der indonesischen Grenze le-

Waffen der Dayak

ben Kelabit und Punan. Alle diese Touren sind sehr zeitaufwendig, kostspielig unc nicht ungefährlich, so daß man sich lieber einer Agentur in Marudi, 2–3 Bootsstunden südlich von Kuala Baram, anvertrauen sollte.

Die Höhlen von Niah

(Zum Besuch der ›Bemalten Höhle‹ von Niah benötigt man eine Genehmigung vom Kurator des Sarawak-Museums in Kuching. Man erhält das entsprechende Schreiben ohne weitere Formalitäten im Museumssekretariat [s. S. 321].)

Miri ist der beste Ausgangspunkt zu den Niah-Höhlen. Zwischen gelben Steinbrüchen, endlosen Ölpalmenplantagen und kleinen Waldrestbeständen schlängelt sich die neuangelegte Straße 100 km weit dahin. Am Ende einiger Seitenwege sieht man die barackenähnlichen Unterkünfte der Plantagenarbeiter und ihrer Familien.

Batu Niah ist die erste Station. Auf dem Sungai Niah ziehen mit Baumstämmen beladene motorgetriebene Lastkähne dem Südchinesischen Meer zu. Hinter dem Fluß ragt das größtenteils mit Regenwald besetzte Kalksteinmassiv des 394 m hohen Gunong Subis hoch. Die Niah-Höhlen liegen auf der anderen Seite des Berges. (In Batu Niah oder im Park Hostel einen Führer durch die Höhlen mieten.)

Mit einem Langboot geht es zwischen Illip Trees, wilden Palmen, Mangroven und bewaldeten Berghängen den Urwaldfluß abwärts bis Pengkalan Lobang. Zwischen dem dunklen

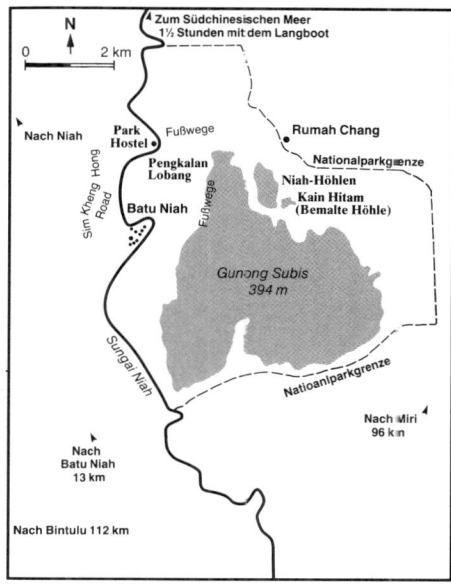

Niah-Nationalpark

Grün der Bäume sieht man vom Boot aus die roten Dächer eines chinesischen Tempels blinken, der auf einem Hügel steht.

Pengkalan Lobang (Abb. 76), mit einfachen Holzhäusern am rechten Ufer, ist seit 1928 ein Guano-Depot. Hier liefern die Punan, die in den Niah-Höhlen die Exkremente der Schwalben und Fledermäuse sammeln, ihre Fracht ab. Die schweren Säcke (50–100 kg), die sie fast 5 km auf ihren Rücken transportiert haben, werden gewogen, in Boote geladen und nach Batu Niah gebracht. Gegenüber dem Guano-Depot stehen das Park Hostel (Übernachtungsmöglichkeit) und das mit Iban-Motiven bemalte Informationsbüro des Sarawak-Museums. Ein fast 5 km langer Plankenweg – wacklige Bretter auf blockartigen Gerüsten – führt über häufig sumpfigen Boden durch den Millionen Jahre alten tropischen Regenwald. 14 Meilensteine am Weg fordern zum Anhalten auf. Bei Meilenstein 6 kann man die mächtigen Stützwurzeln der hohen Bäume betrachten. Bei Meilenstein 7 ist man von den Ausläufern des 20 Mio. Jahre alten Kalksteinmassivs – einst ein meerumspültes Korallenriff – umgeben. Die Felsklötze werden mit einer Verwitterungsgeschwindigkeit von 1 cm in 100 Jahren immer kleiner. Die feuchtigkeitshaltenden Moose, mit denen sie überzogen sind, bewirken diesen relativ schnellen Verfall. Bei Meilenstein 8 liegt die River Cave, die durch ständige Ausspülungen des Flußwassers entstanden ist. Bei Meilenstein 12 ist man bei der Traders Cave angelangt. Vor 40 Jahren bestand hier ein lebhafter Markt, wo Waren gegen Schwalbennester getauscht wurden. Seit es den Plankenweg gibt, kehren auch die Nestsammler jeden Abend nach Hause zurück. Bei Meilenstein 13 haben Archäologen des Sarawak-Museums 1958 in einer als ›Hölle‹ bezeichneten Grube in 2,80 m Tiefe den Schädel eines Homo sapiens sapiens gefunden (s. S. 321), außerdem Reste von Tieren wie Orang Utan, Büffel, Mungo, Rhinozeros und Ameisenbär.

Bei Meilenstein 14 ist endlich der Eingang der Großen Höhle von Niah erreicht. West Mouth wird die 250 m breite und 75 m hohe Felsenöffnung genannt. Sie gleicht dem Maul eines Riesen. Die Hütte darin, einst Quartier der Archäologen, macht die Größenverhältnisse deutlich (Abb. 81). Links vom Eingang befindet sich ein kleiner Friedhof; auf den Holztäfelchen sind die Namen all derer verzeichnet, die in den Höhlen den Tod fanden –

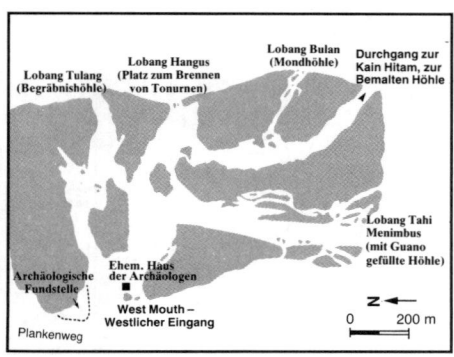

Niah-Höhlen

Schwalbennestersammler und Guanosucher, Forscher und Besucher. Am Boden entlang der Felswand stehen Hunderte kleiner Schildchen mit Nummern – Fundstellen der Archäologen. Tom und Barbara Harrison fanden hier zwischen 1954 und 1960 große Mengen an Steinwerkzeugen, Schmuck und Keramiken (heute im Sarawak-Museum). Man schätzt, daß die Höhle vor ca. 100 000 Jahren bezogen wurde. Alle nachfolgenden Generationen von der frühen Steinzeit bis zur Eisenzeit haben ihre Spuren hinterlassen. Um 1400 wurde die Höhle aufgegeben. Der von Tageslicht erhellte Eingangsbereich diente als Wohngrotte, andere Teile als Begräbnisstätte, vor allem die Lobang Tulang (Bone Cave). In der windgeschützten Lobang Hangus (Burnt Cave) wurden Urnen aus Keramik hergestellt. Messungen nach der Radiumkarbonmethode (C 14) haben für Werkzeuge, wie etwa kleine Schaber, ein Alter von 40 000 Jahren ergeben. Der Engländer A. Hart Everett hatte in den 70er Jahren des vorigen Jahrhunderts als erster Weißer die Höhlen entdeckt, er hielt sie archäologisch für bedeutungslos.

Die Große Höhle von Niah nimmt innerhalb des 3140 Hektar großen Nationalparks eine Grundfläche von 11 Hektar ein und gehört zu den größten Grotten der Welt. Das Flußwasser hat hier ein Labyrinth von hohen Domen, engen Gängen und bis zu 100 m tiefen Schächten geschaffen. An einer Stelle im Innern muß man sich durch eine nur 50 cm hohe, enge Felsspalte zwängen, dann wieder tut sich ein großer saalartiger Raum auf mit einem Loch in der Decke, durch das ein breiter heller Lichtstrahl auf die Kraterlandschaft des Bodens fällt.

In der Höhle leben mehrere Salanganenarten *(Collocalia)*, die zu den Stachelschwanzseglern gehören und irrtümlich oft mit Schwalben verwechselt werden. Die Stachelschwanzsegler gehören zu den schnellsten Vögeln der Welt, angeblich erreichen sie über 100 km/h, im Sturzflug sogar noch wesentlich mehr. Die Segler können nicht auf Ästen sitzen; statt dessen hängen sie sich mit ihren Krallen an senkrechte Wände, wobei die starren Schwanzfedern als Stütze dienen. Berühmt geworden sind die Salangane durch ihre eßbaren Vogelnester, im Volksmund wiederum Schwalbennester genannt. Diese Brutstätten bestehen aus dem Speichel der Vögel. Zu Beginn der Brutzeit schwellen die Speicheldrüsen stark an und erzeugen beträchtliche Mengen eines klaren Schleimes. Diese zähe Substanz erhärtet an der Luft zu einer hornartigen Masse. U. a. die Tafelsalangane stellen ihr Nest ausschließlich aus diesem Speichel her; hauptsächlich bei Nacht tragen sie unter Würgen Schicht für Schicht der Brutstätte aufeinander. Andere Salangane verarbeiten auch Pflanzenreste beim Nestbau, und die Echosalangane verwenden auch Federn. Besonders die Chinesen schätzen seit alters her diese Vogelnester, die, mit Kräutern in Brühe gequollen, eine delikate (allerdings kaum nahrhafte) Suppe abgeben. Schon zur Zeit der Tang-Dynastie (618–907) wurden chinesische Händler nach Niah geschickt, um Glasperlen und Porzellan gegen Schwalbennester einzutauschen. Heute ist nur zweimal im Jahr Erntezeit: April/Mai und September/Oktober. Die Sammelkonzession vergibt der Kurator des Sarawak-Museums, das Anrecht darauf wird in den einzelnen Punan-Familien weitervererbt. Jede Sippe hat einen bestimmten Anteil an der Felsendecke. Der Job ist lebensgefährlich. Die kleinen Punan-Männer klettern die bis zu 45 m hohen, mit Rotang-Lianen aneinandergebundenen Bambusstangen hinauf, in der

Hand einen fast 10 m langen Stab mit dem *Penjulok*, dem Schaber. Oben können sie sich neuerdings wenigstens auf einer direkt unter der Decke befestigten Plattform aus Belian-Holz bewegen. Abstürze sind seltener geworden. Sie sind auch dann weniger folgenschwer, wenn eine meterdicke Guanoschicht den Boden bedeckt.

Guano wird sowohl von den Salanganen als auch von den Millionen Fledermäusen (12 Arten) produziert. Er ist zwar nicht so gehaltvoll wie Kunstdünger, aber bestimmte Stoffe darin verhindern Wurzelfäule bei Pfefferpflanzen. Die Höhle beherbergt noch eine Reihe weiterer Tiere wie Skorpione, Hundertfüßler, Spinnen und Kobras, deren Bisse giftig sind (semiletal), aber auch Eidechsen und Zibetkatzen. Die lichtlosen, schlüpfrigen, stickigen und von scharfem Ammoniakgeruch (vom Guano) erfüllten Grotten können schon ein recht unheimlicher Ort sein.

Durch die Gan Kira-Seitenhöhle gelangt man auf einen Dschungelpfad und nach Erklimmen eines von Wurzelwerk überwachsenen Hügels zur Kain Hitam, der ›Bemalten Höhle‹. Diese uralte Begräbnisstätte wurde 1958 entdeckt. Man fand darin Menschenknochen, Steinzeug- und Porzellanscherben, Bronzeperlen und die sogenannten Totenschiffe – schiffförmige ›Särge‹ aus Holz. An der Felswand sind in einer Breite von 61 m Malereien in erdbrauner, rostroter und schwarzer Farbe angebracht: Tiere, vor allem Vögel, strichmännchenartig gezeichnete menschliche Figuren, die tanzen, Speere halten und Boote (vielleicht ›Totenschiffe‹) rudern.

Gunong Mulu-Nationalpark

Der jüngste und mit 544 qkm größte Nationalpark Sarawaks erfaßt ein vorwiegend von tropischem Primär-Gebirgsregenwald besetztes Gebiet um den Gunong Mulu, den mit 2376 m zweithöchsten Berg Sarawaks – eine Landschaft von wilder Schönheit mit einer artenreichen Flora und Fauna, die noch längst nicht erforscht ist. Soviel aber weiß man: Hier leben Makaken, Gibbons und andere Affenarten, Nebelparder, Südborneo-Brotschwein, Kammschwein, Sambarhirsch, Muntjak, Klein- und Großkantschil (Hirschferkel), der selten gewordene Malaienbär, in großer Fülle Schmetterlinge, Käfer und andere Insekten sowie rund 260 Vogelarten, darunter acht Nashornvogelarten. Vielfältig ist die Pflanzenwelt mit rund 1500 Blütenpflanzenarten, davon 170 der Orchideen und zehn der Kannenpflanzen. Die Flüsse, an denen Kayan, Kenyah und Iban in Langhäusern wohnen, haben sich ihren Weg durch das Kalksteingebirge gegraben und Schluchten geschaffen, deren eindrucksvollste die fast 700 m tiefe Melinau-Schlucht ist. In dem Kalksteinmassiv des Gunong Mulu und seiner Nebenberge gibt es zahllose Höhlen, die vermutlich größte der Welt im Gunong Api (›Feuerberg‹). 1980 entdeckte eine britisch-malaiische Expedition die *Lobang Nasib Bagus* genannte Kammer. Ihre Maße: 700 m lang, im Durchschnitt 300 m breit und an der niedrigsten Stelle 70 m hoch, zwischen 10 und 13 Mio. cbm Rauminhalt. 7500 Autobusse passen hinein.

Tiere des Malaiischen Archipels: Fledermaus, Python, Salangane, Muntjak

Nur Dschungelpfade führen durch diese einsame Bergwelt, die in der Umgebung des Parkhauptquartiers Long Pala sind gut begehbar. In einem Tagesausflug erreicht man die Deer Cave und die von einem kristallklaren Fluß durchströmte Clearwater Cave. Etwa 19 km sind es bis zur Melinau-Schlucht und 21 km bis zum Gipfel des Gunong Mulu (3–5 Tage), ohne Führer jedoch ein gefährliches Unterfangen. Die Lobang Nasib Bagus ist bis jetzt noch so gut wie unerreichbar.

Die Anfahrt zum Nationalpark ist teuer und sehr mühevoll (von Miri Busfahrt nach Kuala Baram, Expreß-Linienboot nach Marudi, mit gemietetem Einbaumkanu zum Parkhauptquartier). Vorherige Buchung des Parkbesuchs und der Übernachtungen (einfacher Bungalow für 10 Personen) ist erforderlich beim National Park Office in Miri oder Kuching. Nimmt man Reiseveranstalter in Anspruch (in Miri oder Marudi), wird die Reise zwar teurer, aber weniger beschwerlich. Ein Flugplatz ist geplant.

Besuch im Langhaus

Soeben haben wir die Kain Hitam, die ›Bemalte Höhle‹ im Niah-Nationalpark, verlassen und sind auf dem Weg zurück zum Planktrail, als mit Urgewalt einer jener Tropenregen losbricht, die binnen kürzester Zeit harmlose kleine Flüsse zu reißenden Strömen werden lassen, Straßen überfluten und unpassierbar machen.

Wir finden Schutz unter einem vorspringenden Felsdach der Traders' Cave, betrachten staunend das Naturereignis, und lauschen eine Weile dem Rauschen und Prasseln. Dann fragen wir Aran, der uns durch die Niah-Höhlen geführt hat, wie lange der Regen wohl dauern werde. Eine Stunde, zwei Stunden, oder auch länger. Niemand wisse das so genau. Ihn kümmert es ohnehin nicht. Da wir aber heute noch zum Langhaus Rumah Chang wollen, um dort zu übernachten, und nicht genau wissen, wie weit und beschwerlich der Weg dorthin ist, werden wir langsam nervös.

Aran sitzt neben uns, hat die rote Schirmmütze in den Nacken geschoben und pfeift vergnügt vor sich hin. Er ahmt Vogelrufe nach und scheint hin und wieder Antwort zu bekommen. Aran ist ein Punan. Früher gehörte er zu den waghalsigen Schwalbennestersammlern in den Niah-Höhlen. Als autorisierter Guide hat er jetzt einen bequemeren Job. Er versteht und spricht ein paar Brocken Englisch und ist ständig bemüht, neue Worte hinzuzulernen und die Aussprache zu verbessern. Seine Familienangehörigen leben noch als Nomaden in den abgelegenen Bergwäldern.

Unvermittelt hört der Regen auf. Aran begleitet uns noch bis zu der Stelle, wo der Plankenweg zum Langhaus abzweigt, und entläßt uns mit vielen guten Wünschen.

Wir sind allein und lassen uns wieder gefangennehmen von dem grünen Schattenreich, das nun bei bewölktem Himmel düster und bedrohlich wirkt. Bald aber setzt die Sonne schon wieder ihre blendenden Glanzlichter auf das Laub der etwas höheren Bäume. Wir nehmen die Vielzahl der Farbnuancen von tiefem Schwarzgrün bis zu hellem Weißgelb, die roten, gelben, weißen Sprenkelungen auf den Blättern verschiedener Baumarten wahr. Blühendes sieht man nur wenig, und die Farben sind meist fahl, weiß oder grünlich. Handtellergroße Schmetterlinge flattern vor uns her. Vom ewigen Kreislauf des Werdens und Vergehens, seit Jahrmillionen schon, ist nichts zu bemerken. Oder doch? Hin und wieder sehen wir einen blattlosen Baum, löst sich ein morscher Ast und fällt krachend zu Boden. Er wird seine mineralischen Substanzen dem Boden spenden, Moose und Pilze, Ameisen und Käfer werden dabei die Mittler sein.

Vor Tieren fürchten wir uns eigentlich nicht. Wir wissen, daß die Gibbons, die langschwänzigen Makaken, das hasengroße Rehwild (Kantschile = Hirschferkel), die Rieseneichhörnchen und die Sambarhirsche im allgemeinen scheu sind und sich bei ungewohnten Geräuschen zurückziehen. Große Raubtiere wie Tiger und Panther gibt es hier nicht. Aber auch Wildschweine können gefährlich werden, wenn man ihnen in die Quere kommt. Und was ist mit den Baumschlangen, die meistens träge in den Ästen hängen? Ist ihr Biß eigentlich giftig?

Der Weg ist beschwerlich. Nur ein schmales, vom Regen glitschig gewordenes Brett liegt auf den ca. 1 m hohen Gerüsten. An manchen Stellen fehlt es oder ist heruntergefallen. Wir müssen hinunter auf den Boden und darauf achten, daß wir nicht auf Schlangen treten. Es gibt hier Giftnattern, aber auch Pythons. Glücklicherweise sinken wir nicht tief in den aufgeweichten Boden ein. Kleine wassergefüllte Vertiefungen lassen sich umgehen. Die Hitze und die Luftfeuchtigkeit sind unerträglich. Die Wipfel der hohen Bäume bewegen sich zwar leicht im Wind, aber zu uns unten dringt kein Luftzug durch. Etwa 20 lange Minuten sind wir gelaufen. Endlich hören wir Hähne krähen und Hunde bellen. Eine Lichtung, ein Fluß, zwei Giebel – die Langhausgemeinschaft Rumah Chang. Man sieht uns kommen. Vor der Stufenleiter, die auf die Gemeinschaftsveranda führt, bleiben wir stehen. Man bittet uns, heraufzukommen. Wir klettern hoch, ziehen die Sandalen aus und gehen die lange Veranda entlang. Reis liegt zum Trocknen aus, einige Mädchen flechten Körbe und Bambusmatten. Eine Frau, die mit ein paar anderen zusammen auf dem Boden sitzt, winkt uns herbei, bietet uns einen Platz auf ihrer Matte an. Erschöpft lassen wir uns nieder. Sie holt eine Flasche mit abgekochtem Wasser aus ihrem *Bilek*. Mit einigen Worten Iban können wir uns verständigen. Wir holen einen großen Beutel mit Bonbons und Plätzchen heraus und sind bald von Kindern umringt. Ob wir über Nacht bleiben können? »Gerne!« Zwei junge Burschen kommen herzu, sie sprechen etwas Englisch. Der eine ist der Enkel der Frau, die uns Quartier geben will. Nun werden viele Fragen gestellt und beantwortet. »You like to take a shower?« Nichts lieber als das! Eine Art Gemeinschaftsdusche am Ende des Langhauses stellen wir uns vor. Einer der jungen Männer begleitet uns.

Zwischen den zwei langen Häusern, in denen etwa 350 Menschen wohnen, verläuft eine Art Dorfstraße, ein breiter Bretterweg auf Stelzen, bis zu 3 m über dem Erdboden. Wir gehen diesen ›Pfad‹ entlang, grüßen die Männer, Frauen und Kinder, die uns freundlich ansehen. Einige Hauswände sind mit dem Lebensbaum bemalt, ein häufiges Motiv der Iban. Einige Männer sitzen auf den Planken. Ihre Oberkörper und Arme sind mit Tatauierungen bedeckt. Zwei junge Männer führen ihre Kampfhähne spazieren, der eine hält seinen an der Leine, der andere trägt ihn auf dem Arm. Unten zwischen den Pfählen balgen sich Hunde und Schweine um Abfälle. Ob wir denn keinen Photoapparat hätten? Wir dürfen alles photographieren. Den Kindern macht das Spaß. Sie kämpfen um einen Platz in der vordersten Reihe.

Eine Dusche in unserem Sinne gibt es natürlich nicht. Unser Begleiter führt uns zu dem dörflichen Wasch- und Badeplatz, einer beckenartigen Erweiterung des Flusses. »Too many people«, sagt er und geht mit uns zu einer anderen Flußstelle. Das Wasser ist lehmbraun, schwarze Äste und grüne Zweige schwimmen darin. Wir zögern. Aber wie sonst sollen wir den Schweiß loswerden. Und dann: Der Bikini ist hier völlig unangebracht. Die Frauen baden in ihrem Sarong, der bis unter die Arme reicht. Unser Begleiter ist immer noch da. Er beobachtet uns nicht, er will uns wohl bewachen. Wir haben uns entschlossen und steigen in Jeans und T-Shirt ins Wasser.

Im Langhaus wechseln wir die Kleidung, umringt von zahlreichen Dorfbewohnern, die interessiert zuschauen und murmelnd ihre Kommentare abgeben, wenn wir ein sauberes Stück aus unseren Taschen hervorholen und anziehen. Ob wir in die ›Kantine‹ gehen möchten, etwas trinken. Sie wird von einem jungen Mädchen verwaltet, das einige Worte Englisch spricht. Uns würde diese Welt hier sicherlich interessant und idyllisch erscheinen, aber das Leben sei hart. Jeder Tag angefüllt mit Arbeit, das ganze Jahr hindurch, nur fürs Überleben. Ob sie gern heiraten möchte, fragen wir. Manchmal ja, manchmal nein. Auf jeden Fall möchte sie lieber in der Stadt leben. Es sei dort abwechslungsreicher, man könne sich vieles kaufen. Wie verloren und entwurzelt wird sie sich etwa in Miri oder Bintulu vorkommen, denke ich.

Wir werden von unserer Familie zum Abendessen eingeladen; dabei sitzen wir auf dem Boden in der Küche, wo ständig ein großer Kessel mit Wasser kocht, zusammen mit der noch jungen Großmutter, ihren beiden Söhnen, von denen der eine noch nicht verheiratet ist, ihrer Schwiegertochter und ihrem Enkel (der Großvater, der *Tuai Rumah,* Oberhaupt dieser Gemeinschaft, ist außer Haus). Es gibt trockenen, nur leicht gesalzenen Reis, ein spinatähnliches Gemüse und zum Abschluß dünnen Kaffee mit Zucker. Als Dank geben wir den Männern Brandy und Zigaretten, den Frauen Stoff für einen Sarong, den wir auf dem Markt in Miri gekauft haben. Wo er denn Englisch gelernt habe, frage ich den unverheirateten jungen Mann. Er sei ein Jahr lang in Miri zur Schule gegangen und dort bei Verwandten untergekommen. Zuvor habe er aber zwei Jahre hier die zur Dorfgemeinschaft gehörende Schule besucht. Ob er lieber in der Stadt leben möchte? Nein, dort gebe es keinen Wald und nicht diesen stillen Fluß. Und die Familie und die Langhausgemeinschaft brauche ihn.

Nach dem Essen nehmen wir auf dem Boden des Wohn/Schlafraums Platz. Nachbarn kommen dazu, der Menschenkreis um uns wird immer größer, 20 bis 25 mögen es sein, Frauen und Kinder zumeist, aber auch einige Männer. Zwei Kerosinlichter werden angezündet. Wir schauen uns um. An den Wänden stehen Schränke. Durch die Glasscheiben der Oberteile sehen wir Stapel von Tassen und Tellern. Neben den Schränken, aufrecht an der Wand, die zusammengerollten Schlafmatten.

Die Unterhaltung ist mühsam, niemanden stört das. Alle sind fröhlich und geduldig. Gesten, Mimik und der Klang der Stimme schaffen Verständigung. Dann kommen die beiden Englisch sprechenden jungen Männer und dolmetschen. Ob sie öfter Besuch haben, fragen wir. Oh ja, zeitweise etwa einmal, manchmal auch zweimal in der Woche. Sie wollen wissen, wie man in Europa lebt, wie es dort aussieht. Daß es dort keinen tropischen Regenwald gibt und keine Affen, können sie sich nicht vorstellen. Der Wechsel der Jahreszeiten ist ihnen ganz unverständlich.

Den letzten Rest des Tages verbringen wir draußen auf der überdachten Veranda. Alle unterhalten sich, der Tonfall ist gedämpft. Niemand stört durch lautes Rufen oder Lachen, auch nicht die Kinder, die leichtfüßig über den Holzboden rennen. Wir lauschen hinaus in die tiefschwarze Nacht. Die Tiere des Dschungels sind zum Leben erwacht. Ihre Laute vereinigen sich zu einem unbeschreiblichen dissonanten Konzert.

Wir probieren den Reiswein, der die Runde macht, und kurz nach 22 Uhr fragen wir unsere Gastgeber, ob wir uns schlafen legen dürfen. Wir erhalten Matten zugewiesen und sogar ein kleines Kissen für den Kopf. Um 5 Uhr am nächsten Morgen läutet unser Wecker. Neben uns schlafen, jeweils durch einen oben an Schienen laufenden Vorhang voneinander getrennt, Großmutter und Enkel, Sohn und Schwiegertochter. Der unverheiratete Sohn hat sein Nachtquartier auf dem Speicher über der Küche. Die Großmutter schaut unter dem Vorhang hervor und deutet auf eine Flasche mit abgekochtem Wasser, die sie für uns bereitgestellt hat, und mahnt uns, nichts zu vergessen. Unsere Kleidung vom Vortag ist noch feucht, hier trocknet nichts sehr schnell. Wir verschenken unsere letzten Mitbringsel.

> Die Großmutter begleitet uns bis zur Außentür der Küche und winkt uns noch eine Weile
> nach, als wir die hölzerne Dorfstraße entlanggehen. Die ersten Strahlen der Morgensonne
> zaubern bereits ein Muster aus Lichtflecken auf den Urwaldboden, als wir den Plankenweg
> zurückgehen. Um 7 Uhr erwartet uns in Pengkalan Lobang das am Tag zuvor bestellte Boot,
> es wird uns zurück nach Batu Niah bringen.

Sabah – Land unter dem Wind

›Unter dem Wind‹ – das heißt knapp südlich des Taifungürtels. Die oftmals verheerenden
Wirbelstürme, die sich über dem äquatorialen Pazifik bilden und die Küstengebiete heim-
suchen, erreichen Sabah nicht mehr. Die Bezeichnung für dieses Land stammt von den alten
Seefahrern.

Noch immer ist Sabah – etwa doppelt so groß wie die Schweiz – extrem dünn besiedelt.
Erst vor einigen Jahren wurde die Einwohnerzahl von einer Million überschritten. Stati-
stisch gesehen leben dort auf einer Fläche von einem Quadratkilometer nur 2–4 Menschen.
Das unendlich weite gebirgige Innere ist nahezu menschenleer. Aus der Luft bietet sich das
Bild eines von Horizont zu Horizont reichenden dichten Kronendachs, zergliedert nur hin
und wieder durch die Schneisen der Flüsse. Die Urwaldriesen bringen es auf eine Höhe von
60–80 m und sind astfrei bis fast zur Krone. Im Laufe von rund 130 Millionen Jahren hat sich
hier eine Vielfalt an Pflanzenarten entwickelt, die noch längst nicht vollständig erforscht ist.
Sie ist auf Borneo größer als auf der Malaiischen Halbinsel und – wegen etwas anderer
geologischer und klimatischer Bedingungen sowie einiger höherer Berge – in Sabah noch
umfangreicher als in Sarawak. Unerforscht blieben bisher auch weite Abschnitte der Region.

Die wilde, rauhe, an vielen Stellen über 2000 m hohe Crocker Range trennt als plötzlich
auftauchende Barriere den schmalen Saum der Küstenniederung mit ihren leuchtendgrünen
Reisfeldern ab. Seit frühester Zeit haben sich menschliche Einflüsse auf das Küstenland
konzentriert. Hier entstanden malaiische Fischerkampongs, chinesische Händlerkolonien
und Piratenbasen. Letztere sind zwar inzwischen gänzlich verschwunden, aber sehr viel
sicherer ist darum die Sulu-See nicht geworden. Moderne Piraten, ausgerüstet mit Maschi-
nengewehren, Granatwerfern und Geschützen, treiben dort ihr Unwesen, und ihre Beute ist
ungleich größer als in früheren Zeiten. Sie kapern Luxusschiffe, überfallen Küstenorte, vor
allem im südlichen Teil der Ostküste, und halten sie so lange besetzt, bis die Läden und
Häuser wohlhabender Leute geplündert sind.

Sabah ist heute ein Land im Aufbruch. Unter britischer Kolonialherrschaft (s. S. 135)
begann mit der North Borneo Company die wirtschaftliche Erschließung. Marktflecken
wurden begründet, Wege geschaffen, Schulen erbaut und sogar eine Eisenbahnstrecke

angelegt. Sie ist die einzige in ganz Borneo und führt von Kota Kinabalu südwärts an der Küste entlang, dann über Beaufort durch die Crocker Range nach Tenom und Melalap – eine 154 km lange Strecke. Unter malaysischer Herrschaft und mit Hilfe der modernen Technik geht die wirtschaftliche Expansion weiter.

Sabahs Reichtum sind die Holzreserven der Regenwälder, doch sie sind nicht unerschöpflich. Noch bedeckt Wald rund 65 % der Landfläche, aber der große Bedarf an Edelholz und hochwertigem Nutzholz auf dem Weltmarkt hat bereits zu Raubbau geführt. Wo sich der mechanisierten Holzfällung die Brandrodung anschließt, bleibt für lange Zeit eine öde verwüstete Landschaft zurück (Abb. 82). Es werden zum Teil irreparable Lücken in das komplizierte Gefüge des ökologischen Gleichgewichtes gerissen. Die relativ kleinen Schutzgebiete sind nur von geringem Wert. Man scheint dies vielerorts in Sabah erkannt zu haben, geht behutsamer vor und denkt auch an Wiederaufforstung, damit sich die Pflanzenwelt neu aufbauen kann – ein langwieriger Prozeß.

Auch die Lebenswelt der Bewohner erfuhr in den letzten Jahrzehnten eine grundlegende Umgestaltung. Nicht nur, daß immer mehr Menschen der rund 20 verschiedenen Völkerschaften – kleine, nur mehrere hundert Angehörige umfassende Stämme miteingerechnet – an den eifrig importierten Annehmlichkeiten des technischen Zeitalters teilhaben wollen, auch die Planungen der Regierungen sind darauf ausgerichtet, Veränderungen und Neuerungen zu schaffen. Viele Kadazan, die an der Westküste vor allem die Zone hinter dem schmalen Küstenstreifen, einige Hochebenen der Crocker Range und den äußersten Norden besiedeln, gaben ihre Kampongs auf (oder mußten sie aufgeben) und zogen in eintönige, mehrstöckige Steinhäuser um. Die Rungus, ein Kadazan-Stamm um Kudat, haben ihre Langhäuser verlassen, und selbst ein großer Teil der im Südwesten, tief im Landesinnern in stattlichen Langhäusern wohnenden Murut und Tagal, die im allgemeinen Änderungen ihrer Lebensgewohnheiten verabscheuen, wurden erfaßt. Manche kamen freiwillig, viele aber nur unter Druck in den bei Pensiangan geschaffenen modernen Dorfkomplex, der 1000 Familien aufnehmen kann. Hier werden die Wanderhackbauern und Blasrohrjäger zu Landwirten ›erzogen‹, die möglichst einen Überschuß für den Markt erwirtschaften sollen.

Mehr noch als durch Christentum und Islam, mit denen sich die Stämme zu arrangieren wußten, schwinden durch moderne Lebensweisen und marktorientiertes Denken festgefügte Stammesbräuche. Wenn zwei oder drei Generationen lang Traditionen nicht mehr gepflegt werden, geraten sie in Vergessenheit, und da es von den Stämmen keine schriftlichen Aufzeichnungen gibt, erinnert sich bald niemand mehr. Zu dem, was an Tradition noch lebendig ist, zählen die prachtvollen Kostüme der einzelnen Stämme und die Tänze, die aufwendigen Erntefeste der Kadazan (s. S. 374) und die farbigen *Tamus*.

Das malaiische Wort *Tamu* bedeutet ›Besucher‹, ›Gast‹ und in Sabah als erweiterter Begriff ›Treffen‹, ›Zusammenkunft‹. Gemeint ist eine bestimmte Art von Märkten, nicht also die täglichen oder sonntäglichen Märkte, die es vielerorts in Malaysia gibt und *Pasar* genannt werden. Tamus gibt es nur in Sabah und nur in dem von Kadazan besiedelten Gebiet (jedoch nicht an der Ostküste und den dortigen Flußläufen und nicht im Landesinnern). Die seefahrenden Küstenbewohner, die islamisierten Bajau, Illanun und Suluk, trafen mit den landwirtschafttreibenden heidnischen oder christlichen Kadazan aus dem Küstenhinterland und den Bergen zusammen, um Waren zu kaufen, zu verkaufen und zu tauschen. Die einen brachten frischen und gesalzenen Fisch, Krabben, Salz, zermahlene Muscheln (notwendig zum Kauen der Betelnüsse) und gewebtes Tuch, das die Frauen zu einem kunstvollen Turban schlingen, die anderen Reis, Tabak, Rotang (Peddigrohr), Gemüse und Früchte. Der für einen Tamu bestimmte Platz gilt seit altersher als neutrales Gelände und befriedet, alle Streitigkeiten zwischen den einzelnen Stämmen oder Stammesgruppen haben hier zu verstummen. In einem feierlichen Ritual wurde früher ein Schwörstein *(Batu Sumpah)* gesetzt und mit dem Blut eines geopferten Büffels übergossen als Besiegelung des Versprechens für friedvolles Verhalten. In Inanam (bei Kota Kinabalu) soll der Batu Sumpah sogar mit Menschenblut besprengt worden sein. Er steht noch heute.

Tamus waren gesellschaftliche Ereignisse ersten Ranges. Man tauschte Neuigkeiten aus, schaute Pferde- und Büffelrennen und Hahnenkämpfen zu. Letztere sind dort auch heute noch oft zu sehen, und als Nachrichtenbörse hat der Tamu seine Funktion bis zu einem gewissen Grad ebenfalls behalten. Inzwischen aber hat sich das Warenangebot bedeutend erweitert, und auch Chinesen, Inder, Indonesier und Filipinos beteiligen sich am Handel und ziehen von Tamu zu Tamu. Die geschäftstüchtigen Chinesen haben Tamus auch ins Land der Murut getragen.

Die heutigen Tamu-Plätze sind größtenteils mit hölzernen Ständen ausgestattet, und der Untergrund ist zementiert. Ein von der Distriktverwaltung bestellter Tamu-Master, in kleineren Orten das Stammesoberhaupt, führt die Aufsicht und zieht von jedem Händler eine geringe Gebühr ein. Er hat seinen Platz in einem kleinen, auf hohen Pfählen stehenden Haus, von dem aus er den Markt gut überblicken kann (Abb. 80). Daneben gibt es sogenannte inoffizielle, unbeaufsichtigte Tamus. Insgesamt mögen es etwa 100 sein, die in unterschiedlichen Intervallen stattfinden. Die größten und interessantesten werden jeweils sonntags morgens in Tuaran mit rund 800 Händlern und in Kota Belud mit etwa 1200 Händlern (großer Büffelmarkt) abgehalten. Weitere beim TDC erfragen.

Von diesen Tamus unterschieden sich die *Tamu Besar Tahunan,* die ›Großen jährlichen Tamus‹. Mancherorts wird der Obst- und Gemüsemarkt zu einem großen Volksfest mit Stammestänzen, Blasrohrschießen, Büffelrennen und sogar Schönheitswettbewerben.

Kota Kinabalu

Api Api, ›Großes Feuer‹, hieß die kleine, vorwiegend von Malaien bewohnte Siedlung früher – vermutlich wegen der feuerspeienden, inzwischen erloschenen Vulkane auf den Inseln vor der Küste. Nach Charles Jessel, dem Vizepräsidenten der British North Borneo Company, nannten die Briten den Ort Jesselton. Japanische Bomben legten die Stadt während des Zweiten Weltkriegs in Schutt und Asche, nur das kleine, im Kolonialstil erbaute Postamt blieb verschont.

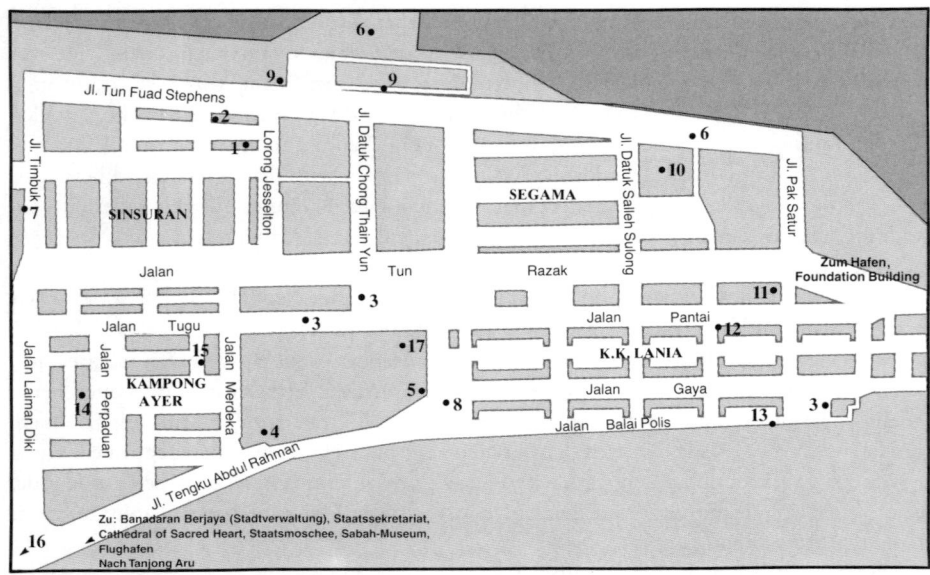

*Kota Kinabalu 1 Tourist Office (TDC) 2 Sabah Park Office 3 Postamt 4 Oberster Gerichtshof
5 Bibliothek 6 Schiffahrtsamt, Boote nach Pulau Gaya, Fährschiff nach West-Malaysia 7 Terminal
für Stadt- und Vorortbusse 8 Überlandbusse 9 Markt bzw. Bazar Hotels 10 Hyatt 11 Capital
12 Ang's 13 Jesselton 14 Islamic 15 Nam Tai 16 Shangrila 17 City Hall*

Regelmäßige eintönige Häuserzüge, dreistöckig und im Untergeschoß mit zur Straße hin
offenen Ladenreihen, verlaufen in mehreren Reihen parallel zur Küstenlinie. An den Rän-
dern ragen kastenförmige Hochhäuser empor, und in jüngster Zeit entstanden einige ehrgei-
zige moderne Bauten.

Kota Kinabalu, immer nur kurz K(eih) K(eih) genannt, ist seit 1947 die Hauptstadt von
Sabah. Der Ort wächst rapide. Innerhalb von sechs Jahren verdreifachte sich die Einwohnerzahl von 41000 (1980) auf 120000 (1986). Mit der Bevölkerungsexplosion nimmt auch die
Ausdehnung der Stadt ständig zu. Es wird sogar durch Aufschüttung dem Meer Land
abgerungen, eigentlich ein Anachronismus in Sabah, wo es doch Land im Überfluß gibt. So
mußten die Wasserdörfer der Malaien, die früher die Küste säumten, verschwinden.

Geschäftiges, farbiges Leben herrscht von den frühen Morgenstunden, wenn die Fischer
ihren Fang anlanden, bis zum Abend auf dem **Fischmarkt** und in der langen Halle des
Central Market, dessen Raum für all die Händler und Händlerinnen nicht ausreicht. Bananen, Ingwerknollen, Bohnen, Gurken und handwerkliche Produkte, vor allem feingefloch-
tene Spitzhüte und sorgfältig gefertigte konisch geformte Körbe aus grellbunt gefärbtem
Peddigrohr und Baumrinde, sind rundum auf dem Gehsteig ausgebreitet. Ein großer Basar
nebenan, den man auf engen Gängen durchschreiten muß, ist vollgestopft mit allerlei Artikeln
der Filipinos – Matten, Stoffe, Schmuck und vieles mehr. Wenn diese Märkte bei Anbruch

der Dunkelheit ihre Pforten schließen, wird auf dem nahen **Kampong Ayer-Platz** der Nachtmarkt aufgebaut. Die Textilstände und die Garküchen nehmen den größten Raum ein. Stereogeräte sind auf volle Lautstärke geschaltet.

Die **Cathedral of the Sacred Heart** ist die Kirche der christlichen Küsten-Kadazan und Chinesen, ein wegen seiner Größe und der schlichten Formen beeindruckendes Bauwerk. Von dem freischwebenden Vordach aus segnet eine Jesus-Figur mit erhobenen Händen den Eingang. Das Innere ist ein ›Raumerlebnis‹. Der Blick nach oben reicht bis zur Firstkante des von wohlgeordneten Holzsparren gehaltenen Dachs, das im Altarraum sternförmig gestaltet ist und eine apsisähnliche Form annimmt. Drahtreliefs an der Wand deuten in wenigen Linien biblische Szenen an. Früchte und Reisrispen sind die Motive der leuchtenden Glasfenster. Der Turm, ein hoher Pfeiler, der sich oben in mehrere unterschiedlich hohe Sektionen teilt, steht abseits.

Als im Jahr 1977 der Bau der **Masjid Negara** nach dem Entwurf des malaysischen Architekten Baharuddin (Moschee in Shah Alam, s. S. 258) vollendet war, galt sie noch als eine der wenigen sakralen Bauwerke des Landes, die sich einer überzeugenden modernen Formensprache bedienen. Der Grundriß bildet ein Sechseck mit angegliederten Nebengebäuden an zwei Seiten. Sechzehn mächtige Stützen, die die Oberkante des zweiten, letzten Stockwerks nur knapp überragen, fangen die Last der Plattformen ab. Sie sind – wie alle Außenflächen – mit feinen rechteckigen Marmorplatten in Blaugrautönen verkleidet und mit kleinen bauchigen Goldkuppeln bekrönt. Ein mit Koranversen beschrifteter heller Ring unterteilt die Pfeiler nach dem Goldenen Schnitt. Über dem Gebetsraum wölbt sich über einem durchfensterten Zwischenstück eine zweite Zwiebelkuppel. Sie ist mit sechseckigen Mosaiken in verschiedenen Blautönen und mit fünf Zickzackbändern aus Goldmosaiken belegt. Pfeilgleich, jedoch durch drei markante Stufen unterteilt, ist das Minarett gestaltet, goldüberzogen der lange, nadelspitze Helm. Von erlesener Schlichtheit ist auch das Innere der Moschee, in der klare Linien dominieren.

Der Bau des **Sabah-Museums,** 1982/83 auf einem Hügel oberhalb der Jalan Tunkun Abdul Rahman errichtet, hat die traditonelle Langhausform aufgenommen und sie in höchst dekorativer Weise modern verändert. Weiße Betonstützen gliedern das langgestreckte Bauwerk bis hinauf zum verbreiterten Dachfirst und überragen ihn noch um gut einen Meter. An der Längsseite ist eine durchgehende Veranda angedeutet.

Die Sammlungen sind nicht sehr umfangreich. Eine Abteilung informiert über Flora und Fauna des Landes, eine weitere umfaßt archäologische Funde aus verschiedenen Höhlen im Südosten Sabahs sowie eine Fotodokumentation der Fundstätten, weiterhin Importkeramiken chinesischer Händler von dem Eiland Eno (bei der Insel Labuan) und eine Fotodokumentation über Ereignisse in der nachkolonialen Zeit Sabahs. Bemerkenswert sind vor allem die Funde aus den Madai Caves nahe der Telukan Lahud Datu-Bucht (früher Darvel Bay), die bis in die Frühe Steinzeit zurückreichen (ca. 40000–30000 v. Chr.) und damit die ältesten in ganz Sabah sind.

Beschrieben seien hier einige andere für Sabah einzigartige Ausstellungsstücke. Das eine ist eine kleine Kesseltrommel, die an der Ostküste gefunden und vermutlich auch dort

Kesseltrommel von der Ostküste Sabahs

hergestellt wurde. Seit 500 v. Chr. gab es hier eine bescheidene Bronzeproduktion. Die Trommel entstand allerdings nicht vor dem 15. Jahrhundert, steht aber in der Tradition der Dongson-Kultur (400–100 v. Chr.), die zu ihrer Zeit in Borneo nicht Fuß gefaßt hat. Die Trommel ist 53 cm hoch und hat die typische Sanduhrform – an der weitesten Stelle mit einem Durchmesser von 28 cm. Sie besteht aus zwei separaten Teilen; der untere paßt genau in den oberen, dessen verjüngter Fuß von vier kräftigen Henkelösen überspannt wird. Die Reliefs des oberen Teils, Kreis und Halbmond, sind aus dem Islam abgeleitete Vegetationssymbole, wie man sie bei den Bajau in Sabah und den Iban in Sarawak finden kann. Die untere Hälfte trägt Reliefornamente, die eindeutig nicht islamisch sind. Am auffälligsten ist eine menschliche Figur in froschähnlicher Haltung. Die deutlich ausgebildeten Finger (sechs an der rechten Hand) halten vielleicht eine Art Zauberstab. Er bildet über dem Kopf einen ungleichmäßigen Bogen. Der Kopf mit dem Flammenhaar erinnert an einen Sonnengott, die weite Nase und der grinsende dicklippige Mund lassen eher an eine diabolische Zaubergestalt denken. Der Körper ist mit Linienornamenten bedeckt, die am Unterleib ein florales Motiv bilden und zweifellos die Manneskraft als Symbol für Fruchtbarkeit schlechthin unterstreichen und verherrlichen sollen. Florale Gebilde flankieren auch die Figur. Ähnliche Kesseltrommeln aus jüngerer Zeit, aber kleineren Formats, sind von Java und der weiter im Osten gelegenen Insel Alor bekannt, wo sie bei der Zeremonie des Brautkaufs verwendet wurden.

In den Baturong Caves, nur wenige Kilometer westlich der Madai Caves, und zwar in der Hagop Bilo genannten Höhle, fanden Tom Harrison und seine Begleiter 1968 eine Gruppe von drei aus hartem Belian-Holz geschnitzter Figuren: eine männliche und eine weibliche Gestalt sowie eine weitere ohne jegliche Geschlechtsmerkmale, vielleicht ein Kind, aber wie die beiden anderen rund einen Meter groß. In der Höhle standen sie jedoch auf unterschiedlich hohen Sockeln aus einfachen Baumabschnitten, so daß die ›Kind‹-Figur erheblich kleiner wirkte als die weibliche Figur, die wiederum von der männlichen Gestalt um eine Kopflänge überragt wurde. Einige der in der Gegend lebenden Idahan und Idahan Sungai sehen in der männlichen Figur ihren Urahn Seriga und in den beiden anderen Angehörige seiner Familie. Seriga lebte um 1250, zu dieser Zeit sind auch die Figuren gefertigt worden. Gesichtsschnitt und -züge der männlichen und der weiblichen Figur sind in manchen Details unterschiedlich, ob jedoch eine Ähnlichkeit mit den Lebenden angestrebt worden ist, läßt sich nicht mehr klären. Gewiß ist aber, daß der Bildhauer zumindest schemenhaft die leibliche Gestalt der Verstorbenen bildlich festhalten wollte. Wie man aus Berichten der Idahan weiß, bestattete diese Volksgruppe früher ihre Toten in der gleichen Armhaltung, die auch die Figuren zeigen: Frauen mit bis zur Brust hochgezogenen Unterarmen, bei Männern wurde nur ein Arm quer über die Brust gelegt, der andere richtete sich nach unten, und die gestreckten Finger wiesen auf die Geschlechtsteile hin. Demnach könnte die dritte, kleiner erscheinende Figur ein weibliches Kind sein.

Sehr viel jünger, keine 50 Jahre alt, ist eine weibliche Figur aus dem weniger dauerhaften Tembusu-Holz. Sie stand ehemals in einem Reisfeld bei Kinarut (südlich von Kota Kinabalu) und ist stark verwittert. Man weiß, daß ein christlicher Kadazan, der von einer erben-

Holzfigur aus der Gegend von Kinarut (jetzt im Sabah-Museum)

losen Witwe ein größeres Stück Land übereignet bekommen hatte, sie bei einem Holzschnitzer in Auftrag gab und dafür das traditionelle Honorar entrichtete: ein Bündel Paddy, 10 Gatangs (ca. 27 kg) Reis, schwarzen Stoff für einen Sarong und ein Huhn. Weitere Zahlungen wären ein schlechtes Omen gewesen. Für die Totenzeremonie seiner Gönnerin schlachtete er drei Büffel.

Die Figur trägt keine Kleidung, nur den heute noch üblichen breiten Spitzhut. Sie ist sitzend dargestellt mit leicht angewinkelten Armen, die Hände ruhen auf den Knien. Die Brüste sind nur angedeutet. Das Gesicht mit den ausgehöhlten Augen ist schemenhaft gezeichnet. Den Sockel, ein bearbeiteter Baumstamm, zieren ein Band mit schrägen parallellaufenden Linien und ein weiteres mit sich kreuzenden Linien. Diese geometrischen Muster gehören zum Formenschatz der Kadazan.

In Tanjung Aru – berühmt auch für seine feinsandigen, von Casuarina-Bäumen gesäumten Strände – entstand ein modernes Wasserdorf. Die relativ geräumigen Häuser stehen auf Betonpfählen im Meer. Ebenso stabil sind die geradlinigen Stege, die sie untereinander verbinden.

Nördlich von Kota Kinabalu reichen zwei Meeresarme über die Likas-Bucht weit ins Land hinein. Hier besteht noch die ausgedehnte malaiische Siedlung Kampong Likas, eine lichte Parklandschaft mit Holzhäusern auf Stützen, die auch die Ufer säumen.

Fast am Ende der Likas-Bucht ragt in einer einsamen baumlosen Landschaft eines der modernsten Bauwerke der Stadt in den Himmel, das 1984 fertiggestellte **Sabah Foundation Building.** Hier ist u. a. der Sitz der staatlichen Sabah Foundation, die Entwicklungsprojekte fördert und die Bewohner unterentwickelter Regionen finanziell unterstützt. Kuben bestimmen die Form der in Segmenten unterteilten Außenbauten, die als fast geschlossener Ring eine weite erhöhte Plattform umgeben. Im Zentrum erhebt sich über einem stumpfkegeligen, im unteren Teil gläsernen Sockel der 32stöckige, rund 100 m hohe Glaszylinder des Hauptbaus. Von einem offenen Umgang auf halber Höhe und vom rotierenden Restaurant ganz oben aus reicht der Blick weit über das Meer bis Pulau Gaya, der Hauptinsel des Tunku Abdul Rahman-Nationalparks, zu dem noch die ebenfalls unbewohnten kleinen Inseln Mamutik (Übernachtungsmöglichkeit), Manukan, Sapi und Sulug gehören. (Boote vom Pier in Kota Kinabalu und in Tanjung Aru.)

Tuaran

Nördlich von Kota Kinabalu, fast bis hinauf nach Kudat, bestimmt das Kinabalu-Massiv mit seinem oft in Wolken gehüllten gezackten Rücken das Bild der Landschaft und bildet auch zu dem vorwiegend von Kadazan und Chinesen bewohnten Marktflecken Tuaran eine unvergleichlich eindrucksvolle Kulisse. Der Ort selbst gleicht – wie viele andere Kleinstädte Sabahs – mit seinen provisorisch wirkenden Häuserreihen eher einer Goldgräbersiedlung (Abb. 85). Seit hier aber eine große Pferderennbahn angelegt wurde, gibt es ab und an gesellschaftliche Höhepunkte.

Tuarans chinesischer **Tempel** (Abb. 71) ist der wohl ziervollste und farbigste in ganz Sabah, und die Verschönerungen scheinen kein Ende nehmen zu wollen. Eine dreiteilige und von drei Staffeldächern bekrönte Pforte, die von zwei anmutigen Löwenstatuen bewacht wird, empfängt den Besucher, die riesige Figur eines lachenden Buddha stimmt ihn auf den Tempelbesuch ein. Im Garten stehen zwischen Blumenbeeten, üppig blühenden Sträuchern und schönen alten Bäumen Pavillons, deren Säulen und Flächen mit Standardmotiven der chinesischen Kunst und Mythologie geschmückt sind. Hoheitsvoll und ohne weiteren Zierat steht auf einer Plattform die große Statue der ganz in Weiß gekleideten Göttin Guan Yin und nahe dem Eingang zur Tempelhalle eine große Tonstatue des Konfuzius. Der Tempel selbst – Vorhalle und Hauptraum – wird von zwei schwingenden Dächern bedeckt, denen in der Mitte ein weiteres kleines Dach aufsitzt. Alle Firste sind erhöht; gemalte Blüten, lebendig dargestellte Reiter und landschaftliche Szenerien füllen die Flächen. Die Firstenden biegen sich schwungvoll nach oben. Fast alle Dachkanten sind mit mythischen Tieren oder daoistischen Figuren besetzt, vor allem Drachenpaare, die von einer Pagode oder dem Wunschjuwel flankiert werden; über dem Tempeleingang, der sich dem Mount Kinabalu zuwendet, finden sich die drei Glücksgötter (Langes Leben, Glück, Reichtum). Feine Malereien zieren auch die Gebälkpaneele der Vorhalle.

Tuarans quirliger Tamu an jedem Sonntagmorgen ist berühmt. Der Platz liegt hinter dem Ort nahe dem Sungai Damit, den eine Hängebrücke, ein schwankendes Gebilde aus Drahtseilen, Drahtgeflecht und Holzbrettern, überspannt. Auf dem anderen Ufer stehen die Hütten eines locker gefügten Kadazan Kampongs.

Nahebei gibt es einen einsamen Strand, an den sich kaum je ein Tourist verirrt und der ganz den Einheimischen gehört. Von dem einfachen Resthouse (ohne elektrisches Licht) auf einem nahen Hügel aus überblickt man die weite geschützte Bucht.

Mengkabong

Von Tuaran aus sind es nur wenige Kilometer bis zu dem größten und vermutlich ältesten Wasserdorf der Bajau. Wacklige Stege verbinden eine stattliche Ansammlung von zum größten Teil noch mit Palmblättern gedeckten einfachen Holzhäusern, die sich um das Ende einer Bucht gruppieren. Sie stehen auf hohen Pfählen aus Belian-Holz im Wasser.

Anders als die Land-Bajau um Kota Belud sind die Bewohner von Mengkabong wie ihre Vorfahren dem Wasser aufs engste verbunden geblieben und fahren aufs Meer hinaus zum Fischen. Sie sind Muslime, ihre kleine Moschee steht nahe dem Ufer auf dem Festland.

Kinabalu-Nationalpark – Schatzkammer für Naturfreunde

Der Kinabalu-Nationalpark umfaßt 767 qkm Grundfläche. Der tiefste Punkt liegt 152 m, der höchste, der Gipfel des Mount Kinabalu, 4101 m über dem Meeresspiegel. Die

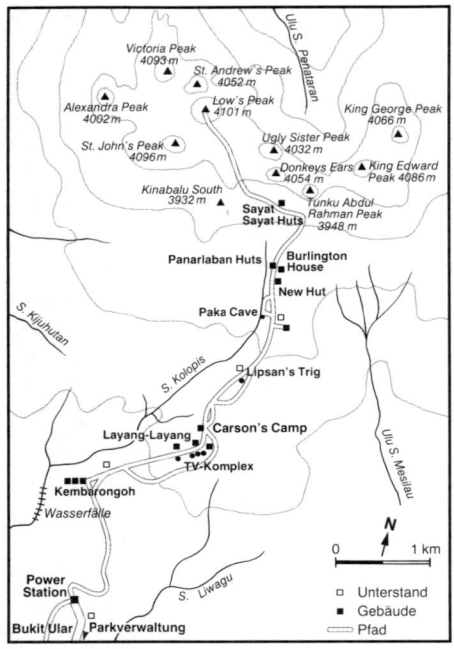

Kinabalu-Nationalpark und Aufstieg zum Mount Kinabalu

Geschichte dieses höchsten Bergs in Südostasien reicht etwa 9 Millionen Jahre zurück. Er verdankt sein Entstehen einer erdgeschichtlichen Katastrophe: Geschmolzenes Gestein stieg aus der Tiefe auf, durchbrach die Sandstein- und Schiefertonschichten und bildete an der Oberfläche eine hohe Kuppe. Beim Erkalten des Magmas innerhalb langer Zeiträume entstand Granit mit Feldspäten als Hauptbestandteil. Er ist durchsetzt mit langen schwarzen Hornblendekristallen. Noch bis vor 1½ Millionen Jahren stieg Magma im Berg hoch, und auch heute scheint dieser Vorgang noch nicht ganz abgeschlossen zu sein. Wie Forschungen japanischer Wissenschaftler ergaben, hebt sich der Berg jährlich um 5 mm.

Bis vor etwa 34 000 Jahren war die Granitkuppe vergletschert. Als dann die Temperaturen anstiegen, schmolz das Eis und ließ eine glattgeschliffene Gesteinsoberfläche zurück. Die täglichen erheblichen Temperaturschwankungen bis in die Nähe des Gefrierpunkts bei Nacht brachten die Granitkruste zum Bersten. Etwa 30 cm dick sind die Platten, die heute die Oberfläche des Gipfelplateaus bilden. In einigen Felsspalten entsteht auch heute noch des Nachts hin und wieder Eis. Würden die Durchschnittstemperaturen nur um zwei Grad absinken, wäre der Gipfel ständig von Schnee bedeckt.

Kinabalu, ›Wohnstatt der Toten‹, nennen die Kadazan den ihnen heiligen Berg, der auch als Wohnsitz der Götter gilt. In einem Teich (Sacrifice Pool) opferten sie ihnen früher sieben Hähne und sieben Eier. (Sir) Hugh Low, damals Kolonialbeamter auf der Insel Labuan, ab 1876 Resident von Perak (s. S. 267), war der erste Weiße, den Forscherdrang den Berg bis

346

hinauf zum Gipfel trieb. Seine Beobachtungen in den üppigen tropischen Regenwäldern der unteren Zone, den folgenden kühlen Eichen-Lorbeerwäldern und den märchenhaften Nebelwäldern weiter oben hielt er schriftlich fest. 1851 war Hugh Low mit einer Gruppe von etwa 40 Kadazan-Trägern aufgebrochen; der Bergführer trug einen Korb voll Quarzkristalle und Tierzähne zur Abwehr der bösen Geister bei sich. Seit jener Zeit ist dieses wundersame Tropengebirge mit seiner reichen Pflanzen- und Vogelwelt das Ziel von Botanikern und Ornithologen aus aller Welt. Noch sind aber Flora und Fauna bei weitem nicht vollständig erforscht. Gänzlich unberührt und durch keinen Pfad erschlossen ist der nördliche Teil. Hier leben noch einige Orang Utan und vermutlich auch das ebenfalls vom Aussterben bedrohte Sumatra-Nashorn. Man schätzt, daß etwa die Hälfte aller Pflanzenarten, die oberhalb von 915 m Höhe wachsen, endemisch sind, also nur hier vorkommen. Im gesamten Nationalpark hat man allein an die 1000 Orchideenarten festgestellt. Zu den erstaunlichsten Pflanzen gehören die Nepenthes (Kannenpflanzen), von denen etwa 10 Arten am Kinabalu anzutreffen sind, vorwiegend im Nebelwald. Sie sind zwar in ganz Südostasien heimisch, entwickeln sich aber nur hier zu voller Größe. Viele ihrer Blätter sind zu Kannen umgebildet, die sich als Insektenfalle erweisen: Angelockt von dem Duft lassen sich die Tierchen auf dem wächsernen Rand nieder, rutschen ab, fallen in die Kanne und werden von einer enzymhaltigen Flüssigkeit aufgelöst und dann von der Pflanze verdaut. Zwei Kannenpflanzenarten entdeckte Hugh Low bei seiner ersten Besteigung: die nach ihm benannte *Nepenthes lowii* und *Nepenthes villosa*, deren bauchige Kanne rosarot gefärbt ist. Die wohl größte Kanne besitzt *Nepenthes rajah*, die bis zu acht Liter Wasser fassen kann.

Sir Hugh Low

Vegetationszonen im Kinabalu-Nationalpark

0–914 m

Dipterocarpus-Wälder der unteren Stufe
Der tropische Regenwald des Tieflands besitzt den größten Arten-reichtum und die dichteste Vegetation. Mehr als die Hälfte der Bäume gehören der Familie *Dipterocarpaceae* an. Hier wachsen Chengal- und Belian-(Eisenholz-)Baum, die das härteste Holz lie-fern, Kampferbaum und rund 30 verschiedene Shorea-Arten. Die Vertikalstruktur des Waldes ist dreistöckig. Die durchschnittliche Höhe der Bäume des obersten Stockwerks beträgt 30–40 m, ein-zelne werden 50–60 m hoch.
Die Riesenblume Rafflesia ist ab 610 m Höhe anzutreffen.

915–1828 m
(etwa bis
Power Station)

Dipterocarpus-Wälder der oberen Stufe
mit anderen Dipterocarpus- und Shoreen-Arten, dem rotgoldenen Meranti-Baum und dem hochwüchsigen Nadelbaum *Agathis alba* und
Eichen-Kastanien-Lorbeer-(Berg-)Regenwälder
mit Eichengewächsen, Bäumen der unserer Edelkastanie ver-wandten Gattung *Castanopsis,* Lorbeer- und Myrtengewächsen, Bärlappgewächsen, Koniferen, Epiphyten und den meisten der rund 1000 Orchideenarten des Nationalparks.
Diese Vegetationszone nimmt den größten Raum im National-park ein, in ihr liegt auch das Parkhauptquartier (1562 m).
Die Rafflesia ist bis in einer Höhe von ca. 1220 m anzutreffen.

1829–2743 m
(etwa bis Carson's
Camp)

Tropischer Nebelwald
Kurze Bäume, darunter viele Koniferen (auch als Sträucher), Baumfarne, Bambus und Rhododendren sind für diese Zone typisch sowie reicher Niederwuchs und dichte Bodenvegetation, hervorgerufen durch die ständige Feuchtigkeit. Flechten, Moose, Leberblümchen und epiphytische Orchideen bedecken Stämme und Äste.
In dieser Zone wachsen die meisten der etwa zehn am Kinabalu vorkommenden Kannenpflanzen *(Nepenthes).*

2744–3352 m
(etwa bis Panar-
Laban-Hütten)

Tropischer Nebelwald
Kurze Bäume und Strauchvegetation, u. a. Myrtenpflanzen, Blatt-eibe, einige Rhododendronarten, Schima-Busch (violette Blätter), kleinblütige Orchideenarten, Bärlapparten, Moose.

3353–4101 m

Alpine Zone
Vereinzelte Zwergsträucher, Flechten, Moose, Riedgräser. Die Gipfelregion ist vegetationslos.

Die *Rafflesia*, 1818 von Sir Stamford Raffles auf Sumatra entdeckt und nach ihm benannt, blüht nur vier Tage lang. Sie erreicht am Kinabalu einen Durchmesser von mehr als 50 cm und ein Gewicht von 9 kg. Vor der Blütezeit lebt die Pflanze als Zellfadennetz im Stamm von Lianen. Deutlich zu sehen ist sie erst als Knospe, unübersehbar dann mit ihren vollentfalteten fleischigen Blütenblättern, deren rotbrauner Grund mit weißlichen Sprenkelungen durchsetzt ist. Der tiefe Becher in der Blütenmitte ist mit zahlreichen braunen Stacheln ausgefüllt. Der Lebensraum der größten Blüte der Welt wird durch die Menschen bedroht.

Etwa 500 exotische Vogelarten sind am Kinabalu anzutreffen, darunter Steindrossel, Feuergukuru, mehrere Trogonarten, Tüpfelzwergspecht, Pittas, Brahminenmilan, Rhinozerosvogel, Arguspfau, Mainas, Papageien, Loris, Gelbscheitelbülbül und der kleine freundliche Kinabalu-Sänger, der nur hier und am benachbarten Trus Madi, 50 km südlich, vorkommt. Viele Vögel kennen keine Scheu, und auch die Schmetterlinge, darunter handtellergroße prächtige Exemplare, lassen sich auf dem ausgestreckten Arm nieder und können so gut betrachtet werden.

Von dem in Form eines großen ›J‹ verlaufenden Granitrücken des Gipfels ragen Zinnen hoch. Die beiden höchsten Spitzen des Kinabalu sind der 4101 m hohe Low's Peak und der nur 5 m niedrigere St. John's Peak, benannt nach Spenser St. John, einem britischen Gouverneur von Sarawak. Auch viele der übrigen Felsspitzen, alle über 4000 m hoch, sind nach britischen Persönlichkeiten benannt. Östlich des Low's Peak öffnet sich die Granitdecke. Der Blick geht an senkrechten Felswänden hinab in einen 1000 m tiefen Abgrund. Low's Gully wird dieser gigantische Trichter genannt.

Die Sonnenauf- und -untergänge, der Blick vom Gipfelplateau über die wilde dunkle Bergwelt bis nach Kota Kinabalu, zum silbrigen Küstensaum und zum Meer sind weitere unvergleichliche Erlebnisse. Man kann sich aber auch weiter unten aufhalten und auf ausgeschilderten Pfaden durch den tropischen Regenwald in der Umgebung des Parkhauptquartiers oder der heißen Schwefelquellen von Poring (P. Hot Springs, 47 km) spazieren. *Poring* heißt Bambus – in der Nähe wachsen mächtige Bambusgehölze. Die Quellen wurden erstmals von den Japanern während der Besatzung im Zweiten Weltkrieg in Stein gefaßt, Badebecken für die Offiziere. In der Umgebung von Poring trifft man wohl am ehesten auf die Riesenblume Rafflesia. (Besteigung des Mt. Kinabalu s. S. 383.)

Kota Belud

Der Name bedeutet ›Bergfestung‹, nur ist von einem Fort oder dessen Überresten weit und breit nichts zu sehen. Vielleicht stand auf dem Hügel am Ortsrand einmal ein Bollwerk der Bajau.

Kota Belud ist der wichtigste Marktflecken im Gebiet der Land-Bajau. Sie haben dem Leben ihrer Vorfahren als Seefahrer und Fischer (und in früherer Zeit als Piraten) entsagt und sich in dieser fruchtbaren Ebene als Reisbauern, Pferde- und Rinderzüchter niedergelassen. An jedem Sonntagmorgen setzen sie auf einem Platz nahe dem Ufer des Sungai Tempasuk unter schattenspendenden Bäumen einen Tamu in Szene, dem auch ein Büffelmarkt angeschlossen ist. Einige Gruppen kommen in ihrer schmucken Festtagskleidung mit einem kunstvoll drapierten Turban auf dem Kopf herbeigeritten. Festlich geschmückt mit farbigen, bestickten Schabracken sind auch die Pferde. Gegen 11–12 Uhr ist der Tamu beendet. Mit den noch nicht verkauften Waren ziehen die Händler und Händlerinnen anschließend ins Ortszentrum und bieten ihre Waren in der überdachten, nach allen Seiten offenen Markthalle und auf dem Erdboden rundum feil.

Die Bajau sind Muslime. Ihre für einen so kleinen Ort recht stattliche Moschee, zweistökkig und mit einer bauchigen Rippenkuppel, die von vier einfachen Minaretten überragt wird, steht auf einer Anhöhe am Ortsrand. Spazierpfade führen durch ein von mächtigen alten Bäumen und schlanken Palmen bestandenes Tal; im Hintergrund die imposante Wand des Kinabalu-Massivs.

Kudat-Halbinsel

Kokospalmenwälder, Bananenplantagen und Reisfelder bestimmen das Landschaftsbild der Kudat-Halbinsel. An den Küsten trifft man auf weiße, von Casuarina-Bäumen gesäumte Sandstrände und Korallenriffe. Die Kudat-Halbinsel ist das Wohngebiet der Rungus, eines Kadazan-Stamms von rund 1200 Menschen. Noch bis vor kurzem lebten sie in Langhäusern, heute wird man kaum noch eines finden. Traditioneller Treffpunkt der Rungus ist aber immer noch der Sonntagmorgen-Tamu in Sikuati. Dort erscheinen die Frauen in ihren knielangen, schwarzen Sarongs, reich geschmückt mit Ketten aus farbigen Perlen und schweren Armbändern aus mehreren Messingringen.

Kudat, ein stiller kleiner Ort, fast am Nordende einer tief ins Land reichenden Bucht, besteht im wesentlichen aus einigen parallel zueinander verlaufenden langen Häusern mit Ladenreihen im Untergeschoß, einer kuppelgekrönten Moschee, einem sehr kleinen, gepflegten chinesischen Tempel und einem romantischen Kampong, dessen einfache Holzhäuser beiderseits eines kilometerlangen schnurgeraden Stegs auf Pfählen im Wasser stehen. Besonders bei Sonnenuntergang bilden die bewaldeten Berghänge eine stimmungsvolle Kulisse. Traditionelle Tänze sieht man während des Tamu Besar im Juli.

Quer durch die Crocker Range

Die Trans-Sabah-Road, erste und bisher einzige West-Ost-Verbindung – von Kota Kinabalu über Ranau nach Sandakan –, verläuft kurvenreich durch die durchschnittlich 2000 m hohe Crocker Range, schlängelt sich durch Felstäler und überwindet steile Gebirgsbarrieren. Hin und wieder tauchen kleine, auf Hochplateaus angelegte Siedlungen der Kadazan auf. Der eindrucksvollste Abschnitt der 430 km langen Straße führt am Fuß des Kinabalu-Massivs und am Headquarter des Nationalparks vorbei.

Etwa ab Kundassang folgt die Straße – allerdings in umgekehrter Richtung – ungefähr der Route von 2400 alliierten Kriegsgefangenen. 1944 trieben die Japaner 1800 Australier und 600 Briten von Sandakan quer durch den tropischen Regenwald bis in die Gegend von Ranau, wo das Hauptquartier der japanischen Truppen in dieser Region lag. 11 Monate dauerte dieser Todesmarsch, den nur sechs Australier überlebten. Mit dem von blühenden Gärten umgebenen War Memorial in Kudassang wird der Opfer gedacht.

Sandakan

Während der britischen Kolonialzeit war Sandakan die Hauptstadt des Östlichen Territoriums, heute ist es ein geschäftiger Umschlagplatz für Holz, Rattan, Kautschuk, Kopra, Palmöl und Schwalbennester, die in den nahen Gomantong-Höhlen gesammelt werden. Die landschaftlich sehr schön am Ende einer weiten Bucht gelegene Stadt wurde im Zweiten Weltkrieg völlig zerstört. Heute prägen eintönig verschachtelte Häuserblocks das Stadtbild.

Sehenswert sind das Sandakan Orchid House, das eine bemerkenswerte Sammlung seltener Orchideenarten beherbergt, und das Wasserdorf entlang der Sim-Sim Road.

Von Sandakan aus erreicht man nach zweistündiger Bootsfahrt die Schildkröteninsel Pulau Selingan, an deren Sandstränden schon seit Tausenden von Jahren die Weibchen der Lederschildkröte (s. S. 312) ihre Eier ablegen. Unmittelbar östlich von Pulau Selingan verläuft die Grenze zum philippinischen Inselreich.

In den beiden großen Höhlen des Kalksteinmassivs Gomantong nisten Salanganenarten (s. S. 331). Für die chinesische Schwalbennestersuppe taugen am besten die weißen, nicht durch Moos und Federn verunreinigten Nester, die in der Simud Puteh (›Weiße Höhle‹) gesammelt werden; weniger begehrt sind diejenigen aus der Simud Hitam (›Schwarze Höhle‹), aber auch hier ziehen sich wacklige Gerüste an den Felsenwänden hoch.

Die kleine Kala Bugir, eine Nebenhöhle der Simud Puteh, diente früher als Begräbnisstätte. 1958 fand man dort die Überreste zahlreicher Holzsärge und menschlicher Gebeine, Steinzeugscherben sowie zwei noch recht gut erhaltene Särge aus hartem Merbauholz.

In Sepilok, 24 km westlich von Sandakan, gibt es seit 1964 eine Orang Utan-Aufzuchtstation, die erste der Welt. In einem zum Sanctuary (Schutzgebiet) erklärten Dschungeldistrikt werden junge Orang Utans, die in Gefangenschaft aufgewachsen sind, etwa als Haustiere bei Gemüsebauern, auf ein Leben in der Wildnis vorbereitet. Die Affen müssen vieles erst durch Anschauung lernen. Zum Beispiel klettern sie nicht von sich aus auf Bäume, während doch der wildlebende Orang Utan ein ausgesprochener Baumbewohner ist. Von den Pfaden aus, die sich durch das Schutzgebiet ziehen, aber auch täglich um 11 Uhr an der Fütterungsstelle, kann man die Tiere beobachten. (Besuchszeiten erfragen.)

Der als Einzelgänger oder in Trupps schweifende Orang Utan (malaiisch: ›Waldmensch‹) benötigt als Lebensraum ein riesiges Gebiet. Durch Abholzen großer Waldareale wurde er in immer abgelegenere Regionen zurückgedrängt. Man schätzt, daß auf Sumatra und Borneo – und hier ist er überhaupt noch anzutreffen – nur noch 2500 bis 3000 Tiere leben.

Orang Utan

Der Südosten

Die Hafenstädte Lahad Datu und Semporna sind die beiden einzigen größeren Orte an der weiten, von Mangroven gesäumten und mit zahllosen Inseln besetzten Bucht Telokan Lahad Datu (früher Darvel Bay). Vor Semporna zieht sich ein schönes, 16 km langes Korallenriff hin. Die Küstenregionen sind durch ein relativ dichtes Netz von Straßen und befahrbaren Pisten erschlossen. Viele Wege enden jedoch an den steilen Hängen eines bis zu 1600 m hohen, mit tropischem Regenwald oder Buschwerk besetzten Kalksteinmassivs. Das Wasser der Flüsse hat vielerorts den Stein ausgewaschen und Grotten, zum Teil weitläufige Höhlensysteme geschaffen. Sie sind reich an archäologischen Funden: Steinwerkzeuge, sogar solche, die den Menschen der frühen Steinzeit angehören, Bronzegeräte und -gefäße, Urnen und andere Gefäße aus Ton, unglasierte und glasierte Keramik, sowohl siamesischer und chinesischer als auch einheimischer Herkunft, Geräte, Werkzeuge aus Eisen, Bruchstücke zerfallener wie auch einige vollständig erhaltene Holzsärge und Überreste menschlicher Gebeine. In diesem Gebiet wohnen vorwiegend Idahan, ein Kadazan-Stamm, der sich inzwischen stark mit den Suluk (vom Sulu-Archipel) vermischt hat. Mit den Suluk kam auch der Islam zu den Idahan, die daraufhin ihre traditionellen Höhlenbegräbnisse aufgegeben haben. Einige, in abgelegenen Gebieten lebende Gruppen aber nahmen den Islam nicht an und bestatten ihre Toten auch heute noch in Grotten.

Der Berg Tapadong am oberen Segama-Fluß birgt ein System von 40 Höhlen. Mindestens zwei davon wurden als Begräbnisstätten genutzt; die Sargreste, darunter solche von mehreren übergroßen Särgen (vermutlich Familiensärge) reichen bis ins 15. Jahrhundert zurück. Die Höhle Batu Blas etwas weiter oberhalb der Tapandong-Höhlen war vom 18. Jahrhundert an eine Begräbnisstätte der Idahan. Hier fand man rund 1000 übereinandergeschichtete, zum Teil recht gut erhaltene Särge und zahlreiche Grabbeigaben, darunter Schachteln, Teller, Spiegel, Tassen aus Emaille und Porzellan, auch Textilien, einen Kinderschuh und sogar ein japanisches Schwert – der Verstorbene hatte 1945 einen Japaner getötet.

Die Madai Caves (25 Höhlen insgesamt) am Tingkayu-Fluß sind heute für ihre Schwalbennester berühmt. In der kleinen primitiven Moschee am Eingang beten die Sammler für eine gesunde Heimkehr. Von der Frühen Steinzeit bis in die Eisenzeit hinein waren die Grotten bewohnt, später dienten sie als Begräbnisstätte. Die hier lebenden Idahan gaben sie vor 300 bis 400 Jahren auf, als sie den Islam annahmen.

Die Baturong-Höhlen bargen u. a. drei holzgeschnitzte Ahnenfiguren (s. S. 343) und ein vollständig erhaltenes Skelett mit einem langen eisernen Messer und einem Bronzebehälter als Beigaben.

Alle diese Höhlen haben Tom Harrison und seine Truppe in den 60er Jahren erforscht. Es führen nur Dschungelpfade zu ihnen hin, man benötigt also einen ortskundigen Begleiter.

Der Südwesten

In Penambang leben Kadazan in weitverstreuten Kampongs, doch die Umsiedlung in Steinhäuser ist in vollem Gange. Ein neugeschaffenes Zentrum aus gesichtslosen Häuserreihen besteht bereits. Interessantestes Bauwerk des Ortes ist die Kirche **St. Michael,** das älteste christliche Gotteshaus Sabahs (um 1890 erbaut). Die schlichte, langgestreckte Basilika aus Bruchsteinmauerwerk nimmt, weithin sichtbar, die Kuppe eines Hügels am Ortsrand ein. Paarige Fenster mit Halbrundbögen gliedern, den Jochen im Innern entsprechend, die Flächen. Einfache neoromanische Formen beherrschen auch den Innenraum: Pfeilerarkaden trennen die Seitenschiffe von dem breiten Mittelschiff, ein langgezogener Triumphbogen schafft den Übergang zu dem kleinen rechteckigen Altarraum mit einem schlichten Kruzifixus. Statt eines Turms erhielt die Kirche einen hohen hölzernen Glockenstuhl, der auf einem Platz vor dem Eingang steht. Der kleine Friedhof auf einem baumbestandenen Hügel am Ortsrand bewahrt noch einige alte traditionelle Kadazan-Gräber. Große, mit groben Reliefs verzierte Steinguturnen (vermutlich chinesischer Herkunft), die liegend etwa bis zur Hälfte eingegraben sind, enthalten die – zum zweiten Mal bestatteten – Gebeine. An anderen Gräbern finden sich, an Holzstäben hängend, seltsame Beigaben für das Leben im Jenseits, zum Beispiel Frauenblusen, Männerhosen, Schuhe und Einkaufstaschen. Der Friedhof liegt links der Straße nach Papar, etwa 1,5 km von Penambangs neuem Zentrum entfernt.

In einem Privathaus werden noch Schädel aus der Kopfjägerzeit in Ehren gehalten, rund 30 hängen zwischen Blätterbüscheln in einem langen Spalt der Zimmerdecke. Das Haus gehört Frau Dousia Moujing. Es ist schwer zu finden: Von Penambangs neuem Zentrum etwa 3 km die Straße nach Papar entlang, dann rechts in einen mittelbreiten Weg einbiegen und etwa 2 km geradeaus. Das Haus steht links dieses Wegs. Man kann sich aber auch an die Ortsverwaltung wenden (im neuen Zentrum von Penambang).

Wenn man keine sonderlichen Sehenswürdigkeiten erwartet, sondern Atmosphäre erspüren will, lohnt sich der Besuch einiger Orte wie das von Reisfeldern umgebene Papar, dessen sonntäglicher Tamu berühmt ist, oder Beaufort. Von dort aus kann man mit der Eisenbahn nach Tenom, einem von Murut bewohnten Ort, fahren. Dabei durchquert man die Crocker Range und die grandiose Padas-Schlucht, die sich der wildströmende Padas-Fluß geschaffen hat. Im Hinterland von Tenom, z. B. in Tomani, trifft man vielleicht noch auf vereinzelte Landhäuser der Murut.

Höchst reizvoll ist auch eine Fahrt, etwa mit dem Sammeltaxi, von Penambang nach Keningau, durch eine einsame weite Berglandschaft, in der man hin und wieder auf kleine Ortschaften stößt: z. B. Tambunan, das auf einer fruchtbaren Hochebene liegt; Sensuron (Sunsuron) am Rand dieser Hochebene, ein noch ganz traditionelles Dorf der Berg-Kadazan mit etwa 300 Bambushäusern; Apin Apin am Ufer eines klaren Gebirgsflusses. Die Kulisse im Osten bildet der Trus Madi, mit 2642 m der zweithöchste Berg Sabahs. In manchen Dörfern stehen noch Trophäenhäuschen mit Schädeln aus der Kopfjägerzeit vor den Hütten. In Sensuron bewahrt ein Betonbehälter auf dem Friedhof nahe der römisch-katholischen Kirche diese Andenken. Etwa 60 Totenköpfe mögen es sein, darunter manche von Briten, vor allem aber Sikhs, die der erbitterte Gegner der Kolonialherrschaft Mat Salleh und seine rund 1500 Gefolgsleute zwischen 1894 und 1900 zur Strecke brachten.

In Kenningau haben sich während der letzten 10 Jahre zahlreiche Berglandbewohner niedergelassen, die hier Obst- und Gemüseanbau betreiben. Im Juli zieht der aufwendige Tamu Besar viele Besucher an.

Brunei – Allahs Ölländchen

Für die riesigen Gebietsverluste, die das einst den gesamten Norden und Nordwesten (Sabah und Sarawak) beherrschende Sultanat Brunei einst hinnehmen mußte, wird es seit Beginn dieses Jahrhunderts durch einen unermeßlichen Reichtum entschädigt. Erdöl und Erdgas machen 99 % des devisenbringenden Exports (rund 3 Mrd. DM) aus und ermöglichen den Bewohnern, in Wohlstand zu leben; das Pro-Kopf-Einkommen beträgt 16000 US-Dollar im Jahr. Die Brunesen zahlen keine Steuern, kein Schulgeld, und im Ausland Studierende erhalten großzügige Stipendien. Aber auch Brunei besitzt eine kleine Universität.

Arbeitsintensive Produktionsstätte ist die Brunei Shell Petroleum Company (BSP), die je zur Hälfte der 1907 gegründeten Royal Dutch/Shell und dem Staat Brunei gehört und mit ihren Außenhandelsüberschüssen dem Land den Wohlstand beschert. Zentren der Ölindustrie sind Kuala Belait, Seria und Tutong. An der parallel zur Küste verlaufenden Straße ziehen sich die Pipelines entlang, Affen spazieren und hüpfen auf den dicken Rohren herum.

Etwa für 20 Jahre reichen die Vorräte noch. Vielleicht werden danach die umfangreichen Silikatvorkommen des Landes abgebaut, für die sich die ausländische Computerindustrie interessiert. Die Landwirtschaft soll mit modernem technischen Gerät ausgerüstet und mit neuen Anbaumethoden vertraut gemacht werden. Bis jetzt muß Brunei noch 80 % seines Lebensmittelbedarfs einführen; Reis und tropische Früchte eingeschlossen. Auch die Tourismusindustrie, die noch im Anfangsstadium steckt, bedarf einer funktionierenden Dienstleistungsstruktur. Die herrlichen Sandstrände am Südchinesischen Meer sind leer, es fehlt an Service-Einrichtungen. Fast alles muß man hier noch auf eigene Faust unternehmen. Das Hinterland ist voll exotischer Reize. In der großartigen Berglandschaft leben an den Flußufern Iban in ihren Langhäusern.

Brunei (= Borneo) ist ein Land mit weitzurückreichender Geschichte. Im 6. Jahrhundert berichteten chinesische Seefahrer von einem Puni oder Poli genannten Reich zwischen Java und China. Man nimmt an, daß damit Brunei gemeint war. Im 14. Jahrhundert war Brunei dem Majapahit-Reich tributpflichtig. Im frühen 15. Jahrhundert trat der Herrscher Awang Alak zum Islam über und nannte sich fortan Sultan Muhammad. Damals begann das Reich sich über das heutige Sarawak und Sabah auszudehnen. Das Herrscherhaus verband sich durch Eheschließungen mit der Sultansfamilie in Johor – aber auch mit arabischen Fürsten- und chinesischen Kaufmannsfamilien – und übernahm das malaiische Verwaltungs- und Herrschaftssystem mit Bendahara, Temenggong, Laksamana und Shahbandar (s. S. 77) an der Spitze. Im 16. Jahrhundert stand das gutverwaltete Staatswesen auf dem Höhepunkt von Macht und Ansehen. Der italienische Chronist Antonio Pigafetta, der an der Expedition des spanischen Weltumseglers Magellan (1521) teilnahm, berichtet von einem glanzvollen Hof, einem reich mit Gold, Silber und Seidenbrokat ausgestatteten Palast, einem riesigen Dorf im Wasser und von einer Kolonie chinesischer Händler. Mehrmals – 1577, 1588 und 1645 – überfielen die Spanier Brunei, konnten aber niemals Macht über den Sultan gewinnen. Zwischen Brunei und den Holländern bestanden von 1650 und 1720 zeitweise freundliche Beziehungen. Als dann jedoch der Einfluß dieser Kolonialmacht den ganzen Archipel überzog, setzte der Verfall des Sultanats Brunei ein. Im 18. Jahrhundert war Brunei-Stadt nicht viel mehr als eine Piratenbasis – auch die See-Dayak beteiligten sich an diesem einträglichen Geschäft. Einige Chinesen trieben Handel oder bauten Pfeffer in Plantagen an. Die Einwohnerzahl aber sank von 40 000 (1730) auf 15 000 (1810). Einige Jahrzehnte später tauchte der Engländer James Brooke in Sarawak auf (s. S. 135 u. 318).

Am 1. Januar 1984 erhielt Brunei von Großbritannien die volle Souveränität, sehr zum Verdruß des jungen Sultans, der nun selbst mit Administration, Verteidigungsfragen und der Regelung auswärtiger Angelegenheiten fertig werden mußte. So bleiben denn vorerst noch einige von britischen Offizieren befehligte und vom Sultan entlohnte Gurkha-Truppen im Land, um den Sultan und seine Familie sowie die Ölstadt Seria zu schützen. Auch die britischen Techniker und Mechaniker sind dringend vonnöten.

Brunei ist ein islamisches Land. Der jetzige 29. Herrscher Duli Yang Maha Mulia Paduka Seri Baginda Sultan dan Yang Di-Pertuan Sir Muda Hassanal Bolkiah Muizzaddin Waddaulah (kurz: Sultan Muda Hassanal Bolkiah) trat 1967 sein Amt an, als Sultan Sir Omar Ali

Saifuddin zu Gunsten seines damals 21jährigen Sohnes abdankte. 1984 – mit der Unabhängigkeit – ernannte er sich selbst zum Premier- und ist heute noch Verteidigungsminister. Er regiert wie seine Vorväter das Land absolutistisch – der Gesetzgebende Rat existiert nur rein formal – und ist Vorsitzender des Ministerrats. Einen seiner Brüder setzte er als Außenminister, einen weiteren als Finanzminister ein. Da der Sultan neben dem beträchtlichen persönlichen Reichtum auch uneingeschränkt über die Devisenreserven von ca. 47 Mrd. Mark verfügen kann, dürfte er der reichste Mann der Welt sein. In gesellschaftlicher, sportlicher und militärischer Hinsicht orientieren sich die Brunesen am großen Vorbild England. Der Sultan ist ein Liebhaber des Polospiels und teurer Autos. Wohl mehr als 100 Luxuskarossen mag er besitzen, darunter einige Rolls Royce mit Gold- und Silberbeschlägen.

Bandar Seri Begawan

Bandar, die kleine, doch recht weitläufige Hauptstadt des winzigen Sultanats, ist auf dem Weg, eine moderne Stadt zu werden. Hochhäuser schießen aus dem Boden (die Arbeit verrichten Gastarbeiter aus Indonesien, Thailand und von den Philippinen), Autos verstopfen die Straßen. Aber auch alte Geschäftsstraßen mit Arkadengängen gibt es noch. Arabische Schriftzüge fallen auf. Der Markt ist bunt wie eh und je. Neben Türmen von Früchten, Gewürzen, Gemüsen und sogar Blumen thronen die Marktfrauen; manche tragen Schleier, andere haben einen Turban um den Kopf geschlungen. Vor allem aber ist da am Zusammenfluß des Sungai Brunei und des Sungai Kedayan das **Kampong Ayer** (Farbabb. 11), das größte Pfahlbaudorf der Welt. Schon im 16. Jahrhundert hat es hier in ähnlicher Form und Größe gestanden. Heute beherbergt es etwa 25000 Menschen. Angebote des Staates, in moderne, beinahe luxuriöse Steinbauten umzuziehen, haben die meisten der Bewohner abgelehnt. Ein unentwirrbares Netz von Stegen verbindet die in Pastellfarben bemalten kleinen und größeren Holzhäuser untereinander. Zur Ausstattung gehören fließendes Wasser, elektrisches Licht und TV-Apparate. Das Kampong besitzt eigene Schulen, Kliniken und Polizeistationen. Lieber noch als auf den Stegen bewegt man sich in kleinen wendigen Booten von Haus zu Haus, bei Dunkelheit sind die Wasserwege beleuchtet. Besucher können in einem Wassertaxi diese amphibische Lebenswelt erkunden (Abfahrt bei der Brücke, Jalan McArthur). Erst ab dem frühen 20. Jahrhundert entstand ein neues Stadtzentrum auf dem Festland.

Die Skyline von Bandar prägt die **Masjid Sultan Omar Ali Saifuddin** (Abb. 63), benannt nach dem Bauherrn, dem 28. Sultan. 1958 war der pompöse, aber keineswegs überladen wirkende Bau aus Shanghai-Granit und elfenbeinfarbenem italienischen Marmor fertiggestellt. Ein Italiener war der Architekt. Das Rechteck bestimmt die Grundformen des Hauptbaus, der Vorhallen an Vorder- und Rückseite und der Nebenhallen. Die wichtigsten Punkte sind durch polygonale, sich nach oben leicht verjüngende minarettartige Pfeiler markiert, die überkuppelte Pavillons tragen. Über der Gebetshalle erhebt sich auf hohem, durchfenstertem Unterbau eine funkelnde Goldkuppel. Das 44 m hohe Minarett steht

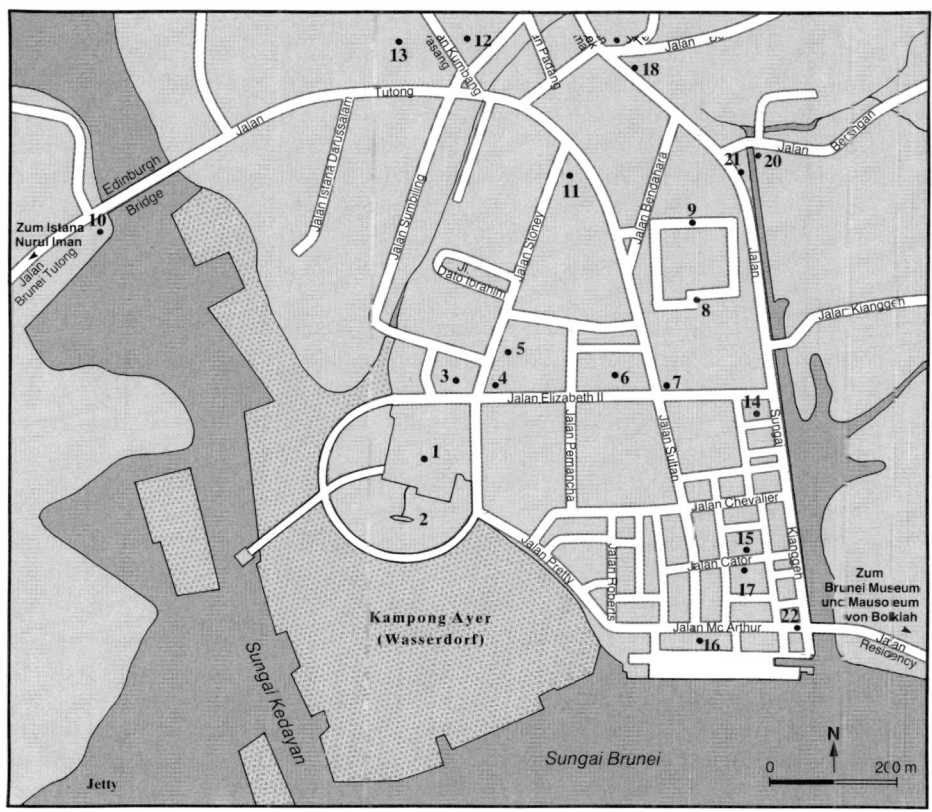

Bandar Seri Begawan 1 *Masjid Sultan Omar Ali Saifuddin* 2 *Mahaligai* 3 *Ministerium für religiöse Angelegenheiten* 4 *Dewan Bahasa dan Pustaka (Amt für Sprache und Literatur)* 5 *Radio Television Brunei (Rundfunkgebäude)* 6 *Staatssekretariat* 7 *Postamt* 8 *Gebäude des Gesetzgebenden Rates (Majlis)* 9 *Königliche Zeremonienhalle (Lapau)* 10 *Oberster Gerichtshof* 11 *Sir Winston Churchill Memorial Museum und Sultan Hassanal Bolkiah Aquarium* 12 *Kirche St. Andrew* 13 *Kirche St. George* 14 *Chinesischer Tempel Ting Woon Tian* 15 *Markt (Pasar)* 16 *Customs Wharf (Schiffe nach Labuan und Sabah)* 17 *Bus- und Taxistand* 18 *Sheraton Utama Hotel* 19 *Ang's Hotel* 20 *Capital Hostel* 21 *Pusat Belia (Jugendzentrum und -herberge)* 22 *Government Tourist Office*

abseits; ein Lift führt hinauf. Der Blick von oben über das Wasserdorf, die große Hafenbucht und das bewaldete Bergland im Süden ist bezaubernd. In hochgezogenen Zackenbögen öffnet sich die Moschee nach außen. Die Stimmung im Innern wird von den Fenstern aus englischem Buntglas und dem hohen Rund der Kuppel bestimmt. Über eine Rolltreppe neben dem kuppelgekrönten Marmorminbar gelangt der Sultan in seine Loge. Sehr wirkungsvoll ist die blaue Halle für die rituellen Waschungen. Offene Gänge umschließen ein großes Becken, die gedrehten Säulen spiegeln sich im Wasser.

Im Rücken der Moschee und mit ihr durch einen Steg verbunden, liegt inmitten einer künstlichen Lagune das heilige **Steinboot Mahaligai** (Farbabb. 11) mit ziervollen häuschen- und baldachinartigen Aufbauten. Es dient religiösen Zeremonien an besonders hohen Festtagen und dem alljährlichen Wettbewerb im Koranlesen.

Nördlich der Moschee, jenseits der Jalan Elizabeth II., stehen das Ministerium für religiöse Angelegenheiten – die überkuppelte Vorhalle und ein hohes Minarett weisen darauf hin –, das Gebäude des Staatssekretariats, die Rundfunkgebäude *(Radio Talivishen)* und das Sprach- und Literaturzentrum *(Dewan Bahasa dan Pustaka)*, dessen Fassade ein riesiges Mosaikbild in modernem Stil schmückt. Es zeigt malaiische Männer und Frauen bei der Arbeit, beim Musizieren und Repräsentieren.

Der große, von hübschen Gartenanlagen umgebene Komplex des **State Council** besteht aus der modernen, mit feinen Mosaikbändern und goldenen Zierdächern geschmückten Royal Ceremonial Hall *(Lapau)* und der Legislative Assembly *(Dewan Majlis)*, Sitz des Gesetzgebenden Rates; dazwischen ein Wasserbecken, aus dem ein aus vier Pfeilern bestehendes Minarett emporsteigt.

Der Verehrung Churchills und dem Dank an Großbritannien ist das im Halbrund angelegte **Sir Winston Churchill Memorial Museum** gewidmet. In Bildern, Exponaten und Tondokumenten wird das Leben des britischen Staatsmanns und damit auch ein gutes Stück Kolonialgeschichte dargestellt und erläutert. In der angeschlossenen Constitutional History Gallery, die auch den prachtvollen Sultansthron birgt, wird mit Dokumenten Bruneis Weg zur Unabhängigkeit belegt. Im selben Bau ist das Sultan Hassanal Bolkiah-Aquarium untergebracht, das die einheimische Meeresfauna vorstellt.

Die Jalan Residency, die später in die Jalan Kota Batu übergeht, führt zu mehreren Sehenswürdigkeiten. Gleich zu Anfang in einem Hochhaus das Arts and Handicrafts Centre, in dem das einheimische Kunsthandwerk gepflegt wird. Die dort hergestellten Stücke, u. a. Silberwaren, Flecht- und Webarbeiten, sind in einem Pavillon ausgestellt und zu kaufen.

Von hier aus erreicht man nach etwa 3 km den idyllischen parkähnlichen Friedhof von Kota Batu mit dem von verwitterten Reliefornamenten geschmückten **Steingrab** des **Sultans Bolkiah** (1485–1524; *Makam Sultan Bolkiah)*. Ein vom Vater des jetzigen Sultans errichteter Pavillon schützt die hochverehrte Stätte. Der fünfte Herrscher von Brunei festigte die Dynastie (die heute noch regiert) und schuf auf der Insel ein mächtiges Reich, das auch die Sulu-Inseln und weitere Teile der heutigen Philippinen umfaßt.

Einige hundert Meter weiter ruhen in einem ziervollen **Mausoleum** *(Kubah Makam Di-Raja)* die Eltern und Großeltern des jetzigen Sultans; ringsum die Gräber von weiteren Mitgliedern der Königsfamilie sowie einige ältere Gräber.

Nach weiteren 300 Metern gelangt man zu dem stattlichen Bau des **Brunei-Museums,** das Königin Elizabeth II. 1972 eröffnete. Es gibt einen guten Überblick über das Leben der einheimischen Stämme und enthält außerdem archäologische Funde – darunter eine Ganesha-Statue und eine Anzahl goldener Schmuckstücke, gefunden bei Limbang –, chinesisches Porzellan, kunstvoll gearbeitete regionale und chinesische Bronzen. Bemerkenswert sind auch die naturkundliche Sammlung und die sehr informative der Erdölgewnnung gewidmete Ausstellung.

In dem erst kürzlich eingerichteten **Technischen Museum** *(Muzium Teknologi Melayu)* wird anhand von Exponaten und Bildtafeln u. a. der Bau verschiedener Pfahlhäuser, von Booten und Fischfanggeräten erläutert sowie die Nutzung von wichtigen Pflanzen wie Sago, Zuckerrohr, Reis, Pfeffer und Kautschuk erklärt. Außerdem ist hier ein volleingerichtetes Langhaus zu sehen.

Zur Entlassung in die Unabhängigkeit 1984 schenkte der Sultan sich und seiner Familie einen neuen Palast, den **Istana Nurul Iman** (auf einem Hügel einige Kilometer südwestlich der Stadt). Er ist das zur Zeit größte ›Wohnhaus‹ der Welt mit 1789 Räumen (389 mehr als der Vatikan, bis dahin der Welt größter Wohnpalast) und nimmt 120 Hektar Fläche ein. Planer, Ingenieure und Techniker des US-amerikanischen Bechtel-Konzerns und viele tausend Gastarbeiter haben daran mitgewirkt.

Die Kosten beliefen sich umgerechnet auf 1,2 Mrd. DM, die prunkvolle Innenausstattung – italienischer Marmor, marokkanischer Onyx, Mahagoni von den Philippinen und 22karätiges Gold – eingeschlossen. Der Speisesaal faßt alle 6000 Blutsverwandten des Sultans, die alljährlich zu seiner Geburtstagsfeier geladen werden. Es gibt 44 Treppenhäuser und 18 Fahrstühle – dies mag eine Vorstellung von der Weitläufigkeit des Baus geben. Im Parkhaus haben 300 Autos, in den Ställen mehrere hundert Polopferde Platz; auch diese Räumlichkeiten sind klimatisiert.

Der Bau ist modern, nimmt jedoch mit seinen ausladenden und ineinandergeschobenen Dächern traditonelle Formen auf. Weithin leuchtet die mit echtem Gold überzogene große Kuppel der Moschee. Einmal im Jahr, zu einem dreitägigen Fest, öffnet der Sultan seinen Palast dem Volk. Mit Handküssen beweisen dann die männlichen Untertanen dem Herrscher ihre Liebe und Verehrung, die weiblichen huldigen den beiden Frauen des Sultans. Alle Besucher werden beköstigt.

Vom Hafen aus kann man mit einem der schnellen Boote zur Insel Labuan übersetzen, eine zauberhafte Reise, zunächst auf einem sich durch dichtbewaldetes Hügelland schlängelnden Wasserarm, vorbei am Kampong Ayer und einzelnen Pfahlbauten am Ufer, dann durch die weite Brunei Bay.

Bild- und Quellennachweis

Farbfotos

K. Bötig 5, 34
R. Drexel (Bilderberg) 16, 31, 33
R. Dusik 1, Umschlagrückseite
G. Fischer (Bilderberg) 35
R. Loose 11, 25
A. Rolf 6, 12–15, 26, 36, Umschlagvorderseite
R. Soumar 2–4, 7, 19–22
G. Spitzing 9, 10, 17, 18, 27–30
S. Wiesner 8, Umschlaginnenklappe

Schwarzweißfotos

A. Rolf 31–37, 44, 45, 47, 51, 53, 60, 63, 69, 71–73, 75–86
R. Dusik 38–43, 46–50, 52, 54–59, 61–68, 70, 74
Ulstein Bilderdienst Historische Aufnahmen 25–27

Textabbildungen

aus: Peter F. Dunkel, Die Tatauierung in Borneo, Dissertation Berlin 1972, S. 38, 39, 41 u.
aus: Tom and Barbara Harrison, The Prehistory of Sabah, Sabah Society Journal, Vol. IV, 1969–1970, Hongkong 1971, S. 19, 21, 342
Fotoagentur Irmer, S. 144
Zeichnung K.-H. Jeiter, S. 36
aus: Lee Kip Yin, Emerald Hill – The Story of a Street in Words and Pictures, Singapore 1984, S. 203
Ölgemälde zur Ramayana-Legende von Putu Windya Anaya (Yeh Embang, Bali, Indonesien); © Peter-Rump-Verlag, Bielefeld, S. 46
aus: Sabah Society Journal, Vol. V, Oct. 1969, Nr. 1, Hongkong 1969, S. 343
aus: Eckard Schleberger, Die indische Götterwelt, Eugen-Diederischs-Verlag, Köln 1986, S. 68–74
aus: Hans Wolfgang Schumann, Buddhistische Bilderwelt, Eugen-Diederichs-Verlag, Köln 1986, S. 103–107
Ullstein Bilderdienst, S. 167–170

Alle weiteren Abbildungen aus den Archiven von Autorin und Verlag

Karten
Gerda Rebensburg, Köln
Karten in der vorderen und hinteren Umschlagklappe: DuMont Buchverlag

Praktische Reiseinformationen

Vor der Reise

Diplomatische Vertretungen

...in der Bundesrepublik Deutschland
Malaysische Botschaft, Mittelstr. 43, 5300 Bonn 2 (Bad Godesberg), ⌀ (02 28) 3 76803
Malaysisches Konsulat, Genthiner Str. 41, 1000 Berlin 30, ⌀ (030) 261 4271
Malaysisches Konsulat, Nymphenburger Str. 134, 8000 München 19, ⌀ (089) 12 32178
Botschaft der Republik Singapur, Südstr. 133, 5300 Bonn 2 (Bad Godesberg), ⌀ (02 28) 31 2007-9
Botschaft von Brunei Darussalam, Koblenzer Str. 99, 5300 Bonn 2 (Bad Godesberg)

...in Österreich
Malaysische Botschaft, Prinz-Eugen-Str. 18, 1040 Wien, ⌀ (02 22) 651 1420

...in der Schweiz
Malaysische Botschaft, Laupenstr. 37, 3008 Bern, ⌀ (031) 25 2105
Die Interessen des Sultanats Brunei nimmt generell auch das Vereinigte Königreich von Großbritannien und Nordirland wahr:
Brunei High Commission (Hochkommissariat für Brunei), 19/20 Belgrave Square, London SW IX 8 PG, ⌀ (01) 5 81 0521

Informationsstellen

...in der Bundesrepublik Deutschland
Tourist Development Corporation of Malaysia (Malaysisches Fremdenverkehrsamt), Roßmarkt 11, 6000 Frankfurt/M., ⌀ (069) 28 3782/3
Singapore Tourist Promotion Board (Fremdenverkehrsbüro von Singapur), Poststr. 2–4, 6000 Frankfurt/M., ⌀ (069) 23 1456-7

...in Österreich
Sowohl für Malaysia als auch für Singapur sind die jeweiligen Fremdenverkehrsämter in der Bundesrepublik Deutschland zuständig.

...in der Schweiz
Für Malaysia ist das Fremdenverkehrsamt in der Bundesrepublik Deutschland zuständig.
Singapore Tourist Promotion Board (Fremdenverkehrsbüro von Singapur), Bergstr. 50, 8023 Zürich, ⌀ (01) 2525365

Diplomatische Vertretungen

...in Malaysia
Botschaft der Bundesrepublik Deutschland, 3 Jalan U Thant, Kuala Lumpur, ⌀ 2429666 u. 2429959
Honorarkonsulat der Bundesrepublik Deutschland, J. A. S. I., Free Trade Zone, Bayan Lepas, Penang, ⌀ 83 8340
Botschaft der Republik Österreich, MUI Plaza Building, Jalan P. Ramlee, Kuala Lumpur, ⌀ 2484277, 2981276
Botschaft der Schweiz, 16 Persiaran Madge, Kuala Lumpur, ⌀ 480622 u. 480751

...in Singapur:
Botschaft der Bundesrepublik Deutschland,

Far East Shopping Centre, 14th Floor, Orchard Road, ✆ 737 13 55
Botschaft der Republik Österreich in Bangkok ist zuständig.
Generalkonsulat der Republik Österreich, Shaw Centre, 20th Floor, Suite 2004, Scotts Road, ✆ 235 40 88-9
Botschaft der Schweiz, 1 Swiss Club Link, ✆ 468 57 88

...in Brunei:
Botschaft der Bundesrepublik Deutschland, Lot No. 49–50 Jalan Sultan, P. O. Box 3050, ✆ 225547, Bandar Seri Begawan
Die Interessen Österreichs nehmen die Österreichische Botschaft in London und das Österreichische Generalkonsulat in Singapur (s. o.), diejenigen der Schweiz die Botschaft der Schweiz in Singapur (s. o.) wahr.

Einreisebestimmungen

Bürger der Bundesrepublik Deutschland und Österreich sowie der Schweiz benötigen zur Einreise in Malaysia und für einen Aufenthalt bis zu drei Monaten lediglich einen gültigen Reisepaß. Erhält man beim Grenzübertritt nur eine Aufenthaltsgenehmigung für zwei Wochen, muß in einem Immigration Office (in allen Hauptstädten der Bundesstaaten) rechtzeitig eine Verlängerung beantragt werden.

Aufenthaltsgenehmigungen für West-Malaysia gelten nicht automatisch auch für Ost-Malaysia. Sarawak und Sabah erteilen jeweils ihr eigenes Visum (kostenlos) beim Grenzübertritt. Dieses gilt aber andererseits für das gesamte Staatsgebiet von Malaysia.

In Singapur können Bürger aus der Bundesrepublik Deutschland und der Schweiz bis zu drei Monaten, aus der Republik Österreich bis zu 30 Tagen ohne Visum bleiben, wenn sie einen gültigen Reisepaß besitzen. In der Regel erhält man jedoch beim Grenzübertritt nur eine Aufenthaltsgenehmigung für 14 Tage. Verlängerungen erteilt das Immigration Department, North Boat Quay, ✆ 324031. Reist man kurz nach Johor Bahru aus, beginnt die Zählung von neuem.

Bei der Einreise in Brunei erhalten Bürger der Bundesrepublik und der Schweiz ein kostenloses Visum für 15 Tage Aufenthalt (Verlängerung in Bandar Seri Begawan möglich). Österreichische Staatsbürger müssen sich vor der Einreise ein Visum besorgen, z. B. bei der Vertretung des Sultanats Brunei in London oder bei der British High Commission, Tanglin Circus, Singapur.

Die Grenzbeamten aller drei Länder lassen sich zuweilen das Rückreiseticket und die Geldvorräte der Einreisenden zeigen. Zu lange Haare bei Männern und stark abgerissene Kleidung können Gründe für eine Zurückweisung sein.

Kraftfahrzeugpapiere

Beim Mieten eines Kraftfahrzeugs wird in Brunei jedenfalls, in Malaysia zuweilen das Vorweisen des Internationalen Führerscheins verlangt. In Singapur genügt im allgemeinen der nationale Führerschein.

Gesundheitsvorsorge

Impfungen sind nur noch vorgeschrieben gegen Cholera und Gelbfieber, wenn der Reisende aus Infektionsgebieten kommt (im allgemeinen Afrika, Südamerika und evtl. einige Gebiete Asiens). Sie müssen in den gelben Internationalen Impfpaß eingetragen sein.

Dennoch sind verschiedene Impfungen sehr zu empfehlen: gegen Cholera, Kinderlähmung (Polio), Wundstarrkrampf (Tetanus), Gelbsucht (Hepatitis A u. B), sofern sich im Blut nicht bereits Antikörper gebildet haben, Typhus/Paratyphus sowie Malaria-Prophylaxe. Die Gesundheitsämter und Tropeninstitute der Universitäten informieren detailliert. Mit dem Impfprogramm sollte spätestens acht Wochen vor Reiseantritt begonnen werden. Alle Impfungen in den gelben Internationalen Impfpaß eintragen lassen. Es ist wichtig zu wissen, ob der Versicherungsschutz der Krankenkassen diese Länder mitumfaßt.

Neben Malariamitteln und gegebenenfalls den vom Arzt verordneten ständig einzunehmenden Medikamenten sollte die Reiseapotheke enthalten: Mullbinden und eine elastische Binde, Heftpflaster und flüssiges Pflaster (Ondroplast), Mittel gegen Durchfall, Verstopfung, Halsschmerzen, Kopfschmerzen, Sonnenschutz, Oropax, Wunddesinfektionsmittel, insektenabweisendes Mittel, z. B. Autan, Mittel zur Entkeimung von Trinkwasser, z. B. Silbersalze und/oder Filter. Vieles kann man jedoch auch in den Großstädten der Reiseländer kaufen.

Reisezeit

West- und Ost-Malaysia, Singapur und Brunei liegen im Klimabereich der Tropen. Die Temperaturen sind das ganze Jahr über gleichmäßig hoch: 30–33° C am Tag und 24–22° C bei Nacht. Je näher dem Äquator, um so geringer sind die Schwankungen sowohl im Jahres- als auch im Tagesverlauf.

Ausnahmen bilden die Bergregionen, wo es vor allem nachts wesentlich kühler werden kann als in der Küstenebene: mittleres tägliches Maximum etwa 22° C (in Kuala Lumpur 32° C), mittleres tägliches Minimum 13°C (Kuala Lumpur 23° C). Auf dem Mount Kinabalu sinken die Temperaturen zuweilen bis auf 2° C herab.

Die Wassertemperatur der Meere liegt das ganze Jahr über etwa zwischen 27° und 29°C.

Die Jahreszeiten werden in den Tropen von den Niederschlägen bestimmt, die die Monsunwinde mit sich bringen. Regen- und Trockenzeiten sind in den einzelnen Küstengebieten unterschiedlich stark ausgeprägt.

West-Malaysia: Hier lassen sich vier Klimazonen unterscheiden. Ostküste und Dschungel Zentral-Malayas: Der Nordostmonsun bringt von Oktober bis Januar schwere Regenfälle. Der Nationalpark Taman Negara wird zeitweise geschlossen. Geringe Niederschläge fallen von Juni bis August.

Nordwesten: Stärkere Niederschläge Mai/Juni und September/Oktober, geringe Niederschläge Januar/Februar.

Westküste: Hohe Niederschläge April/Mai und Oktober/November, geringe Niederschläge in den übrigen Monaten, aber nicht täglich.

Süden: Keine ausgesprochenen Regen- und Trockenzeiten. Niederschläge können das ganze Jahr über täglich fallen.

Singapur: Etwa wie West-Malaysias Süden, jedoch November bis Januar stärkere Regenfälle.

Ost-Malaysia und Brunei

Sarawak: Trockenzeit: Juni bis Oktober. Da die Flüsse häufig wenig Wasser führen, sind manche Orte im Landesinnern per Boot nicht erreichbar. Stärkste Regenfälle: Januar.

Brunei: Trockenzeit: Dezember bis April. Stärkste Regenfälle: September.

Sabah, Norden: Trockenzeit: Dezember bis Mai. Stärkste Regenfälle: Oktober.

Sabah, Süden: Trockenzeit: März bis September. Stärkste Regenfälle: Januar.

Kleidung und Ausrüstung

Leichte Sommerkleidung aus Baumwollstoffen oder Leinen, eine dünne Strickjacke für kühle Abende in klimatisierten Räumen und im mittelhohen Bergland, ein warmer Pullover und gegebenenfalls Windjacke und ein Schal für den Aufenthalt im höheren Bergland, vor allem auf dem Mount Kinabalu. Ein dünnes Regencape ist anzuraten. Sandalen, stabile Turnschuhe und für Dschungeltrecks Jungle Boots (hohe Stiefel: günstig in Singapur und Kuala Lumpur zu kaufen). Zwei dünne Bettücher oder Leinenschlafsack und für Übernachtungen im Hochland evt. Daunenschlafsack; in manchen einfachen Quartieren, z. B. in Nationalparks, wird keine Bettwäsche gestellt.

Devisenvorschriften

In allen drei Ländern gibt es für die Ein- und Ausfuhr der Landeswährung und ausländischer Zahlungsmittel keinerlei Beschränkungen.

Mit Reiseschecks (Traveller Cheques) ist man gegen Diebstahl oder anderweitigen Verlust gut abgesichert; Kaufabrechnung der Bank an anderer Stelle als die Schecks aufbewahren. Am vielseitigsten verwendbar, auch in der Provinz, sind US-Dollar-Reiseschecks. Sie erzielen, neben denen europäischer Währungen (vor allem DM, £ und Sfr), die aber häufig von Banken in abgelegenen Gebieten zurückgewiesen werden, die besten Wechselkurse. US-Dollar in bar sind fast überall im Land ein Ausweg, wenn es einmal knapp werden sollte. Euroschecks werden entgegengenommen von Dresdner Bank, Deutsche Bank und Commerzbank in Singapur; European Asian Bank in Kuala Lumpur (Zu den Standorten s. S. 377).

Zollbestimmungen

Neben Gegenständen des persönlichen Bedarfs und Proviant in angemessener Menge dürfen zollfrei eingeführt werden:

...in alle drei Länder; 200 Zigaretten oder 50 Zigarren oder 200 g Tabak

...in Malaysia: 1 l alkoholische Getränke

...in Singapur: je 1 Flasche Wein, Bier oder Spirituosen

...in Brunei: ¼ l alkoholische Getränke (Wein, Bier, Spirituosen)

...in alle drei Länder: Parfum zum Eigengebrauch

...in Malaysia: Geschenkartikel bis zu einem Wert von 200 M$ und bis zu 100 Streichhölzer.

Eine Einfuhrgenehmigung wird benötigt:

...in Singapur: für Waffen und Munition, lebende Pflanzen, Tiere, Gold, Platin (außer persönlichem Schmuck in angemessener Menge).

Verboten ist in allen drei Ländern die Einfuhr von pornographischen Schriften und

Drogen. In Malaysia und Singapur ist bereits der Besitz von geringsten Mengen Marihuana und Haschisch strafbar (Haft), mehr als 15 g gilt als Handel. **Bei mehr als 15 g Heroin droht – auch Touristen – die Todesstrafe.** Wer von Singapur nach Malaysia einreist und umgekehrt, hat keinen Anspruch auf zollfreie Alkoholika und Tabakwaren.

Anreise

Zahlreiche internationale Luftfahrtgesellschaften fliegen Kuala Lumpur und Singapur, einige auch weitere internationale Flughäfen Malaysias an, wie bspw. Penang, Johor Bahru, Kuching, Kota Kinabalu. Abgesehen von Pauschalreisen gibt es günstige Sonderangebote für Flüge von Frankfurt, Amsterdam und Zürich aus, vor allem bei den nationalen Fluggesellschaften Malaysian Airline System (MAS) und Singapore International Airlines (SIA).

Subang International Airport liegt 22 km vom Zentrum Kuala Lumpurs entfernt und ist außer mit dem Taxi mit dem Jaya-Bus Nr. 47 zu erreichen (ab Jalan Sultan Muhamad, gegenüber Klang Busstation; fährt alle 45 Min.). Will man mit dem Taxi fahren, kann man sich im Flughafengebäude an einem speziellen Stand einen Coupon kaufen. Der Taxifahrer sollte den Coupon erst nach Erreichen des Zieles erhalten. Die Preise sind je nach Entfernung gestaffelt; bis in die City kostet es ca. 17 M$.

Singapurs hochmoderner Changi International Airport mit zwei Terminals liegt 20 km östlich des Stadtzentrums. Die Taxipreise sind relativ niedrig. Die Busstation liegt zwei Stockwerke tiefer als die Ankunftshalle des Flughafens.

Von Bangkok und den größeren Städten Süd-Thailands aus sind Butterworth/Penang, Kuala Lumpur und weitere Städte im Westen der Malaiischen Halbinsel sowie Singapur mit der Eisenbahn zu erreichen (durchgehende Expreßzüge). Auch die Busverbindungen von Bangkok und Süd-Thailand nach Malaysia und Singapur sind gut.

Die nationale Fluggesellschaft Royal Brunei Airlines verbindet mehrere Städte der Welt mit Bruneis Hauptstadt Bandar Seri Begawan.

Informationen von A–Z

Allgemeines und Besonderes

Malaysia ist ein islamisches Land, folgende Regeln sind zu beachten: Frauen sollten keine Shorts oder zu kurze Röcke tragen und auch sonst nicht zu freizügig gekleidet sein. Vor Betreten einer Moschee wie auch von Privathäusern die Schuhe ausziehen. Frauen und nichtmuslimische Männer haben in der Regel keinen Zutritt zu den großen Gebetshallen. Keine negativen oder auch nur kritischen Äußerungen über die Religion oder die Sultane machen.

Auch in indischen Tempeln zieht man die Schuhe aus und hält sich bei religiösen Zeremonien im Hintergrund.

Asiaten sind im allgemeinen sehr höflich, stellen nie die eigene Person in den Vordergrund, schätzen Zurückhaltung und verabscheuen Übertreibungen und Überheblichkeit. Wer ungeduldig, gar unbeherrscht ist, verliert das Gesicht. Mit Geduld und Lächeln kommt man weiter.

Bis zu 500 S$ Geldstrafe (Fine) droht in Singapur demjenigen, der Abfälle, auch Zigarettenkippen oder Bonbonpapier, auf die Straße wirft (Littering; ›Do not litter‹ heißt es auf Straßenschildern). Verboten ist auch Jaywalking, d. h., die Straße zu überqueren, wenn in 50 m Entfernung ein Zebrastreifen vorhanden ist, sowie Rauchen in öffentlichen Gebäuden. Malaysias Sauberkeits- und Antirauchkampagnen werden weniger rigoros durchgeführt.

Drogenbesitz und -handel kann in allen drei Ländern die Todesstrafe einbringen.

Badestrände

Sie sind – vor allem an der Ostküste der Malaiischen Halbinsel – so zahlreich, daß nur einige der wichtigsten genannt werden können. Gewarnt sei vor gefährlichen Strömungen, bes. an der Ostküste zur Monsunzeit.

West-Malaysia, Westküste und Inseln
Melaka: Pantai Kundur in Tanjong Keling; Pulau Besar. Teluk Kemang, früher Port Dickson. Insel Pangkor. Insel Penang: Batu Ferringhi; Tanjong Bungah; Telok Bahang, Insel Langkawi. Morib (64 SW Kuala Lumpur).

West-Malaysia, Ostküste und Inseln
Desaru. Bei Mersing: Kampong Kayu Papan; Telok Mahkota (Jason's Bay); Pulau Setindan; Pulau Rawa. Pulau Tioman. Bei Kampong Rompin. Bei Kuantan: Pantai Telok Chempedak. Kampong Cherating. Um Chukai. Nördlich von Kuala Dungun. Pulau Tenggol (unbewohnt). Rantau Abang. Marang. Kampong Pulau Kerenga. Kuala Trengganu: Pantai Batu Burok; Batu Rakit. Pulau Redang und Pulau Perhentian (beide mit Charter-Boot von Kuala Besut und Kuala Trengganu zu erreichen; Übernachtung im Resthouse telefonisch vorbestellen). Kota Bharu: Pantai Cinta Berahi; Pantai Dasar Sabak.

Ost-Malaysia
Sarawak: Santubong. Damai. Im Bako-Nationalpark. Sematan.

Sabah: Bei Tuaran. Tanjong Aru bei Kota Kinabalu, Damai Beach Resort (35 km N von Kuching). Pantai Manis bei Papar. Ku-

dat-Halbinsel. Insel Labuan. Pulau Balambangan. Pulau Banggi. Pulau Kaniogan in der Bucht Telok Labuk (nordwestlich von Sandakan). Pulau Berhala (vor Sandakan).
Singapur
East Coast Park-Schwimmlagune. Ponggol. Pasir Ris Beach. Changi Beach. Insel Sentosa. Insel St. John's. Insel Kusu.
Brunei
Bei Bandar Seri Begawan. Tutong. Muara.

Buchhandlungen

Sie sind in Malaysia und Singapur in einigen Shopping Centres zu finden.

In Kuala Lumpur: MPH und Berita Book Centre im Bukit Bintang Plaza, Jalan Bukit Bintang. Plaza, The Mall.

In Penang: Hotel E & O. Entlang Leboh Pantai, Leboh Bishop, Leboh Carnarvon.

In Singapur: Plaza Singapura, 2. Stock; Drei Filialen von MPH: 71 Stamford Road (Ecke Armenian Street), Afro-Asia-Building, Robinson Road, und im Centrepoint, Orchard Road; Select Books, Tanglin Shopping Centre; Times Bookshop im Centrepoint.

In Kuching: Rex Bookstore, Khoo Hun Yeang Street. Shopping Arcade, Holiday Inn.

Einkaufen und Souvenirs

In Singapur gibt es (fast) alle Waren der Welt zu kaufen, doch sie sind längst nicht mehr alle billiger als hierzulande. Wenn man preisgünstig einkaufen will, z. B. Videogeräte oder Stereoanlagen, sollte man die heimischen Preise kennen und die eventuellen Frachtkosten und den Zoll im Heimatland bedenken. Handeln wird in vielen Läden er-

wartet, selbst in manchen Shopping Centres. Duty Free einkaufen kann man auch in Kuala Lumpur und Penang, das Angebot ist jedoch recht schmal. Typische Landeserzeugnisse sind: Zinngegenstände, Rattan- und Korbwaren, Flecht- und Silberarbeiten, Batik, gewebte Stoffe (*Kain Songket* ist von Gold- und Silberfäden durchwoben), Drachen (Ostküste), Antiquitäten jeglicher Art (für manche benötigt man eine Ausfuhrgenehmigung, im Zweifelsfall beim Direktor des Nationalmuseums in Kuala Lumpur nachfragen). Sarawak, vor allem Kuching, hält ein großes Angebot von Holzschnitzereien und Perlenarbeiten der einheimischen Stämme bereit.

Elektrizität

In Malaysia und Singapur: 220 Volt Wechselstrom, Frequenz 50 Hertz. In Brunei: 230 Volt Wechselstrom, Frequenz 50 Hertz. In Malaysia und Brunei benötigt man als Adapter einen britischen Drei-Pol-Stecker (im Fachhandel erhältlich).

Erholungsorte im Bergland (Hill Resorts)

West-Malaysia: Gunong Muntahak (bei Kota Tinggi). Genting Highlands (mit Bus von Puda Raya Busstation, Kuala Lumpur). Fraser's Hill (mit Bus von Pudu Raya Busstation, Kuala Lumpur oder Kuala Kubu Bharu oder Raub). Cameron Highlands (mit Bus ab Tapah, Kampar und Ipoh). Maxwell Hill (mit Bus ab Taiping und Ipoh).

Ost-Malaysia: Mount Kinabalu in Sabah. Für Übernachtungen empfiehlt sich telefonische Reservierung (Auskunft bei den Tourist Offices).

Essen und Trinken

Die malaiische und die vielfältige chinesische Küche ist überall im Land verbreitet, die südindische – mit scharfen Curries – in den Orten an der Westküste und in Singapur.

Ein besonderes Vergnügen ist, an den Foodstalls (Hawker Stalls, Garküchen) zu essen, häufig unter freiem Himmel. In Singapur besorge man sich die Broschüre ›The Guide to Singapore Hawker Food‹ (S$ 2,80). Sie enthält auch eine Beschreibung zahlreicher Gerichte. Desgleichen die kostenlosen Broschüren der malaysischen Fremdenverkehrsbüros.

Einige gängige malaiische Gerichte: *Satay* – Spieße mit Rind-, Schaf-, Ziegen- und/ oder Hühnerfleisch, eingelegt in Zucker und Gewürze, auf dem Holzkohlengrill gebraten und mit einer würzig-süßen Erdnußsauce übergossen. *Gado Gado* – ein kalter, mit Erdnußsauce gemachter Gemüsesalat. *Nasi Goreng* – gebratener Reis, vermischt mit gekochtem Reis und Ei, verschiedenem Gemüse, Fleisch oder Krabben; zahlreiche Varianten. *Nasi Kerabu* – Reis mit Gemüse und besonderen Gewürzen. *Ayam Golek* – gegrilltes Hühnchen mit Kokossauce. *Mee Goreng* – gebratene Nudeln mit verschiedenen Zutaten. *Chap Chai* – gebratenes Gemüse mit Fleisch und Leber. *Laksa* – eine scharfgewürzte dicke Reisnudelsuppe mit Sojabohnensprossen, Krabben, Fischstückchen, zu der man roten Chili ißt.

Zur allgemeinen Orientierung: *Mee* = Nudeln. *Nasi* = Reis. *Ayam* = Huhn. *Ikan* = Fisch. *Limpah* = Leber. *Champur* = Mischung. *Sayor* = Gemüse.

Die muslimischen Malaien essen kein Schweinefleisch.

Chinesische Spezialitäten: Vogelnestersuppe (Bird's Nest) – Suppe aus den erhärteten Speichelfäden verschiedener Salanganen-(Schwalben-)Arten, mit denen diese ihre Nester bauen. 100jährige Eier – mehrere Wochen alte, in einer Mischung aus Erde, Reisspreu und Asche eingelegte Enteneier. Haifischflossensuppe – Suppe aus Haifischflossen, Krabben und Hühnerfleisch. *Dim Sum* – gefüllte Teigbällchen, gegart oder gebraten. *Yam Pot* – heiße, mit Fisch, Huhn, Schweinefleisch, Krabben und Gemüse gefüllte Blätterteigpastete. Peking-Ente – knusprig gebratenes, gewürztes Entenfleisch. Steamboat – chinesisches Fondue mit mancherlei Zutaten, z. B. Gemüse, Salat, Fisch, verschiedene Fleischsorten, Leber, Krabben.

Zahllos sind die Variationen der Reis- und Nudelgerichte. Die milde Kantonesische Küche ist am häufigsten vertreten, in den Großstädten gibt es aber auch Restaurants der stark mit Chili und Knoblauch würzenden Szechuan-Küche, der Shanghai-Küche mit ihren Eintopf- und Fischgerichten, der Hunan-Küche, die es süß-sauer liebt, der Peking-Küche mit den sparsam gewürzten Fisch- und Fleischbällchen, den Klößen, Teigwaren und der schon erwähnten Peking-Ente und der Hainan-Küche, für die Chili, Ingwer und Sojasauce zu Reis- und Fleischgerichten typisch sind.

Indische Küche: Die Curries, mit denen verschiedene Gemüse, Lamm- und Hühnerfleisch, Fische und Krabben zubereitet werden, bestehen aus bis zu 20 verschiedenen Gewürzen. Die Mischung ist das Geheimnis des Kochs. Überall schmecken die Curries wieder anders. Sie sind zumeist brennend scharf. Als Beilagen dienen Reis und Fladenbrote: *Chapathis* aus Weizenmehl und Wasser, *Parathas,* in Butter gebackene Chapathis, oder *Nan,* das einfachste Brot. *Murtabak* sind Pfannkuchen mit einer Füllung aus Zwiebeln, Gemüse, Ei und Fleisch, alles sehr scharf gewürzt. Inder essen kein Rindfleisch.

Nyonya-Gerichte gibt es vor allem in Singapur. Sie sind eine Mischung aus chinesischer (Art der Zubereitung) und malaiischer Küche (Gewürze). Zu ›Nyonya‹ s. S. 108.

Getränke: Schwarzer Tee *(Teh),* ungesüßter chinesischer Tee, Kaffee *(Kopi),* schwarzer gesüßter oder ungesüßter Kaffee *(Kopi O),* Kakao- und Fruchtsaftgetränke, Chrysanthementee, Sojabohnenmilch, Saft der Kokos- und der Königskokosnuß, Zuckerrohrsaft *(Tebu),* Bier *(Bir)* – Tiger, Anchor, Guiness –, Tuak, Arak, chinesischer Reiswein und Reisschnaps.

Früchte: Ananas, Papaya, Starfruit, Melone, Chiku, Duku, Durian, Jambu Air, Mango, Mangosteen, Nangka, Rambutan, Banane, Lichee.

In Singapur und mit gewissen Einschränkungen auch in Kuala Lumpur findet man zahlreiche Restaurants mit westlicher Küche (z. T. spezialisiert nach Ländern) sowie solche mit arabischer, thailändischer, koreanischer und japanischer Küche.

Feste und Feiertage

Allgemeines: Jeder Freitag ist offizieller Feiertag in Trengganu, Kelantan, Kedah, Perlis, Johor und in Brunei. In den übrigen Staaten Malaysias sind von 12.00–14.30 Uhr Regierungsgebäude, auch Museen, geschlossen. Die Bundesstaaten feiern zwei bis drei Tage den Geburtstag des Sultans bzw. ihres Yang di-Pertua Negeri. (Calendar of Events beim TDC.)

Bewegliche islamische Feste: Die islamische Zeitrechnung beginnt mit der Auswanderung (Hidschra) Muhammads von Mekka nach Medina im Jahr 622 (festgelegt auf den 15./16. Juli). Der Kalender richtet sich nach dem Mondjahr, das elf bis zwölf Tage kürzer ist als unser Sonnenjahr. Jedes neue islamische Jahr beginnt also elf oder zwölf Tage früher als das vorausgegangene.

Aval Muharram (Staatsfeiertag) – Der erste Tag des neuen islamischen Jahrs (1992 am 1.7.); ein stilles Fest mit religiösen Feiern.

Maulidin Nabi (Staatsfeiertag) – Geburtstag des Propheten Muhammad (1992 am 9. 9.); ebenfalls ein ruhiges Fest mit Rezitationen aus dem ›Berzanji‹, der Geschichte des Propheten: In den Koranschulen Singapurs berichten Lehrer über Leben und Werk Muhammads in Malaiisch, Arabisch, Tamil und Englisch; nichtmuslimische Zuhörer sind willkommen.

Ramadan (offizieller Feiertag nur in Johor und Brunei) – Beginn des von Muhammad bestimmten Fastenmonats Ramadan, 9. Monat des islamischen Jahres (1992 am 5. 3.). Vier Wochen lang nehmen Muslime zwischen Morgengrauen und Sonnenuntergang weder Speisen noch Getränke zu sich. In den Städten der fast ausschließlich muslimischen Bundesstaaten West-Malaysias und in Brunei sowie in den muslimischen Vierteln von Kuala Lumpur und Singapur breitet sich eine ungewohnte Ruhe aus. Restaurants und Imbißstände sind geschlossen. Erst abends trifft man sich zu geselligem Essen, zum Fastenbrechen *(Iftar).*

Hari Raya Puasa (in Singapur ein, in Malaysia und Brunei zwei Staatsfeiertage) – Ende des Fastenmonats Ramadan (1992 um den 4. 4.). Zu diesem erlösenden Fest kleiden sich die Menschen neu ein – bereits seit Tagen lockten die Geschäfte mit Sonderangeboten –, versammeln sich zum Gebet in den Moscheen und danken Allah, daß er ihnen die Kraft gab, das Fasten durchzustehen. Man stattet Freunden und Verwandten einen Besuch ab. Kinder erweisen ihren Eltern besondere Ehrerbietung. Die Sultane, die Yang di-Pertua Negeri, der Regierungschef und andere hochrangige Persönlichkeiten des öffentlichen Lebens halten ein offenes Haus (die Termine werden in den Zeitungen bekanntgegeben). Man genießt den Tag mit einem ausgiebigen Mahl, schlachtet Rinder und Ziegen und verteilt das Fleisch an Bedürftige. Viele pilgern zu den Keramats, den heiligen Stätten, und beten dort um Gesundheit und Wohlergehen. In Geylang, einem malaiischen Stadtteil im Osten von Singapur, werden auf Wiesen und Plätzen Konzerte aufgeführt und abends Tausende von Lichtern entzündet.

Hari Raya Haji (Staatsfeiertag) – Tag des Opferfestes, 1992 am 11. 6. Am 10. Tag des 12. (Mond-)Monats (des Pilgermonats) beenden die Pilger in Mekka mit dem Tieropfer, zur Erinnerung an Abraham, der auf Geheiß Gottes seinen Sohn opfern sollte, ihre Wallfahrt. Dem gedenken die Daheimgebliebenen mit Dankgebeten. Strenggläubige Muslime schlachten Ziegen und Schafe für sich und Bedürftige.

Feste und Feiertage im Verlauf des Jahres:
1. Januar: Jahresbeginn nach dem Gregorianischen Kalender (kein Feiertag in Kedah, Perlis, Kelantan, Trengganu, Johor).

Im Januar: Singapur International Kite Festival – Drachenenthusiasten aus aller Welt treffen sich in Singapur und lassen ihre selbstgefertigten farbenfrohen und phantasievoll geformten Papierdrachen steigen.

Ende Jan./Anf. Febr.: Thaipusam (Feiertag in Penang, N. Sembilan, Selangor) – Das größte Fest der Hindus wird im ›Thai‹, dem 10. Monat des Tamil-Kalenders, in allen Hindu-Tempeln gefeiert. Besondere Schwerpunkte: Batu Caves nördlich von Kuala Lumpur; Perumal-Tempel und Chettiar's-Tempel in Singapur, Natukkotai Chettiar-Tempel in Georgetown. Geehrt wird Gott Subramanyan (s. S. 74). Aus Dankbarkeit für seine Taten pilgern Tausende gläubiger Hindus zu seinen Tempeln. Als Buße für Verfehlungen und um dem Gott besonders zu gefallen, durchbohren viele ihre Haut mit Stahlnadeln, an denen sie Pfauenfedern und Glöckchen oder aber ›Gerüste‹ aus Holz, sogenannte *Kadavi*, befestigen. Mit dieser bis zu 70 kg schweren Last auf dem Rücken, nur von Haken im Fleisch gehalten, steigen sie die heilige Treppe zu den Batu Caves empor oder nehmen in Singapur an der langen Prozession vom Perumal – zum Chettiar's-Tempel teil, bei der auch ein Standbild des Gottes mitgetragen wird. Andere durchbohren mit Silbernadeln, deren Enden zu einem Dreizack (Symbol Shivas und seiner Familie) ausgeformt sind, kreuzweise Wangen und Zunge. Wieder andere laufen über glühende Kohlen oder fallen in Trance, wälzen sich auf dem Boden oder tanzen ekstatisch zum wirbelnden Rhythmus der Trommeln.

Chinesisches Neujahr (in Malaysia u. Brunei 2, Singapur 3 Staatsfeiertage) – Das größte Fest der Chinesen, die schon einen Monat zuvor mit den Vorbereitungen beginnen, Delikatessen, Glücksorangen, Blumen und Kumquat-Bäume kaufen. Alle Schulden müssen beglichen werden. Überall sieht man rote Hängerollen mit glückverheißenden Sprüchen. Am Vorabend vereint sich die Großfamilie zu einem ausgiebigen Essen. Eine Spezialität sind die aus Melasse gekochten süßen, klebrigen Kuchen – damit wird der Küchengott besänftigt und sein Mund verklebt, damit er rein gar nichts über die Familie berichten kann. An den beiden ersten Tagen des neuen Jahres haben die Kinder ihren Eltern besondere Referenz zu erweisen und erhalten dafür in rote Umschläge verpackte Geldscheine. Das Neujahrsfest endet mehrere Tage (eigentlich 15 Tage) später mit der ausgelassenen Chingay-Parade (besonders eindrucksvoll in Singapur und Georgetown). Stelzenläufer bewegen sich zum Klang von Gongs, Trommeln und Zimbeln, Akrobaten führen ihre Kunststücke vor, festlich geschmückte Flöße werden mitgetragen, Löwen- und Drachentänze aufgeführt. Die Chinesen ordnen jedes Jahr einem ihrer 12 Tierkreiszeichen zu. 1990 ist das Jahr des Pferdes. Es folgen das Jahr der Ziege, des Affen, des Hahns, des Hundes, des Ebers, der Ratte, des Ochsen, des Tigers, des Hasen, des Drachen und der Schlange. Dann beginnt der Rhythmus von neuem.

1. Februar: Federal Territory Day – Paraden und andere Festveranstaltungen anläßl. der Erhebung zum Bundesterritorium in Kuala Lumpur (1974) und Labuan (1984).

23. Februar: Nationalfeiertag in Brunei.

Im März: Birthday of Guan Yin – Mit farbenprächtigen Prozessionen beim Klang von Trommeln, Gongs und Zimbeln, dem Abbrennen riesiger Räucherstäbe, Aufführungen der Chinesischen Oper und Marionettenspielen wird der Geburtstag dieser hochverehrten Gottheit gefeiert.

März/April: Good Friday (Karfreitag; offizieller Feiertag nur in Sarawak, Sabah und Singapur) – Die älteste katholische Gemeinde Malaysias in Melaka feiert bei der Kirche St. Peter mit eindrucksvollen Prozessionen.

Anfang April: Qing Ming (wörtlich übersetzt: ›hell und klar‹) – Chinesisches Fest für die Seelen der vergöttlichten Ahnen (zugleich Frühlingsfest). Die Gräber werden gesäubert, ausgebessert und mit Blumen geschmückt, Inschriften erneuert, den Ahnen Speiseopfer, Wein und Tee dargebracht. Alle Familienmitglieder versammeln sich um Gräber oder Urnen, vor den Hausaltären oder Ahnentafeln im Tempel, entzünden Räucherstäbchen und Kerzen, falsche Geldscheine werden auf Grab und Grabstein gelegt, gegen Ende der Zeremonie verbrannt und damit ins Jenseits geschickt zum Gebrauch für die Toten. In Singapur werden zwischen den Appartmenthäusern unter einem Zeltdach für die vielen Mitglieder eines Clans festliche Tische gedeckt. Altäre errichtet und riesige dicke Räucherstäbe abgebrannt. Weidenbaumzweige über den Haustüren sollen böse Geister abwehren. Abends schaut man einer Aufführung der Chinesischen Oper zu.

Das Qing Ming-Fest läßt sich bis 350 v. Chr. zurückverfolgen, seit der Zeit der Tang-Dynastie (618–907) wurde es zu einem ständigen Brauch.

Im April: Songkran-Fest – Ein aus Thailand übernommenes Wasserfest, das nur in den ausschließlich Buddha geweihten Tempeln begangen wird. Wasser gilt als Symbol für Fruchtbarkeit. Buddha-Statuen werden in geweihtem Wasser gebadet, und auch die Gläubigen bespritzen sich gegenseitig.

Mandi Safar – Das Fest der Muslime. Man übergibt den Flüssen oder dem Meer mit Koranversen oder eigenen Wünschen beschriebene Papier- oder Pflanzenblätter und badet dann selbst im Wasser, um sich vor Unglück *(Malang)* zu bewahren.

1. Mai: Workers' Day, Labour Day (Tag der Arbeit; Staatsfeiertag in Malaysia).

1.–31. Mai: Magavau, Harvest Festivals (30. u. 31. 5. Feiertag in Sabah) – Erntefest der Kadazan/Dusun. Wenn die Zeit der Reisernte gekommen ist, geht die Priesterin des Dorfes aufs Feld, sucht 20 bis 30 der ertragreichsten Rispen aus und hebt sie vorsichtig aus dem Boden, um den *Bambaazon*, den Reisgeist, nicht zu verletzen. Unter dem Gemurmel von festgelegten Beschwörungs- und Zauberformeln, mit denen sie Bambaazon einlädt, ihr zu folgen, trägt sie das Fruchtbündel zum Haus des Feldbesitzers, legt es dort sorgsam in einen Bambuskorb und heißt den Geist willkommen. Bei den christlichen Kadazan überbringt die Priesterin die erste Garbe dem katholischen Geistlichen, auf daß er sie segne. In einigen Gegenden bleiben die ausgewählten Reispflanzen in kreisförmig geordneten Bündeln auf dem Feld stehen und werden erst zum Abschluß der Ernte in das Haus des Besitzers gebracht: Bambaazon wird gebeten, den Speicher zu überwachen und sicherzustellen, daß der Vorrat bis zur nächsten Ernte reicht. Dann beginnt im Haupthaus des Dorfes die Magavau-Zeremonie. Umringt von den Dorfbewohnern loben und preisen die Priesterin und ihre Assistentinnen Bambaazon mit traditionellen Gesängen und danken für die reichen Gaben. Um Mitternacht gesellen sich die Männer zu den nun im Kreis einherschreitenden, immer noch singenden Frauen, stampfen in einem bestimmten Rhythmus mit den Füßen auf und stoßen in bestimmten Intervallen den Freudenschrei der Kadazan aus. Die Feierlichkeiten dauern bis zur Morgendämmerung.

Inzwischen haben einige Dorfbewohner die Opfergaben für den Reisgeist vorbereitet. Sie bestehen meistens aus einer bestimmten Menge von speziell fermentiertem Reis, sieben Bambustassen voll bestem Reiswein *(Tapai)*, Salz und den Federn der für das Magavau-Fest geschlachteten Hühner. In einer von der Priesterin angeführten Prozession werden die Gaben zur Reisscheuer gebracht. Nach den Gebeten kehren die Menschen wieder zum Haupthaus zurück.

Bei dem nun folgenden fröhlichen und ausgelassenen Teil des Festes wird ausgiebig gekochter Reis, Eier und gebratenes Hühnerfleisch gegessen sowie reichlich Reiswein getrunken. Männer und Frauen tanzen in Festtagskleidung zu den rhythmischen Klängen der Trommeln und Gongs den traditionellen Sumazau. Weitere Veranstaltungen sind vielerorts Büffelrennen, Ringen, Wettbewerbe im Singen, Sumazau-Tanzen, Gongschlagen und Reisweintrinken sowie Schönheitswettbewerbe.

Im Mai: Birthday of the Third Prince – Der Geburtstag des Dritten Prinzen wird mit Straßenprozessionen in der Nähe der ihm geweihten chinesischen Tempel mit Bußübungen wie Kasteiungen und Aufführungen der Chinesischen Oper gefeiert.

Vesak (Staatsfeiertag in Malaysia und Singapur) – Fest des Gedenkens an Buddhas Geburtstag, der Erleuchtung und des Eingehens in das Nirvana, ein Fest des Betens, Fastens und der guten Taten. Arme werden gespeist, gefangengehaltene Vögel freigelassen, die Tempel mit Kerzen erleuchtet, im Hof riesige Räucherstäbe abgebrannt und den Buddhas Blumen- und Speiseopfer dargebracht. Mönche singen die Sutren. Jeder Tempel hat sein eigenes Festprogramm. Es werden Buddha-Statuen und Urnen mit

Reliquien in einer Kerzenlichtprozession durch die Straßen getragen und im Tempelhof Löwen- und Drachentänze aufgeführt. Manche Gläubige nehmen mehrere Tage lang – wie die Mönche zeitlebens – nach 12 Uhr mittags keine feste Nahrung mehr zu sich, vermeiden es, sich zu loben, und setzen sich nicht auf bequeme Stühle oder Sessel. Zentren des Vesak-Festes sind der Kong Meng San Phor Kark See-Tempelkomplex und der Temple of Thousand Lights in Singapur, der Buddha Jayanti-Tempel und das Heiligtum der Sasana Abhiwurdhi Wardhana Society in Kuala Lumpur, weiterhin der Thai Buddhist Chetawan Temple in Petaling Jaya und der Wat Chaya Mangkalaram in Georgetown.

Mitte Mai: Vogelsingwettbewerbe an vielen Orten, vor allem in Kelantan. Eine Jury bestimmt die besten und ausdauerndsten Sänger.

31. Mai: Tag der Streitkräfte in Brunei.

1. Mittwoch im Juni: offizieller Geburtstag des Yang di-Pertuan Agong, des zum König gewählten Sultans (April 1989–April 1994 Staatsfeiertag in Malaysia).

2./3. Juni: Gawai Dayak (offizieller Feiertag in Sarawak und Brunei) – Erntefest der Dayak. Wird in ähnlicher Weise wie bei den Kazan gefeiert, mit Tänzen und Opferzeremonien, Danksagungen für die Ernte und der Bitte um Hilfe bei der Bestimmung der richtigen, ertragverheißenden Pflanzzeit.

Auch die Iban zelebrieren zur gleichen Zeit ihr Erntefest, nur ist bei ihnen nicht eine Priesterin, sondern der Bara, der Häuptling eines Stammes, der Mittler zwischen Menschen und Naturgottheiten. Er spricht die Formeln, schwenkt zur Vertreibung böser Geister einen weißen Hahn über den Opfergaben und besprenkelt sie später mit dem Blut des geschlachteten Hahns. Möglicherweise werden in manchen Langhäusern auch die bei der früher traditionellen Kopfjagd erbeuteten Schädel verehrt und die Toten zum Opfermahl gebeten. Zwei der beliebtesten Tänze sind der recht martialisch anmutende Kriegstanz und der Nashornvogeltanz. Die Männer tragen einen Kopfputz aus Nashornvogelfedern und die Frauen eine Vielzahl von Messingarmreifen.

Anfang/Mitte Juni: Dragon Boat Festival – Mit dem Drachenbootfest feiern die Chinesen den Dichter Chu Yuan, der mit seinem Selbstmord durch Ertrinken gegen die in der Regierung herrschende Korruption protestierte (3. Jh. v. Chr.). Auf Penang und in Singapur finden Rennen mit internationaler Beteiligung (auch deutsche Boote) statt. Der Bug der Boote ist dem Drachenkopf, das Heck dem Schweif nachgebildet.

1. Juli: Tamu Besar Tahunan (Großer jährlicher Tamu; s. S. 338) – In Keningau und Kudat (Sabah) mit Pferde- und Büffelrennen.

15. Juli: Geburtstag des Sultans von Brunei.

29. Juli: Tamu Besar Tahunan in Tuaran (Sabah).

9. August: Nationalfeiertag Singapurs – Mit farbenprächtigen Paraden im Nationalstadion und Straßenrennen feiert Singapur seine politische Unabhängigkeit (9. 8. 1965). Drachen- und Löwentänze werden aufgeführt, Fahnen geschwenkt, phantasievoll bemalte Boote auf den Schultern getragen. Akrobaten und Faustkämpfer zeigen ihre Künste. Zum Abschluß des Tages ein großes Hafenfeuerwerk.

Ende August: Tamu Besar Tahunan in Beaufort (Sabah).

31. August: Hari Kebangsaan Malaysia – Nationalfeiertag in Malaysia zum Gedenken an die politische Unabhängigkeit *(Merdeka)* und die Gründung der Föderation Malaya. In Sarawak wird der Tag jedes Jahr in einer anderen Divisionshauptstadt gefeiert; selbst Angehörige weit entfernt lebender Stämme nehmen daran teil.

August/September: Fest der Sieben Schwestern – Unverheiratete Chinesinnen bitten die Königin des Himmels um einen guten Ehemann und legen Lippenstifte, Haarspangen, Kämme, Schmuckutensilien und ähnliches auf den Opfertisch.

Festival of the Hungry Ghosts (auch Market Festival genannt) – Nach chinesischem Glauben wandeln an diesem Tag die Seelen der Verstorbenen als hungrige Geister auf der Erde umher. Sie müssen mit Süßigkeiten und feinen Speisen besänftigt werden, die man auf Straßen und Plätzen aufstellt.

Mitte September: Tamu Besar Tahunan in Papar (Sabah)

29. September: Tag der Verfassung in Brunei.

September/Oktober: Mooncake Festival – Das Mondkuchenfest erinnert an die Befreiung Chinas von der mongolischen Yuan-Dynastie im 14. Jh. Die in Mondkuchen eingebackenen geheimen Nachrichten trugen mit dazu bei, daß ein Volksaufstand zum Sieg führte. Heute sind die runden Kuchen u. a. mit einer Paste aus süßen roten Bohnen, Kokossamen und gesalzenen Enteneiern gefüllt. Abends ziehen Kinder mit farbenprächtigen roten Lampions durch die Straßen. Frauen beten zur Mondgöttin und bringen ihr Früchte und Speisen dar.

Festival of the Nine Emperor Gods – Neun Tage währendes chinesisches Fest zu Ehren der neun Kaisergötter (bes. Penang).

Navarathri Festival – Jeweils drei Tage lang werden Durga (Parvati), Lakshmi und Sarasvati, die Gemahlinnen von Shiva, Vishnu und Brahma, mit besonders langen, andächtigen Poojas geehrt. In vielen Tempeln erklingt abends klassische indische Musik zu Tänzen und Gesängen. In Singapur wird am zehnten Tag ein silbernes Pferd in einer Prozession durch die Straßen um den Chettiar's Temple (Tank Road) geführt.

Aug./Okt.: Thimithi Fire Walking Festival – Fest zu Ehren von Draupadi, einer Inkarnation der Indrani (Gemahlin des Indra, des mächtigsten Gottes im Vedismus und Brahmanismus). Der Überlieferung zufolge war sie die Tochter des von Arjuna bezwungenen Herrschers der Kauravas. Arjuna nahm sie in sein Haus auf. Auf Geheiß seiner Mutter mußte er sie mit seinen vier Brüdern teilen. Jeweils ein Jahr lang weilte Draupadi im Haus eines jeden von ihnen. Bevor sie es verließ, mußte sie ihre Reinheit dadurch beweisen, daß sie barfuß über glühende Kohlen lief. Hindus tun es ihr beim Thimithi-Festival (aber auch bei anderen Anlässen) nach. Die mit glühender Kohle gefüllte Grube ist etwa 4 m lang (in Singapur zu sehen im Sri Mariamman-Tempel, nach der Prozession vom Perumal-Tempel aus).

Oktober/November: Pilgrimage to Kusu Island – Einen Monat lang ist die heilige Insel südlich von Singapur Ziel von Bootspilgerfahrten. Chinesen bringen Tua Pek Kong, dem Gott des Wohlstands, ihre Gaben, die Malaien legen sie an ihrer heiligen Stätte (Keramat) nieder. Der Legende zufolge rettete eine Schildkröte *(Kusu)* zwei Schiffsbrüchige, einen Chinesen und einen Malaien, indem sie sich in eine Insel verwandelte. Die beiden Männer lebten für immer friedlich miteinander.

Deepavali (Staatsfeiertag in West-Malaysia, Singapur) – Das große Lichterfest der Hindus *(Deepa* = Lampe, *Vali* = Reihe) zum Sieg des Lichts über die Finsternis (gleichzeitig Neujahrsfest). Die Wohnhäuser sind von zahllosen Laternen und elektrischen Lämpchen erleuchtet, und auf den blumengeschmückten Schreinen türmen sich die Gaben. Über den Ursprung des Deepavali-Festes gibt es zwei Legenden. Die eine bezieht sich auf das Ramayana-Epos, in dem nach 14 Jahren Verbannung im Dschungel Prinz Rama an diesem Tag in seine Heimat, das nordindische Königreich Ayodhaya, zurückkehrte. Die Menschen empfingen den Sieger über den dämonischen Riesen-König Ravana mit Fackeln und Öllampen. Die zweite Legende nennt Vishnu als Helden; er soll an diesem Tag den Dämon Naragasuram bezwungen haben.

25. Dezember: Weihnachten (Staatsfeiertag in Malaysia, Singapur und Brunei) – Wird ähnlich wie im Westen gefeiert. Lichtergirlanden, Weihnachtsmänner und mit weißer Watte belegte Plastiktannenbäume schmücken schon seit Wochen die großen Städte.

Geld

Malaysia
1 Malaysian Ringgit oder Dollar, M$ = 100 Sen (c)
Banknoten zu 1, 5, 10, 20, 50, 100, 500 und 1000 M$
Münzen zu 1, 5, 10, 20 und 50 c und 1 M$
1 M$ (Ringgit) entspricht (1989) 0,80 DM
Singapur
1 Singapur-Dollar, S$ = 100 Cent, ¢

Banknoten zu 1, 5, 10, 20, 25, 50, 100 und 500 S$
Münzen zu 1, 2, 5 u. 10 S$ sowie zu 5, 10, 20 u. 50 ¢
1 S$ entspricht (1989) 1,08 DM
Brunei
1 Ringgit oder Brunei-Dollar, BR-$ = 100 Sen, Brunei-Cent, ¢
Banknoten zu 1, 5, 10, 50, 100, 500 u. 1000 BR-$
Münzen zu 1, 5, 10, 20 u. 50 ¢

Der BR-$ ist wertgleich mit dem S$, der in Brunei akzeptiert wird.

Reiseschecks erzielen die besten Umtauschkurse. Hotels wechseln zu schlechteren Kursen als Banken (in Sabah zu äußerst schlechten Kursen).

In Singapur zahlen die lizensierten Geldwechsler (money changer), vor allem in der Change Alley nahe Clifford Pier anzutreffen, häufig bessere Kurse als Banken. Auch in Shopping Centres gibt es lizensierte Geldwechsler.

Auf dem freien Devisenmarkt von Singapur kann man sämtliche Währungen der Welt kaufen, besonders günstig ostasiatische Valuta. Euroschecks (von weltbekannten Banken) nehmen entgegen:
In Singapur: Dresdner Bank, 20 Collyer Quai No. 20-00, Tung Centre
Deutsche Bank, Asia AG, 50 Raffles Place, 10–03/05 Shell Tower
Commerzbank (South East Asia), DES-Building, 6 Shenton Way 44-00
In Kuala Lumpur: European Asian Bank, Yee Seng Building, 15 Jalan Raja Chulan.
Viele Banken behalten bei jedem Wechsel von Traveller Cheques einen bestimmten Betrag als Kommission ein. Da er bei den einzelnen Banken höchst unterschiedlich ist, erkundige man sich vorher.

Gesundheit

Malariatabletten pünktlich einnehmen. In gefährdeten Gebieten unter einem Moskitonetz schlafen oder mit Autan einreiben oder Coils (grüne Spiralen) abbrennen. – Leitungswasser sollte man nicht trinken (ausgenommen höchstens in Singapur). – Salate, aufgeschnittene Früchte meiden, auf Eiswürfel und Speiseeis ganz verzichten. Auf feuchtem Boden unbedingt Sandalen tragen (Hakenwürmer!). Wundinfektionen, auch die kleinsten, desinfizieren und mit Flüssigpflaster behandeln. Zweimal täglich duschen und Wäsche wechseln. Schutz gegen Blutegel: Hosen in die Stiefel stecken und diese in mehreren Ringen mit Insect Repellent einschmieren; oder: Füße, Socken, Schuhe (auch um die Ösen) mit Insect Repellent einschmieren oder besprühen. Die Blutegel nicht von der Haut abreißen, sondern mit Öl, Salz oder glimmender Zigarette ablösen. Einstiche desinfizieren und mit Pflaster überkleben.

Die medizinische Versorgung ist in allen drei Ländern ausgezeichnet; gutausgestattete Kliniken, qualifizierte Ärzte. In Malaysia ist die Behandlung in staatlichen Krankenhäusern auch für Ausländer honorarfrei.

Hotels und Unterkünfte

Die in den großen Städten sehr zahlreichen Hotels der mittleren und oberen Klasse entsprechen hinsichtlich Ausstattung und Preis etwa deutschen Maßstäben. Es lohnt sich, nach Preisnachlässen zu fragen. Wesentlich teurer sind die Hotels in Sabah und Brunei, wo es in Städten kaum preisgünstige Quartiere gibt, aber auch in Sarawak.

In kleineren Orten findet man zumeist einfache, saubere Unterkünfte. Preiswert sind die z. T. gut ausgestatteten YMCA's, manche von Chinesen geleiteten kleinen Hotels und die früher von den Briten an vielen Stellen des Landes eingerichteten Government Resthouses (Liste in den Touristenbüros).

Übernachtungen (beschränkte Möglichkeiten) in den Nationalparks müssen vorher angemeldet werden, für Taman Negara und Kinabalu-Nationalpark am besten schon Wochen vor Reiseantritt. Man erkundige sich bei den Touristenbüros in Europa. In Sarawak und Sabah kann man in Langhäusern übernachten; Geschenke werden erwartet (z. B. Brandy, Zigaretten, Bonbons, Sarong-Stoffe, Kinderkleidung).

Hier einige Hotels in den wichtigsten Orten, in etwa geordnet nach Preisklassen:

Singapur

Shangrila, 22 Orange Grove Road; Dynasty, 320 Orchard Road; Goodwood Park, 22 Scotts Road; Mandarin, 333 Orchard Road; Marco Polo, Tanglin Road; Hyatt Regency, 10/12 Scotts Road; Century Park Sheraton, Nassim Hill Road; Holiday Inn, 25 Scotts Road; Ming Court, Tanglin Road; Westin Plaza, Westin City, Beach/Bras Basah Road; Apollo, Havelock Road; Phoenix, Somerset Road; Cockpit, Oxley Rise / Penang Road; Merlin, 7500 Beach Road; Cairnhill, 19 Cairnhill Circle; Miramar, 401 Havelock Road; Ladyhill, 1 Ladyhill Road; Raffles, 1–3 Beach Road; Novotel Orchid Inn, 214 Dunearn Road; Queen's, 24 Mount Elizabeth Road; Grand Central, Orchard Road; Supreme, 15 Kramat Road; Premier, 22 Nassim Hill Road; Bencoleen, Bencoleen Street; Broadway, 195 Serangoon Road; Chequers, 418 Thomson Road; New Mayfair, 40/44 Armenian Street; YMCA of Singapore, Orchard Road; YWCA, Fort Canning Centre, 6/8 Fort Canning Road.

Preiswerte Hotels finden sich in der Bencoolen Street und in Nebenstraßen der Beach Road (falls die Sanierung noch nicht bis hierher fortgeschritten ist) sowie in Geylang, dem malaiischen Stadtviertel im Nordosten.

West-Malaysia

Johor Bahru: Regent Elite Hotel, Jalan Siew Nam; Merlin Tower, Jalan Meldrum; Tropical Inn, Jalan Gereja.

Kota Tinggi – Desaru: Desaru Merlin Inn, Tanjong Penawar, Penggerang.

Mersing: Mersing Merlin Inn, Jalan Endau.

Rawa Island: Rawa Island Chalets, Rawa Safari Tourist Centre.

Melaka (Malakka): Ramada Renaissance, Jalan Bendahara; Malacca Straits Inn, 37 Jalan Bandar Hilir; Tan Kim Hook, 153 Jalan Laksamana; Admiral, Jalan Mata Kuching; Palace, Jalan Munshi Abdullah; Wisma, 114 Jalan Bendahara; Merlin Inn, Jalan Bendahara; Plaza Inn, 2 Jalan Munshi Abdullah; Grand Continental, Jalan Tun Sri. – Außerhalb: Malacca Village Resort, Air Keroh; Shah's Beach Hotel, Tanjong Keling; YWCA, Tamn Oman, Ujong Pasir.

Seremban: Ria Hotel, Jalan Tetamu; Tasek Hotel am Lake Garden; Carlton Hotel, 47 Jalan Tuan Sheikh; Wah Song Chan Hotel, Jalan Birch; Oriental Hotel, Jalan Lemon; International New Hotel, 126 Jalan Veloo.

Port Dickson: Pantai Hotel, Bungalows; Lido Hotel; Golden Sands Hotel; Pantai Dickson Resort; Ming Court – alle in Strandnähe zwischen der 8. und 9. Meile Richtung Seremban. Im Ort selbst: Happy City Hotel, 26 Jalan Raja Aman Shah u. a.

Kuala Lumpur: Hilton; Jalan Sultan Ismail; The Regent, Jalan Bukit; Park Royal, Jalan Imbi; Merlin Hotel, Jalan Sultan Ismail; Hotel Equatorial, Jalan Sultan Ismail; Holiday Inn, Jalan Pinang; Hotel Malaya, 162 Jalan Cecil; Fortuna Hotel, 87 Jalan Berangan; Hotel Tropicana, 333 Jalan Ipoh; Town House Hotel, 22 Jalan Tong Shin; Hotel Emerald, 166 Jalan Pudu; Century, Jalan Klang; Wisma Belia, 40 Jalan Lornie; Grand Central, Jalan Raja Laut; Palace Hotel, 46 Jalan Masjid India; Grand Pacific, 52–56 Jalan Tun Ismail/Jalan Ipoh; City Hotel, 366 Jalan Raja Laut; YMCA Jalan Kandang Kerba Jugendherberge YH. Jalan Vethanavam nahe Jalan Ipoh.

Genting Highlands: Genting; Highlands; Pelanggi.

Fraser's Hill: Merlin; Fraser's Hill; Fraser's Pine Resort; Ye Old Smoke House.

Ipoh: Eastern, 118 Jalan Sultan Idris Shah; Tambun Inn, 91 Tambun Road; French, 60–62 Jalan Dato Onn Jaafar; Excelsior, Clarke Street; Lotte, Jalan Cockman; Fairmont, 10–12 Kampar Road; Golden Inn, 17 Jalan Che Tak YMCA, 211 Jalan Musa Aziz.

Insel Pangkor: Pangkor Bay Village; Seaview; Beach Huts; Pangkor Anchor (Camp); Khoo's Minicamp; Pan Pacific Resort.

Cameron Highlands: Ye Old Smoke House, Tanah Rata; Foater's Lake House, Lubok Tamang, Ringlet; Merlin, Tanah Rata; Golf Course Inn, Tanah Rata; Brinchang, 36 Brinchang; Federal, Main Road, Tanah Rata; Jugendherberge Cameron

Highlands YH, Wong Villa, Main Road, Brinchang; Strawberry Park.

Kuala Kangsar: Double Lion Hotel, 74 Jalan Kangsar; Tin Heong Hotel, Jalan Raja Chulan.

Taiping: Miramar, 30 Jalan Peng Loong; Town Hotel, 220 Jalan Kota; Peace Hotel, 32 Jalan Iskandar; Wah Bee Hotel, 62 Jalan Kota.

Pinang (Penang), Georgetown: Eastern & Oriental, Leboh Farquhar; Fortuna Hotel, 406 Penang Road; Garden Inn, 41 Jalan Anson; Hotel Continental 5 Penang Road; Hotel Malaysia, 7 Penang Road; Hotel Oriental, 105 Penang Road; Merling Hotel, Leboh Farquhar; Embassy Hotel, 12 Jalan Burmah; Federal Hotel, 39 Penang Road; Hotel Golden City, 12 Kinta Lane; Peking Hotel, 50 Penang Road; Town House. Hotel, 70 Penang Hotel.

Strandhotels, Batu Ferringhi: Bayview Beach; Casuarina Beach; Palm Beach; Holiday Inn; Lone Pine; Golden Sands; Rasa Sayang.

Strandhotel, Tanjong Bungah: Motel Sri Pantai, 516 Jalan Hashim.

Penang Hill: Hotel Bellevue.

Alor Setar: Kedah Merlin Inn, 134 Jalan Sultan Badushan; Samila, 27 Jalan Kanchut; Royale, Jalan Putra.

Kota Bharu: Perdana, Jalan Mahmud Murni, Jalan Dato Pati; Temenggong, Jalan Tok Hakim; Suria, Jalan Padang Garong. Strandhotels: Resort Pantai Chinta Berahi; Sri Desa Resort, Pantai, Cinta Berahi.

Kuala Trengganu: Warisan, 65 Jalan Paya Bunga; Seri Hoover, 49 Jalan Paya Bunga; Sri Trengganu, Jalan Paya Bunga. – Außerhalb: Pantai Primula Motel, Jalan Persinggahan; Motel Desa, Bukit Apil; Motel Sri Marang, Kampong Puala, Kerengga.

Kuala Dungun: Tanjong Jara Beach, 8. Meile nördlich von Dungun; Rantau Abang Visitor Centre, 13. Meile nördl. von Dungun; Merantau, Kuala Abang.

Cherating: Mak Long Teh Guesthouse; Chendor Motel, 1,5 km nördl.; Cherating Holiday Villa; Club Méditerranée.

Kuantan: im Ort: Samudra, Jalan Besar; Champagne Emas, 3002 Jalan Haji Ahmad; Beserah, Jalan Besar; Yenmita, off Jalan Bukit Ubi; Suraya, Jalan Haji Aziz. Am Strand Telok Chempedak: Hyatt; Merlin; Samudra Beach; Kuantan; Baru Rya, Jalan Besar; Embassy, Jalan Telok Sisek; Jugendherberge Kuantan YH, Asrama Bendahara.

Taman Negara (Nationalpark): Hostel, Bungalow und Rest House in Kampong Tahan. Voranmeldung ist anzuraten: Department of Wildlife and National Parks, Block K 19, Government Offices Complex, Jalan Duta, Kuala Lumpur. ∅ (03) 94 10 56 u. 94 12 72 (15. 11.–14. 1. geschl.).

Rest Houses in West-Malaysia: Im allgemeinen eine preiswerte und angenehme Unterkunft. Zuweilen sind sie jedoch von Regierungsmitgliedern belegt. Die Qualität der Rest Houses ist durchaus unterschiedlich. Rest Houses gibt es in: Cameron Highlands, Insel Pangkor, Kuala Kangsar, Taiping, am Gunong Jerai, Insel Langkawi, Port Dickson, Muar, Segamat, Mersing, Insel Tioman, Endau (Dara Rest House), Pekan, Insel Perhentian, Temerloh, Kuala Lipis, Raub, Kampong Tahan im Taman Negara (Nationalpark).

Sarawak

Kuching: Holiday Inn, Tunku Abdul Rahman Road; Aurora Hotel, McDougall Road; Long House Hotel, Abell Road, Padungan; Borneo Hotel, Tabuan Road; Fata

Hotel, McDougall Road; Odeon Hotel, 74 Padungan Road; Ariff Hotel, Haji Taha Road; Liwah Hotel, Lee Hua Road; Hilton Country View, Jalan Tan Sri Ong Kee Hui; City Inn, Lot 275–276, Abel Road.

Damai Resort: Chalets; Holiday Inn.

Sarikei: Ambassador Hotel, 54 Repok Road; Oriental Hotel, 48 Repok Road; Payang Puri Hotel, 1 Merdeka Road.

Sibu: Capitol Hotel, 19 Wong Nai Siong Road; Federal Hotel, 24 Kampong Nyabor Road; Li Hua Hotel, Long Bridge Commercial Center; Merrido, 23 Wong Nai Siong; Rex, 32 Cross Road; Sarawak, 34 Cross Road; Malaysia, 8 Kg. Nyabor Road.

Miri: Park Hotel, Kingsway Road; Fatimah, 15 Brooke Road; Gloria, 27 Brooke Road; Monica Lodgings, 4 Kwang Tung Road; Apollo, Jalan South Yu Seng; Plaza Regent, Brooke Road; Ku's Inn, Jalan Sylvia.

Bandar-Sri Aman: Alishan, 4 Council Road; Taiwan, 1 Council Road; Hoover, 125 Club Road.

Limbang: Bunga Raya, 42 & 43 Main Bazar; Muhibbah, Lot 790–792 Bank Street; National Inn, 62 A–69 A Jalan Buang Siol; South East Asia, 27 Market Street.

Santubong: Santubong Bungalow.

Baram: Alisan Hotel, 65 Queen's Square; Mayland, in Marudi; Grand Hotel, Marudi Bazaar, Marudi.

Bintulu: Hoover Hotel, Keppel Road; Kemena Lodging House, 78 Keppel Road; Li Hua, 2 1/2 Mile Miri/Bintulu Road; Regent, Kemena Commercial Komplex; Royal, 10–12 Pedada; Sunlight, 7 Jalan Pedada.

Kapit: Kapit Longhouse Hotel, Berjaya Road; Rejang Hotel, 28 New Bazaar; Maligai, 34 Jalan Airport.

Resthouses in Sarawak. In Kuching: Government Rest House, Crookshank Road. Im Bako National Park: Rest House und Bungalow.

Beim Niah National Park: Hostel in Pengkalan-Lobang.

Für die Quartiere in den National-Parks ist Voranmeldung anzuraten. Für alle: National Parks and Wildlife Office, Jalan Gartak, Kuching. Ø 2 24 74.

Außerdem für Niah National Park und Gunong Mulu National Park:
National Parks and Wildlife Office. Forest Department, Miri, Ø 3 66 37 u. 3 33 61.

Sabah

Kota Kinabalu: Capital, 23 Jalan Haji Saman; Jesselton, Jalan Gaya; Jesselton Annex, Jalan Gaya; Hyatt, Jalan Datuk Salleh Sulong; Shangrila, Bandaran Berjaya Winner, Jalan Pasar Baharu; Ang's, 28 Jalan Bakau; Sea View, 31 Jalan Haji Saman; Sabah Inn, 25 Jalan Pantai; Eden 1 & 2, Jalan Merdeka; Prince, 1 Jalan Haji Yaacub; Pine Bay, 19 Jalan Sentosa; Asia, 68 Bandaran Berjaya; Palace Hotel.

Tanjong Aru: Victoria Hotel, 9 Jalan Pinang; Tanjong Aru Beach, Locked Bag 174.

Kota Belud: Tai Seng; Kota Belud.

Beaufort: Padas.

Tenom: Tenom; Sabah; Kim San, Shophouse Nr. 58.

Tawau: Tawau, 72/73 Chester Street; Oriental, 10 Dunlop Street; Royal; Ambassador, 1872 Jalan Paya; Malaysia, 37 Jalan Dunlop; Kuhara, Jalan Kuhara; Emas, Jalan Utara; Far East, Jalan Mesjid.

Sandakan: Nak; Sabah, 1. Meilenstein North Road; Malaysia, 32 2nd Avenue; Paris, 45 Jalan Tiga; Hong Kong, 18 Jalan Tiga; Federal, 8 Jalan Tiga; Gaya, Lot 9–11,

Jalan Tiga; Hsiang Garden, Lela Road; Kin Nam Sing, 51 Jalan Tiga; Sabah, KM1, Jalan Utara.

Semporna: Island View.

Lahad Datu: Winning; Lahad Datu, Canal Street; Venus; Perdana, Jalan Seroja; Ocean; Mido, 94 Main Street; Liang Ming Lodging House, Kampong Sawmill.

Ranau: Ranau; Mt. Kinabalu Perkasa, WDT No. 11, Kundassang.

Kudat: Kudat, Little Street; Sunrise; Hasba; Kinabalu, No. 1 Block C, Sedco Shophause.

Kundassang: Kinabalu Park Royal Hotel.

Insel Labuan: Victoria, Jalan Tun Mustapha; Nam Ping, 46 High Street; Imperial, 5 Jalan Merdeka, Lukas Kong Building; Kim Soon Lee, 141 High Street; Victoria Lodging House, 147 High Street; Labuan, Jalan Merdeka.

Kinabalu National Park: VIP Lodge; Deluxe Single Cabin; Deluxe Double Storey Cabin; Chalet Nos; Duplex B & R; Pellow Hostel; Twin Bed Cabin. Vorherige Anmeldung ist dringend anzuraten: Park Warden's Office, Block K, Ground Floor, Sinsuran Complex. Für Postsendungen: Park Warden, Sabah National Park, P.O. Box 626, Kota Kinabalu.

Rest Houses in Sabah: In Papar, Sipitang, Keningau, Kuala Penyu Tuaran, Tambunan, Ranau, Kota Marudu, Kudat, Lahad Datu.

Brunei

Bandar Seri Begawan: Sheraton Utama, Jalan Bendahara; Royal; Brunei, Jalan Pemancha; National Inn, Jalan Tutong; Ang's, Jalan Tasek; Capital Hostel, Jalan Berangan; Princess; Pusat Belia, Jalan Berangan (Jugendzentrum; man kommt aber auch ohne Jugendherbergsausweis hinein).

Kuala Belait: Sentosa, Jalan McKemon; Seaview, Jalan Seria.

Kulturzentren

Goethe-Institut:
1 Jalan Langgak Golf (off Jalan Tun Razak), Kuala Lumpur, ✆ 2422011.
190 Clemenceau Avenue Shopping Centre, Singapur, ✆ 3375111.
Clubs:
Deutsches Haus, 12 First Avenue, Singapur, ✆ 4663156.
Swiss Club, 36 Swiss Club Road, Singapur, ✆ 4663233.

Mietwagen

Avis, Hertz und Sintat sind die bekanntesten Rent-A-Car-Unternehmen. Es lohnt sich, ihre Tarife zu vergleichen, die im allgemeinen in Malaysia (z. B. Johor Bahru) etwas niedriger sind als in Singapur.

Büros gibt es in den Ankunftshallen aller großen Flughäfen sowie u. a. im Zentrum von Singapur, Kuala Lumpur, Penang, Johor Bahru, Kuantan. Die Wagen kann man an jedem Büro dieser Firma zurückgeben.

Weitere Unternehmen sind Mayflower ACME Tours u. National Car Rental (in Kuala Lumpur und Penang), SMAS Rent-A-Car (in Kuala Lumpur) und Lye Lye Self Drive (in Penang). Es empfiehlt sich, eine Zusatzversicherung abzuschließen.

Zur Beachtung: In allen drei Ländern herrscht Linksverkehr und Anschnallpflicht. Der Fahrstil vieler Malaysier und Brunesen ist sehr undiszipliniert – gefährlich vor allem auf belebten Straßen. Bei Regenfällen stehen im Nu ganze Straßen unter

Wasser. Auskunft über den Straßenzustand in Malaysia erteilt die Automobile Association of Malaysia, Kuala Lumpur.

Der Central Business District von Singapur ist als Blaue Zone (Restricted Area) ausgewiesen und kann nur nach Entrichtung einer Gebühr befahren werden (5 S$ für Autos mit weniger als 4 Personen).

Nationalparks

West-Malaysia: Taman Negara. Endau-Rompin National Park (nördl. von Johor Bharu). Templer Park (22 km nördl. von Kuala Lumpur).

Anfahrt zum Taman Negara (für Hin- und Rückfahrt muß man je einen ganzen Tag rechnen; Anmeldung s. S. 380):

Von Singapur oder Kota Bharu aus mit der Eisenbahn bis Jerantut (wie es weiter geht s. u.) oder bis Tembeling Halt (das muß man jedoch dem Zugführer angeben, Tembeling ist keine reguläre Bahnstation; wie es weiter geht s. u.).

Von Kuala Lumpur aus mit Bus oder Überlandtaxi über Temerloh nach Jerantut (weiter s. u.).

Von Kuantan aus mit dem Bus oder Überlandtaxi über Maran nach Jerantut. Von Jerantut aus mit dem Bus (fährt 2 mal täglich gegen 10 und 12 Uhr) oder mit einem Taxi (sehr teuer) nach Kuala Tembeling.

Von Kuala Tembeling (Bootsanlegestelle) aus mit dem Boot nach Kampong Tahan (Headquarter; Parkhauptquartier); ca. 4 Std. Fahrzeit. Weitere Ausgangspunkte sind Raub (wenn man etwa von Fraser's Hill aus anfährt) und Kuala Lipis (wenn man mit der Eisenbahn von Norden kommt). In jedem Fall Bootsanlegestelle in Kuala Tembeling.

Ost-Malaysia: Sarawak: Bako National Park. Lambir Hills National Park (27 km von Miri entfernt, nahe der Straße nach Bintulu). Similajau National Park (an der Küste, 1–2 Std. Bootsfahrt von Bintu u aus). Niah u. Gunong Mulu Nat. Park (Anmeldung s. S. 381).

Sabah: Kinabalu National Park (Anmeldung s. S. 382). Tunku Abdul Rahman National Park (Inseln vor Kota Kinabalu). Orang Utan Rehabilitation Sanctuary Sepilok.

Notfälle

Polizei 999 (in ganz Malaysia und Singapur)
Notarzt, Krankenwagen, Feuerwehr
999 (in Malaysia)   995 (in Singapur)

Öffnungszeiten

In Malaysia und Singapur Geschäftszeiten im allgemeinen: Mo–Fr 9.30–17.00 Uhr mit einer Mittagspause von 13.00–14.00 Uhr. Die großen Shopping Cenres täglich von 10.00–22.00 Uhr.

Ämter und Behörden: Mo–Do 8.15–12.45, 14.00–16.15; Sa 8.00–12.45 Uhr

Banken: Mo–Fr 10.00–15.00; Sa 9.30–11.30

Geschäfte: Mo–Sa 9.00–18.00, viele, auch Shopping Centres, bis 22.00, So etwa ab 12.00–20.00 oder 21.00 Uhr.

Länger und auch sonntags geöffnet sind die Banken in den internationalen Flughäfen. In den westmalaysischen Gebieten mit überwiegend muslimischen Bewohnern (Kelantan, Kedah, Trengganu, Johor) sowie in Brunei sind Geschäfte und Büros donnerstagnachmittags und am Freitag geschlossen, samstags jedoch geöffnet.

Post

Luftpostkarten und -briefe erreichen Mitteleuropa in drei bis fünf Tagen, wenn man sie bei den Hauptpostämtern von Singapur, Kuala Lumpur und Penang oder in den Flughäfen dieser Städte aufgibt.

Postgebühren	Malaysia	Singapur	Brunei
Aerogramme	40 c	40 c	30 ¢
Luftpostbriefe (bis 10 g)	80 c	80 c	80 ¢
Postkarte (Luftpost)	40 c	40 c	30 ¢
Einschreib- gebühr	zusätzlich 60–80 ¢		
Päckchen (max. 1 kg)	etwa 1,80–2,00 $		

Briefmarken sind zuweilen in Hotels, sonst aber nur bei den Postämtern zu erhalten. Pakete kann man als Luftfracht (Air Mail) oder sehr viel billiger und ebenso zuverlässig als Seefracht (Sea Mail) verschicken. Mit dem Schiff erreichen sie allerdings erst nach sechs bis zwölf Wochen den Empfänger.

Postlagernde Sendungen läßt man sich am besten an die Hauptpostämter größerer Städte schicken. Muster für die Adresse (alles in Druckschrift):
Vorname, Hauptname (unterstreichen)
Stadt
Land
General Post Office
Poste Restante
Beim Abholen an den Poste Restante-Schaltern wird die Vorlage des Reisepasses verlangt.

Reisebüros

Zahlreiche Reisebüros in Kuala Lumpur, Penang und einigen anderen Städten West-Malaysias; Kuching, Kota Kinabalu, Singapur und Brunei bieten Fahrten durch Stadt und Land an. Aufgelistet sind sie in den Broschüren der Touristenbüros.

Sprache

Malaiisch ist in allen drei Ländern die offizielle Landessprache (in Malaysia Bahasa Malaysia genannt). Daneben werden verschiedene chinesische und indische Dialekte und im Landesinneren verschiedene Stammesidiome gesprochen. Englisch ist weit verbreitet, in Singapur und Brunei als Amts- und Geschäftssprache. Seit neuestem fördert auch Malaysia das Erlernen der englischen Sprache.

Einen Bahasa Malaysia-Sprachführer gibt es auf dem deutschen Buchmarkt z. Zt. nicht. Doch ist die Landessprache bis auf geringe Ausnahmen mit dem Bahasa Indonesia identisch. Malaysische und indonesische Staatsangehörige verstehen sich problemlos. Einen Bahasa Indonesia-Sprachführer gibt es in der Reihe ›Kauderwelsch‹: G. Urban, Indonesisch für Globetrotter, Bielefeld 1983.

In Singapur werden Chinesen dazu angehalten, Mandarin, die chinesische Hochsprache, zu erlernen – zur Verständigung der einzelnen Volksstämme untereinander und zur Pflege der Tradition.

In den meisten Koranschulen wird Arabisch gelehrt und Malaiisch mit dem arabischen Alphabet (*Jawi*) geschrieben, wie es früher allgemein üblich war. Die lateinische Umschrift (*Rumi*) wurde gegen Ende des vorigen Jahrhunderts von den Briten eingeführt. Die in den Informationsstellen für Touristen erhältlichen kostenlosen Broschüren enthalten einige einfache Redewendungen in Bahasa Malaysia und die von Sarawak auch einige in Iban.

Telefonieren

Ortsgespräche in Malaysia 10 ¢, in Singapur von bestimmten öffentlichen Privatanschlüssen und vom Flughafen aus kostenlos, von anderen öffentlichen Fernsprechern aus 10 ¢ für die ersten 3 Minuten und 10 ¢ für jede weitere Minute.
Überregionale Gespräche sind zwischen 18.00 und 7.00 Uhr verbilligt.
Alle Städte Malaysias und Singapur sind im Selbstwähldienst zu erreichen. Einige Vorwahlnummern: Singapur 02. Kuala Lumpur 03. Kangar, Alor Setar, Penang, Butterworth 04. Taiping, Ipoh 05. Melaka, Muar, Negeri Sembilan 06. Batu Pahat, Klang 07. Johor Bahru 07. Kuantan 095. Kuala Trengganu 096. Kota Bharu 097. Sabah 088. 082 Sarawak.
Brunei (gilt als Ferngespräch): Bandar Seri Begawan 006732. Seria und Kuala Belait 006733.
Vermittlung von Gesprächen (teurer) innerhalb von Malaysia über Rufnummer 101.
Vermittlung von Gesprächen in Singapur nach Westmalaysia über Rufnummer 109.
Es meldet sich der Operator (Vermittler).

Internationale Gespräche: Von Malaysia aus sind bisher nur wenige Orte in der Bundesrepublik Deutschland und der Schweiz (noch keine in Österreich) im Selbstwähldienst zu erreichen, und zwar von ISD-Telefonen aus (International Subscriber Dialling).

Informationen und Anmeldung von vermittelten internationalen Gesprächen: 108 (beim Operator).

Das Central Telegraph Office, Bukit Mahkamah, Kuala Lumpur, ist rund um die Uhr geöffnet.

Von Singapur aus sind die meisten Anschlüsse in Deutschland, Österreich und der Schweiz und vielen anderen Ländern der Welt im Selbstwähldienst zu erreichen. Vorwahlnummern: BRD 0049. Österreich 0043. Schweiz 0041. Kosten: je 6 sec. 57 ¢.
Rund um die Uhr geöffnet haben (auch für Telex und Telegramme):
General Post Office, Fullerton Building, Battery Road
Telecom Building, 35 Robinson Road
Telecom Centre, Killiney Road (off Orchard Road)
Telephone House, 15 Hill Street
und vermutlich auch das jüngst fertiggestellte Telecom Building, Pickering/Synagogue Street. Auskunft und Vermittlung von internationalen Gesprächen: 104

Touristeninformation

West-Malaysia

Kuala Lumpur:
Malaysian Tourist Information Centre, Subang International Airport, ✆ 7465707
Tourist Development Corporation Malaysia (TDC), 26th Floor Menara Dato'Onn, Putra World Trade Centre, 45, Jalan Tun Ismail, 50480 Kuala Lumpur, ✆ 2935188
The President, Malaysian Association of Hotels, 76 B, Jalan Imbi, ✆ 2436379
Melaka:
Malacca Tourist Information Centre, Jalan Kota, 75740 Melaka, ✆ (06) 236538
Malacca State Development Corporation, Wisma Grahamaju, Peti Surat 221, ✆ (06) 220643

Ayer Keroh Tourist Information Centre, Ayer Keroh.

Penang:

Tourist Development Corporation Malaysia, 10, Jalan Tun Syed Sheikh Barakbah, 10200 Penang (Georgetown), ∅ 620066, 619067

Tourist Development Corporation Information Centre, Bayan Lepas Airport, ∅ 831501

Ipoh:

TDC, Perak Tourist Association, c/o State Economic Development Corp., Jalan Douglas, ∅ 512722

Johor Bahru:

TDC, Regional Office, No. 1 4th Floor, Kompleks Tun Razak, Jalan Wong Ah Fook, 80000 Johor Bahru, ∅ 223590/91

State Tourist Promotion Office, Bangunan Sultan Ibrahim, Jalan Bukit Timbalan, ∅ (07) 241957

Fraser's Hill:

General Manager, Fraser's Hill Development Corporation, ∅ (09) 382201

Seremban:

State Economic Development Corporation, Jalan Yam Tuan, ∅ (06) 723251

Kota Bharu:

Kelantan Tourist Information Centre, Jalan Sultan Ibrahim, ∅ (03) 785534

Office of the State Secretary, Kelantan State Secretariat, ∅ (07) 241957

Kuantan:

Pahang State Economic Development Corporation (Industrial and Tourism Division), 14th Floor, Teruntum Complex, Jalan Mahkota, 25000, ∅ (03) 522346

Trengganu:

TDC, Wisma MCIS, Jalan Sultan Zainal Abidin, 2000 Kuala Trengganu, ∅ 621433/893

Nützliche Informationsschriften:
›Kuala Lumpur – Penang This Month‹, ›Malaysia Visitor‹

›Your Bi-Monthly Shopping & Eating Guide‹ (mit vielen anderen Informationen), Selamat Datang, monatlich herausgegebenes Journal mit Tourismus-Informationen.

Ost-Malaysia

Sarawak:

Kuching:

Tourist Development Corporation (TDC), AIA Building, 2nd Floor, Jalan Song Thian Cheok, 93100 Kuching, ∅ 246575/775

Sarawak Tourist Association, Bangunan STIC, Main Bazaar, 93000 Kuching, ∅ 246575/775

Informationsschrift:
›Sarawak – On Your Own‹

Sabah:

Kota Kinabalu:

TDC, Block L, Lot 4, Bandaran Sinsuran, 88700 Kota Kinabalu, ∅ 211698/732

Sabah Tourist Association, Block 12, Expo Compleks, Jalan Tun Fuad Stephens, 88300 Kota Kinabalu, ∅ 218620/46

Informationsschrift: ›A Guide to Sabah‹

Singapur

Tourist Information Centre, 01-19 Raffles City, Westin Building, ∅ (Turm 3300431/2)

Singapore Tourist Promotion Board (STPB), ∅ 3396622

TDC Malaysia, 10 Collyer Quay, Ocean Building, ∅ 5326321/51

Chang Airport: Informationsmaterial hinter den Paßkontrollschaltern.

Brunei

Bandar Seri Begawan:

Government Tourist Office (GTO), Schalter im Airport und Jalan McArthur nahe der Brücke

Trinkgeld

Die Preise für Speisen und Getränke in Gaststätten enthalten bereits das Bedienungsgeld. In Malaysia und Brunei sind kleine Trinkgelder darüber hinaus stets willkommen. Bei sonstigen Handreichungen, z. B. Gepäcktragen, wird ein Trinkgeld erwartet. In Singapur gilt das Trinkgeldgeben als Unsitte. Die Löhne und Gehälter der im Dienstleistungsgewerbe Tätigen sind angemessen hoch, so daß sie nicht auf Trinkgelder angewiesen sind.

Verkehrsmittel

Flugzeug: Dichtes Binnenflugnetz (Domestic Flights) der nationalen malaysischen Fluggesellschaft MAS. Eingesetzt werden auch kleine Maschinen wie Fokker Friendship (F 28) und BN 2 – Maschinen, vor allem in Ost-Malaysia. Es gibt verbilligte Nachtflüge. Verschiedene kleine Flughäfen Malaysias werden auch von Singapore Airlines (SIA) angeflogen.

Eisenbahn: Von der Linie Singapur – Seremban – Kuala Lumpur – Ipoh – Butterworth/Penang – Padang Besar (Grenzort) – Bangkok zweigt in Gemas die durch den Dschungel nach Kota Bharu führende Linie ab. Es gibt in den Zügen drei Klassen, die beiden ersten entsprechen internationalem Standard. Plätze müssen zuvor (beim Fahrkartenkauf) reserviert werden. Fahrzeiten: Singapur bis Butterworth/Penang (787 km) 13–15 Std. mit dem Express Rakyat, von Butterworth nach Bangkok etwa 28 Std. Der Railpaß für 70 M$ (10 Tage) oder 150 M$ (30 Tage) berechtigt zur Benutzung aller Züge der Malayan Railway (Bett ist extra zu bezahlen; zu erhalten in Padang Besar, Butterworth, Penang, Kuala Lumpur, Johor Bahru, Singapur, Klang, Rantau Panjang, Wakaf Bharu).

Die einzige Eisenbahnstrecke in Ost-Malaysia von Tanjong Aru (Kota Kinabalu) bis Melalap (154 km) wird nur noch auf der kurzen Strecke zwischen Beaufort und Tenom befahren (keine Straßenverbindung).

Busse: Lokale Busse fahren innerhalb großer Städte und zu kleinen Ortschaften in der Umgebung. Fernbusse, darunter Expressbusse mit Aircondition, verbinden die großen Städte; sie sind schnell, zuverlässig und billig. Tickets an den Schaltern der Busgesellschaften an den Busbahnhöfen möglichst im voraus kaufen. In Singapur an Zeitungsständen den Bus Guide (SBS Guide) kaufen.

Untergrundbahn MRT in Singapur (Mass Rapid Transit System): 1990 werden beide Linien (West-Ost, Nord-Süd) fertiggestellt sein. Route Map und MRT Giude sind kostenlos erhältlich.

Überlandtaxis und Minibusse: Sie sind, voll besetzt, etwa 25 % teurer als der Bus. Halteplätze zumeist bei den Busbahnhöfen. Empfehlenswert vor allem in Sabah.

Taxis in Städten: Sie sind verhältnismäßig billig. Die Fahrer schalten nicht immer ihre Taxameter ein (ausgenommen Singapur, Kuala Lumpur, Penang), also muß man handeln. Im Zentrum Singapurs sind die Taxiabfahrstellen festgelegt.

24 Std. Taxi-Service in Singapur: 4525555, 2500700.

Trishaws: Fahrradrikschas sind in Melaka, Penang und einigen anderen Orten noch immer ein geschätztes Verkehrs- und Transportmittel. Die Preise muß man aushandeln.

In Singapur nostalgisch, darum teuer.

Schiffe und Boote: Linienschiffe und Charter-Boote verbinden Festland und Inseln in West-Malaysia. Mit kleinen gecharterten Booten (Preise vorher aushandeln, nicht niedrig) ins Landesinnere.

In Ost-Malaysia und Brunei sind Schiffe und Boote das wichtigste Verkehrsmittel. Es bestehen Linienverbindungen zu Inseln, von Küstenort zu Küstenort (Dampfer, Speedboats, einfache Boote) und zwischen verschiedenen Flußorten im Landesinnern.

Seit September 1986 gibt es einen wöchentlichen Liniendienst von Kuantan (West-Malaysia) über Singapur nach Kuching (Sarawak: Fahrzeit 28 Std.) und weiter nach Kota Kinabalu (Sabah; Fahrzeit nochmal 24 Std.).

Regelmäßige Verbindungen zwischen Singapur und Sentosa, St. John's und Kusu Island, Charterboote zu Pulau Hantu, Pulau Seking und Sister Island.

Warnung: Wegen Piratenüberfällen ist die Sulu-See sehr gefährlich. Malaiische Schiffe, die die Malakka-Straße und das Südchinesische Meer durchqueren, sind häufig unsicher (ausgenommen obengenannte Fährverbindung).

Wasser

In Singapur ist Leitungswasser trinkbar, in West-Malaysia und Brunei nur mit Einschränkungen. Dort wie auch in Ost-Malaysia besorge man sich – vor allem während der Regenzeit – abgekochtes Wasser, das auch in Langhäusern stets bereit steht. In größeren und kleineren Ortschaften gibt es Mineralwasser zu kaufen.

Zeit

Alle drei Länder sind der Mitteleuropäischen Zeit (MEZ) um sieben Stunden voraus (während der europäischen Sommerzeit sechs Stunden).

Die Uhrzeit wird meistens in englischer Weise angegeben, z. B.: 9 a. m. (ante meridian = vor Mittag). 9 p. m. (post meridian = nach Mittag) = 21.00 Uhr.

Zeitungen

In Malaysia erscheinen ca. 50 Zeitungen in acht Sprachen, etwa die Hälfte der Gesamtauflage in Bahasa Malaysia, 35 % in Englisch, 16 % in Chinesisch, 1 % in Tamil. Die wichtigste englischsprachige Tageszeitung ist die New Straits Times, weitere: Malay Mail und The Star.

In Sabah erscheinen Kinabalu Sabah Times (Englisch, Bahasa Malaysia, Kadazan), Daily Express, Overseas Chinese Daily News u. a.

In Singapur erscheinen elf Tageszeitungen in fünf Sprachen, die Hälfte der Gesamtauflage in Chinesisch. Die wichtigste englischsprachige Zeitung ist die weltweit orientierte The Straits Times. Nachmittags erscheint The New Paper. Zahlreiche deutschsprachige Zeitungen gibt es am Flughafen und in vielen Buchhandlungen der Stadt sowie in den großen Hotels. In Brunei erscheint als einzige englischsprachige Zeitung einmal wöchentlich das Borneo Bulletin.

Erläuterung der Fachbegriffe (Glossar)

Adat
Gewohnheitsrecht eines Stammes, Volkes oder Dorfes. Es wird zumeist nur mündlich überliefert, ist aber jedem bekannt.

Akanthus
Im Mittelmeerraum verbreitete Distelart mit großen, buchtig ausgerandeten Blättern; beliebtes Dekorationselement in der europäisch-klassischen und klassizistischen Baukunst, insbesondere für das korinthische Kapitell.

Amalaka
Flacher, gerippter, kissenartiger Deckstein des nordindischen Sikhara; nachgebildet der gleichnamigen indischen Frucht.

Anda
Der halbkugelige massive Körper des indischen Stupa und der Dagoba auf Sri Lanka.

Apsara
›Wasserwandlerinnen‹, nach hinduistischer Vorstellung Nymphen von großer Schönheit; Tänzerinnen des Gottes Indra.

Apsis (Plural: Apsiden)
Zumeist halbrunder oder polygonaler und häufig mit einer Halbkuppel überwölbter Raumteil; in christlichen Kirchen Chorabschluß des Langhauses.

Architrav
Waagerechter, den Oberbau tragender Hauptbalken, der meist auf Säulen oder Pfeilern ruht.

Arkade
Bogenstellung; ein auf Stützgliedern (z. B. Pfeilern oder Säulen) ruhender Bogen; auch fortlaufende Reihe von Bogenstellungen.

Artefakt
lat. arte factum, ›mit Kunst gemacht‹; Erzeugnis menschlichen Könnens; vorgeschichtliches Werkzeug

Avatara
›Herabkunft‹, im Hinduismus Herabstieg einer Gottheit in diese Welt, sei es in eigener oder anderer Gestalt, z. B. als Mensch oder Tier.

Basilika
In der christlichen Baukunst: längsgerichteter drei- oder fünfschiffiger Kirchenbau mit erhöhtem Mittelschiff, dessen Mauerwände oben durchfenstert sind.

Basrelief
Flachrelief.

Betel
Leichtes Rauschmittel zum Kauen, beliebt in allen Bevölkerungsschichten; besteht aus einem Stück Betelnuß (Nuß der Areka- oder Betelpalme), einem Blatt vom Betelpfeffer und etwas gebranntem Kalk; färbt den Speichel rot, die Zähne schwarz.

Bhakti
Liebende Verehrung eines Gottes.

Blendbogen
Bogen, der einer geschlossenen Mauerwand zur Gliederung oder Ornamentation vorgeblendet ist.

Bogenfries
Fortlaufende Reihe von kleinen Blendbögen.

Buddhapada
Fußabdruck Buddhas; symbolisches Zeichen seiner Anwesenheit.

Candi
Ursprünglich Bezeichnung für ein Grabmal, später auch für einen Kultbau zur Aufnahme von Buddha- oder Götterbildnissen; besteht in der

	einfachsten Form aus einer auf einem Sockel errichteten Cella, die über eine Treppe zugänglich ist und über der sich ein Turm erhebt.
Cella	(lat.: Kammer, Zelle) Fensterloser Raum eines Hindu-Tempels, der das Kultbild birgt.
Chaitya	Buddhistischer Kultbau von basilikaartiger Gestaltung; hufeisenförmiger Bogen an einer Fassade, häufig vorgeblendet; Chaitya-Fenster.
Chedi	Thailändische Bezeichnung für einen buddhistischen Reliquienbau; meist mit glockenförmigem Mittelteil (Weiterentwicklung der halbkugelförmigen indischen und srilankanischen Dagoba).
Chor	Meist rechteckiger Raumteil in Kirchen, der durch die Verlängerung des Mittelschiffs gebildet wird; Sitz der Geistlichen bzw. der Mönche.
Chorbogen	Triumphbogen.
Dagoba	Bezeichnung für den Stupa in Sri Lanka und in Ländern, die dem Lamaismus anhängen.
Dipterocarpus	In Südostasien entstandene Baumartenfamilien mit zehn Gattungen und rund 400 Arten; je nach Bodenbeschaffenheit und Höhe machen sie 20–80 % des Regenwaldes aus. Dipterocarpaceen kommen sonst nur noch im tropischen Afrika vor.
Dou Gong	Bezeichnung für die beiden seitlichen vom tragenden Balken abzweigenden Trägerarme. Dieses System, das aus mehreren Reihen übereinander bestehen kann, kam in der Zhou-Dynastie (4./3. Jh. v. Chr.) auf. Zweck ist die Verteilung der Drucklast eines großen Daches.
Durian	*Durio zibethus*, eine übelriechende, köstlich schmeckende Frucht. Das weißliche, segmentierte Fruchtfleisch wird von einer dicken grünen Schale umschlossen, die mit Noppen besetzt ist. Etwa so groß wie ein Kinderkopf.
Epitaph	›Grabschrift‹; Gedächtnismal für einen Verstorbenen, meist mit einer Inschrift und Reliefschmuck.
Gambir	Gerbstoffreicher Extrakt, der aus den Blättern und jungen Trieben des Rotgewächses *Uncaria gambir* gewonnen wird; wird bei der Lederbereitung und Färberei verwendet und war früher ein wichtiger Handelsartikel Singapurs und Malayas.
Ganga	Der als die Göttin Ganga personifizierte Ganges, der heilige Strom Indiens.
Giebelfeld	Fläche zwischen Türsturz und oberer Begrenzung eines dreieckigen oder bogenförmigen Giebels.
Gopura(m)	Hochragender Turm über den Toreingängen eines Hindu-Tempels.
Gupta	Eine der größten Herrscherfamilien Indiens (4.–6. Jh.); Blütezeit des Hinduismus, von Politik und Kunst.
Hadith	›Überlieferung‹; Taten und Aussprüche Muhammads; nach dem Koran die wichtigste autoritäre Quelle des islamischen Rechts.

Hallenkirche	Mehrschiffiger Kirchenbau mit einem alle Schiffe überdeckenden Dach. Die einzelnen Schiffe haben gleiche oder annähernd gleiche Höhe, das Mittelschiff ist zumeist ohne selbständige Belichtung.
Jatakas	Erzählungen über die entscheidenden Ereignisse während der etwa 500 früheren Existenzen Buddhas; beliebte Themen der Tempelmalerei.
Ikonographie	Beschreibung von Bildinhalten und wissenschaftliche Erforschung der Komposition sowie bestimmter Einzelheiten nach ihrer Geschichte und Entwicklung; Bildprogramm.
Imam	›Vorbild‹, ›Führer‹, ›Vorbeter‹; Leiter des gemeinschaftlichen Ritualgebets der sunnitischen Muslime.
Ionische Säule	Aus der Antike stammende Säule mit quadratischer Sockelplatte → kanneliertem (Hohlkehlen-)Schaft und Volutenkapitell.
Kadavi	Zentnerschwere, mit Pfauenfedern geschmückte Tragegestelle mit Götterstatuen und Opfergaben; vom oberen Kadavi-Rand hängen kranzförmig Stangen herab, die ins Fleisch des Hindu stechen. Bußübung beim Thaipusam.
Kala	Die Zeit, der Tod, symbolisiert durch einen großen Kopf (ähnelt einem Löwenkopf) über Tempeltoren → Kirrti-Mukha.
Kalasa	Vasenförmiger Aufsatz als Bekrönung eines Tempelturms oder Gopurams.
Kalif	›Nachfolger‹ des Propheten.
Kanneluren	(kanneliert) Senkrechte konkave Rillen (Hohlkehlen) am Säulenschaft; sie können aneinander stoßen (dorische Säule) oder durch Stege voneinander getrennt sein (ionische Säule).
Kapitell	Kopf einer Säule, eines Pfeilers, eines Pilasters.
Kenotaph	Grabdenkmal für einen an anderer Stelle beigesetzten Toten.
Kirtti-Mukha	›Ruhmesantlitz‹; gehörntes Antlitz eines Löwen, Dämon der Zeit (Kala); aus dem Rachen quellen Blütenranken als Zeichen der Lebensfülle.
Kinnaras	Oft vogelgestaltige Musikanten der indischen Mythologie, häufig dargestellt in der thailändischen Kunst.
Kolonnade	Säulenreihe mit geradem Gebälk; Dekorelement an Fassaden.
Konsole	Vorspringendes Trageelement an Steinbauten, auf dem ein Balken, ein Sims, Erker etc. ruhen.
Kudu	Hufeisenförmige Nische oder Öffnung, die auf den → Chaitya-Bogen zurückgeht.
Lettner	Trennwand, häufig mit Maßwerk verziert, zwischen Mönchschor und Laienhaus in Domen, Kathedralen, Stifts- und Ordenskirchen der Gotik.
Libation	Ausgießen einer Flüssigkeit auf den Boden oder auf Symbole zur Verehrung einer Gottheit.

Lotos   Die aus dem Schlamm emporstrebende Pflanze, die an der Wasseroberfläche ihre weißen, völlig symmetrisch angeordneten Blütenblätter entfaltet; wird im Hinduismus mit verschiedenen Gottheiten in Verbindung gebracht, Buddha und Bodhisattvas werden auf ihr stehend oder sitzend dargestellt; Symbol für Reinheit und Vollkommenheit.

Oktogon   Gebäude mit achteckigem Grundriß.

Makara   Mythologisches Seeungeheuer, eine Verschmelzung von Krokodil, Fisch (oder Delphin) und Elefant.

Mandapa   Bezeichnung für Tempel und die offene Kulthalle eines Tempels.

Meru   Gemäß der altindischen, dem Hinduismus zugrundeliegenden Kosmographie ist der Götterberg Meru der Mittelpunkt der Erde und des Kosmos.

Mihrab   Gebetsnische einer Moschee, ausgerichtet nach Mekka.

Minbar   Eine Art Kanzel oder Predigtstuhl in einer Moschee neben dem Mihrab.

Minarett   Hoher Turm einer Moschee, von dem der → Muezzin die Gläubigen zum Gebet ruft.

Monopteros   Kleiner Rundbau mit äußerem Säulenkranz.

Mudra   ›Siegel‹; symbolische Hand- und Fingerhaltung hinduistischer und buddhistischer Kultfiguren.

Muezzin   Muslimischer Gebetsrufer.

Naga   ›Schlange‹, in der hinduistischen Mythologie dämonischer Bewohner unterirdischer Reiche; auf bildlichen Darstellungen gleicht sie zumeist einer Kobra. Dem Buddhismus ist die siebenköpfige Naga heilig, deren aufgerichtete Kopfschilde Buddha einst Schutz boten.

Pagode   Bezeichnung für die ostasiatische Form des → Stupa.

Pilaster   Flacher Wandpfeiler, meist mit Basis und Kapitell.

Portikus   Von Säulen oder Pfeilern getragener, häufig übergiebelter Vorbau an der Gebäudehauptfront zur Betonung des Eingangs.

Puja (Pooja)   Erschauen, Verehren, Schmücken, Anbeten und Umwandeln von Bildnissen hinduistischer Gottheiten.

Qibla   ›Richtung‹, in die sich der Muslim beim Gebet wendet – gen Mekka.

Qibla-Wand   Stirnwand einer Moschee, ausgerichtet nach Mekka; in sie ist eingelassen der → Mihrab (Gebetsnische).

Sanktuarium   Tempelraum, der das Allerheiligste birgt; in christlichen Kirchen der Chorraum mit dem Hochaltar, in Hindu-Tempeln die → Cella.

Sanskrit   Aus dem vedischen Sanskrit zum klassischen Sanskrit entwickelte Kunstsprache, in der die heiligen Schriften des Hindus verfaßt wurden; war bis ins 20. Jh. als Literatur- und Gelehrtensprache gebräuchlich.

Scharia   ›Weg‹, ›Gesetz‹, das auf göttliche Offenbarung zurückgehende Gesetz des Islam.

Schia   ›Partei‹ des Ali, des Neffen und Schwiegersohns von Muhammad; die

Schiiten sehen nur in Ali und seinen Nachkommen (aus der Ehe mit Fatima) die allein berechtigten Imame; etwa 8 % der Muslime sind Anhänger dieser Richtung des Islam (Iran, Mehrheit im Irak, in Bahrein) → Sunniten.

Schiiten → Schia.

Sepoy Truppe eingeborener Soldaten im anglo-indischen Heer.

Shakti Gemahlin eines Hindugottes; Personifizierung seiner schöpferischen Kräfte in deren weiblichem Aspekt.

Stupika Kleines stupaartiges Bauglied als Ornament auf den Terrassen indischer Tempeltürme.

Stupa Buddhistisches Bauwerk, im allgemeinen über Reliquien des Buddha oder eines buddhistischen Heiligen, über einer Buddha-Statue oder als Erinnerungsmal errichtet. Von Indien aus verbreitete sich der Stupa unter mehr oder minder starken baulichen Abwandlungen in Süd-, Südost- und Ostasien.

Sunna ›Gewohnheit‹, ›Brauch‹; die im → Hadith wiedergegebenen Taten und Aussprüche Muhammads gelten als zweithöchste Autorität des Islam neben dem Koran.

Sunniten Glaubensrichtung des Islam mit 92 % aller Muslime; legt im Gegensatz zu den Schiiten das Hauptgewicht nicht auf die Wahl des richtigen Imam, sondern auf die Orthodoxie der Lehre und die Einheit der Gemeinde.

Sure Bezeichnung für die einzelnen Abschnitte des Koran.

Sutra (Pl. Sutren) Heiliger Text, hinduistische und buddhistische Regeln in Kurzform.

Tonnengewölbe Gewölbe mit längs einer Achse gleichbleibendem bogenförmigem Querschnitt.

Towkay Große Unternehmerpersönlichkeit, Wirtschaftskapitän. Tycoon ist das auch heute noch gebräuchliche englische Wort.

Trishaw Fahrrad-Rikscha, Fahrrad mit Beiwagen zum Transport von Menschen und Lasten.

Triumphbogen Bogen, der vom Langhaus zum Chor bzw. zur Vierung überleitet.

Tympanon Bogenfeld über dem Türsturz eines Portals; meist reliefgeschmückt.

Vahana ›Träger‹; Reit-, Begleit- und Symboltier von Hindu-Gottheiten.

Veda ›Wissen‹; heilige Schriften, die die Grundlage des Hinduismus bilden.

Vimana Cella (Garbha Griha) und Turmaufbau (Sikhara) eines südindischen Tempels.

Volute Giebel oder Kapitell in Spiral- oder Schneckenform.

Wat Siamesische Bezeichnung für ein buddhistisches Kloster.

Literaturhinweise

Bauer, K.: Die Kulturlandschaft von Britisch Malaya und ihre Entwicklung aus der Natur-landschaft. Diss. Halle 1931

Begbie, P. J.: The Malayan Peninsula, Embracing its History, Manners and Customs of the Inhabitants. Madras 1834, Kuala Lumpur 1967

Bitsch, J.: Tamapaya – Paradies am Ende der Welt. Berlin 1960

Boerschmann, E.: Chinesische Architektur, 2 Bde. Berlin 1920

Carey, J.: Orang Asli – The Aboriginal Tribes of Peninsular Malaysia. Kuala Lumpur 1976

Comber, L.: 13 May 1969 – A Historical Survey of Sino-Malay Relations. Kuala Lumpur 1983

Damalain, J. Y.: Panjamon, Ich war ein Kopfjäger. Wien 1972

Dentan, R.: Senoi-Semang. In: Ethnic Groups of Mainland Southeast Asia. Human Relation Area Files Press, New Haven 1964

Down, R. E.: Jakun. In: Ethnic Groups of Mainland Southeast Asia. Human Relations Area Files Press, New Haven 1964

Dunkel, P. F.: Die Tatauierung in Borneo. Diss. 1972

Eberhard, W.: Lexikon chinesischer Symbole. Köln 1983

Evans, I. H. N.: The Negritos of Malaya. Cambridge 1937

Favre, P.: Wild Tribes of the Malayan Peninsular, Sumatra and a few Neighbouring Islands. In: Journal Ind. Arch. vol II, S. 237 ff.

Fessen, H., und Kubitschek, H. D.: Geschichte Malaysias und Singapurs, Berlin 1984

George, T. J. S.: Lee Kuan Yew's Singapore. Singapore 1984

Ginsbury, M., and Robert, Ch.: Malaya. Seattle, University of Washington Press 1958

Hall, D. E. G.: A History of South East Asia. London 1964

Heine-Geldern, R. von: Urheimat und früheste Wanderungen der Austronesier. In: Anthropos, Band XXVII, Wien 1932

Ions, V.: Indische Mythologie, Wiesbaden 1967

Jones, L. W.: The Population of Borneo. London 1966

Josselin de Jong: Minangkabau and Negri Sembilan. Diss. Leiden 1951

Kennedy, J.: A History of Malaya 1400–1956. London 1962

Knappert, J.: Malay Myths and Legends. Kuala Lumpur 1980

Kühne, D.: Malaysia – Ethnische, soziale und wirtschaftliche Strukturen. Klett: Länderprofile. Stuttgart 1980

Lamb, A.: Report on the Excavation and Reconstruction of Candi Bukit Batu Pahat. Kuala Lumpur 1960

Lee Kip Lin: Emerald Hill – The Story of a Street in Words and Pictures. Singapore 1984

Liebert, G.: Iconographic Dictionary of the Indian Religions. Leiden 1976

Loeb, E. M.: Social Organisation and the Longhouse in South East Asia. In: American Anthropologist, Vol. 49, S. 414 ff.

Lützeler, H.: Die Kunst Asiens. München 1965

Martin, R.: Die Inlandstämme der Malaiischen Halbinsel. Jena 1905

Michell, G.: Der Hindu-Tempel. Bauformen und Bedeutung. Köln 1979

Morrison, H.: Life in a Longhouse. Kuching 1962

Pieper, J.: Die angloindische Station. Bonn 1977

Ripley, D.: Tropisches Asien – Fauna und Flora. Reinbek 1975

Runciman, St.: The White Rajas – A History of Sarawak from 1841 to 1946. Cambridge 1960

Ryan, N. J.: A History of Malaysia and Singapore. London 1976

Ryan, N. J.: The Making of Modern Malaya. A History from earliest Times to the Present. Kuala Lumpur 1963

Schebesta, P.: Die Negrito Asiens. Bd. I, II, 1, II, 2. Wien 1952, 1954, 1957

Schwarz, U.: Interethnische Beziehungen der Semang, Senoi und Jakun. Diss. Freiburg 1971

Skeat, W. W.: Malay Magic and Introduction to the Folklore and Popular Religion of the Malay Peninsular. London 1900

Swettenham, Sir F.: British Malaya. London 1948

Thilo, Th.: Klassische chinesische Baukunst. Wien 1977

Tregonning, K. G.: A History of Modern Malaya. London 1964

Williams, C. A. S.: Outlines of Chinese Symbolism and Art Motives. Taipei 1972

Villier, J.: Südostasien. Fischer Weltgeschichte Bd. 18

Whitmore, T. C.: Tropical Rainforests of the Far East. London 1975

Wilpert, C. B: Schattentheater. Hamburg 1973

Winstedt, R.: The Malays. A Cultural History. London 1961

Yong Leng Lee: Population in Sarawak, Kuala Lumpur 1970

Zimmermann, P.: Auf der Suche nach Indien und Südostasien. Berlin 1981

Personenregister

Ortsregister